예비교사를 위한

특수교육학 개론 2판

| 이미숙 · 구신실 · 노진아 · 박경옥 · 서선진 공저 |

학지사

● 2판 머리말 ●

　이 책의 저자들은 특수교육학 개론이 예비교사들을 위한 필수 교과로 지정되면서, 예비교사들이 어떻게 하면 특수교육을 재미있게 공부할 수 있을까 하는 고민이 생겼습니다. 그리고 대학에서 예비교사들과 함께 특수교육학 개론을 강의하면서 예비교사들에게 실제 도움이 될 수 있는 책이 없을까 고민했습니다. 이러한 고민을 가지고 조금은 두려운 마음으로 2013년 『특수교육학 개론』을 출간하게 되었습니다. 『특수교육학 개론』의 출판 이후, 우리는 이 책에 대한 독자들의 사랑과 관심에 매우 놀랐습니다. 그리고 지금은 독자들에게 보다 최근의 정보와 한 단계 높아진 양질의 자료를 제공하고자 『특수교육학 개론』 2판을 출간하게 되었습니다.

　저자들은 이번 2판을 준비하며, 무엇보다 1판에 대한 여러분의 피드백을 우선적으로 고려했습니다. 여러분의 요구에 맞추어 보다 더 충실한 교재가 될 수 있도록 하였습니다. 1판에서는 '특수교육의 이해'를 먼저 살펴보고 장애유형을 중심으로 하는 '장애학생의 이해'에 대해 살펴보는 것으로 진행하였으나, 2판에서는 '특수교육의 이해' 이후에 곧이어 '통합교육의 이해'에 대한 내용이 제시될 수 있도록 그 흐름을 변경하였습니다. 이는 예비교사인 여러분에게 통합교육이 보다 직접적이고 중요한 이슈임을 알리는 것이며, 여러분의 관심사가 통합교육에 좀 더 초점이 맞추어져 있음을 강조하는 것입니다.

　이러한 흐름을 토대로 『특수교육학 개론』 2판은 다음과 같이 총 4부로 내용을 구성하였습니다. 1부는 특수교육의 전반적인 내용과 생애주기에 따른 특수교육적 지원으로 구성하였으며, 2부는 통합교육의 정의 및 통합교육에서의 교육과정, 교수·학습 방법, 전문가 협력에 대해 소개하고 있습니다. 3부는 각각의 장애유형의 개념과 특성을 소개하고, 교육적 접근에 대해 설명하고 있습니다. 마지막으로, 4부는 통합교육환경에서 예비교사들이 장애학생을 교육하는 데 필요한 내용으로서 행동지원, 특수교육공학과 보편적 학습설계, 그리고 가족지원에 대해 설명하고 있습니다.

여전히 기대한 것보다는 부족한 모습이지만, 이 책에 대한 여러분의 애정 어린 조언과 격려로 앞으로도 계속 좋아지리라 확신합니다.

마지막으로 이 책의 출간을 위해 노력해 주신 학지사의 김진환 사장님과 학지사 관계자 여러분께 감사드립니다. 또한 함께 수고해 준 이경선 선생과 양소현 선생에게도 감사를 전합니다. 무엇보다도 작업하는 동안 아낌없는 지지와 격려를 해 준 가족에게 사랑과 감사의 마음을 전합니다.

2016년 9월
저자 일동

● 차 례 ●

제1부
특수교육의 이해

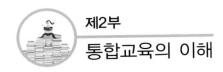

제2부
통합교육의 이해

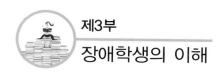

제3부
장애학생의 이해

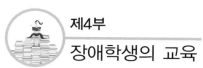

제4부
장애학생의 교육

제**1**부

특수교육의 이해

제 **1** 장

특수교육의 개념

학·습·목·표

1. 장애와 특수교육의 개념을 이해한다.

2. 특수교육 관련 법을 이해한다.

3. 특수교육의 현황과 특수교육 제공 절차를 이해한다.

1. 장애의 개념

본인이 장애를 가지고 있지 않고, 가족 또는 주변에 있는 사람이 장애를 가지고 있는 경우가 아니라면, '장애'와 '장애인'이라는 용어가 낯설 수도 있다. 근래에는 매스컴의 영향으로 '장애'에 대해 친숙하지 않은 사람들도 '장애'가 무엇인지, 그리고 '장애인'으로 살아간다는 것이 어떠한 것인지 간접적으로 알 수 있게 되었다. 하지만 여전히 많은 사람이 '장애'는 나와는 무관한 것으로 생각하고 있으며, 많은 예비교사도 '장애를 가진 학생'이 '나의 학생'이라는 것에 대해서 고개를 갸웃거리곤 한다. 그러므로 특수교육을 필요로 하는 장애를 가진 학생들에 대해 언급하기에 앞서, '장애'라는 것을 먼저 살펴볼 필요가 있다.

> 장애: 질병이나 사고 등에 의해 지적·정신적·청각·시각·내장·골격·기형적인 면에 결함이 생겨, 이로 인해 정상적인 생활이 곤란하거나 불가능한 상태. 결함은 신체의 특정 부위나 기관의 기능이 손실되었거나 감소한 것을 의미하므로 의료적 지원이 필요하며, 장애는 손상으로 인해 특정 영역(읽기, 보기, 걷기, 듣기 등)에 능력 저하가 생기는 경우로서 교육적·훈련적 지원이 필요하다.
>
> (국립특수교육원, 2009)

이처럼 장애라고 하는 것은 신체나 정신적인 결함으로 인해 일상생활의 유지가 곤란할 수 있으며, 이러한 이유로 의료적이거나 교육적·훈련적 지원이 요구되는 경우라고 볼 수 있다. 장애에 대한 이러한 정의 이외에도 세계보건기구(WHO)는 장애에 대한 용어를 다음과 같이 크게 세 가지로 분류하고 있다. 그리고 〈표 1-1〉은 이를 정리한 것이다.

첫째, 장애를 '손상(impairment)'이라는 관점에서 바라보는 것이다. 이것은 신체나 내장의 특정 부위가 상실되거나 그 기능이 감소된 상태를 의미한다. 예를 들어, 교통사고 등으로 다리가 절단되어 다리가 없는 상태를 손상이라고 볼 수 있다.

둘째, 장애를 '무능력(disability)'이라는 관점에서 바라보는 것이다. 이것은 손상으

〈표 1-1〉 장애와 관련된 다양한 용어

용 어	정 의	예	비 고
장애(손상)	신체나 내장의 특정 부위가 상실되거나 그 기능이 감소된 상태	다리가 없는 경우	다리가 없다는 사실 및 이동이 자유롭지 못하다는 사실은 분명한 장애(손상 및 무능력)이지만, 전동휠체어를 타고 가고자 하는 곳을 자유롭게 이동할 수 있다면 더 이상 장애(불이익)가 될 수 없다. 그러나 의족을 착용한 채 장애가 없는 또래와 축구 시합을 하는 경우 불이익을 경험할 수 있기 때문에 장애가 될 수 있다.
장애(무능력)	손상으로 인하여 특정 과제를 수행할 때 사람이 보편적으로 수행하는 방법으로 수행하기 어려운 상태	다리가 없어서 다른 사람처럼 걸어서 이동하지 못하는 경우	
장애(불이익)	손상이나 무능력으로 인하여 환경과의 상호작용에서 문제나 불이익을 경험하게 된 상태	다리가 없어서 휠체어를 사용하지만 경사로가 설치되어 있지 않아 접근이 어려운 경우	

출처: 이소현, 박은혜(2011: 13)를 수정.

로 인하여 특정 과제를 수행할 때 다른 사람이 보편적으로 수행하는 방법으로 수행하기 어려운 상태를 의미한다. 예를 들어, 다리가 절단되어 다른 사람들처럼 걸어서 이동하지 못하는 경우다.

셋째, 장애를 '불이익(handicap)' 또는 '사회적 불리'라는 관점에서 바라보는 것이다. 이것은 손상이나 무능력으로 인하여 환경과의 상호작용에서 문제나 불이익을 경험하게 되는 것을 의미한다. 예를 들어, 다리가 절단되어 휠체어를 사용하지만, 건물에 경사로가 설치되어 있지 않아 접근이 어려운 경우다.

하지만 손상과 무능력을 가지고 있다고 해서 반드시 불이익을 경험하는 것은 아니다. 예를 들어, 다리가 절단된 경우는 분명 장애(손상)를 가지고 있으며, 걸을 수 없다는 장애(무능력)를 가지고 있다. 하지만 경사로나 엘리베이터가 설치되어 있는 건물에 휠체어를 사용해 접근할 수 있어 보행과 이동에 불편과 어려움을 경험하지 않는다면, 이것은 불이익이나 사회적 불리의 관점에서 장애(불이익이나 사회적 불리)를 가진 것으로 볼 수 없다. 만약 경사로나 엘리베이터가 설치되어 있지 않고 계단이나 턱 등으로 인해 휠체어를 타고 자유롭게 이동할 수 있는 접근성이 보장되어 있지 않다면, 이는 분명 장애(handicap)를 가진 것으로 볼 수 있다. 물론 우리나라에서는 장애를 이처럼 구별하여 사용하지 않지만, 장애를 어떠한 의미로 사용하는가에 따라 그 관점이 달라짐을 알 수 있다.

2. 특수교육의 정의

특수교육(special education)은 말 그대로 '특별한 교육'을 의미한다. 우리나라의 경우 이 특별한 교육의 대상은 「장애인 등에 대한 특수교육법」에 따라 '특수교육 대상자'를 의미한다. 이 법에 의해 '특수교육 대상자'로 판명된 학생은 '특수교육'을 제공받게 된다. 그렇다면 이 특별한 교육이란 무엇을 의미하는가? 그리고 특별한 교육인 '특수교육'을 받게 되는 '특수교육 대상자'는 누구를 의미하는가?

물론 학자마다 특수교육을 달리 정의하고 있지만, '특수교육이란 무엇인가?'라는 질문에 답하기 위해 「장애인 등에 대한 특수교육법」에 근거하여 살펴보기로 하자. 「장애인 등에 대한 특수교육법」에서는 이 법의 목적을 다음과 같이 명시하고 있다.

> **목적:** 「교육기본법」 제18조에 따라 국가 및 지방자치단체가 장애인 및 특별한 교육적 요구가 있는 사람에게 통합된 교육환경을 제공하고 생애주기에 따라 장애유형·장애정도의 특성을 고려한 교육을 실시하여 이들이 자아실현과 사회통합을 하는 데 기여함을 목적으로 한다(「장애인 등에 대한 특수교육법」 제1조).

이처럼 이 법은 장애인 및 특별한 교육적 요구가 있는 사람의 자아실현과 사회통합을 위해 그들의 특성에 적합한 교육을 실시하기 위한 것으로 볼 수 있다. 또한 이 법에서는 특수교육을 다음과 같이 정의하고 있다.

> **특수교육:** 특수교육대상자의 교육적 요구를 충족시키기 위하여 특성에 적합한 교육과정 및 특수교육 관련서비스 제공을 통하여 이루어지는 교육(「장애인 등에 대한 특수교육법」 제2조 제1호)

　　이러한 「장애인 등에 대한 특수교육법」에 제시된 특수교육의 정의에서 생각해 보아야 할 것은 바로 '특수교육 대상자'란 누구를 의미하며, 이들을 위한 '특성에 적합한 교육과정'과 '특수교육 관련 서비스'가 무엇을 의미하는지다. 이러한 '특수교육'의 정의와 관련된 세 가지의 개념에 대해 살펴보자.

1) '특수교육 대상자'의 개념

　　「장애인 등에 대한 특수교육법」에서는 특수교육 대상자를 "특수교육을 필요로 하는 사람으로 선정된 사람"(제2조 제3호)으로 정의하고 있다. 또한 제15조에서는 특수교육 대상자에 대한 분류 및 선정기준을 제시하고 있는데, 특수교육 대상자로는 시각장애, 청각장애, 지적장애, 지체장애, 정서·행동장애, 자폐성장애, 의사소통장애, 학습장애, 건강장애, 발달지체, 그 밖에 대통령령으로 정하는 장애 등을 가진 자가 포함된다. 〈표 1-2〉는 특수교육 대상자별 선정기준을 제시하고 있는데, 이러한 장애의 진단과 분류는 특수교육 관련 법이 제정되면서부터 고정된 것이 아니라 사회가 변화함에 따라 함께 변화해 온 것으로, 현재는 〈표 1-2〉와 같은 분류체계를 보이고 있다.

　　특수교육 대상자라는 용어가 법적으로 공식적인 용어이지만, 일반적으로 특수교육 대상자라는 용어 대신에 장애학생이라는 용어를 사용하기도 한다. 하지만 장애학생이라는 용어와 특수교육 대상자라는 용어가 의미하는 바가 동일한 것은 아니며, 장애학생 중에서도 「장애인 등에 대한 특수교육법」에 의해 특수교육 대상자로 선정된 경우에 한해서 특수교육 대상자라는 용어를 사용한다. 또한 특수교육 대상자를 특별한 교육이 필요한 대상자라는 개념에서만 본다면(법적인 적용을 하지 않고) 장애를 가지고 있는 학생뿐만 아니라 영재학생도 특수교육 대상자로 고려해 볼 수 있다. 이 책에서는 「장애인 등에 대한 특수교육법」이 규정한 내용을 토대로 하여 특수교육 대상자의 범위를 한정하고(영재학생 제외), 특수교육 대상자라는 용어 대신에 장애학생이라는 용어를 사용하고자 한다.

〈표 1-2〉 특수교육 대상자 선정기준

1. 시각장애를 지닌 특수교육 대상자

   시각계의 손상이 심하여 시각기능을 전혀 이용하지 못하거나 보조공학기기의 지원을 받아야 시각적 과제를 수행할 수 있는 사람으로서, 시각에 의한 학습이 곤란하여 특정의 광학기구·학습매체 등을 통하여 학습하거나 촉각 또는 청각을 학습의 주요 수단으로 사용하는 사람

2. 청각장애를 지닌 특수교육 대상자

   청력 손실이 심하여 보청기를 착용해도 청각을 통한 의사소통이 불가능 또는 곤란한 상태이거나, 청력이 남아 있어도 보청기를 착용해야 청각을 통한 의사소통이 가능하여 청각에 의한 교육적 성취가 어려운 사람

3. 지적장애를 지닌 특수교육 대상자

   지적 기능과 적응행동상의 어려움이 함께 존재하여 교육적 성취에 어려움이 있는 사람

4. 지체장애를 지닌 특수교육 대상자

   기능·형태상 장애를 가지고 있거나 몸통을 지탱하거나 팔다리의 움직임 등에 어려움을 겪는 신체적 조건이나 상태로 인해 교육적 성취에 어려움이 있는 사람

5. 정서·행동장애를 지닌 특수교육 대상자

   장기간에 걸쳐 다음 각 목의 어느 하나에 해당하여, 특별한 교육적 조치가 필요한 사람

   가. 지적·감각적·건강상의 이유로 설명할 수 없는 학습상의 어려움을 지닌 사람

   나. 또래나 교사와의 대인관계에 어려움이 있어 학습에 어려움을 겪는 사람

   다. 일반적인 상황에서 부적절한 행동이나 감정을 나타내어 학습에 어려움이 있는 사람

   라. 전반적인 불행감이나 우울증을 나타내어 학습에 어려움이 있는 사람

   마. 학교나 개인 문제에 관련된 신체적인 통증이나 공포를 나타내어 학습에 어려움이 있는 사람

6. 자폐성장애를 지닌 특수교육 대상자

   사회적 상호작용과 의사소통에 결함이 있고, 제한적이고 반복적인 관심과 활동을 보임으로써 교육적 성취 및 일상생활 적응에 도움이 필요한 사람

7. 의사소통장애를 지닌 특수교육 대상자

   다음 각 목의 어느 하나에 해당하여 특별한 교육적 조치가 필요한 사람

   가. 언어의 수용 및 표현능력이 인지능력에 비하여 현저하게 부족한 사람

   나. 조음능력이 현저히 부족하여 의사소통이 어려운 사람

   다. 말 유창성이 현저히 부족하여 의사소통이 어려운 사람

   라. 기능적 음성장애가 있어 의사소통이 어려운 사람

8. 학습장애를 지닌 특수교육 대상자

   개인의 내적 요인으로 인하여 듣기, 말하기, 주의집중, 지각(知覺), 기억, 문제해결 등의 학습기능이나 읽기, 쓰기, 수학 등 학업성취 영역에서 현저하게 어려움이 있는 사람

9. 건강장애를 지닌 특수교육 대상자
   만성질환으로 인하여 3개월 이상의 장기입원 또는 통원치료 등 계속적인 의료적 지원이 필
   요하여 학교생활 및 학업 수행에 어려움이 있는 사람

10. 발달지체를 보이는 특수교육 대상자
    신체, 인지, 의사소통, 사회·정서, 적응행동 중 하나 이상의 발달이 또래에 비하여 현저하게
    지체되어 특별한 교육적 조치가 필요한 영아 및 9세 미만의 아동

출처:「장애인 등에 대한 특수교육법 시행령」(2016).

2) '특성에 적합한 교육과정'의 개념

교육과정에 대한 정의는 여러 가지가 있지만, 일반적으로 교육과정은 학생들에게 제공되는 교육내용을 의미한다. 즉, 교육과정은 학교교육이 학생들에게 어떠한 교육목표를 가지고 어떠한 교육내용과 방법으로 교수하고 어떠한 평가를 통하여 성취시킬 것인가를 정해 놓은 기준이라고 할 수 있다. 특히 특성에 적합한 교육과정이라고 하는 것은 일반적인 교육과정이 아니라 장애학생의 특성을 고려하여 마련된 교육과정이라고 할 수 있다. 이처럼 장애학생의 특성을 고려한 교육과정은 장애학생을 고려하여 특별히 설계된 '특수교육 교육과정'이나 '일반교육 교육과정'을 장애학생의 특성에 맞도록 수정하여 적용하는 교육과정을 의미한다. 즉, 특수교육이라고 하는 것은 장애학생의 특성을 고려하여 마련된 교육과정이어야 함을 강조하고 있다. 이러한 '특성에 적합한 교육과정'에 대해서는 4장에서 개별화교육계획과 함께 다시 설명될 것이다. '특수교육 교육과정'은 '특수학교 교육과정'이라는 명칭에서 시작하여 수차례의 개정을 거쳐 왔는데, 최근 '2015 개정 특수교육 교육과정'의 구성은 다음과 같다.

- 유치원 교육과정
- 공통 교육과정: 초등학교 1학년~중학교 3학년
- 기본 교육과정: 초등학교 1학년~고등학교 3학년
- 선택 교육과정: 고등학교 1학년~고등학교 3학년

장애학생의 교육에서 중요하게 고려되어야 하는 것은 바로 생활연령(chronological age)과 정신연령(mental age)의 차이다. 장애학생의 경우 생활연령과 정신연령에서 차이를 보일 때가 있는데(예: 지적장애, 자폐성장애, 발달지체 등), 이때 이들의 교육에 있어 생활연령만을 고려하거나 또는 정신연령만을 고려한 교육과정을 선정하는 것은 적합하지 않을 수 있다. 장애학생의 경우 자신의 생활연령에 비해 정신연령이 낮다 하더라도 실생활에서 다양한 경험과 사회환경에 노출되어 있기 때문에 이들의 교육 내용은 생활연령과 정신연령 모두를 고려한 것이어야 한다. 이러한 의도에 초점을 맞춘 것이 바로 기본 교육과정이며, 이러한 기본 교육과정은 지적장애 및 자폐성장애학생 등 일반 교육과정을 적용하는 데 어려움이 있는 학생을 위해 마련되었다.

3) 특수교육 '관련 서비스'의 개념

특수교육을 하나의 공식으로 표현한다면 '특수교육=특성에 적합한 교육과정+관련 서비스'라고 할 수 있다. 즉, 특수교육은 장애학생의 특성을 고려한 교육과정뿐만 아니라 이들의 특성을 고려한 관련 서비스가 함께 제공되어야 특수교육이라고 할 수 있다. 「장애인 등에 대한 특수교육법」에서는 '관련 서비스'를 다음과 같이 명시하고 있다.

> 관련 서비스: 특수교육 대상자의 교육을 효율적으로 실시하기 위하여 필요한 인적 · 물적 자원을 제공하는 서비스로서 상담지원 · 가족지원 · 치료지원 · 보조인력지원 · 보조공학기기지원 · 학습보조기기지원 · 통학 지원 및 정보접근 지원 등(「장애인 등에 대한 특수교육법」 제2조 제2호)

이러한 정의에 의하면, 관련 서비스는 장애학생의 교육이 보다 효율적으로 이루어지기 위해 필요한 서비스라 할 수 있으며, 이러한 서비스는 장애학생의 특성에 따라 달리 적용된다.

3. 특수교육 관련 법

특수교육에 관한 대표적인 법으로는 앞서 제시되었던 「장애인 등에 대한 특수교육법」 이외에도 국내의 「장애인복지법」과 미국의 「장애인교육진흥법(IDEIA)」을 들 수 있다. 여기에서는 「장애인 등에 대한 특수교육법」을 포함하여 「장애인복지법」과 「장애인교육진흥법(IDEIA)」에 대해 살펴보도록 하자.

1) 「장애인 등에 대한 특수교육법」

「장애인 등에 대한 특수교육법」은 1977년 「특수교육진흥법」이라는 명칭으로 시작되었으나, 「특수교육진흥법」이 전면 개정되면서 2008년 「장애인 등에 대한 특수교육법」이라는 명칭을 사용하게 되었다. 「특수교육진흥법」은 1975년에 제정된 미국의 「전장애아교육법(Education for All Handicapped Children Act: EHA, PL 94-142로 불림)」의 영향을 받았으며, 「장애인 등에 대한 특수교육법」으로 명칭이 변경되기까지 오랜 시간 동안 국내의 특수교육 운영의 근간이 되었다. 특수교육은 헌법, 「교육기본법」 「유아교육법」 「유아교육법 시행령」 「초·중등교육법」 「초·중등교육법 시행령」 「장애인 등에 대한 특수교육법 및 시행령」 「특수학교시설·설비기준령」 「장애인 차별금지 및 권리구제 등에 관한 법률」 등의 법령과 시행령 등이 정한 규정에 토대하여 이루어지고 있다(2장 참조). 이 중 「장애인 등에 대한 특수교육법」은 우리나라에서 특수교육과 관련된 가장 대표적이고 직접적인 법이다. 「장애인 등에 대한 특수교육법」의 구체적인 법 조항은 부록을 참고하기 바란다.

2) 「장애인복지법」

장애와 관련한 또 하나의 대표적인 법이라 할 수 있는 「장애인복지법」은 장애인의 복지와 이들의 사회활동 참여를 증진하기 위하여 장애인 복지대책으로서 의료, 교육, 직업재활, 생활환경 개선 등에 대한 사업을 정하고 있으며, 장애인의 자립생활과 보호 및 수당지급에 관한 사항들을 정하고 있다(「장애인복지법」 제1조). 장애인들은 이 법을 통해 장애인 등록을 하게 되며, 장애인 복지에 관련된 여러 가지 사회적 혜택을 적용받게 된다.

장애학생의 경우 특수교육 측면에서는 「장애인 등에 대한 특수교육법」을 적용받지만, 장애인 등록 등의 절차에 있어서는 「장애인복지법」의 적용을 받는다. 장애인 등록을 위해서는 의료기관의 진단이 있어야 하며, 이 법을 통해 장애인으로 등록할 수 있다.

3) 미국의 「장애인교육진흥법」

미국의 「장애인교육진흥법(Individuals with Disabilities Education Improvement Act: IDEIA)」은 1975년 「전장애아교육법(EHA, P.L. 94-142)」으로 시작되었으나, 이후 「장애인교육법(IDEA)」으로 그 명칭을 변경하였으며, 최근에는 「장애인교육진흥법(IDEIA)」이라는 명칭을 사용하고 있다. 「장애인교육진흥법(IDEIA)」은 국내뿐만 아니라 세계 여러 나라의 특수교육 정책 및 발전에 영향을 미쳤다. 가장 전신인 「전장애

〈표 1-3〉 「전장애아교육법」의 6대 원리

- 배제금지(zero reject): 학교에서는 장애아동과 장애청소년을 포함한 모든 아동과 청소년의 입학을 허락하고 교육해야 한다는 것
- 비차별적 평가(nondiscriminatory evaluation): 학생의 장애 여부를 결정하고, 만일 장애가 있을 경우 학생이 받아야 하는 특수교육과 관련 서비스의 종류를 결정하기 위해 차별 없이 평가하는 것
- 적절한 교육(appropriate education): 학생의 개별적 요구와 강점을 강조하고 학생에게 유익함을 보장하는 교육을 계획하고 제공하는 것
- 최소제한환경(least restrictive environment): 모든 학생이 일반 교육환경에서 가능한 최대한으로 교육을 받도록 하고, 학생의 장애 특성 또는 심각성으로 일반 교육환경에서 보조도구와 서비스에도 성공적인 성취를 할 수 없는 경우가 아니라면 학생을 일반 교육환경에서 배제하지 않는 것
- 적법절차(procedural due process): 최소제한환경에서 무상의 적절한 공교육을 제공하는 책임감을 부모와 전문가가 함께 갖도록 견제와 균형의 시스템을 구현하는 것
- 부모참여(parent participation): 부모참여의 권리를 구현하고, 부모가 교육기록을 볼 수 있도록 하고, 주 및 지역 특수교육 자문위원회에서 일하는 기회를 주는 것

출처: Turnbull, Turnbull, Erwin, & Soodak(2010)을 수정.

아교육법(EHA, P.L. 94-142)」에서부터 현재의 「장애인교육진흥법(IDEIA)」에 이르기까지 유지되고 있는 특수교육의 여섯 가지 원리가 존재하는데, 이 여섯 가지 원리는 미국의 특수교육뿐만 아니라 국내의 특수교육에서도 중요한 원리로 인식되고 있다. 〈표 1-3〉은 이 여섯 가지의 원리를 제시한 것이다.

4) 「장애인 등에 대한 특수교육법」, 「장애인복지법」, 미국의 「장애인교육진흥법」에 나타난 장애영역

국내의 「장애인 등에 대한 특수교육법」과 「장애인복지법」은 장애에 대해 다루고 있는 법이기는 하지만, 각각의 법에서 분류하고 있는 장애영역에는 다소 차이가 있다. 즉, 「장애인복지법」에서 사용하는 장애 유형의 명칭과 「장애인 등에 대한 특수교육법」에서 사용하는 장애의 명칭이 서로 달라서 혼란을 초래하는 경우도 있다. 예를 들어, 「장애인 등에 대한 특수교육법」에서는 '지체장애'로 사용하지만, 「장애인복지법」에서는 '뇌병변장애'와 '지체장애'로 분리해서 사용하고 있다. 또한 미국의 「장애인교육진흥법(IDEIA)」에서 분류하고 있는 장애영역은 국내의 법들과 차이가 존재한다.

장애영역에 대한 명칭은 전문가들의 의사소통과 행정적인 체계를 위해 필요한 것이지만, 관련 법마다 진단명이 다르다면 그 적용에 혼란이 발생할 수 있기에 관련 법에서 가능한 한 통일된 장애 용어를 사용하여 용어의 통일성을 보다 기하는 것이 필요하다. 〈표 1-4〉는 이들 각 법의 장애영역을 제시한 것이다.

〈표 1-4〉 특수교육 관련 법의 장애영역 비교

「장애인 등에 대한 특수교육법」 (2016)	「장애인복지법」 (2016)	미국 「장애인교육진흥법」 (2004)
시각장애	시각장애	시각장애(visual impairment)
청각장애	청각장애	청각장애(hearing impairment)
		농(deafness)
지적장애	지적장애	지적장애(intellectual disability)
지체장애	지체장애	정형외과적 장애 (orthopedic impairment)
	뇌병변장애	외상성 뇌손상 (traumatic brain injury)

정서·행동장애	–	정서장애(emotional disturbance)
자폐성장애	자폐성장애	자폐(autism)
의사소통장애	언어장애	말/언어장애(speech or language impairment)
학습장애	–	특정학습장애 (specific learning disability)
건강장애	신장장애 심장장애 호흡기장애 간장애 안면장애 장루·요루장애 뇌전증장애	기타 건강장애 (other health impairment)
발달지체	–	발달지체(developmental delay)
–	정신장애	–
–	–	농-맹(deaf-blindness)
–	–	중복장애(multiple disability)
그 밖에 대통령령으로 정하는 장애	–	–

출처: Center for Parent Information and Resource 홈페이지 內 Categories of Disability under IDEA.

4. 특수교육의 현황 및 제공

통합교육을 강조하고 있는 현시점에서 특수교육의 현황은 어떠하며, 특수교육을 제공하기 위한 절차 및 단계는 어떻게 이루어져 있는지 살펴보도록 하자.

1) 특수교육의 현황

통합교육이 강조되고 확대됨에 따라 근래 특수학교의 증가 수는 크지 않으나, 특수학급은 계속 증가하는 추세다. 최근 5년간 특수교육 대상자의 교육환경별 배치 현황을 살펴보면 일반학교에 배치되어 통합교육을 받고 있는 특수교육 대상자의 수는 해마다 증가하고 있다. 일반학교에 배치되어 통합교육을 받는 학생이 2011년에는 전체 특수교육 대상자의 70.1%이었던 것이, 2012년도 70.7%, 2013년도 70.5%, 2014년

〈표 1-5〉 연도별 특수교육 대상학생 배치 현황   단위: 명(%)

연 도	특수학교 및 특수교육지원센터	일반학교	전 체
2011	24,741 (29.9)	57,924 (70.1)	82,665 (100)
2012	24,932 (29.3)	60,080 (70.7)	85,012 (100)
2013	25,522 (29.5)	61,111 (70.5)	86,633 (100)
2014	25,827 (29.6)	61,451 (70.4)	87,278 (100)
2015	26,094 (29.9)	61,973 (70.4)	88,067 (100)

출처: 교육부(2015b: 4).

도 70.4%, 2015년도 70.4%로 매년 증가하고 있다(〈표 1-5〉 참조).

특수학급의 최근 5년간 증가 추세를 볼 때, 5년간 연평균 555학급이 증가하였다(교육부, 2015b). 이러한 특수학급의 증가 추세에 따라 특수교육 대상자들이 일반학교에

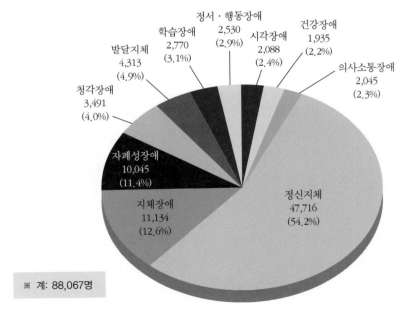

[그림 1-1] 장애영역별 특수교육 대상학생 현황

출처: 교육부(2015b: 3).

배치되는 경우가 증가하게 되었고, 특수학교에는 장애 정도가 심한 중도 · 중복장애
학생이 증가하게 되었다. [그림 1-1]은 장애영역별로 특수교육 대상자의 현황을 나
타낸 것이다.

　우리나라의 경우 유치원, 초등학교, 중학교, 고등학교 과정에 있는 특수교육 대상
자의 교육을 의무교육으로 정하고 있으며, 만 3세 미만의 장애영아와 전공과 학생에
대해서는 무상교육을 실시하고 있다. 또한 유 · 초 · 중 · 고등학교별로 각각 4명 ·
6명 · 6명 · 7명을 기준으로 1학급을 설치할 수 있도록 하여, 특수교육 대상자의 개별
적인 특성에 적합한 개별화교육을 실행하도록 하고 있다. 특수학교나 일반학교의 특
수학급 및 통합학급 이외에도 가정, 시설, 병원, 학교 등에서는 순회 · 파견 형태로
특수교육을 제공하는 순회교육을 실시한다. [그림 1-2]는 교육환경별 특수교육 대상
학생 배치 현황을 보여 주고 있으며, [그림 1-3]은 특수학급 및 전일제 통합학급의 특
수교육 대상학생 현황을 보여 준다.

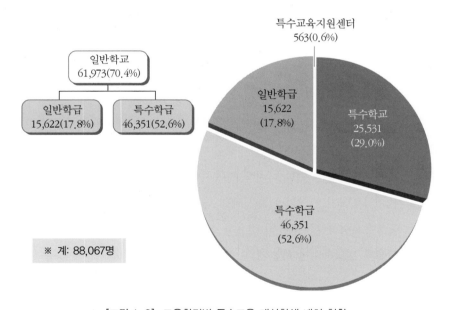

[그림 1-2] 교육환경별 특수교육 대상학생 배치 현황

출처: 교육부(2015b: 4).

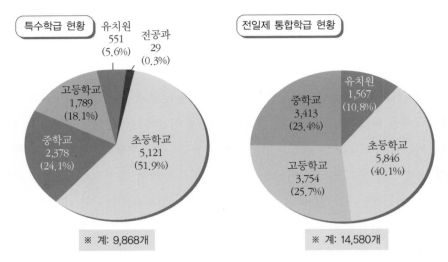

[그림 1-3] 특수학급 및 전일제 통합학급의 특수교육 대상학생 현황

출처: 교육부(2015b: 7).

2) 특수교육 제공 절차 및 단계

장애가 있다고 의심되는 학생을 발견했을 때 교사는 학생의 보호자를 통해 진단·평가를 의뢰할 수 있는데([그림 1-4] 참조), 진단·평가의 의뢰는 각급 학교의 장, 교육감, 교육장에게 신청할 수 있으며, 교육감 또는 교육장이 접수를 받아 특수교육지원센터에 진단·평가를 회부하면, 특수교육지원센터에서 진단·평가를 실시한다. 이때 특수교육지원센터는 30일 이내에 진단·평가를 시행해야 하는데, 일반적으로 진단·평가가 이루어지는 영역을 제시하면 〈표 1-6〉과 같다. 특수교육지원센터는 특수교육 대상자로의 선정 여부 및 필요한 교육지원 내용에 대한 최종 의견을 작성하여 교육감에게 보고하여야 하는데, 이때 보호자의 의견 진술 기회를 충분히 보장해야 한다.

특수교육운영위원회는 진단·평가 결과를 심사하여 특수교육 대상자 선정 여부 및 교육지원 내용을 최종 결정하고, 특수교육 대상자를 적절한 교육환경에 배치한다. 특수교육지원센터는 특수교육 대상자 선정을 위한 진단·평가의 역할 이외에도 다양한 역할을 수행하고 있는데, 이를 제시하면 〈표 1-7〉과 같다.

학생이 특수교육 대상자로 선정되면 가능한 한 통합된 교육환경에 배치하면서 거주지에서 가장 가까운 학교에 다닐 수 있도록 하고 있다. 물론 대상자의 장애 정도, 능력, 보호자의 의견 등을 종합적으로 판단하여 결정한다(교육과학기술부, 2011). 최종적으로 이러한 심사 결과는 보호자와 학교장에게 서면으로 통보되어야 한다.

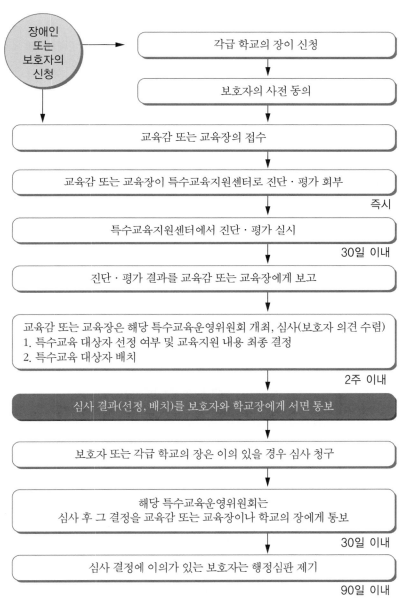

[그림 1-4] 특수교육 대상자 선정 절차

〈표 1-6〉 특수교육 대상자 선별검사 및 진단 · 평가 영역

구 분		영 역
장애 조기 발견을 위한 선별검사		1. 사회성숙도검사 2. 적응행동검사 3. 영유아발달검사
진단 · 평가 영역	시각장애 · 청각장애 및 지체장애	1. 기초학습기능검사 2. 시력검사 3. 시기능검사 및 촉기능검사(시각장애의 경우에 한함) 4. 청력검사(청각장애의 경우에 한함)
	지적장애	1. 지능검사 2. 사회성숙도검사 3. 적응행동검사 4. 기초학습검사 5. 운동능력검사
	정서 · 행동장애 및 자폐성장애	1. 적응행동검사 2. 성격진단검사 3. 행동발달평가 4. 학습준비도검사
	의사소통장애	1. 구문검사 2. 음운검사 3. 언어발달검사
	학습장애	1. 지능검사 2. 기초학습기능검사 3. 학습준비도검사 4. 시지각발달검사 5. 지각운동발달검사 6. 시각운동통합발달검사

비고: 특수교육대상자 선정을 위한 장애유형별 진단 · 평가 시 장애인증명서, 장애인수첩 또는 진단서 등을 참고자료로 활용할 수 있다.

출처: 「장애인 등에 대한 특수교육법 시행규칙」(2016).

〈표 1-7〉 특수교육지원센터의 역할

장애 조기 발견 및 선별	• 장애영아 실태 파악 • 의료기관 연계 선별검사 • 센터 내 선별검사 • 유관기관 협의체 구축 및 정보 수집 관리
진단 · 평가	• 발달진단검사 및 진단검사 • 전환능력 평가 • 진단 · 평가 실시 • 결과 분석 및 선정 · 배치 • 특수교육 관련 서비스의 내용과 범위 결정
교육활동 지원	• 장애영유아 무상교육 및 의무교육 • 통합학급 지원 • 순회교육 제공 • 교사 연수 및 방과 후 활동 지원
관련 서비스 지원	• 치료 지원 • 보조공학기기 지원 • 정보접근 지원 • 보조인력 지원 • 상담 및 가족 지원
진로 · 직업교육	• 진로 · 직업 전환 프로그램 운영 • 취업지도 및 현장실습 • 지역 내 직업훈련기관과 연계

출처: 서울특별시교육청(2011: 83).

생각해 볼 문제

1. 특수교육의 현황을 살펴보고, 통합학급 교사가 갖추어야 할 자세와 지식에 대해 생각해 보시오.

2. 통합학급에 장애로 의심되는 학생이 발견될 시, 특수교육을 제공하기 위한 절차에 대해 설명해 보시오.

3. 통합학급 교사가 특수교육지원센터를 통해 제공받을 수 있는 지원에 대해 설명해 보시오.

추천 자료

교육부(http://www.moe.go.kr)   연도별 특수교육통계 및 특수교육연차보고서에 관한 정보
    제공.

국립특수교육원(http://www.knise.kr)   특수교육에 관한 연구 및 정책, 특수교육 교육과정 및
    교과서, 특수교육 담당교원의 연수, 특수교육 정보화에 관한 정보 제공.

한국특수교육학회(http://www.ksse.or.kr)   학회 소식과 특수교육 관련 학술 정보 제공.

용어 해설

기본 교육과정(The Basic Curriculum)   통합교육의 확대와 특수학교 학생의 중도 · 중복화 현
    상으로 인해 일반학교 교육과정의 적용이 곤란한 특수교육 대상자에게 학습자의 능력
    과 수준에 따라 교육내용을 선택 · 적용할 수 있도록 조직된 교육과정이다. 주로 일상생
    활에 기본이 되는 학업기술과 일상생활 기술을 습득하는 데 주안점을 두고 있다.

생활연령(Chronological Age: CA)   태어난 실제 생년월일을 기준으로 해서 산출한 연령이다.
    지적장애 아동은 생활연령에 비해 정신연령이 낮다.

선별검사(screening test)   장애를 가질 가능성이 있어서 보다 구체적인 검사를 받을 필요가
    있는 아동을 찾아내기 위해 사용하는 빠르고 간편한 검사다. 검사 결과에서 장애가 의
    심되는 아동은 더 세밀한 검사와 사정을 받도록 의뢰한다.

진단(diagnosis)   특수교육 서비스와 관련한 포괄적인 사정을 위하여 장애의 정도, 원인, 필
    요한 처치, 배치 등을 결정한다. 일반적으로 진단은 생육사(case history), 부모 면담, 아
    동관찰, 검사로 구성된다.

제 **2** 장

생애주기에 따른 특수교육적 지원

학·습·목·표

1. 생애주기별 특수교육적 지원의 개념에 대해서 이해한다.

2. 생애주기별 특수교육적 지원의 필요성에 대해서 이해한다.

3. 생애주기별 특수교육적 지원의 대상과 방법에 대해서 이해한다.

1. 생애주기별 특수교육적 지원의 개념

최근 우리나라 특수교육의 두드러진 변화 및 특징 중 하나는 학령기 장애학생뿐만 아니라 장애영유아 및 장애성인을 위한 지원을 강화하여 생애주기별 특수교육적 지원의 연속성 체계를 구축한다는 것이다. 따라서 출생에서부터 성인기까지의 장애인에 대한 지원이 특수교육계의 새로운 화두로 떠오르고 있다. 생애주기별 특수교육적 지원에 대한 필요성 및 지원 대상과 방법을 설명하기에 앞서 우선 생애주기별 특수교육적 지원의 개념에 대해서 살펴보도록 한다.

현재 우리나라의 교육현장에는 장애학생들과 다양한 문화적 배경을 가진 학생들의 수가 증가하고 있다. 이에 따라 다양한 능력, 개성, 특성을 가진 학생들의 요구를 효과적으로 수용하고자 하는 패러다임이 강조되면서 생애주기도 더불어 주목을 받게 되었다(김종인, 이준우, 우주형, 2007).

생애주기(life course)란 개인의 출생에서 사망까지의 과정을 의미하며, 이 과정에서 나타나는 발달상의 변화(예: 입학, 진학, 취직, 결혼, 출산, 양육, 정년 등)를 포함한다. 또한 생애주기에 따른 발달과업이 존재하는데, 발달과업에 따라서 개인의 성장과 발달을 논할 수 있다. 장애인이라고 해서 발달과업에서 예외일 수는 없다. 하지만 장애인은 생애주기에 따른 보편적 삶의 과정을 추구할 때 신체적·정서적·인지적 측면에서 개별적 독특성을 보이기 때문에 생애주기에 따른 발달과업을 완수하도록 적절한 지원을 제공해 줄 필요가 있다. 이러한 지원을 통칭하여 특수교육적 지원이라 할 수 있겠다.

앞서 살펴본 생애주기와 특수교육의 두 개념을 종합해 보면, 생애주기별 특수교육적 지원이란 생애주기별 단계에 적절하며 특수교육 대상자의 특성과 요구에 부합되는 교육과정과 특수교육 관련 서비스를 영아기에서부터 성인기까지 지속적으로 제공하는 것을 의미한다. 장애인이 성장함에 따라 필요로 하는 서비스의 내용은 달라지므로 특수교육적 지원을 고려할 때는 생애주기의 단계를 함께 고려해야 한다. 학자들마다 생애주기의 단계에 대해 의견을 달리하지만, 여기서는 국내법에 근거하여 생애주기를 영유아기, 초등 및 중등학령기, 고등 및 평생교육기로 구분하고자 한다.

2. 생애주기별 특수교육적 지원의 필요성

「장애인 등에 대한 특수교육법」 그리고 '제3차 특수교육 발전 종합계획'(2008~ 2012) 및 '제4차 특수교육 발전 5개년 계획'(2013~2017)에서 두드러진 내용 중 하나는 전생애 단계별 지원을 제공하도록 국가의 책무성을 강화하고 있다는 것이다. 최근 장애인에 대한 생애주기별 교육지원 체계를 구축하고자 하는 국가적 의지는 다음과 같은 필요성에 근간한다.

1) 대중 인식의 변화

장애인도 생애주기별로 적절한 교육을 받아야 한다는 필요성은 대중 인식의 변화 측면에서 살펴볼 수 있다. 역사적으로 장애학생 부모의 헌신적인 노력으로 특수교육이 공교육 체계에 들어오게 되면서 장애를 개인이 가지고 있는 어려움으로 치부하기보다는 국가 차원의 문제로 인식하게 되었다. 이로 인해 장애를 가진 개인이 자체적으로 문제를 해결하도록 두기보다는 국가 차원에서의 개입이 필요하다는 인식의 전환이 생겨났으며, 장애학생을 교육 체계나 지역사회에서 소외시키는 대신에 일반학생과 동등하게 참여시켜야 한다는 의식이 팽배해지고 보편화되었다.

2) 법적 지원

장애인도 교육을 받아야 할 필요성은 국내의 헌법,「교육기본법」「영유아보육법」「초·중등교육법」「장애아동복지지원법」「장애인 차별금지 및 권리구제 등에 관한 법률」「장애인 등에 대한 특수교육법」 등의 법률에서 쉽게 찾아볼 수 있다. 〈표 2-1〉의 다양한 법에 비추어 볼 때, 장애인은 모든 생애주기별로 장애 유형과 정도에 맞추어서 차별을 받지 않으며 일반인과 동등하게 교육을 받을 수 있고 받아야 하는 정당한 권리가 있음을 알 수 있다. 더욱이 일반학생을 제외한 특수교육 대상자에게만 우선적으로 유치원, 고등학교 과정 교육을 의무화하고 있다는 것에 대해 형평성에 어긋난다는 주장이 있기는 하지만, 이는 장애인에 대한 국가의 책무성을 강화하고자 하는 적극적인 평등조치의 일환으로 해석할 수 있으며(교육과학기술부, 2008c), 특수교육의 진일보한 발전을 위한 국가의 의지가 반영된 것으로 볼 수 있다.

〈표 2-1〉 특수교육적 지원의 필요성에 관한 법

• 헌법

제31조 ① 모든 국민은 능력에 따라 균등하게 교육을 받을 권리를 가진다.

⑤ 국가는 평생교육을 진흥하여야 한다.

• 「교육기본법」

제3조(학습권) 모든 국민은 평생에 걸쳐 학습하고, 능력과 적성에 따라 교육 받을 권리를 가진다.

제4조(교육의 기회균등) ① 모든 국민은 성별, 종교, 신념, 인종, 사회적 신분, 경제적 지위 또는 신체적 조건 등을 이유로 교육에서 차별을 받지 아니한다.

• 「영유아보육법」

제3조(보육이념) ③ 영유아는 자신이나 보호자의 성, 연령, 종교, 사회적 신분, 재산, 장애, 인종 및 출생지역 등에 따른 어떠한 종류의 차별도 받지 아니하고 보육되어야 한다.

제26조(취약보육의 우선 실시 등) ① 국가나 지방자치단체, 사회복지법인, 그 밖의 비영리법인이 설치한 어린이집과 대통령령으로 정하는 어린이집의 원장은 영아 · 장애아 · 「다문화가족지원법」 제2조 제1호에 따른 다문화가족의 아동 등에 대한 보육을 우선적으로 실시하여야 한다.

• 「초 · 중등교육법」

제28조(학습부진아 등에 대한 교육) ① 국가와 지방자치단체는 다음 각 호의 구분에 따른 학생들을 위하여 대통령령으로 정하는 바에 따라 수업일수와 교육과정을 신축적으로 운영하는 등 교육상 필요한 시책을 마련하여야 한다.

1. 성격장애나 지적(知的) 기능의 저하 등으로 인하여 학습에 제약을 받는 학생 중 「장애인 등에 대한 특수교육법」 제15조에 따른 학습장애를 지닌 특수교육대상자로 선정되지 아니한 학생

2. 학업 중단 학생

② 국가 및 지방자치단체는 제1항에 따른 학습부진아 등에 대한 교육의 체계적 실시를 위하여 실태조사를 하여야 한다.

③ 국가와 지방자치단체는 제1항에 따른 학습부진아 등에 대한 정책에 필요한 예산을 지원할 수 있다.

④ 교육부장관 및 교육감은 제1항에 따른 학습부진아 등을 위하여 필요한 교재와 프로그램을 개발 · 보급하여야 한다.

⑤ 교원은 대통령령으로 정하는 바에 따라 제1항에 따른 학습부진아 등의 학습능력 향상을 위한 관련 연수를 이수하여야 하고, 교육감은 이를 지도 · 감독하여야 한다.

• 「장애아동복지지원법」

제4조(장애아동의 권리) ① 장애아동은 모든 형태의 학대 및 유기 · 착취 · 감금 · 폭력 등으로부터 보호받아야 한다.

② 장애아동은 부모에 의하여 양육되고, 안정된 가정환경에서 자라나야 한다.

③ 장애아동은 인성 및 정신적·신체적 능력을 최대한 계발하기 위하여 적절한 교육을 제공받아야 한다.

④ 장애아동은 가능한 최상의 건강상태를 유지하고 행복한 일상생활을 영위하기 위한 의료적·복지적 지원을 받아야 한다.

⑤ 장애아동은 휴식과 여가를 즐기고, 놀이와 문화예술활동에 참여할 수 있는 기회를 제공받아야 한다.

⑥ 장애아동은 의사소통 능력, 자기결정 능력 및 자기권리 옹호 능력을 향상시키기 위한 교육 및 훈련 기회를 제공받아야 한다.

• 「장애인 등에 대한 특수교육법」

제1조(목적) 이 법은 「교육기본법」 제18조에 따라 국가 및 지방자치단체가 장애인 및 특별한 교육적 요구가 있는 사람에게 통합된 교육환경을 제공하고 생애주기에 따라 장애유형·장애정도의 특성을 고려한 교육을 실시하여 이들이 자아실현과 사회통합을 하는 데 기여함을 목적으로 한다.

제3조(의무교육 등) ① 특수교육대상자에 대하여는 「교육기본법」 제8조에도 불구하고 유치원·초등학교·중학교 및 고등학교 과정의 교육은 의무교육으로 하고, 제24조에 따른 전공과와 만 3세 미만의 장애영아교육은 무상으로 한다.

② 만 3세부터 만 17세까지의 특수교육대상자는 제1항에 따른 의무교육을 받을 권리를 가진다. 다만, 출석일수의 부족 등으로 인하여 진급 또는 졸업을 하지 못하거나, 제19조 제3항에 따라 취학의무를 유예하거나 면제받은 자가 다시 취학할 때의 그 학년이 취학의무를 면제 또는 유예받지 아니하고 계속 취학하였을 때의 학년과 차이가 있는 경우에는 그 해당 연수(年數)를 더한 연령까지 의무교육을 받을 권리를 가진다.

③ 제1항에 따른 의무교육 및 무상교육에 드는 비용은 대통령령으로 정하는 바에 따라 국가 또는 지방자치단체가 부담한다.

• 「장애인 차별금지 및 권리구제 등에 관한 법률」

제13조(차별금지) ① 교육책임자는 장애인의 입학 지원 및 입학을 거부할 수 없고, 전학을 강요할 수 없으며, 「영유아보육법」에 따른 어린이집, 「유아교육법」 및 「초·중등교육법」에 따른 각급 학교는 장애인이 당해 교육기관으로 전학하는 것을 거절하여서는 아니 된다.

② 제1항에 따른 교육기관의 장은 「장애인 등에 대한 특수교육법」 제17조를 준수하여야 한다.

③ 교육책임자는 당해 교육기관에 재학 중인 장애인 및 그 보호자가 제14조 제1항 각 호의 편의제공을 요청할 때 정당한 사유 없이 이를 거절하여서는 아니 된다.

④ 교육책임자는 특정 수업이나 실험·실습, 현장견학, 수학여행 등 학습을 포함한 모든 교내외 활동에서 장애를 이유로 장애인의 참여를 제한, 배제, 거부하여서는 아니 된다.

⑤ 교육책임자는 취업 및 진로교육, 정보 제공에 있어서 장애인의 능력과 특성에 맞는 진로교육 및 정보를 제공하여야 한다.

⑥ 교육책임자 및 교직원은 교육기관에 재학 중인 장애인 및 장애인 관련자, 특수교육 교원, 특수교육 보조원, 장애인 관련 업무 담당자를 모욕하거나 비하하여서는 아니 된다.

⑦ 교육책임자는 장애인의 입학 지원 시 장애인 아닌 지원자와 달리 추가 서류, 별도의 양식에 의한 지원 서류 등을 요구하거나, 장애인만을 대상으로 한 별도의 면접이나 신체검사, 추가시험 등(이하 '추가서류 등'이라 한다)을 요구하여서는 아니 된다. 다만, 추가서류 등의 요구가 장애인의 특성을 고려한 교육시행을 목적으로 함이 명백한 경우에는 그러하지 아니하다.
⑧ 국가 및 지방자치단체는 장애인에게 「장애인 등에 대한 특수교육법」 제3조 제1항에 따른 교육을 실시하는 경우, 정당한 사유 없이 해당 교육과정에 정한 학업시수를 위반하여서는 아니 된다.

3) 장애의 특수성

장애인 모두가 특수교육을 필요로 하는 것은 아니며, 반대로 특수교육을 받고 있는 대상 모두가 장애인은 아니다. 이는 특수교육 대상자란 특수교육 대상자 선정 절차에 따라 특수교육을 필요로 하는 사람이라고 한 국내법에 기초해 볼 때 타당한 사실이다. 게다가 근래에는 통합교육의 보편화로 인하여 장애학생의 특수성을 강조하기보다는 일반학생과의 공통성 및 유사성을 부각하고자 한다. 이처럼 모든 장애인이 특수교육 대상자는 아니며, 일반학생과의 공통분모가 존재한다. 하지만 대부분의 장애학생은 장애와 관련한 특수성으로 인해 정신적 특성, 감각 능력, 신체적 특성, 사회적·정서적 특성, 의사소통 능력 등에서 평균 또는 전형성에서 벗어나기 때문에 독특한 교육적 요구를 보이는 것이 사실이다. 따라서 이들의 독특한 요구를 충족시켜 주는 개별화교육 프로그램을 계획하고 운영할 필요가 있다. 특히 감각장애, 중도·중복장애 학생은 별도의 혹은 추가적인 교육과정을 필요로 할 수도 있다.

또한 교육과정적 지원 이외에도, 장애가 야기하는 기능 및 능력의 저하, 사회적 불이익에 대한 의료적·사회적·심리적 지원 등 다양한 측면에서의 지원을 필요로 한다(권요한 외, 2010). 기억해야 할 점은 이러한 장애의 특수성은 감기처럼 일시적으로 앓고 치유되는 성질의 것이 아니라 성인이 되어서도 지속적으로 나타나기 때문에 지원의 형태는 계속적으로 이루어져야 한다는 것이다.

4) 인간발달의 연속성

기존의 연구자들은 유아기에서 청소년기까지의 발달을 중점적으로 살펴보았지

만, 근래에는 요람에서 무덤까지의 일생을 통해 인간발달이 이루어진다는 전문가들
의 관점이 우세하다. 각 발달단계는 나름대로의 독특한 가치와 특성이 있으며 어느
단계가 다른 단계보다 더 중요하거나 덜 중요하지 않다. 하지만 이전의 발달단계는
다음 발달단계에 영향을 미친다(정옥분, 2004). 이러한 근래 연구의 패러다임에 비추
어 볼 때 기존의 학교 중심의 특수교육적 지원의 형태를 보다 확장하여 장애영아 교
육부터 고등교육, 진로·직업교육, 평생교육에 이르기까지 전 생애에 걸친 특수교육
지원체계를 구축하는 것은 중요한 의의가 있다.

5) 지원의 효과성

장애의 유형과 정도를 고려한 특수교육적 지원의 효과성에 관한 연구는 과거부터
지속되어 온 핵심 연구 주제 중 하나다. 이러한 특수교육적 지원의 효과성에 관한 연
구는 정부의 정책 변화 및 재정지원 등에 영향을 미치는 중요한 변수로 작용하기 때
문에 의미 있는 연구 주제라고 할 수 있다. 선행연구에 비추어 보면, 출생 후 가능한
한 조기에 장애를 발견하여 적절한 환경과 경험을 제공할 경우 발달 가능성이 높아
질 뿐 아니라 장애의 악화나 2차 장애의 가능성이 완화될 수 있다(Hooper & Umansky,
2009).

특수교육적 지원은 학생의 발달 측면뿐만 아니라 장애학생 가족의 스트레스 경감
및 역량 강화에도 효과가 있다. 특수교육적 지원의 개념은 장애학생과 더불어 그들
의 가족에게 주어지는 지원을 포함하는 광의의 개념이기 때문에, 특수교육이 장애학
생뿐만 아니라 가족에게 미치는 영향에 관한 연구도 이루어져 왔다. 연구 결과, 특정
지원을 통해서 장애학생 가족은 자녀가 기본적 발달기술을 습득하도록 지도할 수 있
게 되었으며, 자녀를 적절하게 양육할 수 있는 역량이 강화되었다. 또한 그러한 과정
에서 경험하는 다양한 스트레스도 경감되었다(Turnbull et al., 2010).

특수교육적 지원은 학생과 가족을 넘어 보다 거시적으로 사회적·경제적 혜택을
줄 수 있다. 왜냐하면 장애학생이 성장 후에 시설이나 기관에 수용되어 별다른 일을
하지 않고 지내는 것보다는 국민의 일원으로서 취업현장에서 자립적으로 혹은 도움
을 받아서 근로자의 의무를 행하는 것이 경제적으로나 사회적으로 이득이 되기 때문
이다.

3. 생애주기별 특수교육적 지원의 대상 및 방법

앞서 살펴본 생애주기별 특수교육적 지원의 개념과 필요성에 이어서 여기서는 생애주기별 특수교육적 지원의 대상과 방법에 대해 살펴보기로 한다. 물론 모든 생애주기에서 공통적으로 강조되어야 하는 지원방법이 존재하지만, 여기서는 생애주기별로 보다 강조되어야 하는 특수교육적 지원에 대해서 초점을 맞추기로 한다. 주의해야 할 점은 여기서 소개되는 생애주기별 특수교육적 지원방법이 단편적이고 분절적이더라도, 실제 이러한 지원이 학교와 지역사회에서는 단절되지 않고 연속적으로 조화롭게 실행되어야 한다는 점이다.

1) 영유아기 특수교육적 지원

(1) 영유아기 특수교육적 지원의 대상

영유아기 특수교육적 지원의 대상은 출생에서부터 만 5세까지의 발달지체 영유아 및 그 가족이다. 0~2세 발달지체 영유아 및 가족을 위한 서비스와 그 이상 연령의 유아 및 가족을 위한 서비스는 기본적으로 달라야 한다고 가정하므로, 일반적으로 2세 미만의 장애영유아에게 제공되는 서비스를 조기 중재(early intervention)라고 부르고, 3~5세까지의 장애유아에게 제공되는 서비스를 유아특수교육(early childhood special education)이라고 구분 짓는다. 하지만 현재 조기 중재와 유아특수교육 용어는 혼용되는 경향이 있다.

(2) 영유아기 특수교육적 지원의 내용

① 조기 발견

영유아기에 중요한 특수교육적 지원 과제 중 하나는 장애영유아의 발견, 진단·평가에 대한 절차를 제도화하여 가능한 한 조기에 특수교육을 받을 수 있도록 하는 것이다. 과거 부모들은 자녀의 장애 발견의 중요성을 간과하였으며, 설사 자녀의 장애를 3세 이전에 발견하였더라도 해당 유아는 교육이 아닌 보육대상으로 규정되어 교육기관에서 무상교육을 받을 수 없었다.

〈표 2-2〉에서 알 수 있듯이 교육장 또는 교육감은 매년 1회 이상 영유아의 장애 및 장애 가능성을 조기에 발견하기 위하여 지역주민과 관련 기관을 대상으로 홍보를 실시해야 하며, 해당 지역 내 보건소, 병원 또는 의원에서는 선별검사를 무상으로 실시해야 한다. 선별검사 결과, 장애가 있는 것으로 의심이 되면 해당 영유아가 정확한 진단을 받도록 보호자의 동의를 구하고 그들을 안내하고 상담해야 한다. 이러한 조기 발견은 장애영유아의 사회통합 촉진, 장애 경감 및 고착 예방을 통해 사회적 비용을 절감하며, 장애영유아 가족의 사교육비 부담을 경감하게 될 것으로 기대된다(교육과학기술부, 2008c).

〈표 2-2〉 장애의 조기 발견에 관한 법

• 「장애인 등에 대한 특수교육법」
제14조(장애의 조기 발견 등) ① 교육장 또는 교육감은 영유아의 장애 및 장애 가능성을 조기에 발견하기 위하여 지역주민과 관련 기관을 대상으로 홍보를 실시하고, 해당 지역 내 보건소와 병원 또는 의원(醫院)에서 선별검사를 무상으로 실시하여야 한다.
② 교육장 또는 교육감은 제1항에 따른 선별검사를 효율적으로 실시하기 위하여 지방자치단체 및 보건소와 병·의원 간에 긴밀한 협조체제를 구축하여야 한다.
③ 보호자 또는 각급 학교의 장은 제15조 제1항 각 호에 따른 장애를 가지고 있거나 장애를 가지고 있다고 의심되는 영유아 및 학생을 발견한 때에는 교육장 또는 교육감에게 진단·평가를 의뢰하여야 한다. 다만, 각급 학교의 장이 진단·평가를 의뢰하는 경우에는 보호자의 사전 동의를 받아야 한다.
④ 교육장 또는 교육감은 제3항에 따라 진단·평가를 의뢰받은 경우 즉시 특수교육지원센터에 회부하여 진단·평가를 실시하고, 그 진단·평가의 결과를 해당 영유아 및 학생의 보호자에게 통보하여야 한다.
⑤ 제1항의 선별검사의 절차와 내용, 그 밖에 검사에 필요한 사항과 제3항의 사전 동의 절차 및 제4항에 따른 통보 절차에 필요한 사항은 대통령령으로 정한다.

• 「장애인 등에 대한 특수교육법 시행령」
제9조(장애의 조기 발견 등) ① 교육장 또는 교육감은 매년 1회 이상 법 제14조 제1항에 따른 홍보를 하여야 한다.
② 교육장 또는 교육감은 장애의 조기 발견을 위하여 관할 구역의 어린이집·유치원 및 학교의 영유아 또는 학생(이하 '영유아 등'이라 한다. 이하 이 조에서 같다)을 대상으로 수시로 선별검사를 하여야 한다. 이 경우 「국민건강보험법」 제52조 제1항 또는 「의료급여법」 제14조 제1항에 따른 건강검진의 결과를 활용할 수 있다.

③ 교육장 또는 교육감은 선별검사를 한 결과, 장애가 의심되는 영유아 등을 발견한 경우에는 병원 또는 의원에서 영유아 등에 대한 장애 진단을 받도록 보호자에게 안내하고 상담을 하여야 한다.

④ 교육장 또는 교육감은 선별검사를 받은 영유아 등의 보호자가 법 제15조에 따른 특수교육 대상자로 선정받기를 요청할 경우 영유아 등의 보호자에게 영유아 등의 건강검진 결과 통보서 또는 진단서를 제출하도록 하여 영유아 등이 특수교육 대상자에 해당하는지 여부를 판단하기 위한 진단·평가를 하여야 한다.

⑤ 교육장 또는 교육감은 제3항에 따라 진단·평가한 결과 영유아 등에게 특수교육이 필요하다고 판단되면 보호자에게 그 내용과 특수교육 대상자 선정에 필요한 절차를 문서로 알려야 한다.

⑥ 제2항부터 제5항까지의 규정에 따른 선별검사 및 진단·평가에 필요한 사항은 교육부령으로 정한다. 이 경우 제2항에 따른 선별검사에 관한 사항은 보건복지부 장관과 협의하여야 한다.

• 「장애인 등에 대한 특수교육법 시행규칙」

제2조(장애의 조기 발견 등) ① 교육장 또는 교육감은 「장애인 등에 대한 특수교육법」(이하 '법'이라 한다) 제14조 제1항 또는 제3항에 따른 선별검사나 진단·평가를 실시하는 경우에는 별표에 따른 검사를 각각 실시하여야 한다.

② 보호자 또는 각급 학교의 장은 법 제15조 제1항 각 호에 해당하는 장애를 가지고 있거나 장애를 가지고 있다고 의심되는 영유아 및 학생을 발견하여 진단·평가를 의뢰하고자 하는 경우에는 별지 제1호 서식에 따른 진단·평가의뢰서를 작성하여 교육장 또는 교육감에게 제출하여야 한다.

③ 교육감 또는 교육장은 「장애인 등에 대한 특수교육법 시행령」(이하 '영'이라 한다) 제9조 제5항에 따라 진단·평가의 결과를 영유아 및 학생의 보호자에게 알릴 때에는 별지 제2호 서식에 따른다.

② 교육과정 및 교육지원

우리나라 유아교육의 특징 중 하나는 바로 국가수준의 유치원 교육과정(누리과정)이 존재하는 것인데, 이러한 국가수준의 유치원 교육과정은 의무교육이 된 장애유아의 교육에도 적용된다. 현재 우리나라에는 장애유아를 대상으로 한 국가수준의 교육과정이 별도로 마련되어 있지 않아서, 이러한 국가수준 유치원 교육과정은 국공립 및 사립 유치원에 소속된 일반유아뿐 아니라 일반 유아교육기관에 통합된 장애유아 또는 유아특수교육기관의 장애유아에게도 적용되고 있다.

2015년에 고시된 특수교육 교육과정을 보면, 장애유아를 위한 교육과정은 일반 유치원 교육과정인 누리과정을 근간으로 하되 장애 특성 및 정도 등 여러 가지 요인을 고려하여 교육과정을 편성 및 운영하도록 되어 있다. 이는 장애유아들은 일반 교육 과정에 접근할 수 있는 권리가 있다는 진보적인 교육철학(Darragh, 2007)과 장애유아 의 발달과 성장을 최대한으로 이끌어 내기 위한 통합 관련 연구 경험(Sandall et al., 2008)이 적용된 결과라고 해석할 수 있다.

한편, 장애영아의 무상교육 지원에 관한 사항은 〈표 2-3〉의 법률 조항에서 찾아 볼 수 있다. 「장애인 등에 대한 특수교육법」(2008)에 의해 이전에는 보육대상으로 유 치원을 이용할 수 없었던 만 3세 미만 영아들이 특수학교, 특수교육지원센터에 배치 되어 교육을 받을 수 있게 되었으며, 가정, 병원, 시설 등에 있는 경우에는 순회교육 을 받을 수 있게 되었다.

〈표 2-3〉 장애영아 교육지원에 관한 법

• 「장애인 등에 대한 특수교육법」

제18조(장애영아의 교육지원) ① 만 3세 미만의 장애영아의 보호자는 조기교육이 필요한 경우 교육장에게 교육을 요구할 수 있다.

② 제1항에 따른 요구를 받은 교육장은 특수교육지원센터의 진단·평가 결과를 기초로 만 3세 미 만의 장애영아를 특수학교의 유치원 과정, 영아학급 또는 특수교육지원센터에 배치할 수 있다.

③ 제2항에 따라 배치된 장애영아가 의료기관, 복지시설 또는 가정 등에 있을 경우에는 특수교 육 교원 및 특수교육 관련서비스 담당 인력 등으로 하여금 순회교육을 제공하도록 할 수 있다.

④ 국가 및 지방자치단체는 장애영아를 위한 교육 여건을 개선하고 설비를 정비하기 위하여 노 력하여야 한다.

⑤ 그 밖에 장애영아의 교육지원에 필요한 사항은 대통령령으로 정한다.

• 「장애인 등에 대한 특수교육법 시행령」

제13조(장애영아의 교육지원) ① 만 3세 미만의 장애영아(이하 이 조에서 '장애영아'라 한다) 교육의 수업일수는 매 학년도 150일을 기준으로 하되, 장애영아의 건강 상태 및 교육과정의 운 영상 필요한 경우에는 교육부 장관, 교육감 또는 교육장의 승인을 받아 30일의 범위에서 줄일 수 있다.

② 법 제18조 제2항에 따라 특수교육을 받는 영아학급 등의 교원 배치에 관한 사항은 교육부 장 관, 교육감 또는 교육장이 정한다.

③ 교육감이나 교육장은 법 제18조 제2항에 따라 장애영아를 특수교육지원센터에 배치하여 교 육을 하는 경우 「특수학교시설·설비기준령」 별표에 따른 보통교실을 그 특수교육지원센터에 갖추어야 한다.

④ 장애영아 담당 교원은 「초·중등교육법」 제21조 제2항에 따른 특수학교 유치원교사 자격증 을 소지한 사람으로 한다.

　기억해야 할 점은 장애유아들에게 양질의 일반 유아교육과정을 적용하는 것은 장애유아의 독특한 요구를 충족시켜 주는 데 필요조건이 되지만 충분조건이 아니라는 것이다. 왜냐하면 장애유아는 장애로 인하여 활동 참여 자체가 불가능하거나, 장애의 특성상 주의집중을 잘하지 못하거나, 활동이 아동의 관심이나 흥미와 무관하게 진행되는 경우에는 활동 참여가 저조하게 나타나기 때문이다(이소현, 이장미, 최윤희, 김지영, 2008). 활동 참여가 저조하면 아무리 양질의 유아교육과정이 마련되어 있더라도 그 교육과정에서 추구하는 기본목표를 성취할 수 없다. 이에 「장애인 등에 대한 특수교육법」에서도 특수교육을 받는 대상자들은 개별화교육계획에 의거한 장단기 목표를 갖도록 규정하고 있다. 그렇다면 유아특수교사들은 장애유아의 개별화교육계획에 의거한 장단기 교수목표에 맞게 일반 교육과정의 활동 내용을 수정하거나, 장애유아들의 개별화교육계획에 의거한 장단기 교수목표를 일과와 활동 중에 삽입하여 가르치는 역할을 해야 한다. 이처럼 유아특수교사가 일반 유아교육과정과 장애유아의 개별화교육계획을 잘 병합하여 운영해야 하는 역할의 비중이 커지면서, 이를

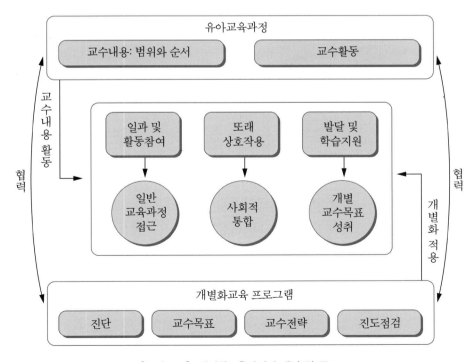

[그림 2-1] 개별화교육과정의 개념 및 구조

출처: 이소현(2011: 76).

지원하는 방법론적 틀의 필요성이 대두되었다. 이에 근래에는 일반 유아교육과정으로부터 계획된 일련의 교수활동이 이루어지는 중에 장애유아의 개별적 요구를 반영하는 방법론적 접근법이 소개되고 있다. 이에 대한 개념과 구체적인 구조는 [그림 2-1]과 같으며, 보다 자세한 설명은 이소현의 『개별화 교육과정』(2011)을 참고하도록 한다.

2) 초등 및 중등학령기 특수교육적 지원

(1) 초등 및 중등학령기 특수교육적 지원의 대상

「초·중등교육법」에 따르면 초·중등교육이란 초등학교·공민학교, 중학교·고등공민학교, 고등학교·고등기술학교, 특수학교, 각종 학교에서 이루어지는 교육을 말한다. 그리고 「장애인 등에 대한 특수교육법」에 의하면 "장애인 및 특별한 교육적 요구가 있는 사람"으로 특수교육 대상자를 명시하고 있다. 그러므로 초등 및 중등학령기 특수교육적 지원의 대상은 앞에서 언급한 다양한 학교에서 특수교육적 지원을 받아야 하는 '장애인과 특별한 교육적 요구가 있는 사람'으로 볼 수 있다.

(2) 초등 및 중등학령기 특수교육적 지원의 내용

① 판별 및 배치

학령기 특수교육 대상자는 「장애인 등에 대한 특수교육법」 제15조에 해당하는 시각장애, 청각장애, 지적장애, 지체장애, 정서·행동장애, 자폐성장애, 의사소통장애, 학습장애, 건강장애, 발달지체, 그 밖에 대통령령으로 정하는 장애를 가진 사람을 포함한다. 하지만 모든 장애인이 특수교육 대상자는 아니다. 예를 들어, 「장애인복지법」상의 안면장애인은 특수교육법상의 대상자에 속하지 않는다.

장애인이 특수교육을 받으려면 일련의 절차를 거쳐야 하는데, 구체적인 특수교육 대상자 선정 및 배치 절차는 1장을 참고하기 바란다. 특수교육지원센터에서는 특수교육 대상자의 진단·평가 역할을 수행하고 있으며, 진단·평가 과정에서 보호자의 의견진술 기회를 충분히 보장하고 최종 의견을 보호자에게 통보하도록 되어 있다.

② 교육과정 및 교육지원

학령기 특수교육 대상학생에게는 기본 교육과정, 공통 교육과정, 선택 중심 교육과정을 적용할 수 있다. 기본 교육과정이란 공통 교육과정 및 선택 중심 교육과정에 참여하기 어려운 초등학교 1학년부터 고등학교 3학년까지의 특수교육 대상학생을 지원하기 위하여 그 내용을 대체한 대안교육과정으로, 생활환경(가정, 학교, 지역)의 기능성을 강조하는 생활중심교육과정을 의미한다.

기본 교육과정은 초등학교 1학년부터 고등학교 3학년까지 적용할 수 있으며, 학년 군별로 이수해야 할 교과목으로 편성하여 운영한다. 공통 교육과정이란 일반교육의 보편성을 근간으로 편성 및 운영되는 교육과정으로, 장애영역별 특성을 고려하여 일부 특정 교과(국어, 영어, 체육)를 보완한 교육과정이다. 공통 교육과정은 초등학교 1학년부터 중학교 3학년까지 적용된다. 선택 중심 교육과정은 고등학교 1학년부터 3학년까지 편성·운영되는 특수교육 전문교과 교육과정으로 직업교과와 이료교과가 이에 해당한다.

또한 학령전기 장애유아와 마찬가지로 학령기 장애학생들도 교육과정 이외에 개별화교육계획을 통하여 잠재력을 최대한 촉진할 수 있도록 개별화교육 프로그램을 갖게 된다. 개별화교육 프로그램은 법적 문서로 모든 특수교육 대상학생은 교육과정 이외에 개별화교육계획에 입각한 교육을 받게 된다. 국내에서는 개별화교육 지원팀의 구성, 개별화교육계획 작성, 매 학기별 학업성취도 평가 실시 및 결과 통보 등에 대한 운영 사항을 구체적으로 법에 명시하여 개별 학생의 특성에 적합한 개별화교육을 제공하는 것에 대한 법적 근거를 마련하고 있다. 개별화교육 프로그램과 관련한 법적 조항 및 상세한 내용은 4장을 참고하기 바란다.

초등학교를 졸업한 장애학생은 중학교부터 본격적으로 직업 및 진로교육을 받게 된다. 「장애인 등에 대한 특수교육법」은 〈표 2-4〉처럼 직업교육과 진로교육을 통합하여 장애학생이 학교 졸업 후 직장 혹은 독립된 성인생활로의 전환에 필요한 모든 상담과 지도가 이루어질 수 있는 근거를 마련하고 있다. 또한 지역사회 내에 있는 관련 기관과의 협력이 이루어질 수 있도록 법적 근거를 마련하고 있으며, 직업훈련실과 인력 및 경비에 대한 조항도 포함하고 있다.

〈표 2-4〉 진로 및 직업교육의 지원에 관한 법

• 「장애인 등에 대한 특수교육법」
제23조(진로 및 직업교육의 지원) ① 중학교 과정 이상의 각급 학교의 장은 특수교육 대상자의
특성 및 요구에 따른 진로 및 직업교육을 지원하기 위하여 직업평가 · 직업교육 · 고용지원 · 사
후관리 등의 직업재활훈련 및 일상생활적응훈련 · 사회적응훈련 등의 자립생활훈련을 실시하
고, 대통령령으로 정하는 자격이 있는 진로 및 직업교육을 담당하는 전문인력을 두어야 한다.
② 중학교 과정 이상의 각급 학교의 장은 대통령령으로 정하는 기준에 따라 진로 및 직업교육
의 실시에 필요한 시설 · 설비를 마련하여야 한다.
③ 특수교육지원센터는 특수교육 대상자에게 효과적인 진로 및 직업교육을 지원하기 위하여
대통령령으로 정하는 바에 따라 관련 기관과의 협의체를 구성하여야 한다.

• 「장애인 등에 대한 특수교육법 시행령」
제17조(전문인력의 자격기준 등) 법 제23조 제1항에서 "대통령령으로 정하는 자격이 있는 진
로 및 직업교육을 담당하는 전문인력"이란 특수학교의 정교사 · 준교사 · 실기교사의 자격이
있는 사람으로서 다음 각 호의 어느 하나에 해당하는 사람을 말한다.
1. 대학이나 대학원에서 직업재활에 관한 전공을 이수한 사람
2. 진로 및 직업교육과 관련한 국가자격증 또는 민간자격증 소지자
3. 진로 및 직업교육과 관련한 직무연수를 이수한 사람
제18조(진로 및 직업교육을 위한 시설 등) ① 중학교 과정 이상 각급 학교의 장은 법 제23조 제
2항에 따라 진로 및 직업교육을 위하여 66제곱미터 이상의 교실을 1개 이상 설치하여야 한다.
② 특수교육지원센터는 특수교육기관, 한국장애인고용촉진공단 지부 등 해당 지역의 장애인 고
용 관련 기관, 직업재활시설, 장애인복지관, 산업체 등 관련 기관과 협의체를 구성하여야 한다.
③ 교육감은 특수교육 대상자의 취업을 위하여 직업훈련실을 특수학교에 설치하고, 이에 필요
한 인력과 경비를 지원하도록 노력하여야 한다.

　　특수교육기관은 고등학교 과정을 졸업한 특수교육 대상자에게 진로 및 직업교육
을 제공하기 위하여 수업연한 1년 이상의 전공과를 설치 · 운영할 수 있다. 〈표 2-5〉
에서 볼 수 있듯이, 특수교육 대상자의 특성, 능력, 장애 유형 또는 요구에 맞추어 직
업재활훈련과 자립생활훈련을 실시하기 위하여 진로 및 직업교육을 위한 전공과를
설치할 수 있도록 하여 장애학생의 직업능력 향상을 도모하고자 한다. 또한 전공과
를 설치한 교육기관의 장은 현장실습이 포함된 직업교육계획을 수립하도록 하여 전
공과 교육을 보다 체계적으로 실시하도록 하고 있다.

〈표 2-5〉 전공과에 관한 법

• 「장애인 등에 대한 특수교육법」 제24조(전공과의 설치·운영) ① 특수교육기관에는 고등학교 과정을 졸업한 특수교육 대상자에게 진로 및 직업교육을 제공하기 위하여 수업연한 1년 이상의 전공과를 설치·운영할 수 있다. ② 교육부 장관 및 교육감은 지역별 또는 장애 유형별로 전공과를 설치할 교육기관을 지정할 수 있다. ③ 전공과를 설치한 각급 학교는 「학점인정 등에 관한 법률」 제7조에 따라 학점인정을 받을 수 있다. ④ 제1항 및 제2항에 따른 전공과의 시설·설비기준, 전공과의 운영 및 담당 인력의 배치기준 등에 관하여 필요한 사항은 대통령령으로 정한다. • 「장애인 등에 대한 특수교육법 시행령」 제19조(전공과의 설치·운영) ① 법 제24조 제1항에 따른 전공과를 설치·운영하는 특수교육기관의 장은 66제곱미터 이상의 전공과 전용 교실을 1개 이상 설치하여야 하며, 세부적인 시설·설비의 기준은 교육감이 정한다. ② 전공과를 설치한 교육기관의 장은 그 설치 목적을 달성하기 위하여 현장실습이 포함된 직업교육계획을 수립하여야 한다. ③ 전공과의 수업연한과 학생의 선발방법은 교육감의 승인을 받아 전공과를 설치한 교육기관의 장이 정한다. ④ 전공과를 전담할 인력은 전공과를 설치한 특수교육기관의 고등학교 과정과 같은 수준으로 배치한다.

3) 고등 및 평생교육기 특수교육적 지원

(1) 고등 및 평생교육기 특수교육적 지원의 대상

「고등교육법」에 의거한 고등교육의 개념은 대학, 산업대학, 교육대학, 전문대학, 원격대학, 기술대학을 포함한 각종 학교에서 이루어지는 교육을 의미하며, 「평생교육법」에 의거한 평생교육의 개념은 학교의 정규교육과정을 제외한 학력보완교육, 성인기초·문자해독교육, 직업능력 향상 교육, 인문교양교육, 문화예술교육, 시민참여교육 등을 포함하는 모든 형태의 조직적인 교육활동을 의미한다. 그러므로 고등 및 평생교육기 특수교육적 지원대상은 앞에서 언급한 다양한 학교에서 평생교육적 교육활동을 해야 하는 '장애인과 특별한 교육적 요구가 있는 사람'으로 볼 수 있다.

(2) 교육과정 및 교육지원

1995년부터 특수교육 대상자의 대학특별전형제도 시행으로 대학에 입학하는 장애학생들이 늘어남에 따라 장애대학생의 학습권을 보장할 필요성이 대두되었다. 이에 대학에 재학 중인 장애학생 지원을 위한 계획을 수립하고 심사청구 사건에 대한 심사와 결정을 위한 법적 기구로서 특별지원위원회를 두었으며, 장애대학생의 교육 및 생활에 관한 지원을 총괄하고 담당하는 장애학생지원센터를 운영하도록 하였다. 고등교육과 관련한 구체적인 법령은 〈표 2-6〉과 같다.

〈표 2-6〉 고등교육에 관한 법

• 「장애인 등에 대한 특수교육법」

제29조(특별지원위원회) ① 대학의 장은 다음 각 호의 사항을 심의·결정하기 위하여 특별지원위원회를 설치·운영하여야 한다.
  1. 대학의 장애학생 지원을 위한 계획
  2. 심사청구 사건에 대한 심사·결정
  3. 그 밖에 장애학생 지원을 위하여 대통령령으로 정하는 사항
② 특별지원위원회의 설치·운영 등에 관하여 필요한 사항은 대통령령으로 정한다.

제30조(장애학생지원센터) ① 대학의 장은 장애학생의 교육 및 생활에 관한 지원을 총괄·담당하는 장애학생지원센터를 설치·운영하여야 한다. 다만, 장애학생이 재학하고 있지 아니하거나 대통령령으로 정하는 바에 따라 장애학생 수가 일정 인원 이하인 소규모 대학 등은 장애학생 지원부서 또는 전담 직원을 둠으로써 이에 갈음할 수 있다.
② 장애학생지원센터(제1항에 따라 장애학생 지원부서 또는 전담 직원으로 갈음하는 경우에는 이를 말한다)는 다음 각 호의 업무를 담당한다.
  1. 장애학생을 위한 각종 지원에 관한 사항
  2. 제31조에서 정하는 편의 제공에 관한 사항
  3. 교직원·보조인력 등에 대한 교육에 관한 사항
  4. 장애학생 교육복지의 실태조사에 관한 사항
  5. 그 밖에 대학의 장이 부의하는 사항
③ 장애학생지원센터의 설치·운영에 관하여 필요한 사항은 대통령령으로 정한다.

제31조(편의 제공 등) ① 대학의 장은 해당 학교에 재학 중인 장애학생의 교육활동의 편의를 위하여 다음 각 호의 수단을 적극적으로 강구하고 제공하여야 한다.
  1. 각종 학습보조기기 및 보조공학기기 등의 물적 지원
  2. 교육보조인력 배치 등의 인적 지원
  3. 취학편의 지원
  4. 정보접근 지원

5. 「장애인·노인·임산부 등의 편의증진 보장에 관한 법률」 제2조 제2호에 따른 편의시설 설치 지원

② 대학의 장은 해당 학교의 입학전형 절차에서 장애수험생의 수험의 편의를 위하여 「장애인 차별금지 및 권리구제 등에 관한 법률」 제14조 제1항 각 호의 수단 중 수험편의에 필요한 수단을 적극적으로 강구하고 제공하여야 한다.

③ 국가 및 지방자치단체는 제1항 및 제2항에 따라 필요한 경비를 예산의 범위 안에서 지원하여야 한다.

제32조(학칙 등의 작성) 대학의 장은 이 법에서 정하는 장애학생의 지원 등에 관하여 필요한 내용을 학칙에 규정하여야 한다.

• 「장애인 등에 대한 특수교육법 시행령」
제30조(특별지원위원회의 설치·운영) ① 대학의 장은 그 대학에 장애학생이 10명 이상 재학하는 경우에는 법 제29조에 따른 특별지원위원회(이하 '특별지원위원회'라 한다)를 설치·운영하여야 한다.

② 장애학생이 10명 미만인 대학의 장은 법 제30조 제2항에 따른 장애학생 지원부서 또는 전담직원이 법 제29조 제1항 제1호 및 제3호에 관한 특별지원위원회의 기능을 수행할 수 있도록 할 수 있다.

③ 특별지원위원회의 위원 자격, 구성 및 회의 개최 시기 등은 해당 대학의 장이 정한다.

지식기반사회의 도래로 평생학습의 욕구가 중대하고 있어서 장애성인 교육에 대한 국가적 지원 근거를 마련할 필요성이 대두되었다. 국내의 경우 장애성인 학습자의 다양한 평생교육 프로그램의 요구를 반영하여 국내 장애인 평생교육시설 등에서는 장애성인을 대상으로 직업과 정보통신기술 습득을 위한 교육 프로그램을 운영하거나, 특정 장애성인을 대상으로 한 자립생활 또는 전환 프로그램을 운영하고 있다. 〈표 2-7〉에서는 국내 장애인 평생교육시설의 이용 대상과 프로그램 내용을 제시하고 있다(김기룡, 2011).

〈표 2-7〉 국내 장애인 평생교육시설 이용 대상과 프로그램 내용

운영기관	대 상	프로그램 내용
인천특수교육 지원센터	장애성인	여가취미: 천연비누공예, 제과제빵, 원예, 라인댄스, 국악퓨전, 도예, 하늘공방, 한지공예 직업개발: 공예 지도사 양성과정 　인천지역 주간보호센터, 그룹홈, 공예인협회와 연계하여 운영
대구대학교 평생교육원	장애성인	기초교육: 컴퓨터 첫걸음, 한글 첫걸음, 인터넷 첫걸음 실용교육: 일러스트레이터, 엑셀, 파워포인트, 한글 활용, 디지털 영상제작, 포토샵, 재미난 디지털, 플래시, 홈페이지 직능교육: 자격증 필기, 자격증 실기
양천장애인 종합복지관	지적 및 자폐성 장애성인	자기주장 및 옹호기술 훈련, 대인관계 및 의사소통기술, 동료 관계에서의 예절, 직장 내 성희롱 및 성폭력 예방 등 직업생활에 필요한 소양교육
이화여자 대학교 평생교육원	18~30세 발달장애인	자신의 신체지수 측정 및 변화 모니터, 음식의 칼로리, 조리법, 유해성에 대한 이해 증진, 운동하는 방법 습득, 바디 펌프, 요가를 통한 건강관리, 부모교육, 현장학습
서초 한우리정보 문화센터	장애청소년 및 장애성인	언어활동, 음악활동, 놀이활동, 작업활동, 감각통합 프로그램, 심리안정 프로그램, 운동발달 프로그램, 수중운동 프로그램, 체육활동 프로그램 등 다수
서부장애인 종합복지관	고등학교 졸업자 (24세 미만)	나래대학(성인전환기 프로그램): 직업, 여가, 대인관계 등 성인으로서 적절한 역할을 위한 교육 프로그램
노들장애인 야간학교	장애성인	야간 프로그램: 철학과 인문학 등 교양 프로그램, 미술, 음악, 영화 프로그램 노들장애인자립생활센터: 동료상담사 양성 교육 프로그램, 자립생활기술 훈련 프로그램 등

출처: 김기룡(2011: 50).

생각해 볼 문제

1. 생애주기별 특수교육적 지원의 대상과 각 대상별 지원방법을 논의해 보시오.

2. 우리 주변에서 직업을 가지고 일하는 장애인을 본 경험이 있는지 이야기해 보시오. 그리고 그 외에 장애인이 일할 수 있는 지역사회 직업의 종류에 대해서 생각해 보고 장애인의 직업 유지에 필요한 요건은 무엇인지 생각해 보시오.

3. 해외의 장애인 평생교육을 위한 프로그램에 대해서 조사해 보고, 우리나라에 적용할 수 있는지 논의해 보시오.

추천 자료

강원도교육청 전환교육지원센터(http://www.gwte.org)　　전환교육 지원, 사업안내, 연수자료, 수
　　업자료 제공.

양천장애인 종합복지관(http://www.ycsupport.or.kr)　　장애유아, 장애학생, 장애성인을 위해 복
　　지관에서 주최하는 행사, 프로그램 등에 관한 정보 제공.

에듀에이블(http://www.eduable.net/)　　특수교육 학습자료, 학급경영, 사이버 재택교육, 평생
　　교육에 관련된 자료 제공.

인천특수교육지원센터(http://iss.ice.go.kr:4010/index.php)　　진로직업교육, 장애성인의 평생교
　　육 등에 관한 정보 제공.

장애학생 진로 · 직업정보시스템(http://www.jobable.kr/)　　국립특수교육원에서 운영하는 웹사
　　이트로 장애인의 구인 · 구직 정보 제공.

용어 해설

개별화교육(individualized education)　　각급 학교의 장이 특수교육 대상자 개인의 능력을 계
　　발하기 위하여 장애 유형 및 장애 특성에 적합한 교육목표, 교육방법, 교육내용, 특수교
　　육 관련 서비스 등이 포함된 계획을 수립하여 실시하는 교육이다. 개별화교육 지원팀은
　　개별화교육을 위하여 학기마다 개별화교육계획을 작성하여야 한다.

관련 서비스(related service)　　특수교육 대상자의 개인별 교육목표 달성을 위하여 교육, 학습
　　활동 과정에 필요한 자원을 지원하는 서비스다. 「장애인 등에 대한 특수교육법」 제2조
　　에서는 특수교육 관련 서비스를 "특수교육 대상자의 교육을 효율적으로 실시하기 위하
　　여 필요한 인적 · 물적 자원을 제공하는 서비스로서 상담지원, 가족지원, 치료지원, 보
　　조인력지원, 보조공학기기지원, 학습보조기기지원, 통학지원, 정보접근지원 등" 으로 정
　　의하고 있다.

보조공학(assistive technology)　　장애인이 직면하는 문제를 개선하기 위한 보조공학기기, 보
　　조공학 서비스, 그리고 이와 관련한 학문 분야 등을 의미한다. 보조공학기기(assistive
　　technology devices)란 장애인이 과제나 작업을 할 때 그것이 없으면 할 수 없거나 또는
　　더 쉽고 나은 방법으로 할 수 있게 해 주는 등 장애인의 기능적인 능력의 개선, 유지, 확
　　대에 필요한 도구나 물품 및 생산 시스템이다.

조기 개입(조기 중재, early intervention)　　0~2세 장애신생아와 영아들을 위한 포괄적인 서비
　　스를 의미하는 용어다. 여기서 말하는 개입이란 장애나 발달지체의 방향이나 결과를 교

정하기 위한 목적으로 어린 아동과 그 가족의 삶을 간섭하는 과정을 의미한다. 중재라
는 용어는 교수의 의미로 폭넓게 사용되는 경향이 있기는 하지만, 현재 우리나라에서는
조기 개입을 조기 중재로도 사용하고 있다.

직업교육(vocational education)   개인이 일의 세계를 탐색하여 자기의 적성, 흥미, 능력에 맞
는 일을 선택하고, 그 일에서 필요로 하는 지식, 기능, 태도, 이해 및 판단력과 일에 대한
습관 등을 계발하는 형식 및 비형식적인 교육이다.

제**2**부

통합교육의 이해

제 **3** 장

통합교육의 개념

학·습·목·표

1. 통합교육의 목적과 의미, 실행모델에 대해 이해한다.

2. 통합교육의 현황을 이해한다.

3. 통합교육의 성공요인을 탐색한다.

1. 통합교육의 기초

통합교육은 특수교육의 주요한 최근 동향 중 하나이지만, 여전히 해결해야 할 과제가 산적한 분야다. 특수교육의 목적이 장애학생이 독립적이고 자주적인 성인으로서 역할을 할 수 있도록 하기 위함임을 생각할 때, 장애학생들이 지역사회에 통합되어 잘 살아갈 수 있게 하는 것은 특수교육의 중요한 화두가 된다. 이러한 관점에서 통합교육은 장애학생이 훗날 지역사회에서 중요한 구성원으로 인정받고 기능할 수 있게 하는 데 필요한 환경의 제공임과 동시에 이 환경 안에서 장애학생이 성공적으로 적응하는 데 요구되는 지식, 태도, 기술의 교육을 포함한다. 여기서는 장애학생의 통합교육에 대한 개념을 이해하기 위해 통합교육의 정의와 목적, 근거, 통합교육의 성과 및 혜택에 대해 살펴보고자 한다.

1) 통합교육의 정의와 목적

장애학생의 통합교육이 무엇을 의미하는가는 통합교육의 개념이 발달한 시기와 학자에 따라 매우 다양한 형태와 용어로 설명되었다. 그러나 통합교육에 대한 대부분의 정의에는 공통적으로 장애학생이 장애를 가지지 않았을 경우 다닐 수 있는 일반학교에서 일반학생과 함께 교육을 받는 형태를 포함하고 있다. 일반학교에서 장애학생이 교육을 받는 것은 단순히 해당 학교에 물리적으로 배치되어 학적을 두고 있는 것뿐 아니라 해당 학교에서 운영하고 있는 교육과정에 참여하는 것까지를 의미한다. 또한 일반학교 교육과정에 참여하면서 교내외에서 장애를 가지지 않은 다른 일반학생들과의 학업적·사회적·정서적 상호작용까지도 통합교육의 범위로 본다.

우리나라에서 통합교육을 정의한 것은 1970~1980년대 특수교육과 관련된 내용을 규정하던 「특수교육진흥법」에서 출발한다. 「특수교육진흥법」에서는 통합교육을 다음과 같이 정의하였다(제2조 제6항).

> **「특수교육진흥법」의 통합교육 정의:** 특수교육 대상자의 정상적인 사회적응 능력의 발달을 위하여 일반학교에서 특수교육 대상자를 교육하거나 특수교육기관의 재학생을 일반학교의 교육과정에 일시적으로 참여시켜 교육하는 것

이 정의는 포괄적인 관점에서 통합교육을 규정하고 있기는 하나 어떠한 이념이 통합교육을 지탱하고 있으며, 어떻게 통합교육이 이루어져야 하는지에 대한 구체적인 내용이 담겨 있지 않다. 다만, 통합교육을 교류적 차원에서 일반교육과 특수교육이 함께 장애학생을 교육하는 것이라고 보고, 두 교육체제를 모두 인정하고 있는 형태다(한국통합교육학회 편, 2005). 또한 통합교육의 목적은 장애학생의 사회적 능력을 발달시키는 데 초점을 맞추고 있다. 「특수교육진흥법」의 시대를 마감하고 비교적 최근에 발효된 「장애인 등에 대한 특수교육법」(2008)에 나타난 통합교육은 좀 더 진일보한 형태를 띠고 있다(제2조).

> **「장애인 등에 대한 특수교육법」의 통합교육 정의:** 통합교육이란 특수교육 대상자가 일반학교에서 장애 유형·장애 정도에 따라 차별받지 아니하고 또래와 함께 개개인의 교육적 요구에 적합한 교육을 받는 것을 말한다.

「장애인 등에 대한 특수교육법」에서 규정하는 통합교육은 기존의 정의와 달리 장애학생 교육의 근본원리인 개별화교육이 통합교육 상황에서 이루어져야 한다는 점을 내포하고 있다. 또한 단순히 제한된 시간 동안에 일반교육에 포함되는 것을 넘어 차별 없이 포괄적 관점에서 장애학생 개인의 교육적 요구 전반에 적합한 교육을 받는 것을 목적으로 한다. 물론 이러한 정의도 통합교육을 실행하는 것에 대한 구체적인 방법을 제시하고 있지는 않지만, 철학적인 기조를 담고 있다는 측면에서 좀 더 발전적인 형태라고 볼 수 있다.

통합교육은 장애학생이 가진 장애의 유형과 정도에 상관없이 가능한 한 자신이 속한 지역사회에서 구성원으로 인정받고 그 사회에 기여할 수 있도록 하는 데 목적이 있다. 구체적으로 통합교육은 네 가지 목표를 갖는데, 다양성을 인정하고, 교육의 평등성을 추구하며, 교육의 수월성을 보장하고, 구성원 간의 조화를 통해 공동체 사회

〈표 3-1〉 통합교육의 목표 및 내용

목 표	내 용
다양성의 인정 및 수용	개인 간의 차이를 인정, 수용, 존중. 개인의 능력이 서로 다름에 대해 차별하지 않고 독특한 요구로 인정
교육의 평등성 추구	동일한 교육을 제공하는 것이 아닌 개인이 지닌 학습능력과 요구에 적합한 교육 서비스를 제공
교육의 수월성 보장	수월성을 보장하는 것을 우수학생 교육에 국한시키지 않고 개인의 잠재력을 최대화한다는 측면에서 이해하는 것이 필요. 장애학생의 잠재력을 최대한으로 계발시켜 준다는 측면에서의 수월성 보장
공동체 사회의 구현	단 한 명의 구성원도 소외시키지 않고 각자 역할에 맞는 수행을 하며 집단으로서 공동의 이익에 기여하고 조화를 이루며 더불어 살아가는 사회 구현

출처: 한국통합교육학회 편(2005: 20-21)을 수정.

를 구현하는 것이 그것이다(정대영, 2005). 〈표 3-1〉은 통합교육의 네 가지 목표와 그 내용을 간략하게 정리한 것이다.

2) 통합교육의 근거

통합교육은 20세기 후반 특수교육의 패러다임이 장애를 아동 개인의 결함으로 보던 관점에서 개인과 환경 사이에서 발생하는 여러 가지 요인의 상호작용으로 보는 다원주의적인 관점으로 교체되는 시점에 활발히 논의되었다. 통합교육은 기존에 장애학생들만 모아서 교육하던 분리교육에서 장애학생이 일반교육이라는 주류 속에 포함되어 학습의 공동체 안에서 이들의 교육적 요구를 충족시켜야 한다는 교육의 재구조화 측면에서 대두된 개념이다(한국통합교육학회 편, 2005). 여기에서는 통합교육의 근거가 된 철학적 개념과 사회적 움직임, 법적 근거에 대해 간단히 살펴보고자 한다.

(1) 정상화의 원리

통합교육의 철학적 개념을 한 가지 꼽으라고 한다면 바로 정상화(normalization)의 원리를 들 수 있다. Wolfensberger(1972)는 장애인 교육에 정상화의 원리를 적용하면서, 문화적으로 보편적인(정상적인) 방법을 통하여 가능한 한 개인의 행동, 경험, 지위, 평판 등을 높이고 그들에게 적어도 보통 사람들이 살아가는 수준의 생활을 할 수 있도록 하는 것으로 정상화를 설명하였다(박승희, 2003).

정상화의 원리를 통해 장애인이 일반인(비장애인)과 더불어 생활하는 범위나 영역이 확대되었고, 이는 그들을 위한 교육의 목적과 수단 역시 비장애인을 위한 교육의 목적 및 수단과 동일 혹은 유사할 때, 비로소 장애인이 정상적인 사회로 통합될 수 있음을 의미한다.

(2) 탈시설화

탈시설화(deinstitutionalization)운동은 1960년대 외부로부터 장애인을 보호한다는 미명하에 이들을 시설에 수용하고 비인간적인 처우를 행함에 대한 사회적 반기로 행해졌다. 탈시설화는 장애인을 수용시설이 아닌 지역사회로 이동시킨 사회운동의 하나로 장애인이 시설이 아닌 가정에서 양육되고, 지역사회 내 학교 또는 작은 규모의 기관에 거주 · 생활하게 된 계기가 되었다.

(3) 최소제한환경

최소제한환경(least restrictive environment: LRE)은 법적 용어로 장애인의 삶이 가능한 정상적이어야 한다는 관점에서 출발하였다. 최소제한환경이란 장애학생이 최대한 자신의 거주지와 인접한 학교에서 장애를 가지지 않은 또래와 함께 교육을 받아야 하며, 일반 교육과정과 학교 내 · 외 활동에 적극적으로 참여할 수 있어야 한다는 의미다(Rosenberg, Westling, & McLeskey, 2008). 이때 일반학급이 적절한 지원과 교수적 수정 등의 서비스를 통하여 학급 내 모든 학생의 요구를 충족시킬 수 있으면, 이 일반학급은 장애학생에게 최적의 서비스를 제공해 줄 수 있는 최소제한환경이 될 수 있다. 그러나 최소제한환경이 반드시 일반학급을 의미하는 것은 아니다. 장애의 특성과 심각성으로 인해 적절한 보조도구와 서비스가 제공된다 하더라도 장애학생의 교육적 요구가 충족되기 어려울 때는 일반 교육환경에서 장애학생을 분리할 수 있다. 따라서 최소제한환경을 학생이 가장 잘할 수 있는 환경(most enabling environment)으로 이해하는 것이 더 긍정적인 방식으로 개념화하는 것이라는 관점이 있다(Mercer & Mercer, 2005).

3) 통합교육의 성과 및 혜택

　통합교육에 대한 논의가 활발히 진행되면서 장애학생과 비장애학생 각각 그리고 두 집단 모두에게 통합교육이 어떠한 혜택을 줄 수 있으며 어떠한 교육적 성과를 가져오는지에 대한 증거가 속속들이 보고되고 있다. 학업적 측면에서 경도장애학생들은 분리된 교육보다는 통합교육의 환경에 있을 때 더 높은 학업성취를 보였다는 연구 결과가 보고되었다. 또한 중도장애학생들의 경우에도 개별화교육계획의 질이 더 향상된 것을 볼 수 있었다. 사회적·정서적으로도 장애학생들은 통합 프로그램에 더 적극적으로 참여하고 사회적 능력의 향상을 보였으며, 행동문제의 개선도 보였다. 보통 통합교육을 실시할 때 가장 많이 걱정하는 것이 비장애학생의 학업성취가 저하되지 않을까 하는 우려인데 연구 결과, 장애학생의 존재가 비장애학생의 학업성취를 방해하지 않았고, 수업시간도 줄어들지 않았으며, 장애학생을 통해 다양성을 이해하고 정서적 능력도 강화되는 모습을 보였다(Peterson & Hittie, 2003; Salend, 2001).

　통합교육의 교육적 성과를 한마디로 요약하는 것은 결코 쉬운 일은 아니지만, 통합교육이 장애학생과 비장애학생 모두에게 사회적·정서적·학업적으로 도움이 된다고 요약할 수 있다. 통합교육의 성과는 어찌 보면 어떻게 통합교육을 실행하는가의 문제이지 어떤 교육 형태가 더 우월하고 다른 교육 형태는 그렇지 않다는 이분법적인 관점으로 해석할 일은 아니다. 통합교육이 추구하는 철학적 근거나 사회적·윤리적 요구를 충족하면서 모든 학생의 교육의 질을 높일 수 있는 방식의 채택은 통합교육의 성과를 결정하는 가장 중요한 조건이 된다.

2. 통합교육의 실행모델

　장애학생을 통합할 때 통합이 실행되는 수준에 따라 세 가지로 나누어 볼 수 있다(박승희, 2003). 제Ⅰ수준은 제한된 통합, 제Ⅱ수준은 중도통합, 제Ⅲ수준은 완전통합이다. 제Ⅰ수준인 제한된 통합은 보통 비정기적인 형태로 통합이 이루어진다. 대개 제한된 통합은 특별활동을 중심으로 비교적 짧은 시간 동안 이루어지는 경우가 많은데,

교사가 통합을 위한 특별한 계획을 수립하기보다는 아주 미비한 수준에서의 활동 수정이나 지원이 제공되는 것이 특징이다. 제Ⅱ수준인 중도통합은 시간이나 요일 등에 있어 정기적인 스케줄이 있고, 국어, 수학과 같은 핵심교과를 중심으로 장애학생이 일반학급에서 교육을 받으며, 제Ⅰ수준에 비해 공식적이고 구조화된 특성을 가진다. 제Ⅲ수준인 완전통합은 장애학생이 특수교육 관련 서비스의 지원이 없는 한 온전히 일반학급의 일정을 거의 다 수행하고 대부분의 교과목을 통합학급에서 배운다. 이때 일반교사가 통합을 전적으로 담당하는 것은 아니다. 특수교사와의 밀접한 협력관계를 통해 일반교사가 수업을 진행하는 데 필요한 교수적 수정에 대해 특수교사가 자문해 주거나 협력교수의 형태로 일반교사와 특수교사가 함께 학생을 가르치기도 한다. 제Ⅰ수준의 제한된 통합은 일부 선구자적인 교사들에 의해 실시되는 것이 일반적이며 개인적인 노력과 헌신의 수준에서 이루어졌다. 최근에는 법적으로도 보장된 좀 더 공식적인 차원에서 장애학생들의 통합을 행하는 제Ⅱ수준의 중도통합(부분통합이라고 불리는 것이 일반적이다)과 대부분의 교과에서 장애학생과 일반학생 모두가 함께 공부하는 제Ⅲ수준의 완전통합 형태가 많이 이루어지고 있다.

통합교육을 실행함에 있어서 장애학생의 교육적 배치 서비스 모형에 대한 이해는 필수적이다. 장애학생의 교육적 배치는 장애판별을 받은 후 학생의 개별화교육팀에 의해 협의, 제안되는데, 학생에게 최소제한환경이라고 인식되는 교육환경으로 결정하게 된다. 이때 제안되는 교육환경은 제한 정도에 따라 그 형태가 매우 다양하며 연속체로 제시되어 학생의 현행 수준이나 진보 정도에 따라 연속체상에서 이동이 가능하다. [그림 3-1]은 장애학생의 교육적 배치 서비스 모형이다.

장애학생을 위한 교육적 배치 서비스는 그 형태는 다양하지만 크게 일반학교에서 배치하는 통합교육과 장애학생만 따로 교육하는 특수학교 등의 분리교육 형태로 나뉜다. 이러한 배치 모형은 ① 장애학생이 일반학급에 적을 두고 해당 학급의 일과를 모두 수행하는 완전통합의 형태인 '일반학급', ② 장애학생이 일반학급에서 교육을 받고 이 학생을 담당하는 일반교사가 특수교사로부터 학생의 교육을 위해 필요한 자료나 상담을 받는 '일반학급+자문 서비스', ③ 장애학생이 일반교실에 있으면서 필요한 교과목이나 활동에 한하여 특수교사가 일반학급에 투입되어 교육을 제공받는 '일반학급 내 순회 서비스', ④ 일반학급에서 주로 교육을 받지만 방과 후 등의 특별시간 동안에 학습도움실(자료실)을 이용하는 '일반학급과 학습도움실의 혼합형',

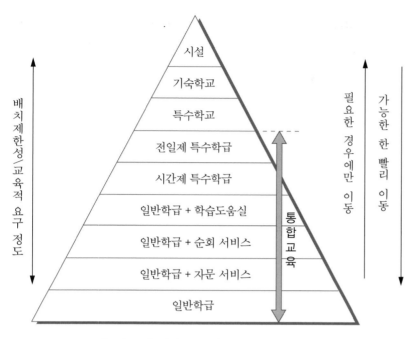

[그림 3-1] 장애학생 교육적 배치 서비스 모형

출처: Mercer & Mercer(2005).

⑤ 학생 개인에게 특별한 지원이 필요한 교과목(주로 국어, 수학 등)을 배우기 위해 시간제로 학습도움실을 이용하는 '시간제 특수학급', ⑥ 일반학교에 학적을 두고 있지만 교육시간의 대다수를 특수학급에서 보내는 '전일제 특수학급'이 있다. 완전통합된 일반학급에서 전일제 특수학급까지는 통합교육의 테두리 안에서 장애학생이 교육을 받는 것으로 본다.

통합교육을 통해 교육적 혜택을 많이 받기 어려운 경우는 ⑦ 특수학교, ⑧ 기숙학교, ⑨ 시설 배치의 순으로 교육적 배치를 결정할 수 있다. 교육적 배치를 결정할 때 정상화의 관점에서 완전통합형 일반학급 배치를 가장 먼저 고려해야 하나, 학생이 가장 잘할 수 있는 환경의 관점에서 조심스럽게 배치 연속체의 다른 단계를 고민해 볼 수 있다(Mercer & Mercer, 2005). 제한이 더 많은 환경으로 갈 때는 정말 필요한 경우에만 이루어져야 하고, 학생이 진전을 보이면 가능한 한 빨리 제한이 덜한 환경으로 이동시킬 수 있다. 장애학생의 배치는 학생, 부모를 포함하여 교사 등의 다양한 관련 전문가(교육팀)에 의해 매우 신중하게 결정되어야 한다.

3. 통합교육의 현황

　우리나라에 장애학생의 통합교육이 소개된 지도 20여 년이 넘었다. 20여 년 동안 통합교육은 장족의 발전을 거듭하여 특수교육 분야에서 하나의 큰 영역으로 자리매김하게 되었다. 통합교육의 발전상은 장애학생이 일반 교육환경에 포함된 비율을 통해 살펴볼 수 있다. 2007년 이후 장애학생이 통합교육환경에 배치된 비율은 점차 증가 추세에 있고(1장의 〈표 1-5〉 참조), 2015년 특수교육통계(교육부)에 의하면 특수교육 대상학생 총 88,067명 중에 특수학급을 포함하여 일반학교에 배치된 인원은 61,973명으로 약 70%에 해당한다. 이는 장애학생의 대다수가 통합교육환경에 배치되어 있고, 통합교육이 특수교육의 주된 교육 서비스가 됨을 의미한다.

　학교 과정별로는 초등 일반학교에 배치된 특수교육 대상학생의 수가 가장 많았고(31%), 중학교 과정(17%), 고등학교 과정(18%), 유치원 과정(4.3%)의 순이었다. 그리고 일반학급, 즉 전일제 통합학급 배치보다는 특수학급(80%) 배치가 우세하였다. 일반학교에 배치된 특수교육 대상학생의 장애영역으로는 지적장애의 수가 가장 많고, 지체장애, 자폐성장애의 순이었다. 장애영역별로 차이는 있으나 대체로 전일제 통합학급보다 특수학급에 배치되는 비율이 높은 편이다. 지적인 능력에 큰 영향을 미치지 않는 청각장애와 건강장애의 경우는 특수학급보다는 전일제 통합학급에 배치된 비율이 월등히 높았다. 2015년 특수교육 대상학생의 배치 및 장애영역별 현황은 〈표 3-2〉에서 찾아볼 수 있다.

　일반적으로 일반학교에 배치된 학생만이 통합교육을 받는 것으로 생각하지만 특수학교에 배치된 장애학생들 역시 통합교육을 받고 있다. 특수학교에 다니는 학생들은 소속된 학교에 따라 다르긴 하지만 보통 학기별로 1회 또는 많이는 월 1회 이상 인근에 있는 일반학교로 가서 비장애 또래학생들을 만나거나 인근 학교에 다니는 비장애학생을 특수학교로 초청(역통합)하여 함께 활동하는 형태로 통합교육의 혜택을 누리고 있다. 2015년 특수교육 실태조사 결과에 의하면 두 가지 형태를 모두 취하는 비율이 가장 높았다. 그리고 학년이 올라갈수록 1회 1~2시간 미만의 활동을 운영하는 비율이 줄고 2~3시간 이상의 활동이 이루어지는 비율이 점차 증가하는 것으로 나타났다.

〈표 3-2〉 2015년 특수교육 대상학생의 배치 및 장애영역별 현황   (단위: 명)

배치별			특수학교	일반학교		특수교육 지원센터	계
				특수학급	일반학급 (전일제통합학급)		
특수교육 대상학생			25,531	46,351	15,622	563	88,067
학생 수	장애영역별	시각장애	1,353	291	435	9	2,088
		청각장애	952	765	1,752	22	3,491
		지적장애	14,819	28,744	4,001	80	47,716
		지체장애	3,707	4,246	3,010	171	11,134
		정서·행동장애	199	1,624	707	–	2,530
		자폐성장애	4,000	5,363	675	7	10,045
		의사소통장애	85	997	961	2	2,045
		학습장애	13	1,891	866	–	2,770
		건강장애	48	238	1,649	–	1,935
		발달지체	283	2,192	1,566	272	4,313
		계	25,531	46,351	15,622	563	88,067
	학교과정별	장애영아	179	–	–	563	742
		유치원	883	2,039	1,822	–	4,744
		초등학교	6,472	20,991	6,128	–	33,591
		중학교	6,142	11,312	3,654	–	21,108
		고등학교	7,581	11,823	4,018	–	23,422
		전공과	4,274	186	–	–	4,460
		계	25,531	46,351	15,622	563	88,067
학교 및 센터 수			167	7,397	6,972	196	10,908
				10,528			
학급 수			4,454	9,868	(14,580)	61	28,963
특수학급(급)교원 수			7,863	10,185	–	291	18,339
특수교육 보조인력 수			3,386	6,483	471	–	10,340

출처: 교육부(2015b: 4).

유치원(영아 포함)
5,486명
(6.2%)

고등학교
(전공과 포함)
27,882명
(31.3%)

초등학교
33,591명
(38.1%)

중학교
21,108명
(24.0%)

※ 계: 88,067명

[그림 3-2] 2015년 학교급별 특수교육 대상자 현황

출처: 교육부(2015b: 4).

4. 통합교육의 성공요인

장애학생을 위한 통합교육을 성공적으로 이끌기 위해서는 학교 및 학급에서 여러 가지 사항을 준비하고 조율하는 과정이 필요하다. 이 과정에서 교사는 장애학생을 포함한 모든 학생이 통합교육을 받으며 교육적 혜택을 누릴 수 있도록 도와야 한다.

1) 성공적인 통합교육을 위한 학급경영

학급경영은 교실에서 교수와 학습이 동시에 일어나는 상황을 관리하는 것을 의미하는데, 교사가 학생에게 맞는 교수·학습 활동을 계획하고 이를 적절히 실행해 간다면 학급관리는 큰 무리 없이 이루어질 수 있다. 학급의 관리는 학생이 수업활동에 참여하고 과제를 적극적으로 수행할 수 있게 만드는 것인데, 학생이 활동을 의미 있고 자신에게 유익한 것으로 받아들일 수 있으면 학급관리가 더 수월해진다. 통합학급이 장애학생을 포함하여 모든 학생에게 양질의 교육을 제공할 수 있는 교육의 장으로 거듭나기 위해서는 효과적인 학급경영을 위한 원칙이 필요하다(Mercer & Mercer, 2005).

(1) 긍정적인 학급 분위기

교사는 모든 학생이 배울 수 있고 교사가 그것을 가능하게 한다는 믿음으로 긍정적인 학습환경과 분위기를 조성해야 한다(Alderman, 1990). 긍정적 학습환경에서는 학생의 학습에 대한 실질적인 기대를 하고, 학생의 단점보다는 강점에 바탕을 둔 교수 계획을 수립하고 이를 실행하며, 학생의 진보를 꾸준히 점검하고, 성과에 대해서는 적절한 강화를 제공할 수 있어야 한다.

(2) 학급규칙

학급도 작은 사회이므로 그 사회에서 필요로 하는 행동과 절차의 지침이 필요하다. 효과적인 학급운영을 하는 교사는 항상 학급규칙을 세우고 이를 때론 엄격하게 때론 융통성 있게 적용한다. 학급규칙은 교사가 학생에게 기대하고 있는 바를 알려 주므로 학습환경의 조성과 학생행동의 지침이 되어 준다. 다음은 학급규칙을 수립하는 데 따라야 할 지침에 대한 소개다(Emmer, Everston, & Worsham, 2003; Mercer & Mercer, 2005).

- 학생이 쉽게 기억할 수 있도록 보통 4~6개 이내로 학급에서 필요한 최소한의 규칙만 선정한다(예: 말을 하고 싶을 때는 손을 든다, 종이 울리면 자기 자리에 앉아 수업자료를 책상 위에 펴 놓는다).
- 학급규칙은 긍정문으로 기술한다. 부정적인 진술('~하지 마시오.')은 잘못된 행동에 대한 지적은 되지만 어떤 행동이 적절한지에 대한 정보를 제공하지 못한다(예: '친구와 싸우지 않아요.' 대신에 '친구와 사이좋게 지내요.').
- 규칙을 준수할 때와 어겼을 때의 후속 결과를 학생들과의 토의를 통해 결정한다. 결정된 후속 결과는 일관되게 지키고 공정한 방식으로 적용되어야 한다.
- 개별적인 수업활동이나 목표에 따라 일부 규칙은 조정할 수 있다. 수업시간에 조용히 한다는 학급규칙이 있다 하더라도 토의시간에는 학생들이 활발히 자신의 의견을 개진할 수 있도록 허용한다.
- 학교에서 제안하는 규칙을 학급규칙에 포함시킨다. 학교에서 제안하는 규칙이

교실에도 적용되어야 하며 학생으로서 지킬 수 있도록 한다.
- 학급규칙은 교사와 학생 모두가 잘 볼 수 있는 곳(주로 교실 앞쪽)에 게시하고 학생들에게 자주 상기시킨다.

학급규칙은 학생들을 참여시켜서 제정할 때 가장 효과적이므로, 학생들이 학급규칙의 필요성을 인식하게 하고 그 내용을 토의를 통해 결정하도록 하는 것이 좋다. 아무리 학생들이 정한 학급규칙이라 하더라도 이것이 저절로 익혀지는 것은 아니므로 교사는 학기 초에 학급규칙을 가르치고 학생들이 습득, 연습할 수 있는 시간을 주어야 한다.

(3) 학생의 수업 참여와 집중

학생이 수업에 참여하고 집중하는 행동은 수업에서 제시되는 내용을 학습하는 데 필수적이다. 그러나 많은 학생이 수업에 적극적으로 참여하고 집중하는 데 어려움을 나타내고, 일반학급에 통합된 장애학생은 특히 이 부분에서 문제를 보인다. 따라서 장애학생이 포함된 학급의 수업을 담당하는 교사는 학생이 수업에 참여하고 집중할 수 있도록 도와주는 다양한 방법에 대해 알고 이를 수업에 활용할 수 있어야 한다(서선진, 2008).

〈표 3-3〉에서는 장애학생을 포함한 학급의 효과적인 학급경영 방법의 예시를 정리하였다.

〈표 3-3〉 효과적인 학급경영 방법의 예

구 분	방 법
기대에 대한 의사소통	• 학생의 행동에 대한 교사의 기대는 분명해야 하고 긍정적이어야 한다. • 다른 사람을 존중하는 행동을 알고 이를 규칙에 반영한다. • 기대되는 행동과 허용되지 않는 행동에 대한 분명한 설명과 예시가 제공되어야 한다. • 규칙과 절차를 반드시 지키고 이를 위반했을 때는 후속 결과를 소개한다. • 학생이 학습에 대한 책임을 갖도록 하고 자신의 진보에 대해 기록하고 이를 그래프에 표시하여 점검할 수 있게 한다.

학급규칙	• 과제 수행에 대해 구체적이고 묘사적인 칭찬과 피드백을 제공한다. • 교사의 관심과 주의를 긍정적인 사건과 부정적인 사건에 대해 3:1 비율로 유지한다. • 점진적으로 적절한 행동에 대한 강화에서 학업성취에 대한 강화로 옮겨 간다. • 불시에 칭찬을 하고, 칭찬은 구체적일수록 좋다. • 학생이 규칙을 잘 따를 수 있도록 자주 언어적으로 조언을 제공한다. • 적절한 행동이나 노력, 성공적인 과제 완수, 새로운 과제나 어려운 과제를 수행하는 것에 대해 긍정적인 강화를 제공한다. • 다양한 강화방법을 사용하고 강화인자는 위계를 두어 활용한다.
수업 참여를 촉진할 수 있는 방법	• 목표가 되는 내용을 습득하기 위해 필요한 능력이나 기술을 미리 학습하도록 하거나 이미 학습한 전략이나 절차를 활용하게 한다. • 자기점검, 자기기록, 자기평가 등의 자기관리 방법을 가르친다. • 학급에서 제공되는 내용, 활동에 대해 명시적인 교수방법을 활용하여 분명하게 교수한다. • 학생이 새로 배우는 내용을 기존 지식과 연계할 수 있도록 은유, 일화, 구체적인 예시를 활용한다. • 학생이 과제를 정확하게 수행하고 있는지, 도움을 필요로 하고 있는지를 점검하기 위하여 자주 교실을 순회하며 학생을 살핀다. • 학생에게 과제 풀이 과정을 자주 소리 내어 이야기하게 한다. • 문제해결 과정에서 학생들이 서로 협력하고 상호작용할 수 있게 한다.

출처: Mercer & Mercer(2005: 148).

(4) 일반교사와 특수교사의 협력

장애학생이 포함된 학급에서 성공적으로 통합을 이루기 위해서는 일반교사와 특수교사와의 협력이 필수적이다. 통합학급 내에서 일어나는 여러 가지 교수 · 학습 활동 및 학생관리의 문제는 일반교사 혼자만의 힘으로 해결하기 어려운 것들이 많다. 장애학생이 통합되는 상황에 필요한 지원은 특수교사와의 협력을 통해 얻을 수 있는데 자문, 협력교수 등이 그 방법이 된다. 일반교사와 특수교사의 협력에 대한 내용은 6장에서 상세히 서술된다.

2) 성공적인 통합교육을 위한 가치교육과 사회성 증진 프로그램

장애학생이 포함된 통합학급에서 장애와 다양성에 대한 이해와 가치의 나눔은 통합교육을 성공으로 이끄는 토대가 된다. 일반학급에 통합된 장애학생의 상당수는 또래들과의 관계를 형성하거나 유지하는 데 상당한 어려움을 가진다. 일반적으로 장애학생은 또래로부터 거부 혹은 무시를 당하거나, 친구관계를 형성한다 하더라도 또래로부터 일방적으로 도움을 받는 경우가 허다하다. 따라서 장애학생이 일반학급에서 사회적으로 수용되고 대등한 또래관계를 형성할 수 있을 때 진정한 의미의 사회적 통합이 이루어질 수 있다(Janney & Snell, 2000).

또래들의 사회적 수용을 촉진하기 위해서는 장애 자체에 대한 이해와 다양성의 이해, 차이와 차별의 구분, 상호 호혜의 정신, 의존과 지원의 구분과 같은 다양한 가치에 대한 설명과 토론이 필요하다. 다시 말하면, 장애학생을 친구로 받아들이기 위해 장애를 다양성의 한 부분으로 인지하고, 이를 차별하기보다는 독특한 특성으로 그 차이를 인정해야 한다. 또한 장애를 가진 친구를 도움이 필요한 의존적인 존재로 인식하고 일방적으로 도움을 주거나, 장애학생은 또래 친구로부터 받는 도움을 당연한 것으로 여기기보다는 서로 도움을 주고받을 수 있는 평등한 관계를 수립해야 하는 것에 대해 이야기해야 한다. 이러한 가치의 나눔과 공유는 장애학생이 통합학급에서 사회적으로 수용되고 학급의 구성원으로 인정받는 것을 넘어 이후 이들이 성인으로 성장하였을 때 사회적으로 중요한 구성원으로 기여할 수 있는 밑거름이 된다.

장애학생과 또래들 간의 사회적 관계를 향상시키기 위한 가치교육의 방법으로 활용할 수 있는 활동으로는 장애이해교육, 친구모임, 특별친구 등이 있다.

(1) 장애이해교육

장애와 관련된 잘못된 고정관념이나 편견을 바로잡고 장애에 대한 올바른 이해를 할 수 있도록 도움을 주는 것이 바로 장애이해교육이다. 장애이해교육은 장애를 능력의 있고 없음으로 나누는 것이 아니라 개인의 독특한 특성의 하나로 볼 수 있도록 하고 장애를 가진 개인에 대한 존중을 배울 수 있도록 한다. 장애이해를 위해 사용할 수 있는 방법으로 장애 관련 도서 읽기 및 비디오 시청 후 토론하기, 장애인이나 가족 또는 관련 전문인을 초청한 특강 참여하기, 장애체험하기 등이 있다.

이 중 장애 관련 도서와 비디오를 보고 토론이나 감상문을 쓰는 활동은 비교적 손쉬운 편이며 다양한 자료를 접하거나 활용할 수 있다. 장애 관련 도서와 비디오 등을 선정할 때 교사나 부모가 참고할 만한 기준은 다음과 같다(이대식, 김수연, 이은주, 허승준, 2011; Elwan, 1999; Slapin, Lessing, & Belkind, 1987).

- 학생들의 읽기 수준에 적합한 단어와 양식의 책인가?
- 장애에 관련된 사실에 기반하고 있으며 현실적인 내용을 담고 있는가?
- 장애인이 직면할 수 있는 다양한 상황과 환경을 묘사하고 있는가?
- 장애인이 독립적이고 유능하며 긍정적인 이미지로 묘사되고 있는가?
- 특정 장애로 인해 생길 수 있는 제한을 수정하거나 조정할 수 있는 대체방법 등이 제시되어 있는가?
- 장애인이 가지고 있는 어려움이 개인의 특성으로 비춰지며 차이로 인지할 수 있는가?
- 장애인은 다양한 감정과 많은 생각을 가지고 있는 다차원적인 사람으로 묘사되는가?
- 삽화나 관련 정보 등이 장애나 장애인에 대한 정확한 설명을 하고 있는가?

통합학급에서 일반학생들을 대상으로 장애를 직접 체험해 볼 수 있게 하는 활동 역시 장애이해교육의 활동으로 많이 활용되고 있다. 장애체험 활동의 궁극적인 목적은 장애의 불편함을 체험하는 것을 넘어 장애를 가진 사람들을 위한 지원은 어떠해야 하며, 그러한 지원의 방안을 이해할 수 있게 하는 것이다(박승희, 2003). 지적장애나 정서·행동장애는 장애학생 비율의 상당수를 차지하고 있어(국립특수교육원, 2015) 통합학급에서 일반학생들이 해당 장애를 가진 또래들을 만날 가능성이 높지만 실제로 이를 체험하기에는 어려움이 많다. 따라서 장애체험 활동에 주로 등장하는 장애는 지체장애, 시각장애, 청각장애, 학습장애 등이다. 장애체험 활동을 계획하고 실행하면서 유의해야 할 주요사항은 다음과 같다(이대식 외, 2011).

- 장애체험은 장애 자체와 장애를 가진 학생의 긍정적이고 독특한 특성에 초점을 두어야 하고 동정이나 연민으로 장애와 장애인을 바라보기보다는 장애를 극복할 수 있는 방법에 역점을 두어야 한다.
- 장애체험을 하기 전에는 반드시 왜 이러한 체험을 하는지에 대한 이유를 설명해야 하고, 활동 후 토론의 시간을 가져야 한다.
- 장애체험을 할 때는 해당 장애가 가진 독특성이나 차별성을 강조해야 하고 해당 장애를 가진 사람들을 적절하게 지원하기 위한 방안에 대해서도 생각해 보아야 한다.

통합학급에서 체험해 볼 수 있는 장애별 활동의 예시는 〈표 3-4〉에서 찾아볼 수 있다.

〈표 3-4〉 장애별 체험활동의 예

장애명	체험활동
시각장애	• 학생 두 명을 짝이 되게 하여 이 중 한 명은 눈가리개를 하고 시각장애인 체험을 하고, 다른 한 명은 도우미가 되어 시각장애 체험을 하는 친구를 보조한다. 일정 시간 동안 눈가리개를 하고 일상적인 활동을 하게 하고, 언어적 도움만을 받으며 학교 내부 다른 활동실(예: 과학실, 급식실 등) 등으로 이동할 수 있다. 일정 시간이 지난 후 역할을 바꾼다. • 간단한 점자학습을 한 후 눈을 가리고 점자가 표시된 카드놀이를 하게 한다. 놀이모둠에서 1~2명은 눈을 가리지 않은 상태에서 놀이에 참여하게 하고, 자신이 가지고 있는 카드를 말로만 설명하게 한다.
청각장애	• 음성을 제거한 상태에서 영화나 드라마 등을 보면서 어떤 내용인지를 짐작해 보게 하고 질문에 답하게 한다. 토론시간이 완료되면 음성기능을 활성화하여 영상물을 감상하고 동일한 질문에 답을 하며 음성이 제거된 상태에서 이해하고 답한 것과 비교해 본다. • 귀를 막은 채로 다른 사람이 제시하는 몸짓이나 표정만으로 제시하는 추상적인 개념(예: 행복, 사랑)을 보고 질문에 답한다. 추상적인 개념의 설명을 이해하기 어렵다면 구체적인 형태가 있는 사물에 대한 설명을 몸짓이나 표정만으로 알아챌 수 있는지를 연습해 볼 수 있다.
지체장애	• 학생이 주로 사용하는 팔의 팔꿈치 관절에 부목을 대고, 다른 한 팔은 뒤로 묶은 후 머리 빗기나 색칠하기, 숟가락질하기, 신발끈 매기 등을 해 보게 한다. • 휠체어를 타거나 다리 관절에 부목을 대고 화장실 가기 등의 일상생활을 하거나 교실 간 이동을 해 보도록 한다. 처음에는 동일한 층에 있는 교실 간의 이동을 해 보다가 익숙해지면 층을 바꾸어 이동을 해 볼 수 있다. 목발 등의 보장구를 이용할 경우 학생들의 안전에 주의한다.
학습장애	• 학생 앞에 거울을 놓고 거울에 비친 글자나 숫자를 읽거나 해당되는 글자를 써 보게 한다. 이후 거울이 없는 상태에서 과제를 수행한 후 두 가지 수행을 비교해 보게 한다. • 중간에 알 수 없는 기호들이 포함된 읽기자료를 소리 내어 읽어 보게 하고 관련 질문에 답하게 한다.

출처: 박승희(2003: 242-243)를 수정.

(2) 친구모임

친구모임(circle of friends; Forest & Lusthaus, 1989)은 장애학생이 일반 또래들과 우정 관계를 형성하고 유지할 수 있는 사회적 지원망을 구축할 수 있도록 도와주는 방법이다. 친구모임은 총 4단계를 통해 이루어진다.

① 장애학생과 친구모임을 함께할 학생을 모집한다

이때 참여 학생의 자발적 의사가 매우 중요하다. 프로그램의 효과성을 높이기 위해 학급에서 이미 사회적 수용도가 높은 인기 학생을 포함시키는 것이 좋다(O'Brien, Forest, Snow, & Hasbury, 1989).

② 장애학생을 처음 소개하는 활동으로 '친구 동심원 채우기'를 실시한다

'친구 동심원 채우기'는 본인의 이름을 중심으로 3개의 동심원이 그려진 종이에 가장 안쪽부터 내 일생에서 가장 소중한 사람, 내가 가장 좋아하는 절친한 친구, 내 이름은 알고 있지만 친하지 않은 같은 반 급우의 이름을 작성한다. 친구모임에 소속

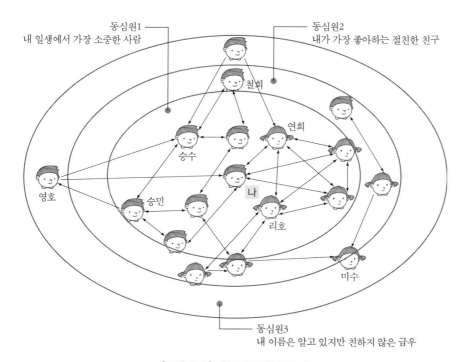

[그림 3-3] 친구 동심원 채우기

된 학생들 모두가 돌아가며 자신의 동심원에 대해 발표하고 마지막에 장애학생의 것을 발표한 후 비교해 본다. 그리고 장애학생의 동심원을 채우기 위해 필요한 일들에 대해 논의한다.

③ 학생들의 일정을 조정하여 상호작용할 수 있는 시간과 활동을 계획하고 실행한다

학생들이 함께할 수 있는 활동은 교내, 교외, 지역사회 내에서 이루어질 수 있고 일상적으로 친구들끼리 할 수 있는 활동(예: 화장실 같이 가기, 동아리 활동 같이하기, 숙제 같이하기, 분식집 들르기, 문자 보내기, 생일 축하 파티에 초대하기, 함께 놀기 등)을 포함한다.

④ 교사와 함께 정기적으로 모임을 갖고 서로의 상호작용에 대해 평가하고 갈등을 해결한다

특히 친구모임 초기에는 장애학생과 다른 또래들이 제대로 상호작용을 하고 있는지를 확인하기 위한 모임이 자주 필요하고, 구체적인 상호작용에 대한 방법을 알려 주어야 한다. 갈등은 가능하면 협력적인 방식으로 해결할 수 있게 지원한다.

(3) 특별친구

특별친구(special friends)는 장애가 심한 학생의 또래 구성원 간에 수평적 관계 증진을 위해 만들어진 프로그램으로(Cole, Vandercook, & Rynders, 1988), 약 8주간, 회당 15분 정도씩 장애학생과 특별한 친구가 되기 위한 훈련을 받고 일주일에 2~3회 별도의 시간 동안 장애학생과 상호작용을 하게 한다. 이 훈련은 ① 일반학생이 장애학생과 통합되어 수업을 받을 준비를 시키기 위한 프로그램, ② 중도장애학생에게 부족한 사회적 기술의 지원, 그리고 ③ 연령, 욕구, 환경요인 등을 고려하여 장애학생과 일반학생 모두 함께할 수 있는 통합활동으로 구성되어 있다. 이 프로그램에서 장애학생과 일반학생은 동년배로 일대일로 짝지어지는데, 나이에 적합하고 이들에게 매력적인 활동들로 구성된 것이 특징이다.

3) 성공적인 통합학급에서의 행동관리

통합학급에서 장애학생이 보일 수 있는 방해행동을 비롯한 부적절한 행동은 학급에 속한 일반학생들의 학습시간과 장애학생의 사회적 명성에 부정적인 영향을 미친다. 따라서 장애학생이 보이는 부적절한 행동에 대한 효과적인 관리는 장애학생의 사회적 지위뿐만 아니라 궁극적으로 학업적 진보를 이루어 내는 데 필수적이라 할 수 있다. 따라서 통합학급에서 장애학생이 보일 수 있는 부적절한 행동에 대한 적절한 대처는 수업시간에 대한 방해를 최소화하면서 학생들 간의 사회적 관계를 해치지 않는 범위에서 이루어지는 것이 가장 좋다. 이러한 대처방법의 한 가지로 표면적 행동관리전략(surface management; Long & Newman, 1980)이 있는데, 관찰 가능한 문제행동을 관리하고 부적절한 행동이 부적절한 방식으로 강화되지 않도록 한다(Mercer & Mercer, 2005).

표면적 행동관리전략은 수업 중에 전체 활동이나 수업 흐름에 대한 방해를 최소화하며 이루어지기 때문에 효과적으로만 사용한다면 부적절한 행동을 교정하기 위해 사용되는 시간을 많이 줄이고, 교수 · 학습에 투자할 수 있는 시간을 최대한 활용할 수 있다. 표면적 행동관리전략에 대한 구체적 방법은 9장에서 찾아볼 수 있다. 그리고 통합학급에서 사용할 수 있는 행동관리 방법에 대한 자세한 내용은 10장에 소개되어 있다.

생각해 볼 문제

1. 통합교육을 경험하고 있는 장애학생이나 일반학생 또는 교사를 인터뷰해 보고 통합교육이 교육 당사자에게 미치는 영향에 대해 알아보시오.
2. 학급단위에서 성공적인 통합교육을 이루기 위해 해야 할 일들에 대해 생각해 보고 왜 이러한 일들이 필요한지에 대해 토의해 보시오.
3. 학급단위에서 통합교육을 실행하고자 할 때 발생할 수 있는 주요 쟁점에 대해 논의하고 여러분의 의견을 제시하시오.

추천 자료

에이블뉴스(http://www.ablenews.co.kr) 장애인 관련 정보 및 기사 제공.

장애우권익문제연구소(http://www.cowalk.or.kr) 장애인 관련 보도자료, 특강 정보, 공익소송 등의 자료실과 상담자료, 취업처 등에 대한 정보 제공.

장애인먼저실천운동본부(http://www.wefirst.or.kr) 장애인먼저 사업소개 및 간행물 검색, 주요 사업, 장애인식 개선 교육자료 제공.

특수교사놀이연구회(http://www.nolgi.org) 통합교육 관련 자료, 장애이해교육 관련 자료 제공.

아이소리(http://www.isori.net) 파라다이스복지재단에서 운영하는 사이트로, 장애인 관련 정 보 및 교육, 취업, 나눔 정보 제공.

용어 해설

완전통합(full inclusion) 장애아동이 장애의 유형이나 정도와는 상관없이 하루 종일 비장애 또래와 함께 일반학급에서 특수교육 및 관련 서비스를 제공받는 것이다.

정상화의 원리(principle of normalization) 장애나 기타 불이익을 경험한 사람들에게 불평등 하지 않은 환경 및 생활방식을 제공해 주기 위한 원리다. 스웨덴의 Nirje에 의해 처음 사 용되기 시작했고, Wolfensberger에 의해서 장애인 서비스의 원리로 적용되기 시작하였 다. 정상화의 원리는 특수교육에 적용되어 최소제한환경의 개념을 탄생시킨 촉매적 역 할을 하였다.

최소제한환경(least restrictive environment) 장애아동을 장애가 없는 또래, 가정, 지역사회로 부터 가능한 한 최소한으로 분리하여야 한다는 개념이다. 즉, 장애아동의 삶이 가능한 한 정상적이어야 한다는 것이며 장애아동을 위해 아동의 개별적인 필요에 따라서 이루 어져야 함과 동시에 필요 이상으로 개인의 자유가 침해되어서는 안 된다는 것으로 해석 될 수 있다.

탈시설화(deinstitutionalization) 장애인을 시설에 수용하는 것에서 탈피하여 지역사회에 거주 하게 하고 필요한 서비스를 제공하는 것이다. 수용시설은 원래 장애인에게 보다 전문적 이고 질적으로 우수한 서비스를 제공하여 지역사회로 복귀하게 하는 것이 기본 취지였 으나 수용시설의 대부분이 지역사회인과 접촉이 거의 없는 외곽지역에 위치하여 사회 적으로 폐쇄적이어서 물리적·사회적 환경이 장애인의 재활에 부적절하다는 평가를 받 아 왔다. 정상화의 원리가 강조되면서 탈시설화 운동이 전개되었다.

제 **4** 장

통합교육에서의
특수교육 교육과정

학 · 습 · 목 · 표

1. 특수교육 교육과정의 구조를 이해한다.

2. 공통 교육과정과 기본 교육과정의 편성 · 운영체계를 이해한다.

3. 개별화교육계획의 목적과 구성요소를 알고 작성한다.

학교는 일정한 목적, 교육과정, 설비, 제도 및 법규에 의하여 교사가 계속적으로 학생에게 교육을 실시하는 기관이고, 교사는 학생을 가르치는 전문가다. 학교와 교사는 학생에게 여러 가지 지식과 기술을 가르치는 것을 본분으로 한다. 학교와 교사가 학생에게 가르치는 내용(what to teach)을 교육과정(curriculum)이라고 한다. 이러한 교육과정은 교육을 받는 학생에게 많은 영향을 준다. 즉, 교육과정은 교육을 받는 학생의 사람됨에 영향을 끼치기 때문에 교육과정을 어떻게 구성하느냐는 중요한 일이 될 수밖에 없다.

우리나라의 특수교육 교육과정은 국가수준에서 핵심적인 내용요소를 중심으로 유치원 교육과정(3~5세 유아를 대상으로 하는 누리교육과정), 공통 교육과정(초등학교 1학년~중학교 3학년), 선택 중심 교육과정(고등학교 1~3학년), 기본 교육과정(초등학교 1학년~고등학교 3학년)으로 구분하고 있다. 이에 대해 좀 더 상세하게 살펴보고자 한다.

1. 특수교육 교육과정의 이해

2015년 개정 고시된 특수교육 교육과정은 일반 초·중·고등학교 교육과정인 공통교육과정과 선택 중심 교육과정의 기본 틀을 근간으로 특수교육 대상학생을 위한 교육적 요구의 보편성과 특수성을 반영하여 연계 및 조정한 교육과정이다. 특수교육 교육과정은 특수교육 대상학생의 특성 및 요구를 고려하고 현장 적용 적합성을 높이기 위한 개선 요구를 반영하고 있다. 먼저, 시각·청각·지체장애 학생의 공통교육과정 접근성을 높일 수 있는 개선 방안을 필요로 하였고, 둘째, 특수교육 대상학생의 직업교육의 질을 높일 수 있는 선택 중심 교육과정 개선 방안을 요구하였으며, 마지막으로 2011 특수교육 교육과정의 학년군 교육과정 적용, 내용 수준의 난이도 상승, 실생활 중심보다는 일반 교육과정과의 연계가 강조된 내용 선정 등으로 중도장애학생에게 적용하기 어렵다고 하는 현장의 요구를 수용하여 기본 교육과정의 내용을 조정하였다.

특수교육 교육과정은 일반 교과 교육과정과의 연계성을 확보할 수 있도록 내용 선정의 타당성, 내용 조직의 적절성, 교수·학습 가능성을 재검토하고 개선하였다. 그리고 시각·청각·지체장애의 교육과정 적합성을 고려하여 공통 교육과정 중 국어, 체육, 영어 교과에 한하여 '2015 특수교육 교육과정에 따른 초·중등학교 교과 교육과정' 내용을 바탕으로 장애 특성(시각장애, 청각장애, 지체장애)을 고려하여 재구성하였다.

기본 교육과정은 '공통 교육과정' 및 '선택 중심 교육과정'을 적용하기 어려운 지적장애 학생의 발달 수준을 고려한 역량 중심 교육과정으로, 특수교육 대상학생에게 실생활 및 삶과 연계되는 내용을 중심으로 구성된 대안형 교육과정이다. 학문적인 맥락에서 규정하는 교과별 주요 사실, 개념, 원리, 기능에 중점을 두는 공통 및 선택중심 교육과정을 기준으로 하지 않고, 지역사회 생활이나 사회통합(향후 직업활동 포함)에 필요한 핵심역량을 중심으로 대상학생의 발달 수준, 생활연령 등을 고려하여 실생활에서 필요한 교육 내용 및 활동을 중심으로 한 교과별 교육과정이라 할 수 있다.

학생의 장애 특성 및 수준에 따라 교육과정(교과용 도서 포함)을 선택할 수 있도록 개발하였으며, 과거 장애영역별로 교육과정을 선택하던 것을 장애 정도에 따라 선택할 수 있도록 하였다. 중등도 및 중도장애학생은 기본 교육과정을, 그리고 경도장애학생은 일반 교육과정을 재구성(통합교육 교수·학습 자료 등으로 지원)하여 적용할 수 있도록 하였다. 이에 대한 자세한 내용을 [그림 4-1]에 제시한 바와 같이 이원화하였다.

I. 일반 교육과정 재구성	II. 기본 교육과정
• 대상: 경도장애학생 • 기준: 일반 교육과정 학년군별 내용 • 교육과정 및 교과용도서 개발 자료: 일상생활기술, 해당 학년군 교육과정 및 관련 학습자료 등 • 적용 중점: 통합교육을 염두에 두고 일반학생들과 가능한 한 동일한 경험 공유 지원	• 대상: 중등도 및 중도장애학생 • 지적 수준: 초등학교 저학년 내외 • 교육과정 및 교과용도서 개발 자료: 일상생활기술, 표준보육과정(0~2세), 누리과정(3~5세) 등 • 적용 중점: 중등도 및 중도 장애학생의 지적 수준을 고려한 핵심역량중심 교육과정 제공으로 경험의 확대 및 개별화교육 자료 지원

☞ 학생의 인지수준에 따라 I 또는 II를 선택하거나, '내용 대체'로 I·II 호환 적용

일반 교육과정 사용 학생	기본 교육과정 사용 학생
⇩	⇩
필요할 경우 기본 교육과정(교과용도서 포함)을 '내용 대체'의 방법으로 사용	필요할 경우 일반 교육과정 재구성 자료를 '내용 대체'의 방법으로 사용

[그림 4-1] 인지장애 학생의 교육과정 적용 예시

출처: 교육부(2015c).

특수교육 교육과정	유치원 교육과정			3~5세 연령별 누리교육과정: 신체운동·건강, 의사소통, 사회관계, 예술경험, 자연탐구	
	기본 교육과정	교과군	초	국어, 사회, 수학, 과학/실과, 체육, 예술(음악/미술) 초1·2학년: 국어, 수학, 바른 생활, 슬기로운 생활, 즐거운 생활	공통 교육과정 및 선택 중심 교육과정을 적용하기 어려운 학생들을 위해 편성·운영하는 대안형 교육과정
			중	국어, 사회, 수학, 과학, 진로와 직업, 체육, 예술(음악/미술), 선택(재활, 여가활용, 정보통신활용, 생활영어, 보건)	
			고	국어, 사회, 수학, 과학, 진로와 직업, 체육, 예술(음악/미술), 선택(재활, 여가 활용, 정보통신 활용, 생활영어, 보건)	
		창의적 체험활동		자율활동, 동아리활동, 봉사활동, 진로활동	
	공통 교육과정	교과군	초	국어, 사회/도덕, 수학, 과학/실과, 체육, 예술(음악/미술), 영어 초 1, 2학년: 국어, 수학, 바른 생활, 슬기로운 생활, 즐거운 생활	일반교육의 보편성을 근간으로 편성·운영 시각·청각·지체 장애 학생의 특수교육 공통 교육과정(국어, 영어, 체육) 활용
			중	국어, 사회(역사 포함)/도덕, 수학, 과학/기술·가정/정보, 체육, 예술(음악/미술), 영어, 선택(한문, 환경, 생활외국어, 보건, 진로와 직업) * 국어, 영어, 체육 이외의 교과는 공통 교육과정 내용요소와 같음	
		창의적 체험활동		자율활동, 동아리활동, 봉사활동, 진로활동	
	선택 중심 교육과정	교과군	보통 교과	기초(국어, 수학, 영어, 한국사), 탐구(사회(역사/도덕 포함), 과학), 체육·예술(체육, 예술), 생활·교양(기술·가정, 제2외국어, 한문/교양) 공통과목: 국어, 수학, 영어, 사회(역사/도덕 포함), 과학, 체육, 예술(음악/미술), 기술·가정/제2외국어/한문/교양 선택과목: 일반 선택과목, 진로 선택과목	일반교육의 보편성을 근간으로 편성·운영되는 교육과정, 시각·청각·지체 장애 학생들의 경우 특수교육 공통 교육과정(국어, 영어, 체육)을 활용할 수 있음
			전문 교과	전문교과 I : 과학, 체육, 예술, 외국어, 국제 계열에 관한 과목 전문교과 II: 국가 직무 능력표준에 따른 과목(경영·금융, 보건·복지, 디자인 문화콘텐츠, 미용·관광, 음식 조리, 건설, 기계, 재료, 화학공업, 섬유·의류, 전기·전자, 정보·통신 등) 전문교과 III : * 직업(직업 준비, 안정된 직업 생활, 기초작업기술 I , 기초작업기술II, 정보처리, 농생명, 사무지원, 대인서비스, 외식서비스, 직업 현장실습, 직업과 자립) * 이료(시각장애학교: 해부·생리, 병리, 이료 보건, 안마·마사지·지압, 전기치료, 한방, 침구, 이료 임상, 진단, 이료 실기실습)	
		창의적 체험활동		자율활동, 동아리활동, 봉사활동, 진로활동	

[그림 4-2] 특수교육 교육과정의 구조도

특수교육 교육과정(교육부 고시 제2015-81호)에서는 인문·사회·과학기술의 기초소양을 균형 있게 함양하고, 학생의 적성과 진로에 따른 선택학습을 강화하였다. 또한 교과 핵심개념을 중심으로 학습내용을 구조화하고 학습량을 적정화하여 학습의 질을 개선하고자 하였으며, 학습의 과정을 중시하는 평가를 강화하여 학습학생이 자신의 학습을 성찰하도록 하고, 평가 결과를 활용하여 교수·학습의 질을 개선하고자 하였다. 더불어 특수교육 대상학생의 개별적인 특성과 능력을 고려한 교육을 강조하여 개별 학생의 역량을 강화하고자 하였다(교육부, 2015a). 장애학생이 이수하고 있는 2015 특수교육 교육과정은 [그림 4-2]에서 상세하게 제시하고 있다.

1) 특수교육 교육과정의 개정 방향

2015년 특수교육 교육과정은 초·중등학교 교육과정 개정의 요구에 의해 출발하였으며, 특히 기본 교육과정의 교과 교육내용이 학생의 요구와 특성을 반영하지 못하여 이를 수정하고자 하는 의도를 지니고 있다. 즉, 초·중등학교의 교육과정 개정 배경을 살펴보면, 사회변화에 따른 교육 패러다임 전환의 필요성이 증대되면서 창조기반 사회로의 전환에 따라 유연하고 창의적인 사고력, 서로 다른 지식을 융합할 수 있는 능력이 중시되고, 지식 위주의 암기식 교육에서 배움을 즐기는 '행복교육' 실현으로 교육 패러다임을 전환하자는 움직임이 일기 시작하였다. 이는 과거의 교육이 과도한 학습량과 문제풀이 위주의 수업 등이 학생들의 학습 흥미를 저하시키고 꿈과 끼를 키우는 교육을 부족하게 하여, 경쟁적 지식 위주 수업에서 행복을 체험하는 교육으로의 전환이 필요함을 강조하였다. 이에 미래 사회가 요구하는 역량함양이 가능한 수업혁신 및 평가체제 개선을 통해 창의융합형 인재를 양성하고, 이를 위해 지식편식 현상을 개선하고 인문학적 상상력과 과학기술 창조력을 갖춘 인재를 키울 수 있도록 문·이과 칸막이를 없애는 새 교육과정 개발이 시작되었다.

2015 개정 교육과정을 적용받는 특수교육 대상학생들의 교육과정 통합을 위해 동시 개정·고시 및 장애 특성과 수준을 고려한 교과 교육과정 개발이 필요하여 개정되었으며, 일반 초·중·고등학교 교육과정의 총론 개정과 교과 교육과정 개정 내용을 특수교육과 연계할 필요성 및 현행 기본 교육과정(교과 교육과정)에 대한 개선 요구가 대두되어 개정되었다. 또한 국가·사회적인 차원에서의 교과내용 적합성을 고

려하고, 내용 선정의 타당성, 내용 조직의 적절성, 교수·학습 가능성 등에 대한 재검토를 통해 일반 교육과정과의 연계를 강화하였다. 특수교육 교육과정의 주요 개정 방향은 〈표 4-1〉에 제시한 바와 같다.

〈표 4-1〉 특수교육 교육과정 개정 방향

☐ 총 론
- 교육의 보편성과 공통성, 일관성을 위해 2015 개정 교육과정(초·중등학교 교육과정) 총론의 문서 내용에 특수교육 관련 내용 추가 또는 수정
- 초·중등학교 교육과정과의 연계를 위해 학교급별로 구성하고, 이의 적용이 어려운 학생들을 위한 교육과정인 기본 교육과정 제시

☐ 공통 교육과정
- 공통 교육과정에 대한 접근을 최대화하면서 시각·청각·지체장애 학생의 독특한 학습 요구를 반영한 교육과정 개발
  ※ 현행 교육과정에서 일반 교육과정에 장애 유형별 특성에 따라 요구되는 내용들을 일부 추가하는 방식으로 구성되어 있는 국어(시각·청각), 체육(시각·지체), 영어(시각·청각)는 그대로 유지
  ※ 장애 유형에 따른 특성 및 요구를 반영한 교과용도서(보완교재) 확대
- 시각·청각·지체장애 학생의 학습자 특성을 고려하여 자기주도적인 학습 능력을 향상할 수 있는 교육과정 개발
- 시각·청각·지체장애 학생의 학습 매체 특성을 반영한 교육과정 개발

☐ 기본 교육과정
- 공통 교육과정 및 선택 중심 교육과정(초·중등학교 교육과정)의 적용이 어려운 지적장애 학생의 발달 수준을 고려한 역량 중심 교육과정 개발
- 학년군을 기반으로 중등도 및 중도 장애학생의 발달단계 및 능력을 고려하고, 지역사회 생활이나 사회통합에 필요한 핵심역량을 중심으로 실생활 및 삶과 연계되는 내용의 수준별 교육과정 개발
- 개별 장애학생이 일상생활 및 직업 활동을 포함한 미래 삶에 원활하게 대처하고 성공적인 삶을 영위할 수 있도록 개선
  ※ 현재 및 미래 환경에서 독립적으로 생활하기 위해 필요한 교육내용 및 지역사회와 환경과의 상호작용을 강조하는 교육활동 선정

출처: 교육부(2015c).

2) 특수교육 교육과정의 주요 개정 내용

2015 개정 교육과정은 2015 초 · 중등학교 교육과정이 연계 및 반영되어 효율적인 통합교육과 수준별 교육과정이 구성되어야 할 당위를 가지고 있다. 일반학교에서 통합교육을 받고 있는 특수교육 대상학생뿐만 아니라 특수학교 학생들의 일부도 초 · 중등학교 교육과정을 적용받고 있기 때문에 동시 개정 · 고시되어야 할 필요가 있었다. 이에 70.4%(교육부, 2015b)의 특수교육 대상자가 일반학교에서 장애 유형 · 장애 정도에 따라 차별을 받지 아니하고 또래와 함께 개개인의 교육적 요구에 적합한 교육을 받을 수 있도록 하는 법적 근거를 마련할 수 있도록 그 기준을 강화하고 있다. 그리고 특수교육 대상학생의 장애 특성에 맞는 교과 교육과정의 개발이 필요하다는 명분을 분명히 하여 기본 교육과정에서 교육 대상자의 자격을 합의할 필요가 있었다. 따라서 중도장애학생들의 지역사회 생활이나 사회통합에 필요한 역량을 중심으로 한 교육과정, 장애학생들이 장래 직업을 가지는 데 필요한 능력을 갖추도록 하는 직업전문 교육과정이 될 수 있도록 하기 위해 특수교육 교육과정의 개정이 불가피하였다. 이에 특수교육 교육과정의 주요 개정 내용을 살펴보면 다음과 같다.

(1) 공통 교육과정

- 공통 교육과정의 교과별 핵심역량을 따르되, 시각 · 청각 · 지체장애 학생의 장애 특성과 의사소통 양식, 주요 학습매체를 고려한 목표 및 성취기준을 제시한다.
- 시각 · 청각 · 지체장애 학생의 특성 및 요구를 반영한 교수 · 학습 및 평가 방법을 제시한다.
  - 시각장애: 학습자의 학습매체 특성과 시각 환경을 종합적으로 고려한 교수 · 학습 및 평가 방법 제시
  - 청각장애: 청력 수준과 언어 및 의사소통 특성을 고려한 교수 · 학습 및 평가 방법 제시
  - 지체장애: 신체기능을 고려한 교수 · 학습 및 평가 방법 제시
- 시각 · 청각 · 지체장애 학생의 학습자 특성을 반영하여 대안적인 평가방법을 제시한다.

(2) 선택 중심 교육과정(특수교육 전문교과Ⅲ)

- 장애 특성 및 정도를 고려한 다양한 교육과정 편제 및 개발: 보통교과, 전문교과Ⅰ, 전문교과Ⅱ(특성화고 및 산업수요 맞춤형고 전문교과 교육과정으로 NCS 기반 교육과정을 따름)는 일반 교육과정을 따르고, 특수교육 대상학생을 위한 특수교육 전문교과Ⅲ을 추가로 편제한다.

- 장애학생의 직업역량을 강화하기 위하여 특수교육 전문교과 전면 개편: 장래 직업을 가지는 데 필요한 기초 지식과 실무 능력을 갖추도록 하는 특화된 직업 교육과정을 개발한다.

- 시각·청각·지체장애 학생 및 경도지적장애 학생을 주 대상으로 하되, 모든 장애 유형의 학생을 위한 직업 교육과정을 개발한다.

- 미래 사회에 필요한 역량함양을 위하여 교육과정의 성격, 성취기준, 교수·학습 및 평가 방법 등에 특수교육 전문교과 핵심역량(자기관리 역량, 공동체 역량, 의사소통 역량, 창의적 사고 역량, 정보처리 역량, 심미적 감성 역량, 직업윤리, 기술 능력, 자원관리 능력 등)을 다각적으로 반영한다.

- '직업교과' 11개 과목과 '이료교과' 10개 과목으로 편제한다(보통교과의 '재활과 복지'는 폐지하고, 관련 내용은 전문교과Ⅲ으로 이동한다).

〈표 4-2〉 전문교과의 편제

교과(군)	과 목			
직업	직업준비 정보처리 외식서비스	안정된 직업생활 농생명 직업 실기 실습	기초작업기술Ⅰ 사무 지원 직업과 자립	기초작업기술Ⅱ 대인서비스
이료 (시각장애학교)	해부·생리 전기 치료 진단	병리 한방 이료 실기 실습	이료 보건 침구	안마·마사지·지압 이료 임상

- 교과목 신설 및 폐지: 직업 적응 및 기초 직무 능력을 배양하고 시대적·사회적 변화를 반영하기 위한 요구 과목을 대폭 신설 및 폐지한다.

〈표 4-3〉 신설된 과목과 폐지된 과목

신설 과목 (9개 과목)	직업준비, 안정된 직업생활, 기초작업기술 I , 기초작업기술II, 사무지원, 대인 서비스, 외식서비스, 직업 실기실습, 직업과 자립(시각중복장애학생 대상)
폐지 과목	직업과 생활, 공예, 포장 · 조립 · 운반, 전자조립, 제과 · 제빵, 시각디자인
명칭 변경	이료교과의 보건, 실기 실습 → 이료 보건, 이료 실기실습

(3) 기본 교육과정

• 중도 및 중등도 지적장애 학생의 특성 및 수준을 고려한 교육과정으로 개발: 공통교육과정 및 선택 중심 교육과정의 적용이 어려운 학생의 교육의 질 제고를 위한 핵심역량(자기관리 능력, 공동체 의식, 의사소통 능력, 창의 · 융합 사고 능력, 정보처리 능력, 심미적 감성 능력, 진로 · 직업 능력) 중심의 교육과정이다.

• 학문적인 맥락에서 규정하는 교과별 주요 사실, 개념, 원리, 기능에 중점을 두는 일반 교육과정을 기준으로 하지 않고, 지역사회 생활이나 사회통합에 필요한 핵심역량을 중심으로 한 교육과정이다.

• 대상학생의 발달수준, 생활연령 등을 고려하여 요구되는 실생활 및 삶과 연계되는 내용을 중심으로 교과별로 학습해야 할 핵심역량을 추출하여 교육과정을 구성한다(현재 및 미래 환경에서 독립적으로 생활하기 위해 필요한 교육내용 및 지역사회와 환경과의 상호작용을 강조하는 교육활동을 선정한다).

3) 특수교육 교육과정의 구조

(1) 유치원 교육과정

유치원 교육과정은 유아를 위해 마련된 만 3~5세 연령별 누리과정을 근간으로 하되, 개별화교육계획을 통하여 특수교육 대상 유아의 발달을 촉진할 수 있도록 편성 · 운영한다. 이때 특수교육 대상 유아가 누리과정에 최대한 참여할 수 있도록 적절한 계획을 수립하여야 한다. 유치원 교육과정의 편성 · 운영 사항은 다음과 같다.

• 누리교육과정을 근간으로 장애유아의 특별한 교육 요구를 반영하였다.
  – 유치원 교육과정 개정(교육부 고시 제2015-61호, 2015. 2. 24.)에 따른 1일 편성

시간을 기존의 3~5시간에서 4~5시간으로 늘렸다.

- 순회교육 관련 지침을 신설하여, 순회교육을 위한 교육과정의 편성에 관한 사항은 시·도교육청에서 정하도록 하였다.

- 개별화교육계획, 교수방법, 특수교육 관련 서비스 관련 사항을 제시·신설·수정하였다. 즉, 유아의 개별적 요구에 따라 개별화교육계획을 수립하여 운영하고, 개별화교육계획은 인지, 의사소통, 사회·정서, 운동, 적응행동 등 특수교육 지원이 필요한 영역을 중심으로 작성하도록 하였다. 그리고 유아의 개별적 요구에 필요한 특수교육 관련 서비스는 개별화교육계획에 따라 지원할 수 있도록 항목을 신설하였다. 이때 유아의 장애 특성 및 정도에 따라 적절한 교수방법을 적용하도록 하였다.

• 일반 유치원 교육과정에 있는 '평가' 관련 사항을 제시하였다.

〈표 4-4〉 유치원 교육과정의 편제 및 시간 배당 기준

유치원 교육과정 편제	3~5세 연령별 누리과정
영역 (5개 영역)	신체운동·건강, 의사소통, 사회관계, 예술경험, 자연탐구
□ 유치원 교육과정 시간 배당 기준 1일 4~5시간 기준으로 편성	

(2) 기본 교육과정

기본 교육과정은 공통 교육과정 및 선택 중심 교육과정을 이수하기 어려운 특수교육 대상학생을 지원하기 위한 대체적·대안적 교육과정이다. 생활환경(가정, 학교, 지역사회)의 기능성을 강조하는 생활 중심 교육과정으로 초등학교 1학년부터 고등학교 3학년을 교육대상으로 하고 있다. 기본 교육과정의 편성·운영과 편제 및 시간 배당 기준은 다음과 같다.

① 기본 교육과정의 편성·운영

교육과정의 편제는 교과(군)와 창의적 체험활동으로 구분된다.

〈표 4-5〉 초등학교 편제

교과(군)	국어, 사회, 수학, 과학/실과, 체육, 예술(음악/미술)
	초 1~2학년: 국어, 수학, 바른 생활, 슬기로운 생활, 즐거운 생활
창의적 체험활동	자율활동, 동아리활동, 봉사활동, 진로활동
	초 1~2학년: 안전한 생활 포함

- 학년군별로 이수해야 할 학년별, 학기별 교과목으로 편성·운영한다.
- 교과는 필요에 따라 통합교육과정으로 편성·운영한다.
- 학교는 학생의 특성과 요구를 반영하여 자율적으로 교과(군)별 수업시수를 20% 범위 내에서 증감하여 운영할 수 있다.
- 학년, 학기별 집중 이수를 통하여 학기당 이수 교과 수를 감축하여 편성·운영할 수 있다.
- 초등학교에서는 생활영어, 정보통신 활용, 여가 활용, 재활, 보건을 관련 교과(군)와 창의적 체험활동 시간을 활용해 선택적으로 지도할 수 있다.
- 중·고등학교에서는 교육적 필요 및 학생 개개인의 특성에 따른 교육적 요구를 반영하여 선택교과를 편성할 수 있다. 중·고등학교에서는 재활, 여가 활용, 정보통신 활용, 생활영어 중에서 선택하여 편성·운영할 수 있다.
- 선택과목의 선정이나 범위 등은 학교장이 결정하고, 교과(군)별 수업시수의 20% 이내에서 감축하여 편성·운영할 수 있다.

② 기본 교육과정의 학교급별 편제 및 시간 배당

기본 교육과정의 편제는 교과와 창의적 체험활동으로 구분되며, 학교급별로 이수해야 하는 교과가 다르다. 중·고등학교 과정에는 선택교과를 두어 학생들의 특성과 수준을 고려하여 교육활동의 참여도를 높이고자 하였다. 기본 교육과정의 편제는 〈표 4-6〉에, 시간 배당 기준은 〈표 4-7〉에 제시하였다.

〈표 4-6〉 기본 교육과정의 편제

구분	과정	교과 및 창의적 체험활동
교과(군)	초등학교	국어, 사회, 수학, 과학/실과, 체육, 예술(음악/미술)
		초 1~2학년: 국어, 수학, 바른 생활, 슬기로운 생활, 즐거운 생활
	중학교	국어, 사회, 수학, 과학, 진로와 직업, 체육, 예술(음악/미술), 선택(재활, 여가 활용, 정보통신 활용, 생활영어, 보건)
	고등학교	국어, 사회, 수학, 과학, 진로와 직업, 체육, 예술(음악/미술), 선택(재활, 여가 활용, 정보통신 활용, 생활영어, 보건)
창의적 체험활동		자율활동, 동아리활동, 봉사활동, 진로활동

〈표 4-7〉 기본 교육과정 학교급별 시간 배당

구분		1~2학년	3~4학년	5~6학년	중학교	고등학교
교과(군)	국어	국어 448	408	408	442	26
	사회		272	272	442	24
	수학	수학 256	272	272	374	20
	과학/실과	바른 생활 128	238	340	238	12
	진로와 직업				612	48
	체육	슬기로운 생활 192	204	204	340	18
	예술(음악/미술)	즐거운 생활 384	272	272	306	18
	선택				204	12
소계		1,408	1,666	1,768	2,958	178
창의적 체험활동		336 / 안전한 생활 (64)	306	408	408	26 (442시간)
학년군별 총 수업시간 수 (이수단위)		1,744	1,972	2,176	3,366	204

출처: 교육부(2015a).

(3) 공통 교육과정

특수교육 교육과정의 공통 교육과정은 장애영역(시각장애, 청각장애, 지체장애)을 고려하여 일부 특정 교과(국어, 영어, 체육)별 특성의 내용과 교수·학습 방법, 평가를 보완하였다. 대상은 초등학교 1학년부터 중학교 3학년까지가 해당된다. 일반교육의 보편성을 근간으로 편성·운영되는 교육과정이다.

① 공통 교육과정의 편성 · 운영

• 일반 교육과정을 기준으로 시각 · 청각 · 지체장애 학생의 특성 및 요구를 반영한 지침, 고등학교 직업 교육과정 등을 제시하고 있다.

    – 창의적 체험활동을 통하여 장애 특성 및 요구에 따른 활동을 할 수 있도록 관련 지침을 신설하여(초 · 중 · 고) 제시하고 있다.

    – 특수교육 공통 교육과정(국어, 체육, 영어)의 편성 · 운영 근거를 제시하였다 (초 · 중).

    – 특수학교에서는 국어, 체육, 영어에 한하여 시각 · 청각 · 지체장애 학생을 위한 별도의 교육과정(특수교육 교육과정 별책2 참조)을 활용할 수 있다.

    – 고등학교 보통교과의 '재활과 복지'를 폐지하고, '재활과 복지'의 관련 내용은 '전문교과Ⅲ'의 직업준비, 안정된 직업생활 등으로 이동하였다.

② 공통 교육과정의 학교급별 편제 및 시간 배당

편제는 〈표 4-8〉에서 보는 바와 같이 교과(군)와 창의적 체험활동으로 구분된다. 그리고 시간 배당은 〈표 4-9〉에 제시한 바와 같으며, 초등학교 1~2학년의 교과는 통합교과로 운영된다.

〈표 4-8〉 공통 교육과정의 편제

구 분	과 정	교과(군), 창의적 체험활동
교과(군)	초	국어, 사회/도덕, 수학, 과학/실과, 체육, 예술(음악/미술), 영어 초 1~2학년: 국어, 수학, 바른 생활, 슬기로운 생활, 즐거운 생활
	중	국어, 사회(역사 포함)/도덕, 수학, 과학/기술 · 가정, 체육, 예술(음악/미술), 영어, 선택(한문, 정보, 환경과 녹색성장, 생활 외국어, 보건, 진로와 직업, 재활과 복지 등)
창의적 체험활동		자율활동, 동아리활동, 봉사활동, 진로활동 초 1~2학년: 안전한 생활 포함

〈표 4-9〉 공통 교육과정의 학교급별 시간 배당 기준

구 분		초등학교 1~2학년	초등학교 3~4학년	초등학교 5~6학년	중학교
교과(군)	국어	국어 448	408	408	442
	사회/도덕	수학 256	272	272	510
	수학	바른 생활 128	272	272	374
		슬기로운 생활 192			
	과학/실과	즐거운 생활 384	204	340	680
	체육		204	204	272
	예술(음악/미술)		272	272	272
	영어		136	204	340
	선택				170
소계		1,408	1,768	1,972	3,060
창의적 체험활동		336 / 안전한 생활 (64)	204	204	306
학년군별 총 수업시간 수		1,744	1,972	2,176	3,366

출처: 교육부(2015a).

공통 교육과정은 앞서 언급하였던 바와 같이, 시각·청각·지체장애 학생에게 국어, 체육, 영어 교과를 지도할 때는 학생들의 특성을 충분히 고려하여 접근해야 한다. 청각장애학생의 특성을 고려하여 구성한 국어과 교육과정의 내용체계를 제시하고 있다. 청각장애 유형에 따라 '듣기' 영역은 '듣기·수어 읽기·말 읽기'로, 말하기 영역은 '말·수어하기'로 수정하였다. 즉, 구화 접근과 수어 접근을 함께 활용한다는 것이 반드시 말하면서 수어를 한다는 것을 의미하는 것은 아니다. 성취기준 및 내용 요소에 따라 구화를 활용하여 지도할 수도 있고, 수어를 활용하여 지도할 수도 있으며, 구화와 수어를 함께 활용하여 지도할 수 있다(전병운 외, 2013; 교육부, 2015a). 그 외에도 시각장애의 경우는 국어과와 영어과에서 점자 읽기와 쓰기, 확대문자 쓰기(묵자 사용 학생)의 학습내용을 추가하였는데, 이는 시기능을 고려한 문자매체를 기준으로 점자 사용 학생과 묵자 사용 학생에 대한 지원을 강화한 것이다. 그리고 시각장

애학생과 지체장애학생을 위한 체육과는 장애에 따른 건강한 생활습관을 형성하고, 장애 상태와 운동능력에 적합한 신체활동을 통하여 바람직한 신체상을 확립하고 움직임의 개념을 이해하며, 신체활동에 대한 흥미를 가질 수 있도록 하는 데 중점을 두어 구성하였다.

(4) 선택 중심 교육과정

선택 중심 교육과정은 일반교육의 보편성을 근간으로 고등학교 1~3학년 과정에서 이수하도록 편성·운영되는 교육과정이다. 장애학생을 고려하여 일부 보통교과 및 전문교과III(직업, 이료)을 추가로 편제한 교육과정이다.

① 선택 중심 교육과정의 편성·운영

- 고등학교 교육과정의 총 이수 단위는 204단위이며, 교과(군)를 필수 이수 단위(94단위)와 자율 편성 단위(86단위)로 구분하여 총 180단위로, 창의적 체험활동 24단위(408시간)로 나누어 편성한다.
- 특수교육 전문교과(직업, 이료)를 전문교과III으로 편제하였다(〈표 4-2〉 참조).
- 전문교과III(직업, 이료) 운영 관련 지침 현행 유지 또는 수정으로 직업교육의 실효성을 제고하고자 하였다. 즉, 전문교과를 운영하는 학교에서는 해당 교과 운영 시 주 1회 이상 현장실습 프로그램을 편성·운영할 수 있도록 하여 현장실습의 기회를 확대했다.
- '이료교과' 운영 시수 확보를 위한 보완 지침 신설로 시각장애 고유의 직업교육을 지원하고 있다. 시각장애학교 고등학교 단위 배당 기준[교육부 고시 제2013-7호(2013.12.18.)], 초·중등학교 교육과정에 따라 편성하였다. 각 규정은 이료교과를 중점으로 운영하는 시각장애학교의 경우 예술교과(군)는 5단위 이상, 생활·교양 영역을 12단위 이상 이수할 것을 권장하도록 하고 있으며, 이료교과를 중심으로 운영하는 시각장애학교의 경우 공통과목 이수 단위 이외의 시수는 전문교과III으로 대체하여 편성·운영할 수 있다.

② 선택 중심 교육과정의 편제 및 시간 배당

선택 중심 교육과정은 보통교과, 전문교과, 창의적 체험활동으로 구성된다. 보통 교과는 공통 교육과정의 교과를 심화하도록 구성되었으며, 전문교과는 장애학생의 특성을 고려한 직업교육의 강화를 목적으로 특수교육 대상학생들을 위한 직업교과를 전문교과Ⅲ으로 편성하였고, 각 장애영역에 맞는 직업과 이료(시각장애)를 선택하여 집중 이수할 수 있도록 하였다. 선택 중심 교육과정의 편제는 〈표 4-10〉에 제시한 바와 같고, 교과군별 시간 배당 기준은 〈표 4-11〉에서 보는 바와 같다.

〈표 4-10〉 선택 중심 교육과정 교과 및 창의적 체험활동 편제

고등학교 편제		교과(군), 창의적 체험활동	
보통 교과	영 역	기초, 탐구, 체육·예술, 생활·교양	
	교과(군)	국어, 수학, 영어, 한국사, 사회(역사/도덕 포함), 과학, 체육, 예술, 기술·가정/제2외국어/한문/교양	
	과목	공통 과목	국어, 수학, 영어, 한국사, 통합사회, 통합과학(과학탐구실험 포함)
		선택 과목	일반 선택 과목, 진로 선택 과목
전문 교과	구 분	과목	
	전문교과 I	과학, 체육, 예술, 외국어, 국제 계열에 관한 과목	
	전문교과 II	국가직무능력표준에 따른 과목(경영·금융, 보건·복지, 디자인·문화콘텐츠, 미용·관광·레저, 음식 조리, 건설, 기계, 재료, 화학 공업, 섬유·의류, 전기·전자, 정보·통신, 식품 가공, 인쇄·출판·공예, 환경·안전, 농림·수산해양, 선박 운항 등)	
	전문교과Ⅲ	직업	직업준비, 안정된 직업생활, 기초작업기술I, 기초작업기술II, 정보처리, 농생명, 사무지원, 대인서비스, 외식서비스, 직업 현장실습, 직업과 자립
		이료	해부·생리, 병리, 이료 보건, 안마·마사지·지압, 전기치료, 한방, 침구, 이료 임상, 진단, 이료 실기실습
창의적 체험활동		자율활동, 동아리활동, 봉사활동, 진로활동	

출처: 교육부(2015a).

〈표 4-11〉 일반고등학교 및 특성화고등학교 교과군별 시간 배당 기준

교과 영역		교과(군)	공통과목 (단위)	필수 이수 단위		자율 편성 단위
				일반	특성화	
교과(군)	기초	국어	국어(8)	10	24	학생의 적성과 진로를 고려하여 편성
		수학	수학(8)	10		
		영어	영어(8)	10		
		한국사	한국사(6)	6	6	
	탐구	사회 (역사/도덕 포함)	통합사회(8)	10	12	
		과학	통합과학(8) 과학탐구실험(2)	12		
	체육 · 예술	체육		10	8	
		예술		10	6	
	생활 · 교양	기술 · 가정/제2외국어/한문/교양		16	10	
	소계			94	66	86
전문교과 II	17개 교과(군) 등				86	28
창의적 체험활동				24(408시간)		
총 이수 단위				204		

※ 1단위: 50분을 기준으로 한 17회 이수 수업량

출처: 교육부(2015a).

2. 개별화교육계획

개별화교육계획(Individualized Education Plan: IEP)은 국가에서 제공하는 공통교육과정과 기본 교육과정을 이수하는 과정에서 장애학생 개개인의 교육적 요구에 적합한 교육을 제공하고, 장애학생의 교육의 질을 담보하기 위해 작성하는 핵심적인 도구이며 법적인 문서다.

개별화교육계획의 작성과 실행은 각 학생들이 필요로 하는 적절한 교육과 관련 서비스를 받을 수 있도록 관리하는 도구로서의 역할과 학생의 진전 정도를 알아볼 수 있는 평가도구로서의 역할을 한다. 또한 개별화교육계획을 개발하는 절차를 통해 교사와 학부모 간 의사소통의 기회와 교육의 지향점을 찾는 과정으로서의 역할을 한

다. 따라서 교사는 개별화교육계획 수립·운영에 대한 내용을 숙지하고 이를 실현하기 위한 노력을 통해 장애학생의 요구에 적합한 교육 제공 및 특수교육 성과를 향상시킬 수 있도록 노력을 기울여야 한다.

1) 개별화교육계획의 의미

(1) 개별화교육계획의 정의

개별화교육계획이 담고 있는 총체적인 의미를 파악하기 위하여 우선 이 용어를 구성하고 있는 단어의 의미를 살펴보면 다음과 같다(국립특수교육원, 2008).

첫째, '개별화'는 장애학생의 개별성을 의미하는 것으로 장애학생의 개별적인 특성을 고려하여야 함을 강조한다.

둘째, '교육'은 크게 교육과정과 특수교육 관련 서비스를 의미한다. 여기에서의 교육과정은 장애학생의 교육적 요구에 적합한 교육과정이며, 교육목표, 교육내용, 교육방법 그리고 평가계획 등을 포함한다. 특수교육 관련 서비스는 장애학생의 교육을 효율적으로 실시하기 위하여 필요한 다양한 인적·물적 지원을 말하며, 상담지원, 가족지원, 치료지원, 보조인력지원, 보조공학기기지원, 학습보조기기지원, 통학지원, 정보접근지원 등을 포함한다.

마지막으로 '계획'은 개별화교육지원팀이 협력하여 앞으로 수행하여야 하는 장애학생의 교육적 요구에 적합한 교육과정 및 특수교육 관련 서비스에 대하여 설계한다는 의미를 함축하고 있다.

따라서 개별화교육계획은 장애학생의 교육적 요구에 적합한 교육과정 및 특수교육 관련 서비스에 대하여 기록한 법적 문서이며, 교육설계도라고 정의할 수 있다.

(2) 개별화교육계획의 법적 근거

개별화교육계획의 법적 근거는 특수교육의 이념과 같다고 볼 수 있다. 〈표 4-12〉는 개별화교육계획에 대한 우리나라의 법적 근거를 제시하고 있다.

(3) 개별화교육계획의 기능

장애학생의 교육적 요구에 적합한 교육과정 및 특수교육 관련 서비스에 대한 교육

〈표 4-12〉 개별화교육계획의 법적 근거

구 분	내 용
헌법 제31조	모든 국민은 능력에 따라 균등하게 교육을 받을 권리가 있다.
「교육기본법」 제3조(학습권)	모든 국민은 평생에 걸쳐 학습하고, 능력과 적성에 따라 교육받을 권리를 가진다.
「교육기본법」 제12조(학습자) 제2항	교육내용·교육방법·교재 및 교육시설은 학습자의 인격을 존중하고 개성을 중시하여 학습자의 능력이 최대한으로 발휘될 수 있도록 마련되어야 한다.
「장애인 등에 대한 특수교육법」 제2조(정의) 제7호	'개별화교육'이란 각급 학교의 장이 특수교육대상자 개인의 능력을 계발하기 위하여 장애유형 및 장애특성에 적합한 교육목표·교육방법·교육내용·특수교육 관련서비스 등이 포함된 계획을 수립하여 실시하는 교육을 말한다.
「장애인 등에 대한 특수교육법」 제22조(개별화교육)	① 각급 학교의 장은 특수교육대상자의 교육적 요구에 적합한 교육을 제공하기 위하여 보호자, 특수교육교원, 일반교육교원, 진로 및 직업교육 담당교원, 특수교육 관련서비스 담당 인력 등으로 개별화교육지원팀을 구성한다. ② 개별화교육지원팀은 매 학기마다 특수교육대상자에 대한 개별화교육계획을 작성하여야 한다. ③ 특수교육대상자가 다른 학교로 전학할 경우 또는 상급학교로 진학할 경우에는 전출학교는 전입학교에 개별화교육계획을 14일 이내에 송부하여야 한다. ④ 특수교육교원은 제1항부터 제3항까지의 규정에 따른 업무를 수행하기 위하여 각 업무를 지원하고 조정한다. ⑤ 제1항에 따른 개별화교육지원팀의 구성, 제2항에 따른 개별화교육계획의 수립·실시 등에 관하여 필요한 사항은 교육부령으로 정한다.
「장애인 등에 대한 특수교육법 시행규칙」 제4조 (개별화교육지원팀의 구성 등)	① 각급 학교의 장은 법 제22조 제1항에 따라 매 학년의 시작일로부터 2주 이내에 각각의 특수교육대상자에 대한 개별화교육지원팀을 구성하여야 한다. ② 개별화교육지원팀은 매 학기의 시작일로부터 30일 이내에 개별화교육계획을 작성하여야 한다. ③ 개별화교육계획에는 특수교육대상자의 인적사항과 특별한 교육지원이 필요한 영역의 현재 학습수행 수준, 교육목표, 교육내용, 교육방법, 평가계획 및 제공할 특수교육 관련서비스의 내용과 방법 등이 포함되어야 한다. ④ 각급 학교의 장은 매 학기마다 개별화교육계획에 따른 각각의 특수교육대상자의 학업성취도 평가를 실시하고, 그 결과를 특수교육대상자 또는 그 보호자에게 통보하여야 한다.

설계도인 개별화교육계획의 기능은 다음과 같이 요약할 수 있다(국립특수교육원, 2008).

- 장애학생을 위하여 특별히 고안된 교육(교육과정 및 특수교육 관련 서비스)을 보장하기 위한 계획서다.
- 장애학생의 교육방향(목표, 내용, 방법)을 제시하는 계획서다.
- 장애학생의 교육성취를 점검하고 평가하는 평가계획서다.
- 장애학생 및 보호자의 권리를 옹호하는 주요 문서다.
- 개별화교육지원팀의 개별화교육계획의 실행에 대한 책무성을 강화하는 실질적 문서다.
- 개별화교육지원팀의 협력적 체계 구축 및 의사소통을 돕는 문서다.

(4) 개별화교육계획 개발절차

학교(급) 교육과정을 토대로 개별화교육계획을 개발하는가, 아니면 국가수준 교육과정과 장애학생의 요구를 중심으로 개별화교육계획을 개발하는가에 따라 개별화교육계획의 작성절차는 다를 수 있다. 다음은 교육과정을 중심으로 개별화교육계획 개발을 위한 절차와 교육과정을 중심으로 개별화교육계획을 수립하기 어려운 경우에 적용할 수 있는 절차를 제시하고 있다. 어떤 교육과정을 선택하여 학습을 하는지와 관계없이, 학생들이 이수하고 있는 교육과정을 근거로 한 개별화교육계획 개발은 [그림 4-3]과 같은 절차를 따른다.

① 교육과정에 근거하여 개별화교육계획을 수립한 사례

공통 교육과정과 기본 교육과정에 근간을 둔 학교(급) 교육과정만으로 수업이 이루어지는 학생의 경우 목표의 수정 없이 학교(급) 교육과정을 그대로 적용할 수 있다. 간혹 학교(급) 교육과정을 그대로 적용할 수 없는 경우에는 학교(급) 교육과정의 학년목표를 적합화(또는 수정)하여 개별화교육계획을 개발한다(5장 참조). 학교(급)에서 마련한 같은 학년 교육과정(연간교육계획서)을 중심으로 중다수준의 교육목표를 적합화할 수 있다.

공통 또는 기본 교육과정을 적용할 수 있는 개별화교육계획 수립 절차	공통 또는 기본 교육과정 적용이 어려운 경우의 개별화교육계획 수립 절차
해당 학기 교과 교육계획표 준비 • 학교(급) 단위로 준비된 교과 교육계획표를 준비	학생의 교육적 요구와 교육과정을 종합적으로 파악하여 현재 학습수행 수준과 교육목표 개발 • 학생의 생태학적 배경과 교육과정의 기능적 과제를 중심으로 교육목표를 개발하고 이 목표에 대한 현재 학습수행 수준을 파악
차시별 교육목표와 학생의 현재 학습수행 수준 파악 • 차시별로 제시된 교육목표에 근거한 학생의 현재 학습수행 수준을 파악	교육목표에 도달하기 위해 필요한 하위 기능들을 나열 • 교육목표에 도달하기 위해 필요한 하위 기능들을 과제의 전후나 상하 관계에 상관없이 나열 • 교육목표의 형식이 아닌 학습문제 형태로 기술하는 것이 편리함
차시별 교육목표와 현재 학습수행 수준 간의 불일치 분석을 통한 교육목표 적합화 • 학생의 현재 학습수행 수준에 근거하여 본래의 목표를 학생의 요구와 장애, 능력 등에 맞게 적합화	나열된 하위 기능들을 학습내용의 특성에 따라 분석 • 학습내용의 특성에 따라 나열된 하위 기능들에 대해 학습내용을 분석(예: 군집분석 등)
적합화된 교육목표에 대한 교육내용 열거 • 적합화된 교육목표에 도달하기 위해 필요한 하위의 교육내용을 열거	하위 기능 중에서 중요 기능을 중심으로 평가의 시점, 방식 등을 고려한 학기별 목표 개발 • 평가의 시점, 방식 등을 고려하여 학기별 목표로 개발할 때는 계열적 혹은 비계열적, 혼합적 목표 개발 형태를 선택하여 목표를 개발
교육내용을 지도하기 위한 교육방법 제시 • 각 하위 교육내용을 지도하기 위해 필요한 교육방법을 열거	학기별 교육목표에 근거하여 월간 지도내용 개발 (필요시) • 학기별 교육목표가 개발되고 나면 각 교육내용의 특성에 따라 분석된 하위기능을 월간 지도내용으로 개발
평가준거와 평가방법 기록 • 각 교육목표의 도달 여부를 확인할 수 있는 평가준거를 설정하고 평가방법을 기록	
적합화된 교육목표에 근거한 학기별 목표 개발 • 적합화된 교육목표를 종합하여 학기별 목표로 개발 • 학기별 목표의 개발은 비계열적 목표 개발 형태를 취하는 것이 편리할 수 있음	
학기별 목표에 근거한 연간 목표 개발 • 학기별 목표를 종합하여 연간 목표로 개발 • 연간 목표의 개발은 비계열적 목표 개발 형태를 취하는 것이 편리할 수 있음	

[그림 4-3] 개별화교육계획의 개발 절차

출처: 국립특수교육원(2008: 72-84).

② 교육과정에 근거하여 개별화교육계획을 수립하기 어려운 사례

공통 교육과정 또는 기본 교육과정을 적용하기 어려운 학생의 경우에는 학교(급) 교육과정의 단원 및 차시별로 핵심적 교육내용을 추출하여 요구분석에 근거해 개별화교육계획을 개발한다. 이는 학교(급) 교육과정(또는 연간 교육계획)이 단원 및 차시별로 개발되어 있지 않은 특수학급이나 특수학교에 적용할 수 있다. 또는 학교(급) 교육과정이 단원 및 차시별로 개발되어 있으나, 학생의 개인차가 너무 커서 개인별로 차별화된 교육과정을 개발할 필요가 있는 경우에 적용한다. 이때 보호자, 교사, 기타 관계자들로부터 얻은 요구(정보)를 분석하는 것이 중요하다. 요구분석 결과와 교육과정에 근거하여 교육목표와 학기별 목표를 개발하고, 개발된 학기별 목표에 근거하여 월간, 주간, 일일의 지도내용을 개발할 수 있다.

2) 개별화교육계획의 수립 · 운영

「장애인 등에 대한 특수교육법」에서 규정하고 있는 개별화교육계획의 수립 · 운영은 특수교육운영위원회의 심사를 거쳐 장애학생으로 선정되어 특수학교 또는 일반학교(특수학급 또는 일반학급)에 배치된 후 장애학생의 교육적 요구에 적합한 교육을 제공하는 과정에서 이루어지며, 절차는 [그림 4-4]와 같다.

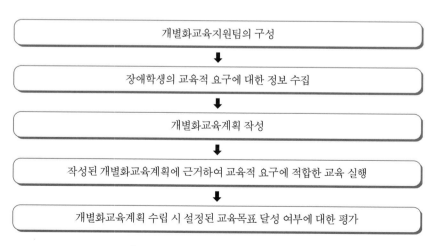

[그림 4-4] 개별화교육계획 작성 절차

(1) 개별화교육지원팀의 구성

각급 학교의 장은 장애학생이 학교에 배치되면 개별화교육지원팀을 구성하고 회의를 계획한다. 학교장은 각 장애학생에 대한 개별화교육지원팀을 매 학년의 시작일로부터 2주 이내에 구성하여야 한다. 개별화교육계획의 질은 장애학생의 교육과 관련된 전문가 및 보호자의 협력에 달려 있다고 할 만큼 개별화교육지원팀의 구성이 중요하다. 개별화교육지원팀을 이루는 구성원은 「장애인 등에 대한 특수교육법」에서 규정한 구성원을 포함하며, 장애학생의 교육적 요구에 따라 그 구성원이 달라질 수 있다.

〈표 4-13〉 개별화교육지원팀의 일반적인 구성원

- 보호자, 특수교육교원, 일반교육교원, 진로 및 직업교육 담당 교원, 특수교육 관련서비스 담당 인력 등으로 구성한다(「장애인 등에 대한 특수교육법」 제22조 제1항).
- 필요한 경우 장애학생 본인, 특수교육 보조 인력은 개별화교육지원팀의 요구에 따라 회의에 참여하여 관련 정보를 제공할 수 있다.

(2) 장애학생의 교육적 요구에 대한 정보 수집

개별화교육지원팀의 구성원은 장애학생의 진단·평가 검사 결과, 교육지원 요구 사항을 비롯하여 개별화교육계획 수립에 필요한 구체적이고 다양한 정보를 수집해야 한다. 장애학생의 특성과 능력에 대한 검사 결과 이외에 필요한 정보는 면담과 관찰을 통하여 수집할 수 있다. 진단·평가 검사 결과와 면담 및 관찰을 통해 수집된 정보를 가지고 개별화교육계획을 수립하기에 충분하지 않을 때에는 형식적·비형식적 평가를 추가로 실시할 수 있다. 다만, 정보를 수집하기 전에는 보호자에게 평가의 목적을 설명하고 동의를 구해야 한다. 구체적인 정보 수집 방법과 내용은 〈표 4-14〉에

〈표 4-14〉 개별화교육계획 수립을 위한 정보 수집 방법 및 내용

정보 수집 방법	상담, 관찰, 추가평가(형식적·비형식적 평가 등)
정보 수집 내용	학습(교과), 사회성 기술, 인지능력, 이동능력, 대근육 운동, 소근육 운동 기술(필기 가능 여부 등), 의사소통능력, 동기, 주의집중, 교육과정에의 접근 정도, 행동 문제, 진료 기록, 의료적 요구사항, 교육력, 강점과 재능, 사회·정서 요구, 필요한 특수교육 관련 서비스 등

제시하였다.

장애학생에 대한 정보를 수집할 때에는 개별화교육계획 수립에 참고할 수 있는 정보를 수집하되, 객관적이고 과학적인 방법으로 수집할 수 있는 정보를 우선적으로 수집한다. 그리고 그 외에 교육에 참고할 수 있는 중요한 정보도 함께 수집하되 개별화교육계획 수립에 참고가 되지 않는 불필요한 평가는 하지 않도록 유의해야 한다. 교사가 관련 정보 관리에서 가장 유념해야 할 사항은 장애학생 및 보호자의 생육사, 병력사, 가계사 및 가정 경제사 등 다양한 개인 인격 및 정보에 대한 비밀 보장과 보호를 위한 정보의 관리를 철저하게 해야 하는 것이고, 불필요한 자료는 폐기하고, 유출 및 남용을 방지해야 하는 것이다.

(3) 개별화교육계획 작성

개별화교육계획을 작성할 때에는 「장애인 등에 대한 특수교육법 시행규칙」 제4조 제3항에 명시된 구성요소를 포함해야 한다. 개별화교육계획에는 법에서 정한 구성요소 이외에도 교과목의 수와 영역, 특수교육 관련 서비스, 특수학급 수업시수, 통합학급 수업시수를 포함할 수 있다. 개별화교육계획을 작성하는 교과영역은 장애학생의 교육적 요구에 따라 개별화교육지원팀에서 결정한다.

개별화교육계획은 매 학기의 시작일로부터 30일 이내에 [그림 4-5]의 단계에 따라 작성한다. 개별화교육계획은 누가하여 철하고 보관하며, 개별화교육계획에 기재된 장애학생의 개인 정보가 유출되지 않도록 유의해야 한다. 또한 장애학생이 다른 학교로 전학하거나 상급학교로 진학할 경우, 전출학교는 전입학교에 개별화교육계획을 14일 이내에 송부하여야 한다.

(4) 개별화교육계획의 실행

개별화교육계획이 작성되면 개별화교육지원팀의 구성원들은 작성된 개별화교육계획에 서명한다. 또한 개별화교육계획의 내용에 기록된 교육지원을 담당하는 모든 교사와 담당인력 및 보호자에게 복사본을 제공한다. 왜냐하면, 장애학생에게 서비스를 제공하는 모든 담당자는 각각 개별화교육계획에 명시되어 있는 역할에 대해 알아야 하기 때문이다.

개별화교육계획 최종안은 법률적으로 중요한 문서일 뿐만 아니라 실제 수업에 적용해야 하는 실질적인 수업계획이다. 다시 말해, 매일의 수업목표가 성취되고 이것이 누적되면 개별화교육계획의 교육목표를 달성할 수 있도록 작성해야 한다. 이를 위해 교사는 개별화교육계획상의 교육목표들을 교육과정에 담아낼 수 있도록 계획하여야 하며, 필요한 경우에 학생의 특성이나 요구를 충족시킬 수 있는 다양한 교수

〈표 4-15〉 개별화교육계획서의 구성요소

| • 인적사항 | • 현재 학습수행 수준 | • 교육목표 | • 교육내용 |
| • 교육방법 | • 특수교육 관련 서비스 | • 평가계획 | |

〈표 4-16〉 개별화교육계획서의 학생 인적사항 및 진단평가 기록

학생 인적사항					
성 명(성 별)	김용준(남)		보호자명	김현식	
생 년 월 일	1999년 4월 25일		전화번호	031-400-****	
학교명 학년/반	한국초등학교 4학년 2반		주양육자(관계)	김현식(부)	
주 소	경기 안산시 상록구 본오동 721-2		기타 연락번호	010-9284-****	
1학기 개별화교육계획 시작일: 2008. 3. 14		종료일: 2008. 7. 29			
2학기 개별화교육계획 시작일: 2008. 9. 10		종료일: 2009. 2. 14			
장애 유형 및 정도 · 특성	1. 장애 유형 및 정도(등급 포함): 정신지체 2급				
	2. 특이사항: 주변 사람이 먹여 주기 전에는 식사를 하지 않음				
진단 · 평가	영역	도구명	검사일자	검사결과	평가자
	지능	K-WISC-III	2006. 7. 21	언어성 67 / 동작성 55 / 전체 57	김철수
	사회성				
	학습				
	적응행동	KISE-SAB	2007. 10	적응행동지수: 48	김철수
	진단평가 요약	적응행동지수가 비슷한 유형 · 정도의 장애를 가진 아동에 비해 낮은 편이다.			
학생 흥미 및 강점	그림책, 또래 아동을 좋아함				
약 점	스스로 할 수 있는 일도 지시를 기다림				
보호자 희망사항	일상생활에서의 자조능력 향상을 원함				
기타 사항					

※특수교육지원센터의 진단 · 평가 결과 및 교육지원 내용을 별도로 첨부할 수 있음.
출처: 국립특수교육원(2008).

지원을 제공해야 한다. 교육과정과 연계하는 방법에 대한 자세한 내용은 다음 절의
개별화교육계획의 실제를 통해 살펴볼 수 있다.

〈표 4-17〉 개별화교육계획 기본 구성요소

연간 및 학기별 목표						
과목명	국어(말하기 · 듣기 · 쓰기)		작성자	김○○	작성일	2008. 3.

현재 학습수행 수준
• 5문장 이하로 구성된 이야기를 듣고, '누가' '어디' '무엇'을 묻는 각각의 질문에 문장으로 답을 할 수 있다. • 일상생활을 묘사하는 20개의 사진을 보고 2어절의 문장으로 쓸 수 있다.

교육목표			교육내용	교육방법	평가계획		평가 결과
연간 목표		학기별 목표			평가준거	평가방법/ 평가자	
• 학교생활과 관련된 이야기를 듣고, 3회 이상 연속으로 이야기의 내용 중 세 가지를 기억하여 문장으로 각각 말하고 쓸 수 있다. ☞교육과정 관련 내용: 2학년 듣기 (3) 내용 장면을 연상하며 듣는다. (4) 이야기를 듣고, 인물의 행동을 안다. 2학년 말하기 (3) 대화의 흐름에서 벗어나지 않게 말한다. (4) 알맞은 낱말이나 문장으로 사용하여 말한다. 2학년 쓰기 (4) 낱말이나 문장을 정확하게 받아쓴다.	1학기	• 학교생활과 관련된 이야기를 듣고, 3회 이상 연속하여 내용에 맞는 사진 3개를 골라 문장으로 말하고 쓸 수 있다.	• 새 학기, 위생생활, 급식생활, 여름방학 등에 관련된 사진을 보고 이야기 나누기 • 이야기를 듣고 들은 내용 이야기해 보기 • 낱말, 문장 정확하게 받아쓰기	교수 · 학습 방법 • 전체집단교수 • 또래교수 • 최소촉진법 교수자료 • 단어카드 • 사진카드 • 문장카드 • 제재관련학습지	• 학교생활과 관련된 이야기 (새 학기, 체육활동, 위생생활, 여름방학)를 듣고, 3회 이상 연속하여 내용에 맞는 사진 3개를 골라 문장으로 말하고 쓸 수 있는가?	관찰법 및 지필평가 학기말 수업담당 교사	
	2학기	• 학교생활과 관련된 이야기를 듣고, 3회 이상 연속하여 제시된 단어를 넣어 이야기의 내용과 관련된 문장으로 만들어 말하고 쓸 수 있다.	• 운동회, 소풍, 교실생활, 겨울방학 등에 관련된 이야기 나누기 • 내용 장면을 연상하며 듣기 • 이야기를 듣고 문장 만들기 • 흐름에서 벗어나지 않게 말하기 • 알맞은 낱말이나 문장 사용하기 • 낱말, 문장 정확하게 받아쓰기	교수 · 학습 방법 • 전체집단교수 • 또래교수 • 최소촉진법 교수자료 • 단어카드 • 문장카드 • 제재관련학습지	• 학교생활과 관련된 이야기를 듣고, 3회 이상 연속하여 제시된 단어를 넣어 이야기의 내용과 관련된 문장으로 만들어 말하고 쓸 수 있는가?	관찰법 및 지필평가 학기말 수업담당 교사	

출처: 국립특수교육원(2008).

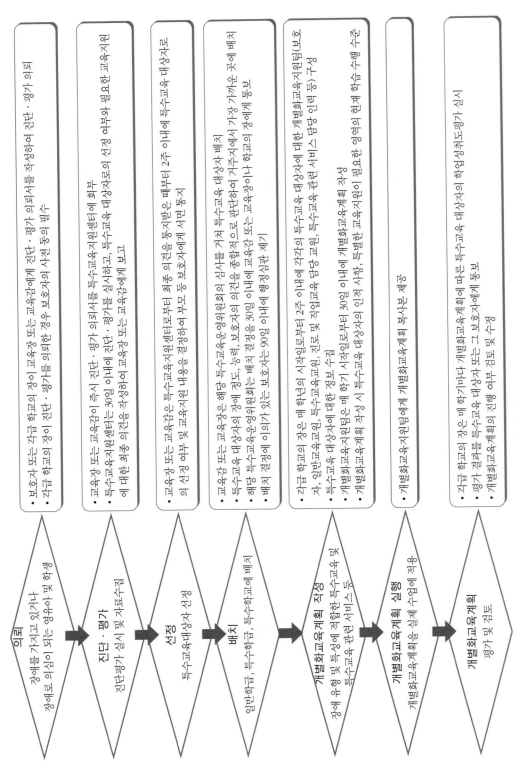

[그림 4-5] 개별화 수립·운영의 절차

출처: 국립특수교육원(2008).

(5) 평가

각급 학교의 장은 매 학기마다 개별화교육계획에 따른 장애학생의 학업성취도 평가를 실시하여야 한다. 장애학생의 교육목표 달성 여부를 평가하고, 개별화교육계획서에 기재한다. 평가의 결과는 장애학생 또는 보호자에게 통보해야 한다. 개별화교육지원팀은 필요한 경우, 장애학생의 개별화교육계획이 계획대로 잘 진행되고 있는지의 여부를 검토하고 수정할 수 있다.

3) 개별화교육계획의 실제

개별화교육계획은 국가 혹은 학교(급) 수준의 교육과정에 근간을 두고, 장애학생의 요구를 반영하여 작성한다. 중도·중복장애 학생의 경우는 교과영역보다는 일상생활 영역이나 기초자립기술 영역을 중심으로 개별화교육계획을 수립하여 적용할수 있다(Snell & Brown, 2008). 그러나 학교마다 여건이 다르고 적용하는 교육과정이다르기 때문에 개별화교육계획의 토대가 되는 준거는 없다. 따라서 장애학생이 기본교육과정을 이수하고 있는지, 공통 교육과정을 이수하고 있는지 또는 대안적인 교육과정을 이수하고 있는지에 따라 다를 수 있다. 여기서는 공통 교육과정을 이수하고 있는 학생의 개별화교육계획 사례와 공통 교육과정이나 기본 교육과정을 이수하기 어려운 학생의 기초자립기술을 목표로 작성된 개별화교육계획 사례를 살펴보고자 한다.

(1) 공통 교육과정에 근거하여 작성한 개별화교육계획의 실제

학교(급) 교육과정이 단원 및 차시별로 개발되어 있는 경우 학교의 연간지도계획이나 단원지도계획의 차시별 혹은 주간 교육목표를 학생의 요구에 맞게 적합화하여교육목표를 개발할 수 있다. 이때 교수적 수정 또는 적합화의 과정을 거쳐 작성된 개별화교육계획의 실제는 〈표 4-18〉과 같다. 교수적 수정 및 적합화 방법은 5장에서자세히 다루고 있으므로 참고할 수 있다.

(2) 기초자립기술 습득에 중점을 두어 작성한 개별화교육계획의 실제

중도·중복장애 학생의 경우는 공통 교육과정이나 기본 교육과정과 같이 국가수

〈표 4-18〉 공통 교육과정에 근거하여 작성한 개별화교육계획

연간 및 학기별 목표						
과목명	국어(국민공통 기본 교육과정): 말하기 · 듣기 · 쓰기	작성자	김수철	작성일	2008. 3.	

현재 학습수행 수준
• 말하기 · 듣기: 3문장 이하의 이야기를 듣고 '누가' '언제' '어디에서' '무엇'을 묻는 질문에 한 어절로 답을 할 수 있다. • 쓰기: 맞춤법이나 조사의 내용에는 오류가 있으나, 어절을 나열하여 사실이나 경험한 일을 쓸 수 있다.

구 분	교육목표	교육내용	교육방법	평 가		
				평가준거	평가결과	평가방법
연간 목표	• [말 · 듣 · 쓰] 교사가 제시하는 단어를 넣어 상황에 맞게 말할 수 있다. • [말 · 듣 · 쓰] 시를 운율에 맞추어 낭송할 수 있다. • [말 · 듣 · 쓰] 문제상황에 대한 설명이나 이야기를 듣고, 자신의 의견과 이유를 각각 2어절 이상의 문장으로 말하거나 문장 카드를 선택할 수 있다. • [말 · 듣 · 쓰] 시나 이야기를 듣고 내용에 관련된 그림이나 단어, 문장을 찾을 수 있고, 일이 일어난 순서에 따라 장면 그림이나 문장을 순서대로 나열하여 뒤에 이어질 이야기 내용에 해당하는 그림을 찾을 수 있다.	–	–	과제 수행 5회 중 4회 성공		관찰 및 수행평가
1학기 목표	• [말 · 듣 · 쓰] 문제상황에 대한 설명이나 이야기를 듣고, 자신의 의견과 이유를 각각 2어절 이상의 문장으로 말하거나 문장 카드를 선택할 수 있다. • [말 · 듣 · 쓰] 시나 이야기를 듣고 내용에 관련된 그림이나 단어, 문장을 찾을 수 있고, 일이 일어난 순서에 따라 장면 그림이나 문장을 순서대로 나열하여 뒤에 이어질 이야기 내용에 해당하는 그림을 찾을 수 있다.	학기별 교육계획 참조	학기별 교육계획 참조	과제 수행 5회 중 4회 성공		관찰 및 수행 평가
2학기 목표	• [말 · 듣 · 쓰] 교사가 제시하는 단어를 넣어 상황에 맞게 말할 수 있다. • [말 · 듣 · 쓰] 시를 운율에 맞추어 낭송할 수 있다.	학기별 교육계획 참조	학기별 교육계획 참조	과제 수행 5회 중 4회 성공		관찰 및 수행 평가

출처: 국립특수교육원(2008: 55-60).

준의 교육과정 내용을 이수하기 어려운 경우가 있다. 학생의 수행 수준을 고려하여 중첩교육과정(curriculum overlapping)으로 생활기능 중심의 교육과정을 운영하기도 하는데, 이러한 경우 매우 미시적인 접근을 하게 되고, 생존에 필요한 자립기능에 중점을 두어 지도한다. 이러한 개별화교육계획의 실제를 살펴보면 〈표 4-19〉와 같다.

〈표 4-19〉 기초자립기술 습득에 중점을 둔 개별화교육계획의 실제

(고등학교)과정 1학년 2반 3번 이름: 이○○

교과(영역)	섭식			
현재 수행 수준	• 물과 고형물이라고 이야기하면 이를 구분하여 입의 크기를 달리하여 벌린다. • 밥을 왼쪽 어금니 위쪽에 놓고 혀를 숟가락으로 눌러 주면 음식물을 씹어 삼킨다.			
연간 목표	교사가 주는 식사를 거부감 없이 받아먹을 수 있다.			
2학기 목표	밥을 왼쪽 어금니 위쪽에 놓고 혀를 숟가락으로 눌러 주면 음식물을 씹어 삼킨다.			
월별 목표	8~9월	물을 마실 때와 고형물의 음식물을 줄 때 목구멍을 조절하여 입을 벌릴 수 있다.	11월	매운 반찬이나 국을 세 번에 한 번꼴로 먹을 수 있다.
	10월	잘게 자른 음식물을 왼쪽과 오른쪽 어금니 위에 번갈아 올려 주고 혀를 숟가락 뒤쪽으로 눌러 주었을 때 음식물을 씹어 삼킬 수 있다.	12~2월	잘게 자른 음식물을 왼쪽과 오른쪽 어금니 위에 번갈아 올려 주고, 매운 음식물을 세 번에 한 번꼴로 주고, 혀를 숟가락 뒤쪽으로 눌러 긴장을 풀어 주면 음식물을 씹어 삼킬 수 있다.

월	교육내용	교육방법	평가계획		월별 평가
			평가준거	평가방법	
8~9	물을 마실 때와 고형물의 음식물을 줄 때 입의 크기를 조절하여 입 벌리기	• 교사 중심의 모델링수업 • 직접 교수법 • 신체적·언어적촉구	10회 중 8회 시행	관찰 및 빈도 측정	물과 밥이라는 말을 듣고 구분하여 입의 크기를 조절하여 벌릴 수 있음(100%)
10	잘게 자른 음식물을 왼쪽과 오른쪽 어금니 위에 번갈아 올려 주고 혀의 뒤쪽을 숟가락으로 눌러 주었을 때 음식물을 씹어 삼키기	• 교사 중심의 모델링수업 • 직접 교수법 • 신체적·언어적촉구	10회 중 8회 시행	관찰 및 빈도 측정	음식물을 어금니나 또는 아래 앞니 뒤쪽에 놓아 주면 음식물을 왼쪽 어금니 쪽으로 가져가 씹고 음식물을 스스로 삼킬 수 있음(60%)
11	매운 반찬이나 국을 세 번에 한 번꼴로 먹기	• 교사 중심의 모델링수업 • 직접 교수법 • 신체적·언어적촉구	10회 중 8회 시행	관찰 및 빈도 측정	김치를 밥과 함께 주었을 때 얼굴은 붉어지지만 뱉지 않고 어금니로 3~5회 씹고 음식물을 삼킬 수 있음(80%)
12~2	잘게 자른 음식물을 왼쪽과 오른쪽 어금니 위에 번갈아 올려 주고, 매운 음식물을 세 번에 한 번꼴로 주고, 혀를 숟가락 뒤쪽으로 눌러 긴장을 풀어 주면 음식물을 씹어 삼키기	• 교사 중심의 모델링수업 • 직접 교수법 • 신체적·언어적촉구	10회 중 8회 시행	관찰 및 빈도 측정	점도가 약 70% 정도 되는 찰진 음식물을 왼쪽 어금니나 아래 앞니의 뒤쪽에 놓아 주면 음식물을 왼쪽 어금니로 가져가 3~4차례 씹은 후 삼킬 수 있음(샐러드는 횟수가 줄어듦)

3. 효율적 교육과정 운영을 위한 교사의 역할

특수학급이나 특수학교에 다니는 장애학생은 단지 기초 수준에서의 읽기, 쓰기, 셈하기 능력을 키우기 위해 교육을 받는다기보다는 장차 살아갈 사회에서 민주시민으로서 독립적으로 잘 살아가기 위한 준비를 목적으로 교육을 받고 있는 것이다. 이는 대부분의 사람이 추구하고 있는 교육의 목적이 미래 사회에서의 삶을 준비하는 것이라고 하는 것과 다르지 않다. 교육의 목표가 같다고 한다면 장애학생에게도 역시 제 나이 또래처럼 경험하고 사고할 수 있는 기회를 제공해 주어야 하며, 이것이 이들에게 주어진 교육평등권이다. 하지만 일반학생과 동일한 방식으로 접근이 어려운 학생에게 아무런 지원을 해 주지 않는다면 「장애인 등에 대한 특수교육법」 제1조에 "장애유형·장애정도의 특성을 고려한 교육"을 제공해야 하는 것에 위배된다. 장애학생에게 올바른 교육적 접근을 위해 공통 교육과정과 기본 교육과정에 대한 이해는 물론, 개별적 요구와 특성을 반영한 개별화교육계획에 대한 충분한 이해를 바탕으로 교육계획을 수립하고 실행해 나가야 한다. 이 장에서는 국가수준 또는 학교(급)의 교육과정 그리고 개인수준에서의 교육과정에 접근하는 구체적인 방법을 살펴보았다. 교육적 통합을 증진하기 위해 학생에게 제공되는 교육과정은 다양할 수 있다. 하지만 전형적인 학년수준의 교육과정에 접근하는 방법에는 교사의 더 많은 전문성을 요구하기도 한다. 다양한 교육적 요구를 지닌 장애학생을 위한 교육과정에 접근하기 위해 교사들에게 요구되는 네 가지 교수전략(Snell & Brown, 2005)은 다음과 같다.

첫째, 모든 학생을 위한 교육과정의 보편적 설계 적용이다. 이는 장애학생을 포함하여 다른 학습적 요구를 지닌 모든 학생의 교육적 필요를 충족시킬 수 있는 내용, 자료, 교수전략을 개발하여 적용하는 것을 의미한다. 이는 11장에서 보다 구체적으로 다루게 될 것이다.

둘째, 자기주도적 학습의 증진이다. 이는 일반교육 수업의 과제를 완성하기 위해 언어적 자기교수나 시각적·청각적 단서를 따를 것을 학습할 뿐 아니라 일반교육 수업이라는 맥락에서 자신의 행동을 조절하거나 문제를 해결하는 방법을 배우는 것을 의미한다.

셋째, 목표 기술을 지도하기 위해 직접적이고 체계적인 교수방법을 적용해야 한다. 즉, 보편적 학습설계의 원리에 기반한 교육과정 수립과 자기주도적 학습이 이루어질 수 있도록 공통 교육과정에의 접근을 도모하고 전형적인 학습상황에서 장애학생의 특성을 고려한 직접적이고 체계적인 교수가 필요하다. 예를 들어, 단어학습을 위해 교사는 학급의 몇몇 학생에게 직접 교수법으로 접근하고, 다른 학생들은 이들을 관찰하면서 모델학습을 할 수 있도록 체계적이고 조직적인 수업계획을 구성하여 전개해야 한다.

마지막으로 준거 중심의 개별화교육계획을 실시해야 한다. 준거 중심 개별화교육계획을 위해서는 학생의 개별적·교육적 요구에 부응하는 것뿐만 아니라 학생이 공통교육과정을 배우는 동안 학생에게 설정된 장기목표를 어떻게 성취해 나갈 것인지를 규정하는 것이 필요하다. 이는 통합교육의 접근을 용이하게 하고, 통합학급에서의 적응을 도모할 수 있게 한다.

이러한 전략을 수행하기 위해서 교사는 학교(급)수준에서 개별 학생에게 설정된 교육과정을 숙지하고 학생의 요구를 적극적으로 수용할 수 있는 교사의 특수교육적 전문성을 갖춰 나가야 한다.

생각해 볼 문제

1. 통합학급에 있는 장애학생들의 학습 참여를 독려하기 위해 지원할 수 있는 교육지원 방법을 각자의 전공교과에서는 어떻게 적용할 수 있는지 논의해 보시오.
2. 학업성취도에서 차이를 보이는 장애학생을 위해 학생수준의 교육과정으로서 연간 지도계획(또는 공통 교육과정 적용을 가정한 개별화교육계획)을 수립하여 보시오.
3. 중도·중복장애 학생에게 각 교과에서 가장 주요한 핵심 지도 요소를 추출하기 위해 우선순위를 두어야 하는 교육적 신념은 무엇이어야 하는지에 대해 논의해 보시오.

국가교육과정정보센터(http://www.ncic.re.kr)   우리나라에서 발간된 모든 교육과정 및 여러
    나라의 교육과정, 지역학교 단위교육과정 및 연구 동향 제공.

교수학습개발센터(http://www.classroom.re.kr)   초·중등학교에서 실시되고 있는 각과 교육
    의 교수법 및 지도안, 수업 동영상 자료 제공.

용어 해설

개별화교육계획(Individualized Education Plan: IEP)   특수교육 대상자 개인의 장애 유형 및
    장애 특성을 고려하여 교육목표, 교육방법, 교육내용, 관련 서비스 등이 포함된 계획을
    수립하여 실시하는 교육이다. 개별화교육계획은 장애학생에게 체계적으로 무엇을 가르
    칠 것인가에 대한 문서화된 정보라는 의미를 가질 뿐만 아니라, 학부모가 개별화교육계
    획에 참여하도록 함으로써 학부모가 장애학생 교육의 협력적 관계자임을 강조한 공식
    적인 문서다.

교육과정(curriculum)   교육목표를 달성하기 위하여 선택된 교육내용과 학습활동을 체계적
    으로 편성·조직한 계획이다.

집중이수제(focused-learning policy)   2009 개정 교육과정은 2009년 12월 23일에 교육과학
    기술부 고시 제2009-41호로 고시된 교육과정으로, 학교 자율성과 창의성을 강화하는
    방향으로 개정되었다. 이 개정 교육과정에서는 학기당 이수과목을 최대 5과목 줄이고
    교과 집중이수제를 도입해 예·체능 등의 과목을 특정 학기에 몰아서 수업하며 학교 자
    율에 따라 교육과정을 20% 범위 내에서 증감 운영할 수 있게 하였다.

제 **5** 장

통합교육에서의
교수 · 학습 방법

학 · 습 · 목 · 표

1. 다양한 능력을 가진 학생들을 가르칠 때 교사는 어떻게 수업을 계획할 수 있는지에 대해 이해한다.

2. 다양한 능력을 가진 학생 모두가 수업에 참여하고 집중할 수 있게 하는 교수적 수정의 방법을 이해한다.

3. 장애학생을 포함한 통합학급 학생들의 다양한 요구를 충족시키는 데 활용할 수 있는 교수적 배치방법에
   대해 이해한다.

1. 통합교육에서의 수업

통합교육이 하나의 중요한 교육 트렌드를 형성하면서 비교적 유사한 능력을 가진 학생들로 구성되었던 교실이 이제는 다양한 능력수준을 가진 학생들로 채워졌다. 기존의 일반학급은 학습자를 유사한 능력을 가진 하나의 집단으로 보고 이들을 위한 한 가지 학습목표를 설정, 이를 성취하기 위해 하나 혹은 두 가지 교수·학습 방법을 실행했던 것이 일반적이었다. 그러나 통합교육이라는 큰 틀 안에서 다양한 능력과 배경을 가진 학생들이 함께 공부하게 되면서 한 가지 목표에 한두 가지 방법을 활용하여 이루어지는 수업으로는 모든 학생이 가진 교육적 요구를 충족시키기에 어려움이 생길 수 있다. 따라서 학생의 다양성을 이해하고 모든 학생에게 유의미한 학습환경을 제공할 수 있는 수업방식은 성공적인 통합교육의 필수조건 중 하나가 된다. 통합학급에서는 기존의 학급을 구성하던 일반학생에게 유익한 수업이 되면서 새로운 구성원으로 포함된 장애학생이 가진 요구까지도 충족시킬 수 있는 교수·학습 환경을 만들어야 한다.

1) 다양한 능력을 가진 학생이 포함된 학급의 수업계획

장애학생이 포함된 통합학급에서 모든 학생이 수업에 집중하고 참여할 수 있도록 하기 위해서는 수업의 계획부터 신중하게 작성하여야 한다. 일반적으로 수업계획은 교수할 내용과 방법에 대한 이해를 바탕으로 학생에 대한 정보, 요구 등에 적절히 반응할 수 있는 다양한 사항에 대해 미리 고민하고 구조화하는 과정을 말한다. 이때 교사는 수업을 통해 학생이 이루어야 할 것(학습목표)을 명료화하는 작업을 해야 한다. 장애학생이 포함된 통합학급의 교사는 학생의 능력수준 혹은 현재 수행 수준의 차이로 인해 수업의 성과(학업성취)에도 차이가 있을 수 있다는 것을 인정하는 데서부터 수업계획을 시작해야 한다(Mercer & Mercer, 2005). 이질적인 속성을 갖는 학생들을 하나의 학급 안에서 교육하기 위해서는 중다수준형 수업(multilevel instruction; Collicott, 1999) 혹은 차별화 교수(differentiated instruction; Tomlinson & Edison, 2003)를 전개하는 것이 효과적이다.

  중다수준형 수업은 모든 학생이 동일한 공간과 시간 동안에 자신의 현행 수준에
적합하면서 각자에게 의미 있는 학습을 할 수 있게 하는 방식이다. 중다수준형 수업
은 학생마다 출발점 행동, 학습양식, 학습속도 등이 다를 수 있음을 인정하고 학생의
수준에 맞게 내용 또는 방법을 차별화한다. Schumm, Vaughn과 Leavell(1994)이 제안
한 중다수준형 수업방식은 장애학생이 포함된 통합학급에서 유용하게 활용할 수 있
다. [그림 5-1]은 교사가 중다수준형 수업을 위하여 차별적으로 내용을 구성할 때 사
용할 수 있는 내용 계획의 틀이 된다. 교사는 이질적인 특성을 가진 학생들의 교육적
요구를 충족시키기 위해 학생에게 가르치고자 하는 내용 또는 설정한 학습목표가 수
준별로 적절한지의 여부를 자기 스스로에게 질문해 보아야 한다.

  제I수준은 모든 학생이 습득하기를 바라는 매우 기본적인 내용, 개념, 기술을 나타
내는데, 중핵요소 또는 핵심개념이라고 부르기도 한다. 일반적으로 통합학급에서는
장애학생을 비롯한 학업성취가 낮은 학생들이 제I수준에 해당하는 내용요소를 학습
의 내용이나 목표로 삼아 수업활동에 참여한다. 제II수준은 제I수준보다는 좀 더 높
은 수준의 내용이나 기술 등이 해당된다. 제II수준에서는 사실의 이해를 포함하기도

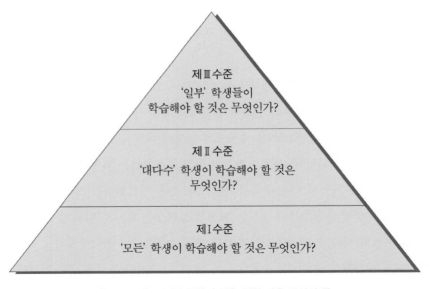

[그림 5-1] 중다수준형 수업을 위한 내용 구성의 틀

출처: Schumm, Vaughn, & Leavell(1994: 608-615).

하지만 추론이나 적용하는 데 도움을 줄 수 있는 정보도 포함시킨다. 제Ⅱ수준은 학급을 구성하는 대다수의 학생이 해당 단위 수업을 통해 배워야 하는 것이다. 제Ⅲ수준은 좀 더 복잡하거나 상세한 내용이 포함되며 보통 심화수준이라 부른다. 이러한 수준을 결정하는 기준이 되는 것은 학생의 일반적인 능력이나 성적보다는 해당 차시 내용에 대한 학생의 현행 수준이나 선행지식 등이어야 한다. 또한 학생이 해당 차시에서 제Ⅰ수준의 내용을 목표로 삼는다 하더라도 모든 수준에서 제시되는 정보에 접근할 수 있어야 한다(Mercer & Mercer, 2005).

〈표 5-1〉은 초등과정 과학과에서 중다수준형 교수 계획을 통해 작성된 수준별 학습내용(목표)의 예시다. 학습내용의 수준은 학생의 선행경험이나 지식, 학습양식에 따라 달라질 수 있다.

〈표 5-1〉 초등 과학과에서 중다수준형 교수 계획의 예

주요 학습내용	
태양계의 구성: 태양처럼 스스로 빛을 내는 천체를 별이라고 한다. 태양의 주위를 도는 천체를 행성이라고 하고 행성의 주위를 도는 천체를 위성이라고 한다.	
제Ⅲ수준	왜 지구가 태양 둘레를, 달이 지구의 둘레를 도는지 이유를 안다.
제Ⅱ수준	별, 행성, 위성의 개념을 이해하고, 태양계에서 행성과 위성을 구분할 수 있다.
제Ⅰ수준	지구는 항상 태양의 둘레를 돌고, 달은 지구의 둘레를 돌고 있다. 또는 우리가 살고 있는 지구의 주변에 달이 돌고 있다. 또는 우리가 살고 있는 별은 지구다. 는 것을 안다.

중다수준형 수업을 계획하고 운영함에 있어 교사가 해야 할 것과 하지 말아야 할 것을 정리하면 〈표 5-2〉와 같다(이대식 외, 2011).

〈표 5-2〉 중다수준형 수업에서 교사가 해야 할 것과 하지 말아야 할 것

해야 할 것	하지 말아야 할 것
학생의 흥미나 경험을 바탕으로 학습내용이나 활동을 설정한다.	표준화된 교육과정 및 성취기준에 절대적으로 의존한다.
한 가지 표현방법만 고집할 것이 아니라 학생이 할 수 있는 다양한 표현방법을 권장한다.	일관되게 동일한 방식으로 과제를 수행하거나 학습활동도 한 가지 수준으로만 이루어진다.
학생의 생활이나 경험에 기반을 둔 실제적이고 의미 있는 활동을 많이 활용한다.	주로 교과서나 워크북에 있는 연습지를 채워 넣는 활동이 이루어진다.
학생의 자율성을 보장하고 융통성 있는 운영을 지향한다.	학생의 수행은 보통 시험점수로만 점검하고 결과물은 학습지 정도를 게시하는 것이 일반적이다.
활동에 참여하기 위한 약간의 소란스러움이나 이동을 허용하여 학생이 학습활동에 열중할 수 있게 한다.	학생들은 각자의 자리에 앉아 과제를 수행하고 교사의 허락이 있는 때에만 말을 하거나 이동을 할 수 있다.
협동학습이나 프로젝트 과제를 통하여 학생들 간의 상호작용이 자유롭고 활발하게 이루어질 수 있게 한다.	주로 교사-학생 간의 상호작용이 활발하고 학생-학생 간 소통은 별로 나타나지 않는다.
교사는 교실을 순회하면서 학생이 필요로 할 수 있는 도움을 적시에 제공한다.	학생이 과제를 하는 동안 교사는 교실 내에 있는 교사 책상에 앉아 일을 보고 가끔씩 조용히 하라고 주의를 준다.

출처: 이대식 외(2011: 306).

2) 교수적 수정

통합교육이 이루어지면서 장애학생들이 일반학급에 배치되었으나, 일반학생들과 같은 내용, 과제, 활동에 참여하는 것이 쉽지 않을 수 있다. 그렇다고 해서 장애학생이 수업에서 소외되는 것이 합리화될 수는 없다. 따라서 이들이 수업에 참여할 수 있도록 교수환경, 교수내용, 교수방법, 평가방법 등을 조정 또는 변경해야 한다는 요구가 나타나기 시작하였다. 장애학생이 통합학급에서 이루어지는 수업활동에 보다 적극적으로 참여할 수 있도록 하기 위하여 수업의 주요 요소를 그들의 요구에 적합하게 바꾸어 지원을 제공하는 방식을 교수적 수정(instructional adaptation)이라고 한다. 박승희(1999)는 교수적 수정의 목적을 장애학생이 일반학급의 일상적인 수업에 참여할 때 그 양과 질의 수준을 최적화하기 위함이라고 보았다. 교수적 수정의 방법은 다양한데, 여기서는 통합환경에서 자주 사용할 수 있는 교수적 수정의 유형인 교수자

료의 수정, 교수방법의 수정 그리고 학생수행의 수정 등 세 가지 측면에 대해 살펴보도록 하겠다.

(1) 교수자료의 수정

교수자료가 학생들이 수업에 참여하고 학습하는 데 없어서는 안 되는 유용한 도구임에도 대부분의 교수·학습 자료는 서로 다른 속도와 방식으로 공부하는 학생들로 이루어진 통합학급에서 활용되기에는 아쉬운 점이 많다. 아주 간단한 자료의 수정부터 좀 더 구조화된 수정에 이르기까지 통합학급을 담당하는 교사뿐 아니라 또래 친구, 장애학생을 보조하는 특수교육 보조원, 자원봉사자 등도 장애학생을 위하여 교수자료를 수정할 수 있다. 통합학급에서 사용할 수 있는 교수자료의 수정방법은 다음과 같다(Mercer & Mercer, 2005).

- 장애학생이 학습지 등에 제시된 **지시문**을 이해하기 어려울 수 있으므로 지시문은 **명료하게 작성**하거나 단순화한다.
  - 원 지시문의 예: "이 연습은 여러분이 분수를 배우는 데 도움을 줄 것입니다. 문제를 읽고 분수를 찾아보고 정답이 되는 분수에 동그라미를 그려 보세요."
  - 단순화된 지시문의 예: "문제를 보고 분수를 찾아 동그라미를 그려 보세요."
- **학습할 분량을 줄인다.** 한번에 많은 분량의 학습자료를 풀이하는 데 부담을 갖는 학생을 위해서는 자료를 낱장으로 나누어 주거나 풀이할 문제의 수를 줄여 준다. 예를 들어, 짝수 번의 문제만 풀도록 하거나 학생이 성취하기 어려운 문제는 제외하고 특정 부분만 풀도록 할 수도 있다.
- **직접 관련이 없는 정보는 제외한다.** 학생이 과제를 풀이하는 과정에서 시각적으로 쉽게 주의가 분산된다면 과제 풀이에 직접적으로 관련이 없는 불필요한 정보는 다른 종이로 가리거나 아예 한 번에 한 문제씩 보여 준다. 이때 종이에 구멍을 뚫어 만든 창을 이용하여 필요한 문제에만 집중하게 할 수도 있다.
- **중요한 정보를 강조한다.** 과제/문제 풀이에 중요하다고 생각되는 부분을 굵게 하거나 밑줄 혹은 형광펜으로 표시해 준다.
- **내용교과에는 용어해설을 미리 제공한다.** 중등학교에서 내용교과(예: 사회, 과학)를 배울 때는 해당 교과에서 사용하거나 처음 등장하는 관련 용어들이 많다. 이

러한 용어만 따로 정리된 용어해설을 제공하여 학생이 내용을 좀 더 쉽게 이해할 수 있도록 도와줄 수 있다.

(2) 교수방법의 수정

학생이 통합학급에서 수업에 잘 참여하고 집중하도록 하기 위해서는 다양한 교수방법이 필요하다. 이때 학생이 수업에 좀 더 몰입할 수 있도록 도움을 주는 방법은 장애학생뿐 아니라 일반학생들에게도 혜택을 줄 수 있다. 통합학급에서 사용할 수 있는 교수방법의 수정 예는 다음과 같다(Mercer & Mercer, 2005).

- **지시를 반복한다.** 장애학생이 포함된 통합학급에서 일부 학생은 교사의 지시를 한 번에 수행하는 것이 쉽지 않을 수 있다. 이러한 학생을 위해서는 지시를 반복적으로 제공하는 것이 유익한데, 이때 또래를 이용하여 지시를 반복하여 말하게 할 수도 있다. 만약 지시가 두 가지 이상의 활동으로 구성되어 있다면 한 번에 한 가지씩만 할 수 있도록 지시를 나누어 제공한다. 또한 언어적으로 지시를 제공한 후에 칠판에 주요한 행위, 용어 등을 써서 학생이 주요 핵심어를 기억하게 도와줄 수도 있다.
- **수업시간을 일정한 순서 혹은 활동에 따라 진행한다.** 수업시간이 좀 더 구조화되면 학생의 수업상황에 대한 예측력이 높아진다.
- **교사용 수업자료를 미리 제공한다.** 수업 중 필기가 어려운 학생에게는 미리 수업에서 사용할 자료나 교사가 작성한 수업노트의 복사본을 제공한다.
- **언어적 정보와 시각적 정보를 함께 사용한다.** 교사의 설명만으로 수업의 내용을 받아들이기 어려운 학생을 위하여 시각자료(예: 동영상, 사진 등)를 함께 제시한다.
- **요점이나 핵심자료를 칠판 위에 따로 제시한다.** 수업내용 중에서 핵심이 되는 사항은 칠판 위에 따로 적어 두거나 수업 말미에 요약(정리) 슬라이드 등을 이용하여 제시할 수 있다.
- **매일 복습을 강조한다.** 그날 배운 내용을 반복하여 습득할 수 있도록 하고, 선행지식과 연결하여 추후 학습에 도움이 되도록 한다.

(3) 학생수행의 수정

통합학급에서 사용할 수 있는 교수적 수정에 대해 생각하면 보통 앞서 진술한 교수자료 및 교수방법의 수정을 먼저 떠올리게 된다. 하지만 교수적 수정 중에는 학생들이 학습활동에 반응할 수 있는 방법을 바꾸어 주는 유형이 있다.

학생이 학습하는 과정에서 정보를 수용하고 표현하는 양식을 변화시켜 줌으로써 학생의 학업 수행에 도움을 줄 수 있다(Mercer & Mercer, 2005).

- 학생의 반응양식을 변화시킨다. 보통 학생의 이해 여부를 파악하기 위해 소근육을 이용하는 글자 쓰기를 활용한다(예: 시험). 그러나 이러한 반응양식이 어려운 학생의 경우는 답지 중에서 선택을 하게 하거나 밑줄을 치게 하거나 혹은 쓰기 공간이 좀 더 여유로운 공책을 제공한다.
- 숙제 알림장이나 일정표를 사용하게 한다. 달력이나 알림장을 통해 학교생활과 관련된 중요한 일정이나 과제 제출일 등을 기록하게 한다.
- 베껴 쓰기 활동을 줄인다. 쓰기 유창성을 목표로 하는 활동을 제외하고는 불필요하게 베껴 쓰기를 하는 활동은 최소화한다.
- 학습 보조도구를 사용하게 한다. 필요에 따라 학생의 과제 수행을 도울 수 있는 학습 보조도구, 예를 들어 계산기의 사용을 허용한다.
- 공부시간을 융통성 있게 활용한다. 글씨 쓰기 속도가 느린 학생이 쓰기 과제를 완성할 수 있도록 별도의 추가시간을 제공할 수 있다.
- 과제 대체물이나 수정을 허용한다. 쓰기를 어려워하는 학생을 위해서는 글로 쓰는 과제 대신 구두로 과제를 완성할 수 있게(녹음도 가능함) 할 수 있다. 또는 시험을 볼 때 학생이 답을 말해 주면 다른 사람이 이를 대신 받아써서 시험을 볼 수 있게 할 수 있다.

2. 통합학급에서의 교수적 배치

장애학생이 배치된 통합학급에서 교사가 사용할 수 있는 교수적 배치는 매우 다양하다. 이 중에서도 장애학생이 일반학생과 함께 교실에서 친구로 생활하고 수업에 참여해서 활동하는 데 효과적이라고 알려진 교수적 배치 모델 중 또래교수와 협동학습에 대해 살펴보도록 한다.

1) 또래교수

또래교수(peer tutoring)는 학생이 학생을 가르치는 형태로, 통합학급에서 비장애 또래는 교사에게는 중요한 교수적 자원이 되고 장애학생이 개별적인 지원을 제공받을 수 있는 기회를 갖게 해 준다. 또래교수는 교사가 학업적인 내용이나 교과내용을 가르치기 위하여 두 명의 학생, 즉 교수를 제공하는 튜터(tutor)와 교수를 제공받는 튜티(tutee)를 짝지어 교수·학습의 기회를 갖게 하는 것이다. 또래교수는 두 명의 학생 간 학업적 상호작용으로, 그 핵심은 튜티가 되는 학생의 학업적 진보에 있다(Mercer & Mercer, 2005). 보통 학생 간의 상호작용을 생각하면 사회성 기술의 향상, 긍정적인 또래관계, 학생의 자존감 고취 등을 생각할 수 있지만 이러한 사회적인 혜택은 또래교수의 이차적 성과로 볼 수 있다.

또래교수는 다양한 교과(영역), 예를 들어 읽기, 쓰기, 수학 등에서 활용할 수 있고 보통 연습을 촉진하고 학생 수행을 모니터링하는 데 활용할 수 있다. 또래교수를 진행한다 하더라도 교사는 반드시 학생들에게 또래교수의 목적, 운영방식 등에 대해 설명해야 하며, 과제를 제작·배포하고, 튜터와 튜티 학생 모두가 또래교수에서 적절한 역할을 하고 있는지에 대한 지속적인 모니터링과 피드백을 제공하는 것이 필요하다.

또래교수의 유형으로는 나이가 다른 학생들을 또래교수로 묶는 혼합연령 배치(cross-age peer tutoring) 또는 학급 간 교차 배치, 풀아웃 배치, 학급단위 또래교수 배치(classwide peer tutoring)가 있다. 학급 간 교차 배치는 서로 다른 연령대의 학생들을 교차로 배치하여 또래교수를 진행하게 하는 것인데, 보통 나이가 많은 학생이 나이 어린 학생을 가르치는 형태다. 그러나 나이가 어린 학생도 교사나 다른 사람의 지원을 통해 또래교수를 연습하면 나이가 많은 학생의 튜터가 될 수 있다. 풀아웃 배치는 다른 학급에서 온 튜터와 튜티가 함께 공부하기 위해 제3의 공간으로 이동하여 또래교수를 진행하는 것이다. 학급단위 또래교수 배치는 같은 반 학생들끼리 튜터와 튜티가 되고, 튜터와 튜티의 역할이 항상 일방적으로 진행되는 것이 아니라 서로 역할을 교차할 수도 있다. 학급단위 또래교수의 경우 새로운 것을 학습하게 하기보다는 또래를 통해 반응과 연습을 관리·감독할 수 있게 하고, 학생들 간의 흥미와 경쟁을 촉진하는 게임방식을 활용하며, 개인 단위와 학급 단위 모두의 수행을 관리하는 주간 평가계획이 필요하다(Greenwood, Delquadri, & Carta, 1997).

이질적인 특성을 가진 학생들로 구성된 통합학급에서 성공적인 또래교수를 운영하기 위해서는 다음의 12단계를 거쳐 진행할 수 있다(Mercer & Mercer, 2005).

(1) 또래교수의 목표 정하기

또래교수는 튜티 학생의 학업적 진보가 일차적인 목적이긴 하지만 경우에 따라 두 학생 간의 사회성 기술, 적절한 교실행동 형성, 바람직한 인간관계의 형성이 목적이 될 수 있다. 성공적인 또래교수에서는 튜터와 튜티 모두가 학업적 성과를 이루어 낼 수 있다.

(2) 또래교수에 참여하는 학생들을 위한 목표기술 또는 내용 결정하기

교실 수업에서 배웠던 내용을 바탕으로 또래교수에 유리한 내용이나 기술을 정한다. 학급 전체가 배우는 내용을 선정하면 튜터와 튜티가 함께 같은 내용을 공부할 수 있다. 교사는 수업시간에 이미 제시한 바 있는 교수·학습 자료를 또래교수에 사용할 수 있게 해야 한다.

(3) 교재 선정 및 학습자료 준비하기

또래교수에 사용할 자료, 즉 튜터와 튜티를 위한 활동 지시사항, 학습할 내용이 담긴 교과서 및 학습자료, 평가지, 채점요령 등을 준비해야 한다.

(4) 튜터와 튜티를 위한 교육 계획하기

튜터와 튜티 모두 또래교수의 절차를 학습할 수 있도록 별도의 교수를 계획한다.

(5) 튜터와 튜티 짝 정하기

또래교수의 유형에 따라 튜터와 튜티를 결정한다. 특별히 심각한 어려움이 있는 경우가 아니라면 일정 기간이 지나고 나면 무작위로 튜터와 튜티의 배치를 달리할 수 있다.

(6) 튜터 훈련하기

튜터의 역할을 하는 학생들을 위하여 과제 제시 및 시범 방법, 오류 교정 방법, 강화 방법, 진보 점검 및 기록법 등에 대해 따로 교수를 제공한다. 튜터는 튜티를 친구로서 대하고 파트너로서 인정하며 인내심을 가지는 것이 필요하다.

(7) 튜티 훈련하기

튜터가 제공하는 교수 접근방법을 따르도록 튜티를 훈련시킨다. 피드백을 적절하게 받아들이고 과제에 적극적으로 참여할 수 있도록 한다.

(8) 또래교수에 필요한 사회성 기술 가르치기

긍정적이고 지원적인 환경에서 또래교수를 실시하는 데 필요한 사회성 기술을 직접 교수법을 통해 가르친다. 학생들은 파트너를 존중하고 교정적 피드백을 수용하며 칭찬하는 방법을 배운다.

(9) 학급규칙 확인하기

또래교수를 진행하면서도 학급규칙은 따라야 함을 알린다.

(10) 또래교수 시간 계획과 일정 결정하기

또래교수는 보통 일방적으로 진행할 때는 20분, 상호형일 경우는 30분을 배정하는 것이 좋고, 주 2회 정도가 적절하다.

(11) 또래교수 실시하기

교사의 지속적인 관리감독과 진보 모니터링을 통해 시행과정에서 나타날 수 있는 문제점 등을 발견, 개선하는 과정이 필요하다. 실시에 있어서 문제가 되는 행동을 관리할 수 있는 방법을 제안해 볼 수 있다.

- 부적절한 행동은 오래 지속되지 않는 한 무시하는 것이 좋다.
- 부적절한 행동이 너무 오래 지속되면 짝을 바꾸는 방법을 써 보는 것이 좋다.
- 적절한 행동이 있을 때는 튜터와 튜티 모두를 칭찬한다.

- 계속해서 부적절한 행동을 보이는 경우 시간을 충실히 보내지 않은 것에 대한 후속조치를 취한다.
- 또래교수 시간에 소란스럽게 할 경우, 조용히 하라고 말하면서 다른 또래교수 상황을 방해하기보다는 별도의 약속된 신호체제(예: 차임벨)를 만들어 관리하는 것이 좋다.

(12) 또래교수 평가하기

튜터가 작성하는 일간 진도표를 확인하며 매일의 또래교수를 평가한다. 사회적 관계나 정서적 유대 등은 관찰, 설문지나 면담의 방법을 활용할 수도 있다.

2) 협동학습

협동학습(cooperative learning)은 일반적으로 다양한 능력을 가진 학생이 소집단이나 팀으로 모여 함께 학습하는 것이다. 협동학습은 학생 개인뿐 아니라 팀이 함께 공부하는 방식으로 팀 전체의 학습까지 책임을 공유한다. 협동학습은 팀이 성공의 단위가 되어야 하며, 나보다는 팀의 성공에 주력한다. Slavin(1991)에 의하면 협동학습 모델은 팀 단위의 보상과 개인적인 책무성, 성공을 위한 균등한 기회의 제공이 가장 핵심이 되고, 개인별 수준이 다르긴 하지만 경쟁보다는 각자의 성공을 바탕으로 한 팀 전체의 성공이 중요하다. 효과적인 협동학습을 위해서 Johnson과 Johnson(1994)은 다섯 가지 주요 요소를 제안하였다.

- 상호 의존성
- 서로 격려하는 마음
- 개인적 책무성
- 인간관계기술
- 합리적인 집단 의견 처리

이상의 요소들을 잘 조정하면 협동학습은 학생집단의 학업성취를 향상시키고 자존감, 대인관계, 학교에 대한 긍정적 태도 등을 고취하는 데 우수한 성과를 가져온다.

협동학습을 성공적으로 이뤄 내기 위한 지침은 다음과 같다(Mercer & Mercer, 2005).

- 협동학습을 위한 목표를 결정한다.
- 협동학습 팀을 위한 기술과 교수내용을 정한다.
- 퀴즈 등에 사용하게 될 질문을 포함하여 교수자료를 제작한다.
- 팀원 전체가 서로를 도울 수 있는 교수절차를 계획한다.
- 다양한 능력수준을 가진 학생을 포함시킨다.
- 학급규칙을 상기시키면서 팀 활동을 위한 사회적 기술을 교육한다.
- 주 3~5회가량 협동학습을 운영하기 위한 시간을 배정한다.
- 프로그램을 시행, 평가한다.

협동학습은 다양한 형태로 운영할 수 있으나 여기서는 대표적인 다섯 가지 유형에 대해 살펴본다. 각 유형에 대한 설명은 〈표 5-3〉에 제시하였다.

〈표 5-3〉 협동학습의 유형

유 형	설 명	단 계	
모둠성취분담모형 (Student Teams-Achievement Division: STAD)	• 평형체제, 평등체제, 필요체제의 세 가지 보상체계를 적절히 조화시켜 학습동기를 유발하는 협동학습 모형 • 가장 오래되고 널리 사용되는 모형 • 학생이 함께 학습하고 서로의 학습에 책임을 공유하면서 집단의 성공을 강조함 • 팀 구성원 각각에게 고유의 역할을 부여할 수 있음 • 필요에 따라 팀 내 개별적인 학습활동을 수행할 수 있음	1단계	교사의 수업 안내
		• 전체 학급을 대상으로 단원의 전체 개요를 직접 교수하면서 학생으로 하여금 주요 학습내용과 공부해야 할 이유를 이해하게 함 • 소집단 활동의 방향과 소집단 활동 후 치룰 퀴즈의 주요 힌트를 얻게 됨	
		2단계	소집단 학습
		• 성별, 성격, 성적 등을 고려하여 최대한 이질적으로 4~6명으로 구성함 • 역할은 수업내용이나 구성원에 따라 달라지나 소집단 리더를 선출해서 진행하고 순조롭게 활동이 이루어지도록 함 (규칙 등을 활용할 수 있음) • 소집단 활동을 위한 교사 제작 학습지 등을 나누어 주며 활동 지원이 가능함 • 소집단 활동 후 반성할 수 있는 기회를 제공함	

		3단계	평가
			• 단원수업이 끝나고 적절한 준비시간을 준 뒤에 개인별로 퀴즈에 참여함 • 교사는 퀴즈 점수를 수합해서 소집단 점수를 계산함(구성원이 받은 향상 점수의 산술평균) • 향상 점수의 기준을 미리 공지, 대부분의 학습자가 향상 점수를 얻을 수 있도록 후한 기준 필요함
		4단계	소집단 점수의 게시와 보상
			• 단원 종료 시 최대한 빨리 점수를 발표하는 것이 효과적이며 결과를 게시해야 함 • 가능한 한 많은 소집단을 시상하고 소집단 간의 경쟁을 유도하되, 절대평가를 하는 것이 바람직함
팀 보조 개별학습 (Team Assisted Individualization: TAI)	• 수학교과에서 협동학습과 개별학습을 결합하며 시작됨 • 학생의 성취 수준 점검절차를 통해서 이미 알고 있는 것을 반복하거나 해결하기 어려운 문제를 지원함으로써 시간의 낭비 없이 학습을 진행할 수 있음 • 학생들은 서로의 학습활동을 점검할 수 있고 점검방식이 쉽기 때문에 능력에 관계 없이 손쉽게 할 수 있으며 점검활동이 학습을 방해하지 않음	1단계	소집단 구성
			• 이질적인 소집단 구성
		2단계	배치검사
			• 사전검사를 통해 각 학생의 수준에 맞는 수학 개별화 프로그램을 제공함
		3단계	교육과정 자료 배포
			• 학생들이 배워야 할 학습내용들을 문제해결전략을 강조하는 방식으로 구성함: 안내 면(개념의 개관과 문제해결 절차 소개)-기능훈련 면(문제 제공)-형성평가-단원평가-정답
		4단계	소집단 학습
			• 서로의 학업성취 점검을 위해 2~3명이 짝을 이룸 • 형성평가에서 80%의 정답률을 보이면 해당 소집단이 증명하는 합격증을 제시하고, 아니라면 문제를 다시 확인하도록 함
		5단계	교수집단
			• 학생이 프로그램을 하는 동안 교사는 각 집단에서 같은 수준의 학생들에게 직접 교수를 실시함
		6단계	소집단 점수와 보상
			• 매 주말 교사는 소집단 점수(구성원이 해결한 평균 단원수와 단원평가의 점수에 기초해서 계산)를 계산하고 보상을 제시함

과제분담학습 I (jigsaw I)	• 팀별로 학습활동의 특정 부분을 각자 분담하여 학습한 후 전체 팀 활동에 기여하게 하는 방식 • 병렬적인 학습내용으로 구성해야 함(예: 한국의 정치, 경제, 사회, 교육 등) • 팀별로 학습한 내용의 전개가 모두 이루어져야 학습이 완성됨 • 팀별 학습이지만 평가는 개별로 이루어짐	1단계	원래 모둠 활동
		• 교사가 학급내용을 소주제로 정리하여 자료를 제공하며 전반적인 수업 안내와 절차를 설명함 • 모둠 구성원들이 각자 주제를 맡아 공부함	
		2단계	전문가 모둠 활동
		• 모둠별로 동일한 주제를 맡은 학생들끼리 모여 전문가 모둠을 만들어 학습함	
		3단계	원래 모둠 활동 재소집
		• 전문가 모둠을 마치면 원래 모둠으로 이동, 학습한 내용을 다른 모둠원들과 공유함	
		4단계	평가 및 보상
		• 교사는 평가를 통해 전체 학습내용의 이해도를 점검하고 보상을 제공함	
집단조사 (group investigation)	• 가장 독립적이고 수준이 높은 학습활동을 주로 다룸 • 사회가 필요로 하는 타협의 과정을 통해 학문적 지식을 배우고 사회문제를 해결하려는 경험을 갖게 함 • 팀 구성원들이 스스로 탐구할 주제, 내용, 방법, 역할, 책임 등을 정함	1단계	하위 주제와 조집단 조직
		• 교사가 제시한 탐구 주제를 가지고 학생은 해당 주제와 관련된 구체적인 질문을 제기함. 학생의 질문을 범주화하면서 하위 주제를 만들고 이를 중심으로 탐구 집단을 구성함	
		2단계	탐구계획 수립과 역할 분담
		• 집단별로 선택한 하위 주제에 대해 구체적으로 무엇을, 어떻게 연구하고, 누가 어떤 역할을 맡을지를 정함	
		3단계	소집단별 탐구 실행
		• 학생들은 정보를 모으고, 조직하고, 그 정보들을 이해하고 통합시키기 위해 토론함	
		4단계	소집단별 발표 준비
		• 집단별로 주제를 벗어나지 않게 하고 발표 방식을 정하고 준비함	
		5단계	발표 및 활동 평가
		• 교사는 평가기준을 제시하고, 집단은 학급 전체를 상대로 발표한 후 토론을 함 • 교사는 탐구과정을 중심으로 평가하고, 개인 평가는 편집위원회에서 만든 보고서를 나누어 준 뒤 일정 기간이 경과 후 평가함	

출처: 정문성(2002), Mercer & Mercer(2005), Slavin(1991)에서 발췌 및 수정.

3. 통합학급에서의 학생 수행평가

통합학급에서도 학생의 수행을 평가하는 일은 반드시 이루어져야 한다. 왜냐하면 수행평가를 통해 교육의 효과성을 확인할 수 있기 때문이다. 그러나 일반학급에서 활용하는 기존의 방법을 그대로 이용할 경우 장애학생의 수행 정도를 파악하기 어려울 수 있다. 여기에서는 장애학생이 포함된 통합학급에서 교사가 장애학생의 특성과 수행 정도를 점검하는 데 도움이 될 사항에 대해 소개하고자 한다.

1) 자료에 기초한 평가

교사는 교수내용의 결정과 학생의 목표 달성 여부를 파악하기 위해 학생의 수행을 평가해야 한다. 학생의 수행을 평가함에 있어 일부 교사는 간혹 학생이 성취했을 것 같은 혹은 반대의 상황에 대해 그들의 경험이나 감(感)에 의존하곤 하는데, 제대로 된 교육적 의사결정을 위해서는 자료에 기반을 둔 학생 수행의 점검이 이루어져야 한다. 자료에 기초한 교수란 특정한 교수목표를 성취하기 위하여 학생의 진전도를 계속해서 측정하고 기록하는 것을 의미한다(Mercer & Mercer, 2005).

자료에 기초한 교수에는 교육과정중심평가(curriculum-based assessment: CBA)와 교육과정중심측정(curriculum-based measurement: CBM)이 자주 언급된다. CBA는 교육적 결정을 내리기 위한 자료를 획득하는 데 사용되는 방법으로, 학생이 학교 교육과정에서 어떠한 수행을 하고 있는지를 직접 관찰하고 기록하는 접근방법이다(Deno, 1987). CBM은 학생의 교육과정에서 도출한 내용과 기술을 기반으로 표본을 추출하고 반복적으로 학생의 기술을 평가하는 방법이다. CBM은 교육과정에서 학생의 수행을 살피고 기록하는 방식으로 이루어지고 수집된 자료를 그래프로 나타내어 진전도를 계속적으로 살펴볼 수 있다는 장점이 있다. CBM을 수행하기 위해서는 먼저 학교 교육과정을 분석하고, 적합한 기술이나 내용을 선정하며, 이에 적합한 목표수준의 문제를 무작위로 골라내거나 만든다(보통 기술별로 세 문제 정도를 표본으로 삼는다). 평가의 시행은 보통 분당 정확도 측면에서 이루어지며, 국어의 읽기, 수학 교과 등에 많이 적용된다. 통합학급에서 CBM을 활용하면 교과별로 학년수준에서 장애학생의 현행 수준을 찾아 학생의 목표수준을 설정할 때도 도움을 받을 수 있다.

2) 시험 조정

장애학생이 통합학급에서 수업을 받으면 다양한 형태의 시험에 참여하게 된다. 대다수의 시험은 교사에 의해 개발되는데, 교사에 의해 만들어진 시험은 간혹 독특한 요구를 가진 장애학생에게는 다른 형태의 장애물이 되기도 한다. 따라서 장애를 가진 학생이 시험에 참여하여 자신의 능력을 제대로 발휘할 수 있도록 하기 위해서는 시험을 조정하는 방법이 필요하다. Gajria, Salend와 Hamrick(1994)는 일반학급의 교사들이 장애학생을 위하여 여러 가지 형태의 시험 조정 방법을 활용한다고 보고하였는데, 이 중 가장 많이 사용되는 다섯 가지 방법을 순서대로 제시하면 다음과 같다.

- 시험지 평가문항마다 학생이 답을 쓸 수 있는 공간을 충분히 제시한다.
- 문항 간에 서로 방해가 되지 않도록 별도의 여백을 충분히 제공한다.
- 시험지는 학생이 보기 좋도록 미리 타이핑하여 작성한다.
- 시험을 끝낼 수 있도록 시간을 충분하게 제공한다.
- 학생이 선을 직접 긋도록 하기보다는 평가문항 옆에 빈칸을 따로 두어 답을 쓰도록 한다.

교사들이 제공하는 시험 조정 방법은 특별하게 고안되었다기보다는 어떤 학생이 보아도 수용할 수 있을 정도의 양식을 선호하는 것으로 나타났다. 교사가 제작하는 시험 이외에 국가수준에서 제공하는 학력평가, 학업적성검사와 같은 표준화된 평가에 참여하는 장애학생을 위해서는 다음과 같은 네 가지 형태의 시험 조정을 사용할 수 있다(Thurlow, Ysseldyke, & Silverstein, 1995).

- **시험 제시 형식**: 점자 시험지 또는 큰 활자 인쇄 시험지의 제공, 확대경의 사용, 지시문 읽어 주기 등
- **시험 환경**: 별도의 고사장에서 따로 시험 보기, 칸막이 책상에 앉아 시험 보기 등
- **답안의 형식**: 답을 손으로 가리키거나 구두로 말하면 대신 표시해 주기, 컴퓨터

를 이용하여 답 쓰기 등

• **시험 시간**: 추가 시간 제공하기, 시험시간 중에 추가 휴식시간 제공하기 등

장애학생을 위한 시험 조정의 핵심은 시험의 내용은 크게 바꾸지 않으면서 난이도를 조절하거나, 시험과 무관한 정보나 자원을 제한 혹은 제거하거나, 학생이 알고 있는 방법을 표현할 수 있는 기회를 확보해 주는 데 있다. 장애학생이 통합학급에서 공부하는 데 있어 시험 조정은 필수적인데, 장애학생이 그들의 요구에 맞는 적절한 형태나 방식으로 시험을 볼 수 있도록 도와주는 것은 그들의 교육기회 및 성과를 최대화하는 데 있어 매우 중요하다.

생각해 볼 문제

1. 유능한 통합학급 교사의 수업을 관찰해 보고 해당 교사의 교수내용 구성과 교수방법, 교수자료 제시방법의 특징에 대해 토의해 보시오.
2. 읽기수준과 학습동기 등이 다양한 통합학급을 대상으로 특정 교과의 내용(예: 과학과의 계절의 변화, 사회과의 도시와 농촌 등)을 제재로 하는 중다수준형 교수 계획을 작성해 보시오.
3. 또래교수 및 협동학습에 적합한 교육내용에는 무엇이 있을지 생각해 보시오. 그리고 성공적인 또래교수와 협동학습을 위해 필요한 요인이 무엇인지에 대해 토의해 보시오.

추천 자료

서울교수학습지원센터(http://www.ssem.or.kr) 초 · 중등 수업자료 지원, 동영상 등의 정보 제공.

스쿨넷(http://schoolnet.goe.go.kr) 학교단위 정보공유 네트워크 시스템으로 장학지원, 온라인컨설팅, 유치 · 초등 수업우수교사 인증제, 우수 수업자료(수업 동영상 포함) 제공.

아이스크림(http://www.i-scream.co.kr) 다양한 초등 교과수업 및 평가, 창의적 체험활동, 학급 경영 및 행정자료, 수업자료 제공.

에듀넷(http://www.edunet4u.net) 교육정보 종합서비스. 학생의 교과학습, 수업자료, 학년별 커뮤니티 구성 등에 대한 정보 제공.

창의넷(http://www.tcnc.net)   학생 및 교사 창의자료, 지역별 창의마을, 수업기술 정보 제공.
한국협동학습연구회(http://www.cooper.or.kr)   협동학습과 관련된 다양한 정보 제공.

용어 해설

교수적 수정(instructional adaptation)   일반학급에서 일반학교 교육과정에 의해 이루어지는 수업에 장애학생이 최적의 수준으로 참여하고 성취할 수 있도록 교수환경, 교수집단, 교수방법, 교수내용, 평가방법 등을 조절하는 것이다.

교육과정중심측정(curriculum-based measurement: CBM)   주로 형성평가를 통하여 학생의 학업성취와 교수방법의 적절성에 대한 정보를 확인할 수 있다.

교육과정중심평가(curriculum-based assessment: CBA)   학습목표 달성의 정도를 교육과정에 근거하여 평가하는 것이다. 모든 학습활동이 교육과정에 근거하여야 함을 중시한다.

또래교수(peer instruction)   공동의 목표에 도달하기 위해 이질적인 학생들이 소집단을 이루어 주어진 학습문제를 해결하거나 또는 집단의 구성원 모두가 특정 성취수준에 도달하려고 서로를 가르치고 격려하며 각자의 생각을 자유롭게 개진할 수 있도록 한다.

시험 조정(testing modification)   일반적인 양식으로 시험을 보기 어려운 학생들을 위하여 시험을 제시하는 방식, 시험을 보는 환경, 시험에 응답하는 방법 및 시험시간을 조정하여 제시하는 평가 조정의 방법이다.

중다수준형 교수(multilevel instruction)   다양한 능력의 학생들로 구성된 학급을 대상으로 단일한 내용이나 목표, 방법을 제시하기보다는 다양한 수준으로(보통 세 수준으로 제시됨) 교육 내용과 목표 혹은 방법을 나누어 수업을 계획하고 운영하는 방법이다.

협동학습(cooperative learning)   학습능력이 각기 다른 학생들이 동일한 학습목표를 향하여 소집단 내에서 함께 학습하는 방식이다.

제 **6** 장

통합교육에서의
일반교사와 특수교사의 협력

학·습·목·표

1. 통합교육의 협력적 접근의 중요성을 이해한다.

2. 특수교사와 일반교사의 협력방안을 이해한다.

3. 협력교수의 개념과 적용을 이해한다.

1. 협력적 접근

다양한 능력의 학생을 지원해야 하는 통합교육은 효과적인 협력 없이는 불가능하며, 장애학생의 통합교육을 성공적으로 실현하기 위해서는 학교가 협력적 공동체가 되고 다양한 문제해결팀이 공동 문제에 대해 활동하고 혁신적인 해결책을 고안해야 하며, 학교의 구성원들이 모든 학생에 대한 책임을 공유하고 학습과 발달을 지원하기 위해 협력해야 한다(권주석, 2004; 이소현, 황복선, 2000; Turnbull, Turnbull, Shank, Smith, & Leal, 2002; Walter-Thomas, Korinek, McLaughlin, William, 2000). 따라서 교사들은 장애학생에 대한 교육을 공동의 책임으로 인식하고, 보다 상호 협력적인 체제로 나아갈 수 있도록 효과적인 방안에 대해 인식해야 한다.

1) 협력적 접근의 개념 및 필요성

(1) 협력적 접근의 개념

통합교육현장에서의 다양한 요구에 부응하기 위해서는 통합교육을 책임지고 있는 일반교사와 특수교사 상호 간의 협력이 중요시된다. '협력'은 두 명 이상의 사람이 상대방의 전문직에 대한 자율성과 다양성을 인정하고, 나아가 서로의 흥미나 의견을 존중하며 함께 공동의 목표를 이루어 나가는 것으로 정의할 수 있다(방명애, 1998; Snell & Janney, 2005). Voltz, Elliot와 Cobb(1994)는 협력을 장애학생의 성공적인 통합을 촉진하기 위해 필요한 계획을 세우고 문제를 해결하는 과정으로 정의하면서, 협력적인 의사소통과 계획 영역, 협력적인 문제해결 영역, 교수 영역, 장애학생 통합교육에 대한 정보 제공 영역의 네 가지의 범주로 나누어 협력모델을 제시하였다. 즉, 통합교육에서의 협력은 일반교사와 특수교사를 포함하는 다양한 전문가가 장애학생에 대한 진단에서부터 교수 실행에 이르기까지 장애학생의 교육과 관련된 모든 업무를 수행하는 것으로, 정기적이고 긍정적인 상호작용을 통해 정보를 교환하고 문제를 해결하여 교육의 목적을 달성하는 것을 말한다. 그리고 여기에는 분쟁을 해결할 수 있는 기술과 기능에 대한 모니터를 할 수 있는 구조 그리고 합의된 개인의 책임이 포함된다(이소현, 2005; Snell & Janney, 2005).

(2) 협력적 접근의 필요성

통합교육에서의 장애학생의 교육적 성과를 위해서는 일반교육과 특수교육이 함께 적절한 지원을 해 줄 수 있어야 하며, 이를 위한 협력적 접근의 필요성은 다음과 같다(이숙향, 1999).

첫째, 장애학생은 주의집중이 짧고 다른 상황으로 일반화가 잘 되지 않는다는 특징이 있기 때문에 장애학생의 행동문제를 예방하고 통제하기 위한 체계적이며 일관성 있는 체계가 필요하고, 배운 내용을 반복해서 연습할 수 있는 기회가 중요하다. 따라서 일관성 있는 교수를 위해 교사 간 협력이 필요하다.

둘째, 특수교사와 일반교사의 역할 및 책임 구분이 모호하여 서로에게 책임을 전가하기 쉽고, 쌍방 간 협력적인 의사소통이 어려운 현실을 고려할 때, 서로 협력하면서 각자의 어려움을 이해하고 각자의 책임과 역할에 대한 자리매김을 하는 것이 중요하기 때문에 교사들 간의 협력적 상호 이해가 필요하다.

셋째, 통합환경에서 잘 적응하기 위해 적합한 교수방법을 결정하고, 교사 간 전문성을 존중하며, 지식과 정보를 교환하여 학생에게 가장 적합한 교수방법에 대한 논의 및 창출이 필요하다.

넷째, 교사 간 협력을 통해 장애학생뿐 아니라 일반학급에 있는 경계선급의 학생이나 장애위험학생에 대한 교육적 접근이 필요하다.

2) 협력팀의 구성과 역할

통합교육을 받고 있는 장애학생의 협력팀에는 학생의 일반교사와 특수교사, 가족 구성원이 핵심 팀원으로 참여하며, 그 외 학생의 교육적 필요에 따라 물리치료사, 작업치료사, 언어치료사, 생활지도 상담사, 학교심리학자, 보행훈련전문가, 특수체육교사, 상담사, 수화통역사, 행정가 등이 포함할 수 있다. 또한 가족 구성원 이외에 학생 자신, 학생의 친구, 학생과 활동하는 보조인력 등의 비전문가도 협력팀의 구성원으로 참여할 수 있다(Snell & Janney, 2005). 협력팀의 구성원은 장애학생의 특성과 이들이 필요로 하는 지원의 정도 및 종류에 따라 달라질 수 있다. 과거에는 특수교사와 일반교사 외에는 협력대상이 거의 없었으나, 현재는 특수교육 실무원 및 관련 서비스 인력의 확대로 인해 규모가 좀 더 큰 협력 및 구성이 가능해졌으며, 보다 실제적인 협력관계를 발전시킬 수 있게 되었다.

협력적 접근에서는 특수교사뿐만 아니라 일반교사, 학교장을 포함한 행정가, 관련 서비스 제공자 모두가 매우 중요한 역할과 책임을 지닌다. 협력팀이 성공적으로 역할을 하기 위해서는 팀 구성원의 역할이 분명하게 명시되고 이에 대한 책임감이 공유되어야 한다(이소현, 박은혜, 2011). 〈표 6-1〉에서는 장애학생에게 교육적 프로그램을 제공하기 위한 협력팀 구성원의 역할과 책임을 제시하였다.

〈표 6-1〉 협력팀 구성원의 역할과 책임

구성원	역할과 책임
통합학급교사	• 대상학생을 방문객이 아닌 학급의 일원으로 여긴다. • 학생의 특별한 학습 요구를 충족시키기 위해 교수기술, 교과내용, 평가, 성적 절차를 수정한다. • 요구되는 수정을 수행하기 위해 다른 이의 전문적인 지식을 구하고 사용한다. • 학생의 학교생활에 일차적인 책임을 지닌 교사로 활동한다. • 팀의 교수적 계획을 통해 결정된 활동을 IEP 목표에 통합시킨다.
특수교사	• 통합 촉진자와 사례관리자(case manager)로서 활동한다. • 자문과 협력을 제공한다. • 장애아동에 관한 정보를 제공한다. • 교과과정, 자료, 자원을 수정하고 제시한다. • 행동문제 프로그램을 개발하고 그 실행을 지원한다. • IEP 목표를 활동들에 통합한다.
행정가	• 학교 통합교육 모임을 시작하고 적극적으로 참여한다. • 통합교육 프로그램 개발에 대한 자원(전문가 교육, 타 학교 참관)을 제공한다. • 관련자들을 재교육하고, 필요할 때마다 팀 일원으로서 교사들을 지원한다. • 통합과 관련된 부모나 다른 이의 걱정을 수용한다. • 대상학생과 관련된 문제의 해결에 참여한다. • 학교 내에서 발생되는 실질적인 문제를 해결한다.
부모	• 가족의 특성이나 학생교육 프로그램에 있어 우선시하는 것을 제시한다. • 다양한 환경에서 학생 수행능력에 관한 의견을 제시한다. • 학생의 미래에 대한 견해를 제시한다.
관련 서비스 제공자	• 가장 관련 있는 과목시간에 관련 서비스를 제시할 수 있도록 유동적인 시간표를 마련한다(예: 체육시간에 물리치료 제공). • 교수적 수정을 준비하여 수업시간에 어떠한 내용이 이루어지더라도 참여하도록 한다.

	• 수업 시 언제 머무르고 언제 떠나야 하는지 잘 알고 있다.
실무원 (보조원)	• 팀이 제시한 교수계획을 실행한다(예: 학생의 읽기 · 듣기, 숙제나 다른 자료의 녹음). • 대상학생을 위한 활동 준비나 추후 활동을 한다(예: 학생을 위한 자료 배부나 수집, 학생의 구체적인 요구에 맞추어 자료 수정). • 학생들을 감독한다(예: 학생 행동을 관찰 · 기록함, 자기관리훈련법을 사용할 수 있도록 도움). • 개인관리를 한다(예: 지체장애학생의 경우 식사 보조, 이동의 도움, 배변 시 도움). • 사무적인 일을 돕는다(예: 숙제나 보고서 입력, 복사). • 기타(예: IEP 회의 참여, 가족과의 지속적인 의사소통)

출처: 김동일, 손승현, 전병운, 한경근(2010: 284-285).

3) 협력적 팀 접근

다양한 학문 분야의 전문가들이 공동으로 협력하는 팀 접근 형태는 다학문적 접근, 간학문적 접근, 초학문적 접근으로 나눈다(김진호 외, 2007; 한현민, 2000).

(1) 다학문적 접근(multidisciplinary approach)

전문적인 지식과 기능을 가진 여러 전문가가 상호 간에 독립적으로 활동하는 접근이다. 각 전문가들이 사정, 프로그램 계획 작성 · 수행 시 자신의 학문적 입장에서 독립적으로 평가한다. 각 분야의 전문가들이 수집한 자료를 전체 프로그램 수행과 평가를 책임지는 특정 전문가(교사)에게 발송함으로써 수정할 수 있다. 학생을 다양한 특성을 지닌 전인격체로 보기보다는 각 분야별로 학생의 한 특성만을 고려하기 쉽다. 즉, 장애학생의 손은 작업치료사에게, 다리는 물리치료사에게, 그리고 머리는 교사에게 맡기라는 식으로 표현되기도 한다.

(2) 간학문적 접근(interdisciplinary approach)

각 전문가들이 사정 단계에서는 독립적으로 사정하지만, 교육 프로그램 개발에서는 협력하는 접근이다. 장애학생에게 가장 필요한 영역의 중재가 있어야 하는지에 대한 결정은 집단적으로 내린다. 일반적으로 각 구성원은 중재계획 중 자신의 분야에 관련된 지원만을 제공할 책임이 있다. 간학문적 접근은 다양한 시도를 조정하는 역할을 담당하는 1인의 전문가가 없기 때문에 프로그램 개발 이후에는 전문가들 간의 상호작용을 중단할 수 있다는 문제가 있다.

(3) 초학문적 접근(transdisciplinary approach)

앞의 두 접근이 가지고 있는 단점을 해결하기 위한 방안으로 서비스를 통합된 형태로 제공하기 위해 역할을 나눈다. 초학문적 접근에서는 사례관리자(case management)라는 개념을 두는데, 이것은 지원이 구획화 내지는 분열화되는 것을 피하고 전문가가 학생에 대한 프로그램을 실시하는 데 있어 상호 간에 고립되지 않도록 하기 위하여 다양한 지원을 상호 조정하는 역할을 맡는다.

4) 일반교사와 특수교사의 협력

(1) 일반교사와 특수교사의 협력

성공적인 통합교육은 교사 간의 의사소통과 지원, 서비스의 질(Monda-Amaya, Dieker, Reed, 1998)에 달려 있다. 즉, 학생의 배치에 관한 결정부터 통합된 학생의 교수 · 학습의 계획, 실행, 적응, 다른 아동과의 상호작용 등 교육 전반에 걸쳐서 학생을 담당하는 두 교사 간의 협력은 필수 불가결한 요소다. 특히 특수교사는 장애학생의 발달, 행동 특성, 교과 수행 수준 등과 같은 장애학생에 대한 좀 더 세밀한 정보를 일반교사에게 제공할 수 있으며, 교육과정의 수정, 개별화교육계획과 같은 교수 · 학습 측면에서의 지원 및 평가방법 등을 지원할 수 있다. 그리고 일반교사는 통합학급의 학급운영 형태, 학급문화, 학생 간의 상호작용에 관한 정보 및 통합학급의 일반교육과정과 그에 대한 지식, 기술, 평가방법 등에 관한 정보를 특수교사에게 제공할 수 있다. 더욱 중요한 것은 통합교육에서 문제에 직면할 때 공동 노력으로 문제해결에 접근할 수 있다는 것이다(이대식 외, 2011). 교사 간 공동협력의 형태도 각 상황에 맞는 요구에 따라 다양하게 이루어질 수 있으며, 〈표 6-2〉에서는 교사 간 공동협력의 다섯 가지 형태에 대해 설명하고 그 적용의 예를 제시하였다.

〈표 6-2〉 교사 간 공동협력의 형태

협력 형태	설 명	예
협력적 교환	교사 경력에 상관없이 새로운 정보나 지식을 자유롭게 교환한다.	특수교사와 일반교사가 통합된 장애학생의 학습 특성에 관해 정보를 교환한다.
협력적 모델링	경험이 많은 교사가 특정 교수 실제에 대해 동료교사에게 시범교수를 보인다.	특수교사가 일반교사에게 통합된 장애학생의 행동문제 중재방법을 시범 보인다.
협력적 코칭	경험이 많은 교사가 동료교사에게 새로운 교수 전략이나 실제를 습득하고 적용할 수 있도록 피드백을 제공한다.	경험이 많은 특수교사가 신임 특수교사에게 개별화교육계획을 능숙하게 작성할 수 있도록 피드백을 제공하며 돕는다.
협력적 감독	경험이 많은 교사가 동료교사의 교수 실제에 대해 평가적 피드백(evaluative feedback)을 주어 교수가 향상되도록 돕는다.	주임교사가 컴퓨터를 이용한 읽기 프로그램을 실시한 교사의 교수방법이 효과적이었는지에 대해 평가한다.
협력적 조언	경험이 적은 교사가 문제에 부딪힐 때마다 경험이 많은 교사가 조언을 하여 문제해결을 돕는다.	신임 교사가 비협조적인 부모와의 관계, 교사의 탈진 상태(burn out) 및 동료교사와의 갈등에 이르기까지 모든 문제에 대해 경험이 풍부한 교사에게서 조언을 받는다.

출처: 방명애(1999: 175)를 수정.

(2) 일반교사와 특수교사의 협력방안

교사 간 협력의 가장 두드러지는 저해요소는 역할에 대한 이해 부족, 협력체계의 미흡, 협력에 대한 평가와 지원 부족, 협력기술에 관한 훈련 부족으로 나타나며(Dettmer, Thurston, & Dyck, 1993), 많은 학생 수나 협력을 위한 시간 부족과 같은 실천적인 방해요소, 협력절차에 대한 불확실한 정의, 개념상의 장벽, 통합이나 상대 교사에 대한 부정적인 태도와 같은 개념적인 방해요소가 있다(Johnson & Pugach, 1996). 따라서 일반교사와 특수교사가 서로 긍정적인 상호관계를 구축할 수 있도록 조직적인 구조를 구축해야 하며, 교사들은 정보나 기술을 교환하는 능력, 문제를 해결하는 기술, 일치된 의견으로 결론에 합의하는 기술을 적절하게 사용하도록 훈련함으로써 교사 간 협력을 원활하게 수행할 수 있다(이소현, 황복선, 2000).

Friend와 Cook(1992)은 교사 간 협력의 특성을 다음과 같은 여섯 가지로 제시하였다(이지선, 2009에서 재인용).

- **공통의 목표**: 장애학생에 대하여 공통의 목표와 철학을 지녀야 하며, 협력 초기에 관계를 확립하여야 한다.
- **자발적 참여**: 어떤 문제에 대해 상호 책임과 문제에 대한 자유로운 해결책 추구를 요구한다.
- **교사 간의 동등성**: 각 교사의 노력이 동등한 가치를 지니며, 의사결정에서도 동등한 권한을 지니고 동등한 책임을 공유한다.
- **참여와 의사결정에 대한 책임 공유**: 임무를 똑같이 배분하여 모든 활동에 참여하는 것을 의미하지는 않지만, 각자 활동에 참여하고 필요한 결정을 하는 데 책임이 있음을 의미한다.
- **결과에 대한 책무성 공유**: 협력적 활동의 모든 결과의 성패에 상관없이 결과에 대한 책임을 공유해야 한다.
- **자원의 공유**: 교사들의 자원을 공동으로 모으는 것이다.

2. 협력적 자문

1) 협력적 자문의 목적

협력적 자문(collaborative consultation)은 상호적으로 정의된 문제를 효율적으로 해결하기 위해 다양한 지식을 가진 전문가들이 상호작용하는 과정이라 정의할 수 있다(Idol, Nevin, & Paolucci-Whitcomb, 1994). West와 Idol(1990)은 협력적 자문의 주요한 목적 세 가지를 다음과 같이 언급하였다(김동일 외, 2010에서 재인용).

- 장애학생의 학습·행동문제 예방
- 장애학생의 학습·행동문제 교정
- 장애학생을 위한 교수 프로그램 조정

이 세 가지 목적을 바탕으로 한 실제 협력적 자문의 효과로 인해 특수교육 의뢰 수가 감소하였으며, 장애학생의 일반교육 배치가 유지되고 학생들 간의 교육적·정서적 통합이 촉진되고 낙인이 감소되었다. 아울러 교사는 교실 내 학생 모두에게 적용할 수 있는 교수지원을 제공할 수 있고, 교수 결과를 극대화할 수 있다(Idol, Nevin, & Paolucci-Whitcomb, 1994).

2) 협력적 자문의 과정

Dettmer와 그의 동료들은(2002)은 통합교육에서의 효과적이고 효율적인 문제해결을 위한 협력적 자문체제를 5단계로 구분하여 제시하였다(한국통합교육학회, 2009).

(1) 1단계: 자문 시작하기

교사는 관심을 가진 영역의 전문가에게 지원을 요청함으로써 자문과정을 시작한다. 교사는 자문을 요청하기 전에 관심영역에서 학생의 요구를 확인할 수 있는 자료나 서류(예: 학생의 작품 샘플)를 수집하고 회의 시간과 장소를 정한다.

(2) 2단계: 문제 확인하기

자문가는 초점을 유지하면서 누가, 무엇을, 언제, 어디서와 같은 상황에 대해 파악할 수 있는 질문과 대답을 유도하고 기록하여 교사가 표현한 관심사에 대한 정보를 수집하고 이를 기초로 교사가 가진 문제가 무엇인지를 파악한다(Pugach & Johnson, 1995).

(3) 3단계: 중재목표 설정하기

문제가 확인되면 교사와 자문가는 협력하여 중재목표를 작성한다. 자문가는 "당신은 어떤 일이 일어나기를 바라십니까?"와 같은 단순한 질문을 함으로써 교사로부터 실행 가능한 목표진술을 유도해 낼 수 있다. 명료한 행동적 용어로 목표를 진술하기 위해 이와 같은 방식으로 질문을 하는 것이 도움이 된다.

(4) 4단계: 중재계획 수립하기

문제가 정확하게 파악되고 적합한 목표가 설정되면 문제의 해결책을 찾아서 중재계획을 수립한다. 자문가는 교사가 주인의식을 갖고 먼저 아이디어를 내놓는 등 적극적으로 해결책을 찾는 활동에 참여하도록 한 후 자신의 아이디어를 내놓는다. 일련의 대안전략이 만들어지면 교사와 자문가는 중재계획을 수립할 준비가 된다.

자문가가 매우 구체적인 방식으로 교사가 중재를 실행하도록 격려하면, 교사는 정확히 무엇을 해야 하고 어떤 지원이나 재료가 필요한지 명확하게 파악할 수 있을 것이다. 계획수립 과정에서 진도와 성취 결과를 평가하는 준거와 방법도 이 단계에서 선정해야 한다(Pugach & Johnson, 1995).

(5) 5단계: 진도와 과정 평가하기

협력적 자문의 성공은 학급이나 다른 학교환경에서 수립된 계획을 효과적으로 수행하는 데 달려 있다. 교사와 자문가는 계획의 수행과 관련된 문제들을 조정하기 위해 자주 접촉한다. 그들은 함께 학생의 수행자료를 검토하고 어느 정도 진보되었는지 결정한다. 향상되었다는 증거가 확보되면 교사가 기울인 노력을 강화하고 성공을 축하한다. 참여자는 또한 앞으로의 상호작용에 도움이 되거나 개선되어야 할 점이 무엇인지 자문과정을 반추하는 시간을 가져야 한다. 중재목표가 달성되고 학생의 수행이 바람직한 수준에서 안정될 때 파트너는 상호 동의하에 자문을 종결한다.

3. 협력교수

최근 통합학급의 구성원은 장애학생뿐만 아니라 다양한 능력을 가진 모든 학생에 대한 교수적 책임을 가지게 되어, 협력적 교수활동이 매우 중요한 통합학급의 운영방법이 된다. 따라서 효과적인 협력교수의 실행을 위해 사전에 교육의 전반적인 문제에 대해 각자의 의견을 충분히 나누고, 협력교수를 위한 충분한 계획과 시간을 확보하는 것이 중요하다.

1) 협력교수의 개념

협력교수(cooperative teaching)는 공동교수 또는 협동교수라고도 하는데, "두 명 혹은 그 이상의 교사가 동일집단의 학생들을 위해 교수를 계획하고, 교수하고, 평가하는 일련의 과정에 대해 함께 책임을 지는 교수 형태"(Thousand & Villa, 1992)를 말하며, "다양한 능력을 지닌 학생들을 한 물리적 공간 안에서 함께 교수하는 것"(Cook & Friend, 1995)을 말한다. 즉, 교사들이 상대방의 전문직에 대한 자율성과 다양성을 인정하고, 서로의 흥미나 의견을 존중하여 함께 공동의 목표를 이루어 나가는 것이다 (Heward, 2000).

2) 협력교수의 유형 및 효과

(1) 협력교수의 유형

협력교수의 유형은 여러 문헌에 다양하게 제시되고 있는데, 활동의 주제나 교사의 수업준비 수준에 따라 여러 형태의 협력교수 모형을 복합적으로 사용할 수 있다. Cook과 Friend(1995), Bauwens와 Hourcade(1997), Vaughn, Schumm과 Arguelles (1997)이 제시한 형태들을 바탕으로 다섯 가지의 유형을 그림과 함께 나누어 제시하면 다음과 같다(김라경, 박승희, 2002).

① 교수–지원 모형(one teaching, one assisting/supporting)

한 개의 대집단을 대상으로 한 교사가 수업을 진행하고, 다른 한 교사는 보조 역할을 하는 형태다. 한 교사가 구체적인 교과내용을 가르치는 동안 다른 교사는 학습내용을 습득시키기 위한 학습전략을 가르치는 책임을 맡는 형태로도 활용할 수 있다. 보통은 일반교사가 수업을 주로 진행하고 특수교사가 보조하는 역할을 하게 되지만, 역할이 고정되지 않도록 주의해야 한다. 이 형태는 한 사람이 주도하게 되므로 계획

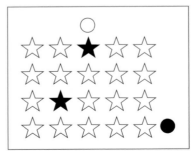

○: 일반교사
●: 특수교사
☆: 일반학생
★: 특수학생

[그림 6-1] 교수–지원 모형

시간이 적게 들고 간단히 실행할 수 있다는 장점이 있어, 처음 실행하는 교사가 쉽게 선택할 수 있다.

② 스테이션 교수(station teaching)

교육내용을 몇 개로 나누어 각 소집단에서 교사가 다른 교육내용을 제공하는 형태다. 즉, 교육내용을 몇 개로 나누어 교사가 각 스테이션에서 다른 활동을 교수하는 것이다. 학생들은 소집단을 구성하여 스테이션을 돌아가면서 수업을 듣는다. 두 명의 교사가 두 개의 스테이션으로 진행할 때에는 학생들을 두 소집단으로 나누어 교수하고, 교수가 끝나면 학생집단을 바꾸어 다시 교수한다. 즉, 한 교사는 전체 학생을 모두 교수하는 것이며, 학생들은 두 교사에게 모두 배울 수 있는 시간을 갖는다.

세 번째 스테이션에서는 교사의 교수 없이 복습하거나 친구와 관련된 과제를 수행하도록 구성할 수도 있다. 이 형태는 협력교사들이 모든 학생의 학습을 심화 및 향상시키기 위해 계획하고 개발한 활동을 함께 실시하는 것으로서, 토론의 형식이나 다단계 프로젝트 학습방법 등을 포함할 수도 있다. 또한 교사의 역할은 교수뿐만 아니라 여러 모둠의 학생 활동을 감독하는 것에 한할 수도 있다.

이 형태는 각 교사가 따로 교수를 진행한다는 점이 협력교사 간의 부담을 줄일 수 있고, 장애학생도 혼자 두드러지기보다 소집단에 포함되어 교수받을 수 있다는 장점이 있다. 교사들의 지위도 동등하게 유지할 수 있다. 그러나 교실 내 소음이 지나치게 많아질 수 있어서 소음에 민감한 교사에게는 적합하지 않은 형태다.

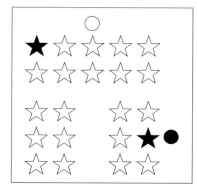

○: 일반교사
●: 특수교사
☆: 일반학생
★: 특수학생

[그림 6-2] 스테이션 교수

③ 평행교수(parallel teaching)

대상학생들을 두 개의 이질집단으로 나누어 두 교사가 각 집단을 따로따로 교수한다. 두 교사는 같은 내용을 교수하므로 두 교사 간 가르치는 내용이 동일하기 위해서는 구체적인 사전협의가 필수적이며, 반복연습이나 프로젝트 학습 등에 사용된다. 이 형태는 여러 변형이 있을 수 있어서 같은 주제에 대해 상반된 의견을 배운 후 두 집단이 토론하는 형태의 수업도 제안되고 있다. 이 형태 또한 소음의 수준이 문제가 될 수 있다.

[그림 6-3] 평행교수

④ 대안교수(alternative teaching)

일반적 수준의 대집단과 수행능력이 평균 이상 또는 이하인 소집단을 구성하여 두 교사가 각 집단을 맡아서 교수한다. 사전학습, 사후학습, 심화학습 등으로 활용할 수

[그림 6-4] 대안교수

있으며, 보통 특수교사가 소집단을 지도하지만 반드시 그럴 필요는 없다. 이 교수를 실시할 때 중요한 점은 소집단이 고정되어서는 안 된다는 점이다. 이는 교실 내에서 또 다른 교실을 만드는 결과를 나타내며, 낙인효과가 나타날 수도 있다. 이 형태는 전 시간에 배운 내용의 복습이나 반복학습인 경우 유용하게 사용될 수 있으며, 수행 수준이 평균 이하인 집단뿐만 아니라 평균 이상인 집단에도 사용될 수 있다.

⑤ 팀교수(team teaching)

학급 전체를 한 학습집단으로 하며 두 교사 모두가 반 전체 학생에게 교수 역할을 공유한다. 한 교사가 내용을 가르칠 때 다른 교사는 필기를 한다거나, 두 교사가 역할놀이를 통해 모델을 보여 주는 방법을 사용할 수 있다. 협력교사 간의 상호 신뢰와 협력이 많이 요구되는 형식으로, 처음 시작하는 교사보다는 서로 익숙해진 교사에게 권유되는 방법이다.

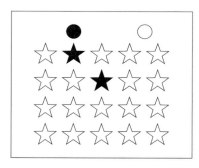

[그림 6-5] 팀교수

〈표 6-3〉 협력교수 모형의 효과 및 고려사항

모 형	효 과	고려사항
교수-지원 모형	• 모든 주제활동에 적용 가능 • 일대일 직접 지도 가능 • 전체 교수를 담당하는 교사는 다른 협력교사가 학생들을 개별적으로 지원하거나 행동문제를 관리하므로 전체 수업에 더욱 집중할 수 있음 • 다른 모형에 비해 상대적으로 적은 협력계획 시간이 요구됨	• 교수 역할(전체 수업 교사, 개별 지원 교사)이 고정되어 있는 경우 교사의 역할에 대한 불만족이 있을 수 있음 • 특수교사가 개별 지원 역할만을 맡는다면 장애학생에게 낙인을 지을 수 있음 • 주교사, 보조교사의 역할이 고정되어 있는 경우 진정한 협력교수라 할 수 없음

스테이션 교수	• 여러 형태의 실제 활동(hands-on activity)이 있는 수업에 적합 • 학생들 간의 모둠 활동을 통한 사회적 상호작용 기회의 증가 • 소집단 학습 가능 • 독립적 학습의 기회 제공(모둠에서 독립학습 장소를 제공하는 경우) • 교사와 학생의 비율이 낮음	• 여러 학생이 움직일 때 학생의 행동이나 소음 관리가 어려움(모둠 이동에 따르는 규칙/기술지도 필요) • 넓은 교실 공간이 필요함 • 각 모둠 활동이 연계성 없는 경우 효과가 적음 • 집단에서 상호작용하는 기술과 독립학습 모둠이 있는 경우 적절한 작업 기술 지도가 필요함
평행교수	• 복습, 시험준비활동이나 미술활동과 같이 교사 대 학생의 비율이 낮은 활동 진행이 요구되는 경우 사용	• 두 교사가 활동을 설명하는 수준의 난이도와 수업 진행 속도가 일관성이 없는 경우가 있음(이에 충분한 공동계획이 필요함) • 소음 및 행동문제 발생 • 넓은 교실 공간 필요 • 학생들 중 어느 한 교사의 지도만을 선호하는 경우가 생길 수 있음
대안교수	• 추가적인 지원이 필요한 학생에게 지원 가능(심화수업, 보충수업) • 전체 수업을 담당하는 교사가 집중할 수 있도록 도움 제공	• 항상 소집단 교수에서 보충수업을 받는 학생이 생긴다면 다른 또래들에게 '낙인'을 받게 되는 경우가 있음 • 다양한 학생이 소집단 교수를 받을 수 있는 기회를 계획(예: 관심 있는 주제에 관해 공부할 기회, 높은 수준의 조형활동이 적용되는 경우)
팀교수	• 다양한 활동을 지도하는 데 유용 • 토론이 필요한 수업, 복습과정에서 활용하기에 적절함 • 교사의 수업운영을 통해 협동하는 방법을 배울 수 있는 실질적 기회 제공 • 교사 간에 가장 높은 수준의 협력관계 요구	• 교사의 역할도 대집단과 소집단으로 고정되어서는 안 됨 • 교사의 공동 준비과정이 많이 요구됨(내용, 전달, 교실 훈육에 관한 기준이 일치해야 함) • 교사 간의 교수 전달방법이 다른 경우 학생들의 내용 이해에 혼란이 있을 수 있음

출처: 최승숙(2006: 127).

(2) 협력교수의 효과

협력교수의 효과를 일반학생, 장애학생, 교사의 측면에서 살펴보면 다음과 같다 (김라경, 박승희, 2002; 최승숙, 2004).

① 일반학생에 대한 효과

두 교사 간 협력교수는 학생에게 여러 가지 이익을 줄 수 있다(Walter-Thomas, 1997; Walter-Thomas, Bryant, & Land, 1996). 학생들은 협력교수를 통해 다른 사람들과 좀 더 많은 상호작용을 할 수 있고, 수업시간의 지루함을 덜 수 있으며, 학생이 활동을 선택할 수 있는 기회가 많아지기 때문에 학업성취도와 학습에서의 자발성 그리고 책임감이 향상된다고 보고된다.

또한 학생들은 1인 교사에 의한 학급운영보다 팀티칭에 의한 학급을 더 선호하고 있는 것으로 나타났다. 세 명의 교사가 초등학교 5학년 학생들에게 수학과의 팀티칭을 실시한 연구에서 높은 성취를 보이는 학생의 경우는 학업성취도의 변화가 없었으나, 낮은 성취도를 보이는 학생이 유의미하게 학업성취도가 높아졌으며, 전 학생이 모두 학업적 · 사회적 자아개념에 있어 긍정적인 향상을 보이는 것으로 나타났다. 또한 학업적 성취뿐만 아니라 사회적 기술의 증진과 좀 더 친밀한 학급 분위기를 만들수 있었다고 보고되고 있다. 학생들이 평가한 협력교수의 효과를 보면, 반의 다른 학생들의 태도가 좋아졌고 자신감이 높아졌다고 스스로 판단하고 있다.

② 장애학생에 대한 효과

협력교수는 일반학급에서 특수교육적 욕구를 가진 학생의 성공을 가능케 하는 아주 강력한 교수전략이며, 장애학생을 포함한 학급 학생의 전체적인 교수전략을 짬으로써 장애학생이 일반학급 내에서 의미 있는 활동을 할 수 있도록 하는 것이다. 많은 교사는 협력교수를 통해 학습장애학생이 학업적 성취를 높일 수 있었고, 좀 더 독립적인 학습행동이 늘어났으며, 가능한 문제를 해결할 수 있으므로 자신감을 높일 수 있었다고 보고한다.

또한 협력교수 학급에서 학습장애학생은 좀 더 좋은 점수를 받았고, 공책 점검, 숙제 검사 등을 좀 더 조직적으로 받을 수 있었다고 한다. 협력교수를 통해 학습장애학생은 학업적 성취뿐만 아니라 사회적 성취 또한 높일 수 있다. 일반학급 내에서의 성취를 보일 것을 요구받음으로써 장애학생은 학습에 대한 자신감을 높일 수 있었으며, 자신과 타인에 대해 좀 더 좋은 태도를 지닐 수 있었고, 또래의 수용과 상호적인 우정이 증가하였다. 장애학생은 좀 덜 비판적이 되었고, 좀 더 동기화되었으며, 자신의 학업적·사회적 강점에 대해 더 잘 인식하게 되었다.

③ 교사에 대한 효과

Dettmer와 그의 동료들(1993)은 교사에 대한 협력의 효과를 다음과 같이 제시하였다(정윤주, 2002에서 재인용).

첫째, 최소제한환경의 요구에 맞게 적절한 교수를 할 수 있다. 일반교사는 장애학생에게 적합한 교수를 하고, 특수교사는 적절한 자료와 교수전략을 제공함으로써 일반교사를 지원하며 최소제한환경을 제공할 수 있다.

둘째, 장애라는 낙인의 부정적인 영향을 최소화한다. 일반교사와 특수교사가 협력함으로써 일반학급에서 장애학생에게 필요한 교육적 지원을 제공하며 '장애'나 '특수'와 같은 낙인의 영향을 최소화할 수 있다.

셋째, 도움을 필요로 하는 다양한 문제를 사전에 예방할 수 있어 비용 면에서 경제적이다.

넷째, 다양한 현직 연수와 서로 다른 영역 간의 협력적 경험을 통해 서로에게 영향을 주며 교사들의 능력 개발이 촉진된다.

다섯째, 교사들 간의 상호작용을 증진하는 개방적 체제를 구축함으로써 교사들 간의 단결을 촉진할 수 있으며, 보다 창의적이고 융통적인 교육 프로그램 개발을 가능하게 한다.

(3) 성공적인 협력교수 방안

Friend와 Cook(1999)의 성공적인 협력교수를 위해서 필요한 협력교수 관계 유지의 요소를 살펴보면 다음과 같다(최지혜, 2008에서 재인용).

첫째, 철학과 신념에 대한 이해가 필요하다. 협력하는 교사들은 교수 제공에 영향을 미치는 서로의 교수적 철학과 신념을 이해하는 것이 강한 협력교수 관계에 필수적이다. 교수적 파트너는 서로의 교수적 역할에 대한 신념 정도를 경험해야 하고, 이를 이해해야 한다.

둘째, 동등한 위상의 확립이 필요하다. 협력교수 관계는 협력교사들 또는 전문가들 간의 동등성을 인정할 필요가 있고, 이러한 동등성은 협력관계를 형성하고 유지하는 데 필수적이다. 이러한 동등성에 기초하여 협력교수에 있어 특수교사가 보조교사로 전락해서는 안 된다. 특수교사가 보조전문가로의 전락을 예방할 수 있는 방법에는 협력교수에 대한 계획시간을 만들어 협력교수를 하는 동안 어떻게 협력할지에 대해 정확하게 계획하는 방법과 다양한 협력교수 모델을 사용하여 서로의 역할과 책임을 가지게 하는 방법이 있다.

셋째, 교실의 일상적인 일에 대한 동의가 필요하다. 협력교사들은 협력교수를 하는 동안 수업 시작, 좌석 배치와 수업자료 정리 등과 같은 교실조직과 학습과 시간조직, 보고서 양식 등의 수업조직과 같은 교실의 일상적인 일의 조정에 동의를 해야 하고, 학생들과 계속적인 의사소통을 해야 한다.

넷째, 교실에서의 규칙을 협의해야 한다. 협력교사들은 협력교수 관계의 초기에 교실의 규칙과 학생의 수용행동 등에 대해 협의해야 한다. 즉, 협력교사들은 학생의 행동규칙 위반에 어떻게 대응할지를 협의하여 의견을 조정해야 한다. 왜냐하면 대개 교사들은 학생들의 학업 실패나 다른 실패보다 행동문제에 더 강하게 반응하는 경향을 보이기 때문이다.

다섯째, 파트너 관계에서의 피드백이 필요하다. 협력교사가 파트너로부터 피드백을 받을 때 선호하는 양식을 아는 것은 서로에게 어떻게 피드백을 제공할 것인지를 결정하는 첫 단계다. 예를 들면, 어떤 파트너는 즉시, 어떤 파트너는 한 시간 또는 하루 후에 피드백을 주는 것을 좋아한다. 따라서 피드백 제공을 통한 상호 발전을 위해서 파트너가 선호하는 피드백 양식을 알아야 하며, 협력교수에서 피드백 제공 시에는 긍정적인 부분과 부정적인 부분 모두를 이야기해 주어야 한다.

여섯째, 소음 문제에 대한 조정이 필요하다. 협력교수 상황에서 소음에 대한 인내 정도는 교사마다 다르다. 즉, 교사 또는 학생에 의한 소음에 대해 협력교수 시작 전에 그들의 소음 정도를 인정하고, 협력교수 접근 동안 소음 수준이 수용 수준을 초과함을 알려 주는 신호를 개발하는 것도 좋은 방법이 될 수 있다.

일곱째, 방해요인에 대한 조정이 필요하다. 협력교수에서의 방해요인은 학생의 문제, 교실의 조직, 자료와 동료 간 문제에 관한 것일 수 있다. 따라서 협력교수를 위한 중요한 요소는 협력교사 간에 자신과 서로의 방해요인을 터놓고 이야기하여 확인하고 서로의 차이를 존중하고 조정하는 것이다.

생각해 볼 문제

1. 일반교사와 특수교사의 협력을 위해 갖추어야 할 태도에 대해 생각해 보시오.

2. 협력적 팀 접근을 위한 방안에 대해 생각해 보시오.

3. 성공적인 협력교수를 위한 실질적 방안에 대해 생각해 보시오.

추천 자료

경기도교육정보연구원 교수학습지원센터(http://www.goedu.kr) 초 · 중 · 고등 혁신자료 정보 검색, 학급경영, 교수학습지원 관련 정보 제공.

서울 · 경인 특수학급 교사연구회(http://www.tesis.or.kr) 통합교육 관련 자료, 장애이해교육 관련 자료 제공.

용어 해설

초학문적 접근(transdisciplinary approach) 구성원들이 통합된 의견 수렴과 절차를 거쳐 관련 서비스를 공동으로 제공하는 서비스 지원 모형이다. 학문 간의 경계를 허물고 가족 및 팀원 간 정보와 기술을 공유한다. 개별적인 서비스를 제공하기보다는 생태학적인 환경진단과 함께 전문가들의 협력체제 구축을 지향하며, 서비스가 통합적으로 전달된다.

협력교수(cooperative teaching, collaborative teaching, co-teaching, team teaching) 두 명 혹은 그 이상의 교사가 함께 학생을 가르치는 교수법이다. 어떻게 협력관계를 구축할 것인가에 따라서 일반교사와 특수교사가 한 팀이 될 수도 있으며, 일반교사 혹은 특수교사끼리 팀을 구성할 수도 있다.

제 **3** 부

장애학생의 이해

제 **7** 장

시각장애, 청각장애, 지체장애

1. 시각장애

시각장애는 다른 장애영역에 비해 출현율이 낮은 장애로, 우리나라의 경우 시각장애학생은 통합교육보다는 특수학교에서 교육을 받는 경우가 대부분이다. 시각장애학생은 지적장애나 뇌성마비 등의 중복장애를 가지고 있는 경우를 제외하고는 인지능력의 장애가 없으므로, 시각장애에 대한 정확한 이해와 긍정적 인식으로 이들의 교육적 요구에 맞는 지원을 하여야 한다. 또한 시각장애의 개념, 특성 그리고 교육적 접근에 대한 이해를 바탕으로 시각장애를 보완할 수 있는 보조공학기기의 사용, 적절한 교육 프로그램과 관련 서비스 제공으로 통합교육이 용이함을 인식하여야 한다.

1) 시각장애의 개념

(1) 시각장애의 정의

시각장애의 정의는 목적에 따라 법적·교육적 정의로 구분되며, 시각기관의 상실, 활용 가능한 시각 정도, 일상생활 과제 참여 정도와 관련되어 정의된다(Com & Koenig, 1996).

우리나라 시각장애인의 법적 정의에는 〈표 7-1〉에서 보는 바와 같이, 특수교육의 적격성 여부를 판별하기 위한 「장애인 등에 대한 특수교육법」의 정의와 시각장애인의 복지와 재활을 위한 「장애인복지법」의 정의가 있다.

특수교육적 지원을 위한 시각장애의 교육적 정의는 맹(또는 실명)과 저시력을 모두 포함한다. 교육을 위한 목적으로 촉각이나 청각을 사용해야 하는 아동을 맹(또는 실명) 상태에 있다고 하며(Hallahan, Kauffman, & Pullen, 2009), 심각한 장애가 있으나 어느 정도의 사용 가능한 잔존시력을 보유하고 있는 경우를 저시력이라고 한다. 저시력은 시력을 교정한 후에도 심한 시각장애가 남아 있기는 하지만 교정렌즈, 확대경, 망원경 등을 사용하여 인쇄물을 읽을 수 있는 경우를 말하며, 이러한 저시력 학생에게 맹 학생과 동일한 방법을 적용하는 것은 적절하지 않다(Barraga & Erin, 1992).

국립특수교육원(2001)의 교육적 정의에서는 시각장애를 맹과 저시력으로 분류하

〈표 7-1〉 시각장애의 법적 정의

「장애인 등에 대한 특수교육법 시행령」(2016) 제10조 특수교육대상자 선정 기준[별표]	시각계의 손상이 심하여 시각기능을 전혀 이용하지 못하거나 보조공학기기의 지원을 받아야 시각적 과제를 수행할 수 있는 사람으로서 시각에 의한 학습이 곤란하여 특정의 광학기구 · 학습매체 등을 통하여 학습하거나 촉각 또는 청각을 학습의 주요 수단으로 사용하는 사람
「장애인복지법 시행규칙」(2016) 제2조 2항 장애인의 장애등급 [별표 1]	제1급: 좋은 눈의 시력(공인된 시력표에 의하여 측정한 것을 말하며, 굴절이상이 있는 사람에 대해서는 최대 교정시력을 기준으로 한다. 이하 같다)이 0.02 이하인 사람 제2급: 좋은 눈의 시력이 0.04 이하인 사람 제3급: 1. 좋은 눈의 시력이 0.06 이하인 사람 　　　 2. 두 눈의 시야가 각각 모든 방향에서 5도 이하로 남은 사람 제4급: 1. 좋은 눈의 시력이 0.1 이하인 사람 　　　 2. 두 눈의 시야가 각각 모든 방향에서 10도 이하로 남은 사람 제5급: 1. 좋은 눈의 시력이 0.2 이하인 사람 　　　 2. 두 눈의 시야가 정상시야의 50% 이상 감소한 사람 제6급: 나쁜 눈의 시력이 0.02 이하인 사람

〈표 7-2〉 시각장애의 교육적 정의에 따른 하위 범주 분류기준

하위 범주	분류기준
맹	좋은 쪽 눈의 교정시력이 0.05 미만이거나 시야가 20도 이하인 자, 또는 학습에 시각을 주된 수단으로 사용하지 못하고 촉각이나 청각을 주된 수단으로 사용하여 학습활동이나 일상생활에서 특별한 지원을 지속적으로 요구하는 자
저시력	좋은 쪽 눈의 교정시력이 0.05 이상 0.3 이하인 자, 또는 저시력 기구(광학기구와 비광학기구), 시각적 환경이나 방법의 수정 및 개선을 통해 시각적 과제를 학습할 수 있는 자

며, 시각장애 하위 범주의 구체적인 분류는 〈표 7-2〉와 같다.

　시각장애학생의 출현율은 다른 장애영역에 비해 낮은 편이며 특수교육 대상학생의 2.4%인 약 2,088명으로 보고되고 있다(교육부, 2015b). 이 중 특수학교에 배치된 학생이 1,353명(64.8%), 통합교육환경인 특수학급과 일반학교에 726명(34.8%), 특수교육지원센터에 9명(0.4%)으로 나타났다.

(2) 시각장애의 분류

시각장애학생의 시각손상을 이해하기 위해 눈의 구조와 시각의 정상적인 발생 경로에 대해 이해하는 것이 필요하다.

[그림 7-1]에 제시되어 있는 눈의 단면도를 통해 살펴보면, 눈이 보는 범위 내에 대상들로부터 반사되는 빛들이 주요 굴절 표면인 각막, 동공, 수정체(렌즈), 초자체를 통과하여 보이는 범위 내의 모든 대상물이 망막에 맺히게 된다. 이때 망막의 빛에너지는 전기에너지로 바뀌어 시신경에 의해 시로를 따라 뇌의 후두엽에 시각정보를 전달하게 된다.

이러한 눈의 구조 중 어느 한 부분이라도 결함이 생기면 시각장애를 초래하게 되며, 시각의 손상 유형에 따라 다양한 안질환이 발생하게 된다. 따라서 교사는 시각장애학생의 안질환에 대한 특성 이해와 그에 따른 적절한 교육적 지원을 해야 한다. 시각손상 유형에 따른 분류와 이에 따른 교육적 지원은 〈표 7-3〉과 같다.

시각장애는 실명 시기에 따라서 시각적 이미지(visual image)의 유무에 따른 선천성 시각장애와 후천성 시각장애로 구분되며, 교육적·심리적 입장에서는 시각적 경험을 보유할 수 있는 3~5세의 연령을 기준으로 구분한다(Lowenfeld, 1975). 선천적 시각장애는 시각적인 기억이 남아 있지 않아 시각 이외의 다른 감각에 의존하는 교육방법을 사용해야 하며, 후천적 시각장애는 이전의 시각 경험이 교육에 중요하게 활용될 수 있다.

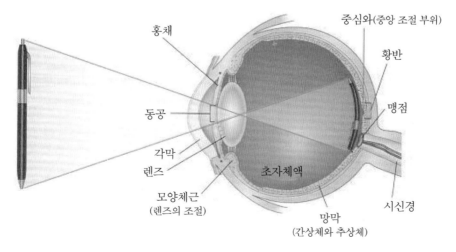

[그림 7-1] 눈의 단면도

출처: Kalat(1998).

158

〈표 7-3〉 시각손상 유형에 따른 분류와 교육적 지원

손상 유형		특 성	교육적 지원
안구 손상	근시	초점이 망막보다 앞에 맺혀 가까운 물체는 명확히 볼 수 있으나 먼 거리에 있는 목표물은 희미하게 보인다.	• 책을 읽을 때 오목렌즈를 사용하고, 일정 시간 책을 읽은 후 5~10분 정도 눈을 쉬게 한다. • 앞좌석에 앉게 하고, 높이 조절 책상을 사용하여 바른 자세를 유지하도록 한다. • 학생에게 주는 인쇄물은 글자 크기가 적당하고 선명한 대비가 이루어져야 한다.
	원시	망막 뒤에 상이 맺혀 가까운 물체는 희미하고 먼 물체는 뚜렷하게 보인다.	• 단순한 원시는 볼록렌즈를 사용하고, 오랫동안 책을 읽으면 눈의 피로와 두통을 느끼므로 장시간 독서하지 않도록 한다. • 일부 학생은 확대경, 망원경, CCTV와 같은 저시력 도구를 사용하도록 한다.
	난시	각막과 수정체의 표면이 매끄럽지 못해 망막에 맺힌 상이 흐려지거나 왜곡되는 현상을 보인다.	• 난시의 형태에 따라 원주렌즈나 구면렌즈, 콘택트렌즈로 교정해야 한다. • 어린 학생은 글자와 숫자를 혼동할 수 있으며, 시각적 활동 후에는 피로를 느끼므로 충분히 쉬도록 한다.
안근육 손상	사시	좌안과 우안의 시축이 동일점을 향하지 않아 물체가 이중으로 보인다.	• 이중으로 보이는 현상이 있으므로 게임, 화학실험, 식품 다루기, 단안시력을 사용하는 활동 등을 할 때는 아동을 관찰하면서 지도한다. • 선명한 대비가 이루어진 인쇄물을 제공하고 눈부심을 감소시키는 좌석에 배치한다.
	안구 진탕증	안구가 규칙적이고, 반복적이며, 불수의적으로 움직이는 것을 말하며 스트레스를 받으면 더 악화된다.	• 책을 읽을 때 줄을 표시하면서 읽도록 한다. • 한 지점을 주시하는 훈련을 실시한다. • 글씨가 깨끗하고 대비가 선명한 자료를 사용한다. • 근거리 과제는 눈을 피로하게 하므로 오랜 시간 계속하지 않도록 한다. • 초점을 맞추기 위해 머리를 돌리거나 몸을 기울일 때, 꾸중을 하거나 자세를 교정시켜서는 안 된다.
각막, 홍채, 수정체 손상	녹내장	방수의 유출장애로 안압이 높아져서 생기는 질환이며, 안압을 조절하지 못할 경우 시력이 손상되거나 시야가 좁아져서 야맹증이 생길 수도 있으며, 진행이 될 경우 실명에 이르게 된다.	• 정상 안압 유지를 위해 안약을 사용해야 하며, 정확한 시간에 안약을 넣을 수 있도록 지도한다. • 약물을 복용하는 아동은 감각이 둔해질 수 있으므로 감각훈련을 실시해야 한다. • 시야가 좁은 경우, 보행에 어려움이 있으므로 보행지도를 실시한다. • 특히 밝은 빛에 눈부심을 호소하므로 책을 읽을 때 아동에게 알맞은 빛의 양을 조절한다. • 피로와 스트레스로 안압이 상승할 수 있으므로 스트레스를 받지 않도록 주의시킨다.

각막, 홍채, 수정체 손상	무 홍채안	홍채의 일부만 있거나 홍채가 자라지 않는 경우이며, 홍채가 없는 부위에 시야손실, 시력감소, 눈부심, 백내장과 녹내장이 수반되는 경우도 있다.	• 근거리 작업 시 눈의 피로, 두통, 불쾌감이 나타나므로 약 40~50분 작업 후 10분 정도 쉬도록 한다. • 무홍채안 학생에게 맞는 저시력 기구(핀홀, 콘택트렌즈, 색안경 등)를 사용하도록 한다. • 차양이 있는 모자와 색안경을 사용하게 하고, 약간 어두운 조명이나 빛을 등지고 앉도록 좌석을 배치한다.
	선천성 백내장	수정체가 혼탁해져서 사물이 흐릿하게 보이고 시력저하를 나타내며, 가능한 한 빠른 수술을 하는 것이 바람직하다.	• 직사광선이나 광택이 있는 표면으로부터 눈부심을 피한다. • 시력은 백내장의 위치, 크기, 정도에 따라 다르므로 백내장이 수정체 가장자리에 있는 아동에게는 고도조명을, 중심부에 있는 아동에게는 낮은 조명을 사용하도록 한다. • 안경을 사용하면 중심시력은 향상되지만 주변시력이 감소되어 보행에 영향을 주므로 보행훈련을 실시한다. • 근거리·원거리 활동에 저시력 기구를 제공하고, 색깔 대비, 글자 크기를 고려한 학습매체를 사용한다.
망막 손상	황반 변성	황반, 즉 망막의 중심부에 발병하여 암점이 나타나며, 근거리와 원거리 시력이 나빠진다. 진행성 질병이지만 조기진단하면 레이저 시술로 진행을 막을 수 있다.	• 손잡이형 확대경 또는 CCTV를 사용하는 것이 좋다. • 독서할 때 줄을 잃지 않도록 타이포스코프를 사용하도록 한다. • 필기할 때 굵고 진한 선이 있는 종이와 검정색 사인펜을 사용하도록 한다. • 삽화 위에 글씨가 쓰인 교과서나 책을 사용하지 않도록 한다. • 암점이 발달하고 확대되므로 중심와(fovea) 보기 방법을 지도한다.
	당뇨 망막병증	당뇨로 인해 망막에 출혈이 나타나 시력저하가 나타나며, 서구에서는 가장 많은 실명원인 중 하나다. 합병증으로 녹내장이 될 수도 있다.	• 인슐린 의존형인 경우 매일 인슐린을 맞도록 격려한다. • 점차 촉각이 둔해지므로 듣기 교재를 사용하도록 한다. • 화면 읽기 프로그램을 익혀 사용할 수 있도록 지도한다.
	망막 박리	망막의 일부분이 찢어져 주변의 망막이 떨어지고, 해당 부위의 시야결손으로 보이지 않게 되며, 망막 중심부까지 떨어지면 실명하게 된다.	• 학생이 고도근시일 경우 충격을 주는 체육활동을 피하고, 의사와 상의하여 휴식을 취하게 한다. • 시야 검사를 실시하여 남은 시야로 학습할 수 있도록 지도한다. • 학습매체 평가를 실시하여 학생에게 적합한 읽기 매체를 선정한다.
	미숙아 망막염	미숙아가 주변부 망막에 정상 혈관이 발생하지 않은 채로 출생하여 심한 경우 전맹이 되고, 시력이 매우 약해진다.	• 대소 근육운동과 시·지각 기술, 보행기술을 지도한다. • 예후가 좋지 않고, 20대 이후 망막박리가 일어날 가능성이 높으므로 사전지도가 필요하다. • 망막박리 예상아동은 얼굴과 머리에 충격을 주지 않도록 한다.

망막 손상	망막 색소변성	망막 주변에 흑색의 색소가 발생하여 주변시력이 저하되고 점차 중심시력까지 저하된다.	• 필기할 때 굵고 진한 선이 있는 종이와 검정색 사인펜을 사용하도록 한다. • 책을 잘 읽을 수 있도록 글자 위에 노란색 아세테이트지를 덮어 대비가 잘 되도록 한다. • 시야 확장을 위해 CCTV와 저시력 기구를 사용하고, 진행성이므로 점자학습과 보행훈련을 시킨다.
시신경 손상	시신경 위축	시신경 섬유 파괴로 망막에 맺힌 상을 뇌로 전달하는 데 문제가 발생하는 질환이다.	• 눈부심을 피하고 스탠드 같은 부분조명을 설치한다. • 시력, 시야, 대비가 감퇴되므로, 조명장치가 있는 손잡이형 확대경, CCTV, 망원렌즈를 사용한다.

출처: 임안수(2008: 68-91)에서 재구성.

그리고 중복장애의 유무에 따라서 시각장애만 있는 단순시각장애와 농, 지적장애, 정서장애 등 다른 장애를 수반하는 중복시각장애로 구분된다. 따라서 시각장애학생의 시각능력의 정도와 중복된 장애를 파악하고, 이에 따른 교육적 요구를 충족시켜 줄 수 있는 방안을 모색하는 것이 필요하다.

(3) 시각장애의 판별

시각장애의 징후는 교사와 부모의 세밀한 관심과 주의 깊은 관찰을 통해 발견될 수 있으며, 미국실명협회에서 제시한 학생의 시각 이상을 의심해 볼 수 있는 징후는 〈표 7-4〉에서 보여 준다. 일정한 시간 동안 이러한 징후가 계속될 때에는 전문가에게 의뢰하여 검진을 받은 후 의료적 처치와 함께 효율적인 학습지원을 위한 방법을 모색해야 한다.

시각장애의 진단은 시력의 상태와 사용하는 능력을 알아보는 시력검사, 눈을 움직이지 않고 한 점을 주시하고 있을 때 볼 수 있는 외계의 범위를 알아보는 시야검사, 가시광선 중 파장의 차이에 따른 물체의 색채 인식을 알아보는 색각검사, 서로 다른 대비를 갖는 대상을 얼마나 잘 구별하는가를 평가하는 대비도검사 등의 방법을 통해 의학적 진단이 내려지고 적절한 의료적 처치가 이루어진다.

이후 의학적 진단을 통해 나타난 시각장애의 원인, 정도, 발생 시기 등은 교수·학습 활동에 중요한 요소가 된다. 그리고 시각장애학생의 효과적인 교육적 지원을 위한 기능시력, 학습매체, 지능 및 인지능력, 학업성취도, 보조공학, 보행 및 운동기술,

〈표 7-4〉 시각 이상을 의심해 볼 수 있는 징후

행 동
• 눈을 지나치게 비빈다.
• 눈을 가늘게 뜨고 보거나 가리거나 감는다.
• 책을 읽을 때 머리를 이상한 각도로 하거나 머리를 기울인다.
• 물건을 눈에 가까이 대고 본다.
• 눈을 지나치게 깜빡이거나 가까이 보면서 하는 일을 어려워한다.
• 책을 읽을 때 눈을 움직이는 대신 머리를 움직인다.
• 멀리 있는 물체를 명확하게 보지 못한다.
• 밝은 빛이나 반사를 싫어한다.
• 칠판이나 책을 보고 옮겨 적는 것을 어려워한다.

외 모
• 눈의 초점이 맞지 않는다.
• 눈두덩이가 붉거나 부어 있다.
• 눈이 충혈되거나 눈물이 고여 있다.
• 눈꺼풀에 계속 염증이 생긴다.
• 사진 속의 눈에 일반적인 붉은 점이나 아무 반사가 없는 대신 하얀 반사점이 보인다.
• 눈동자 움직임이 통제가 잘 안 되거나 눈꺼풀이 내려와 있다.
• 눈이 가렵거나 화끈거린다.
• 잘 안 보인다.
• 가까이 보면서 하는 일을 하고 나면 어지럽거나 두통, 구역질이 난다.
• 흐릿하거나 이중으로 보인다.

출처: Lewis & Dooriag(2011: 300): 이소현, 박은혜(2011: 343)에서 재인용.

사회적 기술, 진로교육 등의 교육적 평가가 이루어진다(임안수, 2008).

2) 시각장애의 특성

(1) 인지적 · 학업적 특성

시각장애는 피아제(Piaget)의 인지발달단계 중 감각운동기에서 구체적 조작기까지 정안아동에 비해 다소 느린 인지발달 수준을 나타내다가, 형식적 조작기에 들어서면 발달지연의 폭이 좁아져서 일반아동의 인지발달과 동일한 수준의 인지능력을 가지는 것으로 나타났다(신현기 외, 2000). 그러나 일반학생에게 주어지는 모방과 관찰의 기회가 없거나 적어서 시각의 손상이 개념을 습득하는 시기를 늦어지게 하는 요인이 된다. 또한 선천적 시각장애학생은 시각적 모방의 제한으로 언어발달이 지연되며 의미를 모르고 사용하는 말이 많기 때문에 시각적 경험에 관련된 언어지도에 특별히 유의해야 한다.

시각장애학생의 학습과 관련된 특성은 정신지체를 중복해서 가지고 있지 않는 한 정안학생과 큰 차이는 없으나, 시각장애로 인해 정보 습득이 어렵고 교수절차의 구체성 부족으로 학습지체를 보이기도 한다. 그러나 특수교육 공학기기의 발달로 글자 확대나 점자 사용이 용이해졌으며, 멀티미디어 기기의 활용으로 학습매체가 다양해지고 있어 시각장애학생의 학습에 많은 도움이 되고 있다.

(2) 사회적 · 정서적 특성

시각장애는 가족 간의 상호작용이나 사회적 상황 인식을 어렵게 하고, 우연적인 관찰을 통한 사회적 기술의 습득 기회를 제한한다. 또한 사회적으로 상호작용하고 행동을 모방할 기회가 적어 사회적 상황을 파악하는 데 어려움을 겪기도 하며, 시각장애학생을 대하는 사람들의 태도도 시각장애학생의 사회적 발달에 영향을 미칠 수 있다(이경림, 2008).

또한 시각장애학생은 대인관계뿐만 아니라 사회나 환경에 대해서도 수동적으로 대처하는 경향이 있다. 따라서 교사는 단순히 시각장애에 따른 어려움에만 주목하기보다는 시각장애학생과 주변 사람들과의 관계에 대해서도 배려해 주는 것이 중요하다.

(3) 신체적 · 운동적 특성

기초적인 체력이나 기본적인 운동 발달에 시각장애 자체가 영향을 주지는 않지만, 운동량의 부족과 운동 경험의 제한으로 체력이나 운동의 여러 가지 면에서 발달이 지체된다. 시각장애학생에게 정안학생과 같은 형태의 발달을 기대하기 위해서는 주위 운동환경의 조성과 적절한 운동 기회를 제공해야 한다(국립특수교육원, 1998).

3) 통합교육을 위한 교육적 접근

통합교육환경에서 학습에 결정적인 역할을 하는 시각적 기술이 요구되는 곳은 교실이며, 눈-손 협응, 시각적 집중 유지, 색과 문자의 변별, 사물에 대한 해독과 기억 등의 능력이 요구된다. 따라서 시각적 결함을 가진 시각장애학생은 이를 보완하기 위해 특수한 장비나 수정된 교수절차, 효과적인 학습자료 등을 필요로 한다. 또한 시각장애학생의 통합교육에서 중요한 것은 안전하게 이동하기 위해 환경에 익숙해지도록 지원하는 것이다.

(1) 교육환경의 조성

시각장애학생을 위해서는 눈부심을 고려하여 좌석을 배치하고, 학생 개개인의 시각상태에 따라 자료의 확대, 색 대비를 강조하거나 굵은 선으로 표시하여 그림을 단순화한다. 따라서 정보를 최소화하고, 적절한 밝기 유지를 위한 조명의 조정과 같은 교실 및 학교 환경에 대한 조성을 우선적으로 해야 한다(이해균, 임안수, 이우관, 2006).

시각장애학생의 교육에 있어서 컴퓨터는 중요한 매체이며, 컴퓨터의 다양한 기능을 이용하기 위해 프로그램을 설치하거나 교육환경을 설정해 줄 수 있다. 확대경, 프리즘, 망원경과 다양한 굴절력을 가진 렌즈 같은 보조공학기기는 훈련이 거의 필요 없고 가격이 저렴하며 휴대가 간편하다(김남진, 김용욱, 2010). 이 외에도 점자 입력 방식의 키보드와 점자 출력 셀을 장착한 점자정보단말기(예: 브레일 한소네), 확대 독서기, 화면 확대 프로그램, 점자문서를 제작할 수 있는 점역 및 편집 소프트웨어 등이 효과적인 학습을 위해 사용되고 있다.

(2) 교수방법의 수정

교사들은 다양한 교재와 교구를 사용하여 시각장애학생이 실제 경험을 통한 추상적 개념학습을 충분히 하도록 해야 한다. 저시력학생은 잔존시력이 있어 시각적 보조공학기기를 사용하여 일반 활자(묵자, 墨子)를 교육하고, 맹학생은 점자(點字)를 가장 주요한 학습수단으로 사용하기 때문에 점자교육이 중요하다. 맹학생을 위한 보조공학기기는 점자정보단말기, 점자도서, 촉각그림세트, 촉각지도와 지구본, 점자 프린터 등과 같은 촉각적 보조공학기기와 녹음도서, 화면판독기, 독서기 등과 같은 청각적 보조공학기기 등이 유용하다.

(3) 보행훈련

보행은 주변 환경과 공간관계 속에서 자신의 현재 위치를 알고 가고자 하는 장소로 이동하는 것을 의미한다. 보행은 자신에 대한 순간적 공간관계를 인식하는 능력인 방향정위(orientation)와 한 장소에서 다른 장소로 옮겨 갈 수 있는 능력인 이동성(mobility)으로 구성된다. 보행의 종류로는 정안인이 시각장애인을 목적지까지 안내하는 안내 보행, 흰지팡이 보행, 안내견 보행, 전자보행기구(예: 진로음향기, 모와트 감각기)에 의한 보행 등이 있다.

2. 청각장애

청각장애는 교육의 기본수단인 의사소통의 어려움을 초래하기 때문에, 청각장애학생의 잠재력을 최대한 계발하기 위한 교사의 노력이 절실히 요구된다. 잔존청력이 있는 난청학생은 통합교육을 받는 경우가 많지만, 전혀 들을 수 없는 농학생의 경우는 대부분 분리교육을 받고 있다. 그러나 최근 보청기와 인공와우의 개발, 보조공학기기의 발달, 학령기 학생을 위한 수화통역 원격지원 확대 계획 등으로 학습환경이 크게 개선되고 있어, 보다 많은 청각장애학생이 통합교육을 받게 될 것으로 예상된다. 따라서 교사는 청각장애학생의 효율적인 통합교육을 위해 청각장애에 대한 올바른 이해와 적절한 대처방법을 지니고 있어야 한다.

1) 청각장애의 개념

(1) 청각장애의 정의 및 분류

우리나라의 「장애인 등에 대한 특수교육법 시행령」(2016)에서는 청각장애를 지닌 특수교육 대상자의 선정기준을 교육적인 관점에서 정의하고 있고, 「장애인복지법 시행규칙」(2016)에서는 생리학적 관점에서 소리의 강도를 기준으로 하여 〈표 7-5〉와 같이 제시하고 있다.

그리고 국립특수교육원(2001)의 특수교육 요구아동 출현율 조사연구에서 청각장애의 교육적 정의를 "청각의 이상으로 귀만으로 말을 듣는 데 어려움이 있어 학습활

〈표 7-5〉 청각장애의 정의

「장애인 등에 대한 특수교육법 시행령」(2016) 제10조 특수교육대상자 선정 기준[별표]	청력손실이 심하여 보청기를 착용해도 청각을 통한 의사소통이 불가능 또는 곤란한 상태이거나, 청력이 남아 있어도 보청기를 착용해야 청각을 통한 의사소통이 가능하여 청각에 의한 교육적 성취가 어려운 사람
「장애인복지법 시행규칙」(2016) 제2조 2항 장애인의 장애등급 [별표 1]	제2급: 두 귀의 청력을 각각 90데시벨(dB) 이상 잃은 사람(두 귀가 완전히 들리지 않는 사람) 제3급: 두 귀의 청력을 각각 80데시벨(dB) 이상 잃은 사람(귀에 입을 대고 큰 소리로 말을 하여도 듣지 못하는 사람) 제4급: 1. 두 귀의 청력을 각각 70데시벨(dB) 이상 잃은 사람(귀에 대고 말을 하여야 들을 수 있는 사람) 　　　 2. 두 귀에 들리는 보통 말소리의 최대 명료도가 50퍼센트 이하인 사람 제5급: 두 귀의 청력을 각각 60데시벨(dB) 이상 잃은 사람(40센티미터 이상의 거리에서 발성된 말소리를 듣지 못하는 사람) 제6급: 한 귀의 청력을 80데시벨(dB) 이상 잃고, 다른 귀의 청력을 40데시벨(dB) 이상 잃은 사람

〈표 7-6〉 청각장애의 교육적 정의에 따른 하위 범주 분류기준

하위 범주	분류기준
농	보청기를 사용하거나 사용하지 않은 상태에서 귀만으로 말을 들어 이해할 수 없는 정도(보통 70dB 이상)로, 청각장애가 있어 학습활동이나 일상생활에서 특별한 지원을 지속적으로 요구하는 자
난청	보청기를 사용하거나 사용하지 않은 상태에서 귀만으로 말을 들어 이해하는 것이 불가능하지는 않으나 어려운 정도(보통 35~69dB)로, 청각에 장애가 있어 학습활동이나 일상생활에서 특별한 지원을 요구하는 자

동이나 일상생활에서 특별한 지원을 요구하는 자"라고 정의하고, 〈표 7-6〉과 같이 하위 범주를 농과 난청으로 분류하였다.

청각장애는 학생의 언어 경험 기준, 즉 청력손실 시기에 따라 언어 전 청력손실(prelingually hearing loss), 언어 후 청력손실(postlingually hearing loss)로 분류하고, 출생 시 청각장애의 유무에 따라 선천적 농과 후천적 농으로 구분한다. 그리고 청력손실의 정도에 따라 정상(normal), 경도(mild), 중등도(moderate), 고도(severe), 심도(profound), 농(deaf)으로 분류한다(한국특수교육학회, 2008).

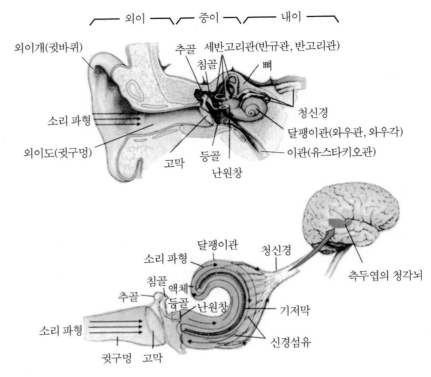

[그림 7-2] 귀의 구조와 소리의 전달경로

출처: Kalat(1998).

귀의 구조와 소리의 전달경로에 대해 살펴보면, [그림 7-2]에서 보는 바와 같이, 인간의 귀는 외이(외이개, 외이도), 중이(고막, 이소골, 이관), 내이(난원창, 와우각, 반규관, 전정, 정원창), 청신경으로 이어지는 일련의 청각경로를 통하여 소리를 듣게 된다.

귀는 청각과 평형감각을 담당하는데, 외이개(귓바퀴)는 음파를 모으는 역할을 하며 소리의 방향을 인지하는 데 도움을 주고, 외이도는 한쪽이 폐쇄된 공명관으로 음압을 증가시키는 자연공명 효과를 가지고 있다.

중이에 있는 고막은 외부로부터 속귀를 보호함과 동시에 음파를 이소골로 전도하는 역할을 한다. 이소골은 내이에 소리 진동을 전달하는 역할과 강한 소리 자극으로부터 내이를 보호하는 역할을 수행한다. 이관(유스타키오관)은 고막의 양쪽을 같은 기압으로 유지하며 이소골(추골, 침골, 등골)의 환기를 담당한다.

내이에는 미로, 림프액과 더불어 청각세포가 있어 청각기관으로서의 역할을 담당하는데, 내이의 와우각(와우관) 안에 있는 유모세포가 파동을 일으키는 진동을 전기에너지로 바꾸고, 이 에너지가 청신경을 통해 뇌로 전달되면 뇌가 소리의 의미를 해석한다. 이때 내이의 반규관(반고리관)은 신체의 회전운동 시 신체의 위치를 감지하고, 전정기관은 신체의 균형을 유지하는 역할을 한다.

음파가 외이를 통해 대뇌에서 소리를 느낄 때까지의 경로에서 어느 부위가 손상을 입느냐에 따라, 청력손실 정도도 달라지고 교육방법도 달라진다.

외이나 중이에 장애가 있어서 소리 에너지가 내이로 전달될 때 장애를 초래하는 상태를 전음성 청각장애(conductive hearing loss)라고 하며, 청력손실이 70dB을 넘지 않고 외과적 수술이나 음을 증폭해 주면 거의 문제가 없는 경우가 많다. 내이와 청신경의 장애로 소리를 감지해서 대뇌로 전달하는 데 문제가 있는 감음신경성 청각장애(sensorineural hearing loss)는 청력손실 정도가 크고 영구적인 경우가 많다. 그리고 전음성 부위와 감음신경성 부위 모두 손상을 입은 혼합성 청각장애(mixed hearing loss)도 있으며, 일부 아동의 경우 와우각에서 뇌로 전달되는 과정이나, 대뇌의 문제로 음의 의미를 이해하기 곤란한 중추청각처리장애(central auditory processing disorder)를 가진 경우도 있다.

(2) 청각장애의 판별

청각장애는 학교에 입학한 후에 장애가 발견되는 경우가 종종 있으며, 성장 과정 중에 병이나 사고로 인해 청각장애를 가지기도 한다. 따라서 교사는 학생이 보이는 청각장애의 이상 징후를 잘 관찰해야 한다. 〈표 7-7〉에서 제시하고 있는 징후가 계속될 경우, 가족, 특수교사, 관련 전문가에게 의뢰하여 보다 정밀한 진단을 받도록 해야 한다.

의료적 진단을 위한 청력검사는 피험자의 소리 자극에 대한 행동반응을 검사하는 주관적 청력검사와 소리에 대한 피험자 귀의 전기 생리적 반응을 검사하는 객관적 청력검사가 있다.

주관적 청력검사인 순음청력검사는 피험자에게 순음(pure-tone)을 들려주고 주파수별로 음의 강도를 조절하여 제시함으로써 피험자가 확실히 들을 수 있는 최저 수준인 역치를 측정하여 dB(데시벨)로 나타내는 방법이다. 기도를 통해 청력수준을 검사하는 기도청력검사가 있으며, 골도 진동기를 사용하여 골도를 통해 순음에 대한 청력수준을 검사하는 골도청력검사가 있다.

〈표 7-7〉 청각 이상을 의심해 볼 수 있는 징후

행 동
• 부드럽게 부르면 처음 불렀을 때 돌아보지 않는다.
• 주변 환경음에 반응하지 않는다.
• 소리에 반응하지 않거나 어디서 소리가 나는지 잘 알지 못한다.
• 발음이나 구어 사용이 같은 연령대의 아동과 다르다.
• 구어 지시를 잘 알아듣지 못한다.
• 주의집중을 잘하지 못하는 것처럼 보인다. "네?" "뭐라고요?" 등의 질문을 다른 아동보다 많이 한다.
• 언어 이해 및 의사소통을 위한 어휘 사용에서 일관성 있는 발달을 보이지 않는다.
외 모
• 귀 속에서 체액 또는 혈액이 흘러나온다.
• 계속 귀를 잡아당긴다.
• 입으로 숨을 쉰다.
• 잘 들리지 않는다.
• 피곤하다.

출처: Lewis & Dooriag(2011: 301): 이소현, 박은혜(2011: 310)에서 재인용.

순음청력검사를 통해 피험자의 특정 주파수에 대한 청각의 민감도를 알아보고, 피험자가 말소리와 구어를 얼마나 정확하게 듣고 이해하는지는 어음청력검사를 통해 알 수 있다. 어음청력검사는 청력검사기의 주파수를 1,000Hz에 고정시켜 놓고 6개의 이음절어 검사음을 각각 다른 소리의 크기로 제시하였을 때, 그중 3개를 들을 수 있는 가장 작은 소리의 크기를 측정하는 어음청취역치검사(어음수용역치검사)가 있으며, 검사 결과 단위는 dB이다. 그리고 피험자에게 50개의 일음절어의 검사음을 청력검사기를 통해 큰 소리로 들려주었을 때 검사음을 변별할 수 있는 능력을 알아보는 어음변별도(어음명료도) 검사가 있는데, 검사 결과 단위는 %이며, 50개 중에 몇 개를 변별할 수 있는가를 측정한다(강영심 외, 2010).

청각장애학생의 효과적인 교육지원을 위해서는 진단 결과를 바탕으로 개별화교육을 계획하고 교수 프로그램을 평가하며, 진전도와 성취도를 평가하기 위해 교육심리적 평가가 필요하다. 청각장애학생을 위한 교육심리적 평가는 지능검사, 적응행동검사, 기초학력검사, 기초학습 기능검사, 교육과정중심 평가절차, 관찰, 포트폴리오, 수행평가 등이 포함된다.

2) 청각장애의 특성

(1) 언어적 특성

청각장애는 언어 이해와 구어 사용 능력에 가장 심각한 영향을 미치며, 청각장애
학생의 청력손실도가 높을수록 말소리의 명료도는 낮게 나타난다(석동일, 1999). 또
한 문자해독과 읽기, 쓰기에 있어서도 건청학생에 비해 낮은 수행능력을 나타낸다.

청각장애학생의 말과 언어의 문제는 수화와 지화를 통한 의사소통으로 극복할 수
있는데, 수화는 손의 형태와 위치, 운동으로 상징되는 여러 가지 제스처를 결합시켜
표시하는 하나의 완전한 언어이며, 각 나라마다 독특한 수화를 개발하여 사용하고
있다. 수화는 말의 억양과 같은 효과를 얻기 위해 표정이나 신체언어(body language)
를 사용하기도 하는데, 그 의미를 분명히 하기 위해 또는 수화단어가 없는 고유명사
들을 철자화하기 위해 지화를 사용하기도 한다. 지화(指話)는 지문자라고도 하는데,
한국 지문자는 한글의 글자모양과 비슷한 24개의 손 모양으로 구성되어 있다.

(2) 인지적 · 학업적 특성

청각장애학생의 지적 능력은 대체로 일반학생보다 평균적으로 약간 낮기는 하지
만 동작성 검사에서는 건청학생과 별 차이가 없고, 언어성 검사에서 현저한 차이가
나타났다. 하지만 지능검사 도구에서 언어성 요인이 적절히 통제된다면, 이들의 점
수는 정상적인 분포를 이룬다는 것이 오늘날의 관점이다. 학업적인 면에서 언어 관
련 교과에서는 학업성취 점수가 현저히 낮지만, 수학 등과 같이 언어성이 요구되지
않는 교과에서는 건청학생과 차이가 없거나 건청학생보다 뛰어난 수준을 보이기도
한다(김희규 외, 2010).

청각장애학생의 학업성취도가 일반학생에 비해 전반적으로 낮은 이유는 청각적
인 정보처리의 어려움도 있겠지만, 주된 의사소통 수단이 수화인 청각장애학생의 경
우 구화를 위주로 하는 교육환경에서 학습정보를 충분히 받아들이지 못하기 때문인
것으로 유추할 수 있다.

(3) 사회적 · 정서적 특성

청각장애학생은 자신만의 독특한 사회문화인 청각장애인 문화 또는 농문화(deaf

culture)라는 용어가 생길 정도로 유대가 매우 깊다. 이들은 수화를 공통적으로 사용함으로써 서로 효과적인 의사소통을 하고, 공동체 의식을 형성하면서 스스로의 자부심과 긍정적인 자아개념을 발달시킨다. 또한 자신들만의 행동규범과 가치관을 가지고 있으며, 청각장애인 사회를 위한 많은 자발적인 단체와 지원망을 가지고 있다(이소현, 박은혜, 2011). 즉, 이들은 자신을 장애인이 아니라 수화라는 언어를 가진 별개의 문화집단으로 간주하며, 자신을 장애인으로 대하는 사회 인식을 거부한다(Hallahan, Kauffman, & Pullen, 2009). 우리나라의 경우에는 한국농아인협회나 한국청각장애인협회 등의 단체가 청각장애인들의 권리옹호를 강조하고 있으며, 이 외에도 수화통역사를 양성하거나 청각장애인을 위한 편의시설 증진, 교육 및 직업재활 등을 통해 청각장애인의 사회적응을 돕고 있다.

3) 통합교육을 위한 교육적 접근

청각장애학생의 효과적인 통합교육을 위해서는 성공적인 통합교육에 대한 부모와 교사의 확고한 의지가 전제되어야 하며, 학교 관리자 및 교육청 관계자들이 핵심적인 역할을 수행해야 한다. 또한 수화통역사, 특수교육실무원, 언어치료사, 컴퓨터, 교수자료나 도구의 구입지원 등 청각장애학생이 필요로 하는 적절한 지원 서비스가 제공되어야 한다.

(1) 교육환경과 교수방법 수정

청각장애학생을 위한 통합교육이 성공적으로 이루어지기 위해서는 건청학생의 청각장애 이해와 수용을 위한 준비가 우선되어야 한다. 또한 좌석을 교실 앞쪽에 배치하여 다른 학생들의 얼굴을 볼 수 있도록 의자와 책상을 학생들을 향해 돌리거나 이동할 수 있게 하여 학습내용의 이해와 학습활동에 적극 참여할 수 있도록 배려해야 한다.

청각장애학생에게는 전시, 시범, 실험 및 시뮬레이션 등 실제 체험의 기회를 제공하는 수업이 효과적이며, 수업의 이해도를 높이기 위해서 말을 짧고 간단하게 하고, 중요한 내용을 반복해서 말해 주거나 간단하게 바꾸어 말해 주며, 얼굴 표정이나 신체운동 및 제스처 등의 비언어적 단서를 사용하고, 독화(speech reading)가 용이하도록 조명 상태를 양호하게 유지하는 등의 배려가 필요하다.

공학의 발달로 청각장애학생이 우수한 기능의 맞춤식 디지털 보청기를 사용할 수 있게 되면서 잔존청력의 개발과 언어능력 및 언어기능의 발달에 도움을 주어 학습을 용이하게 하였다. 그러나 양측 귀에 고도의 감음신경성 난청이 발생하여 보청기를 착용하여도 청력에 도움이 안 될 때는 인공와우를 달팽이관에 이식하는 인공와우 수술을 통해 청력을 개선하기도 한다. 또한 보완대체의사소통(AAC), 오디오 포트, 진동 촉각기, 자막수신기, 영상전화, 알림장치 등의 보조공학기기를 활용하여 수업효과를 높이려는 노력이 필요하다.

교육부는 교실환경에서의 청각장애학생 학습권을 보장하기 위해 강의내용을 국립특수교육원의 원격교육지원센터에 전달하면 전문 수화통역사 및 속기사가 실시간으로 수화 혹은 텍스트로 장애대학생의 컴퓨터에 강의내용을 전달하는 무상 원격교육을 지원하고 있다. 현재 평택교육청, 충북교육청, 경북교육청 등에서는 국립특수교육원 원격지원센터와 연계하여 일반 중 · 고등학교에 재학 중인 청각장애학생에게 수화문자통역 원격교육 서비스를 제공하고 있다. 이와 같은 각 지역 교육청의 청각장애학생 수화문자통역 원격교육 서비스 실시를 계기로 모든 청각장애학생에게 무상 원격교육이 확대 실시되고, 청각장애학생뿐만 아니라 다른 장애영역의 학생들까지도 통합교육을 위한 환경개선이 이루어져야 할 것이다.

(2) 의사소통 지도

청각장애학생을 위한 교육은 언어기능을 발달시킴으로써 상호작용을 위한 의사소통기술과 학업성취를 높이는 데 목적이 있다. 이를 위해 수화교육과 구화교육 등 다양한 접근이 시도되어 왔으며, 어떤 방법이 효과적인가에 대한 논의가 지속적으로 이루어지고 있다. 통합교육환경에서는 청각장애학생들에게 청능훈련과 구화, 독화, 발음 암시법과 종합적 의사소통 방법을 사용하여 교사뿐만 아니라 건청학생들과의 의사소통을 돕고 있다.

청능훈련은 청각적 탐지, 변별, 확인 및 이해와 같이 구조화된 연습을 통해 잔존청력을 최대한 활용하여 언어발달을 도모하는 것이다. 청각장애학생은 청각적 피드백이 곤란하여 말소리가 형성되는 과정이 건청학생과는 다른 형태를 띠게 되므로 청능훈련을 실시한 후에 발성 · 발어훈련을 실시한다.

구화교육을 위한 발성 · 발어훈련은 청각 · 시각 · 촉각적인 자극을 제공하는 방법 등 다양한 접근방법을 통해 구어 산출과 이해를 돕는다. 또한 구화교육에서는 독화 능력이 매우 중요하다.

독화란 화자의 입술 움직임을 보고 말소리를 판별하는 것이며, 예민한 시지각능력이 필요하다. 단어를 입 모양만으로 판별하기 어려울 때 볼 근처에 수신호 형태로 단서를 추가하여 구별하기 어려운 음소들을 인식할 수 있게 하는 발음암시법(cued speech)도 있다.

종합적 의사소통(total communication) 방법은 과거에 수화나 구화만을 사용해야 한다고 주장했던 것과는 달리, 청각장애학생에게 언어를 가르치기 위해서는 말하기, 듣기, 수화, 독화, 지문자를 모두 함께 사용하여 다양한 형태의 의사소통 방법을 동시에 사용할 필요가 있다고 보는 것이다. 이는 청각장애학생에게 가장 적합하고 사용하기가 용이한 양식이라면 모두 존중되어야 한다는 데 그 의의가 있다.

3. 지체장애

지체장애는 선천적 또는 후천적 외상이나 질환으로 신경, 근육, 팔, 다리, 척추 등의 형태 및 기능 이상으로 발생한다. 상지의 기능장애로 필기나 손으로 하는 조작활동이 불가능하거나 곤란할 수 있고, 혹은 하지의 기능장애로 보행이나 기립 자세 유지가 불가능하거나 어렵기도 하다. 지체장애학생의 학습능력은 장애 유형이나 정도에 따라 매우 다양하여 인지능력이나 학업성취를 일반화시켜 말하기 어렵다. 신체적 기능에만 결함이 있는 지체장애학생은 비장애학생과 인지능력에 차이가 없을 수 있고, 인지 능력의 정도 차이는 다양하다. 그러나 지체장애와 다른 장애를 복합적으로 지닌 중복장애의 경우에는 여러 가지 부수적인 어려움을 더 많이 가질 수 있다. 또 장애로 인해 수술과 입원을 할 경우 장기 결석 또는 잦은 결석으로 인한 학습결손이 발생하고, 학습동기가 저하되어 학업지체는 물론, 사회적 · 정서적으로도 어려움을 보이는 경우가 있으므로 교사와 가족, 친구들의 지원이 필요하다.

이 절에서는 지체장애에 대한 정의 및 특성을 살펴보고 적절한 교육적 지원의 필요성과 다양한 지원방법에 대해 다루고자 한다.

1) 지체장애의 개념

　지체장애는 신체의 골격, 근육, 신경계통의 무능력한 상태나 기능적 손상을 지닌 상태를 일컫는다. 지체장애학생은 이동은 물론, 말하기, 음식물 섭취하기, 앉고 서기, 쥐기, 움직이기 등 일상생활 전반에 걸쳐 운동기능을 수행하는 데 어려움을 겪게 된다.

　「장애인 등에 대한 특수교육법 시행령」(2016)에서는 "기능·형태상의 장애를 가지고 있거나 몸통의 지지 또는 팔다리의 움직임 등에 어려움을 겪는 신체적 조건이나 상태로 인해 교육적 성취에 어려움이 있는 사람"으로 지체장애를 정의하고 있다. 이와 같은 정의는 〈표 7-8〉에서 보는 바와 같이 「장애인복지법 시행령」(2016)에 정의된 지체장애와는 몇 가지 다른 점이 있다.

　먼저, 「장애인 등에 대한 특수교육법」에서는 지체장애와 뇌병변장애를 구분하지 않고 학령기 학생의 신체기능적인 특징을 바탕으로, 이들이 지닌 제한으로 인한 교육적 접근에 대해 정의하고 있는 반면, 「장애인복지법 시행령」에서는 지체장애와 뇌병변장애를 구분하는 기준을 기능성에 두고 제시하고 있다. 이는 「장애인 등에 대한 특수교육법」의 지체장애영역에서 가장 많은 학생 수를 차지하고 있는 뇌성마비 장애학생이 「장애인복지법」에서는 뇌병변장애에 포함되고 있어 분류체계에 혼선을 주고 있다. 「장애인복지법」에 제시된 뇌병변장애는 뇌성마비, 뇌졸중, 외상성 뇌손상 등 뇌의 기질적 병변으로 인해 상지와 하지의 마비가 나타나 주로 보행장애와 일상생활 동작의 제한을 받게 되고, 신체적 장애 외에 언어장애, 시각장애 등의 장애가 동반되어 나타나기도 한다. 뇌성마비는 뇌병변장애의 하위 유형 중 하나로 학령기 지체장애학생 중 가장 많은 수를 차지하고 있다. 또한 「장애인복지법」의 뇌병변장애는 뇌의 기질적 병변을 모두 포괄하여 연령 제한을 두고 있지 않는 반면, 「장애인 등에 대한 특수교육법」에서 뇌성마비는 임신과 출산 중에 주로 발병하는데, 임신 중에 바이러스로 인한 질병이나 출산 과정 중 호흡장애로 인해 뇌에 산소가 충분히 공급되지 못한 경우에 발생하거나, 출산 이후 뇌막염과 같은 질병이나 사고에 의해 발생할 수도 있음을 보고하고 있다(류재연 외, 2009). 이들이 지닌 신체기능적 제한으로 인해 학업성취를 돕기 위한 특별한 교육적 지원을 필요로 하는 학생으로 한정하고 있다는 점이 서로 다르다고 볼 수 있다.

〈표 7-8〉 「장애인복지법 시행령」에 정의된 지체장애와 뇌병변장애

> **지체장애인(肢體障碍人)**
> 가. 한 팔, 한 다리 또는 몸통의 기능에 영속적인 장애가 있는 사람
> 나. 한 손의 엄지손가락을 지골(指骨, 손가락 뼈) 관절 이상의 부위에서 잃은 사람 또는 한 손의
>   둘째 손가락을 포함한 두 개 이상의 손가락을 모두 제1지골 관절 이상의 부위에서 잃은 사람
> 다. 한 다리를 리스프랑(Lisfranc: 발등뼈와 발목을 이어 주는) 관절 이상의 부위에서 잃은 사람
> 라. 두 발의 발가락을 모두 잃은 사람
> 마. 한 손의 엄지손가락 기능을 잃은 사람 또는 한 손의 둘째 손가락을 포함한 손가락 두 개 이상
>   의 기능을 잃은 사람
> 바. 왜소증으로 키가 심하게 작거나 척추에 현저한 변형 또는 기형이 있는 사람
> 사. 지체에 위 각 목의 어느 하나에 해당하는 장애 정도 이상의 장애가 있다고 인정되는 사람
>
> **뇌병변장애인(腦病變障碍人)**
> 뇌성마비, 외상성 뇌손상, 뇌졸중(腦卒中) 등 뇌의 기질적 병변으로 인하여 발생한 신체적 장애
> 로 보행이나 일상생활의 동작 등에 상당한 제약을 받는 사람

출처: 「장애인복지법 시행령」(2016).

2) 지체장애의 분류

지체장애는 신경계의 이상으로 인한 장애, 근골격계의 이상으로 인한 장애, 선천적 기형, 사고 및 질병으로 인한 장애로 분류하기도 한다. 신경계에 이상이 있는 경우는 뇌성마비가 대표적이다. 근골격계 이상은 내반족, 소아 류머티스 관절염, 진행성 근이(영)양증 등이 포함된다. 선천적 기형으로는 골반탈구와 이분척수 등이 있고, 기타 사고 및 질병으로 인한 장애는 외상성 뇌손상과 골절이 이에 해당된다. 이를 좀 더 구체적으로 설명하면 다음과 같다.

(1) 신경계 이상

① 뇌성마비

뇌성마비는 뇌에 활성적인 병변이 없는 상태이지만 손상된 뇌 기능의 문제로 인해 운동 영역에 몇 가지 증세가 나타나고, 신체 각 영역의 변형은 자라면서 점점 진행하고 변화한다. 뇌의 손상으로 인하여 운동기능이 마비되고 약해지며, 일상생활을 할

때 필요한 조화로운 운동을 하는 데 어려움을 겪게 된다. 그리고 근육의 경직성이 증가되고 시간이 지나면서 근육은 짧아지며 이차적으로 관절의 변형이 발생한다. 또한 이러한 변형은 감각 기능, 지능, 정서 등 여러 가지 중추신경 기능의 이상이 동시에 생길 수 있다.

　뇌성마비는 뇌의 손상부위에 따라 나타나는 증세가 달라지며, 신체의 이상이 나타나는 부위도 다양하다. 나타나는 증세에 따라서 경직형(spastic type), 무정위 운동형(athetoid type), 운동 실조형(ataxia type), 강직형(rigidity type), 진전형(tremor type), 혼합형(mixed type) 등으로 나뉜다.

② 뇌전증(간질)

　간질 발작은 중추신경계의 신경기능 이상으로 갑작스럽게 제어되지 않는 전기적 활동성이 방사되어 나타나는 현상이다. 따라서 뇌에서 비정상적으로 발생한 전기파가 뇌조직을 타고 퍼져 나가는 과정에서 경련성 발작을 일으키는 질환으로 뇌에 전기가 온다는 의미의 뇌전증(腦電症)으로 용어를 바꾸어 사용하고자 하고 있다. 경련성 발작은 대뇌반구의 어느 한 부위에서 국소적으로 시발되는 국소형 발작과 중추신경계에 재재된 어떤 중심 부위에서 시발되어 동시에 대뇌반구로 퍼져 나타나는 전신형 발작으로 구분된다(박지환, 2007). 뇌성마비 아동의 약 50% 이상이 발작 증상을 보이고, 그중 약 10% 정도는 후에 뇌전증으로 남는다.

(2) 근골격계 이상

① 내반족

　발바닥이 안쪽으로 향한 위치에서 구축이 된 상태다. 가장 대표적인 것으로는 선천성 내반족이 있다. 이는 내반 이외에 첨족위(발가락 관절이 밑쪽으로 굽어져 고정된 상태), 내전위(발끝이 안쪽으로 굽은 것), 요족위(발바닥의 중앙이 비정상적으로 높은 것)로 구분되며, 고유한 의미의 내반족 이외의 변형이 포함되기도 한다. 마사지로 구축을 최소화하거나 깁스, 붕대 등으로 교정을 하기도 한다.

② 소아 류마티스 관절염

인체 내 관절의 활막(synovial membrane)에 6주 이상 지속되는 만성 염증을 의미한다. 류마티스 관절염이 시작되면 활막 조직의 혈액으로부터 여러 가지 염증 세포들로 이루어진 '판누스(pannus)'라는 덩어리를 형성하고 이것이 연골을 파괴하고 관절의 변형을 가져오며 관절 주위에 있는 뼈도 약하게 만든다. 특히 아침에 일어날 때에 관절이 뻣뻣해지는 '조조 강직(morning stiffness)' 현상을 느끼고, 이러한 통증이 약 30분 이상 지속된다. 또한 발열, 피부의 발진과 결절, 체중 감소, 피곤감, 폐, 심장, 눈의 염증성 변화 등 관절 이외의 신체 장기에 병이 생기기도 한다.

③ 진행성 근이(영)양증(progressive muscle dystrophy: PMD)

진행성 근이(영)양증은 중추신경계나 말초신경계의 신경에는 손상이 없는 상태에서 근육 자체에 문제가 발생하는 질병이다. 몸의 근육을 만들어 주는 디스트로핀(dystrophin)이라는 단백질이 제대로 형성되지 못해 근육이 조금씩 약해져서 초기에는 자주 넘어지는 현상을 보이다가 점차 뛰고 걷기가 어려워지게 된다. 특히 이들은 바닥에 앉아 있다가 일어설 때 독특한 자세를 취하는 가우어 증후(Gower's sign)를 보이기도 한다.

청년기에 이르면 앉아 있기조차 힘들어지다가 끝내는 눕게 되고 내장근 등의 약화로 인해 순환 및 호흡 기능마저 떨어져 심각한 경우 생명 연장 장치에 의지하게 되는 경우도 있다. 진행성 근이(영)양증은 근 질환 가운데 발생빈도가 가장 높으며, 특정한 종아리 부분에 마치 근육이 비대해진 것 같아 보이는 가성비대(pseudohypertrophy)나 진행성으로 오는 대칭성 근위축 등이 나타나기도 한다.

(3) 선천성 기형

① 고관절 탈구

태어날 때부터 엉덩이뼈와 다리뼈가 연결되는 고관절 부위가 어긋나 있는 것을 말한다. 정확한 원인은 불분명하지만 유전적, 호르몬 및 기계적 소인 등의 원인을 들기도 하며, 태생기 자궁 내에서 고관절 발달에 영향을 끼치는 기형 형성 요인 등을 들수 있다.

기저귀를 갈 때 아기가 다리를 잘 벌리지 못하거나 대퇴 안쪽의 주름이 비대칭적일 때 의심할 수 있다. 이 경우 평편한 면에 아기를 눕히고 무릎을 세워서 무릎의 높이가 다른 경우 의심해 볼 수 있다.

② 이분척수

추골궁이 완전히 닫히지 못하는 기형이다. 후신경공의 폐쇄결함에 의해 발생한다. 결손은 거의 대부분 척추의 뒤쪽에 있으며, 하위 요부와 천골부에서 가장 흔히 볼 수 있다. 척수에 동반된 기형의 종류와 위치, 범위에 따라 신경학적인 손상의 정도는 다르다.

(4) 사고 및 질병

① 외상성 뇌손상(traumatic brain injury)

외상으로 인해 뇌 조직이 손상을 입은 것을 말한다. 사회가 발전하면서 교통사고, 산업재해, 스포츠 손상 등 각종 사고가 증가함에 따라 외상성 뇌손상 환자가 증가하고 있다. 외상성 뇌손상의 가장 많은 원인은 교통사고이고 그다음으로는 추락 사고가 있다. 특히 추락 사고는 어린이나 노인층에서 많이 나타나고, 저산소증, 중독, 감염과 같은 다른 뇌손상도 외상성 뇌손상과 비슷한 증상을 일으킨다.

② 사고 후 골절

골절이란 뼈의 연속성이 완전 혹은 불완전하게 소실된 상태로 뼈에 금이 가거나 부러지는 것을 말한다. 골절로 인해 신경이나 혈관 등이 손상될 수 있으며, 더욱 위급한 상황을 일으킬 수도 있다. 따라서 가벼운 골절의 경우라 하더라도 반드시 전문의의 진단을 받아 치료하여야 한다.

3) 지체장애의 특성

지체장애의 운동발달 특성, 언어 및 의사소통 특성, 인지 및 학업 특성, 사회적·정서적 특성에 대해 살펴보고자 한다.

(1) 운동발달 특성

지체장애학생은 뇌성마비, 사지기능 이상, 척수손상 등의 문제를 지닌 학생으로, 근 긴장도, 조절력 그리고 근력이 정상 범위에서 벗어나는 손상으로 인하여 정상적인 수준에서의 운동발달이 곤란하다. 운동발달의 속도 또한 느리거나 특정 발달단계에 머물거나, 기능적인 움직임을 유지하기 어렵다. 이러한 몸통 균형을 유지하는 수의적 움직임의 방해로 인해 기고, 앉고, 서고, 걷는 활동에 제약이 따른다. 그리고 근육의 수축과 이완이 불수의적으로 일어나고, 효율적인 운동기능을 발휘할 수 없어 일상생활뿐만 아니라 학업에 필요한 기능적인 움직임을 유지하고 발전시키는 데 어려움을 겪는다. 불수의적인 근 긴장도뿐만 아니라 원시 반사도 정상적인 운동발달을 저해하는 요인이 된다(류재연 외, 2009; 유수옥, 2010).

(2) 언어 및 의사소통 특성

뇌성마비 학생 중 약 25%는 발음 및 발성기관의 운동장애, 중추성 언어장애, 인지능력의 결함 등에 의한 의사소통장애를 동반한다. 이들이 보이는 대표적인 언어장애는 말더듬인데, 발성기관의 문제로 기인하기보다는 중추신경계 손상으로 인한 비정상적인 근 긴장도 때문에 발생하는 구강운동 조절장애인 경우가 대부분이다. 이와 같이 뇌성마비 학생의 지연된 언어 및 의사소통 발달은 학생이 타인과 사회적 관계를 맺고 중요한 정보와 감정을 서로 주고받는 데 부정적인 영향을 미치게 된다.

(3) 인지 및 학업 특성

뇌성마비 학생의 경우 국소적인 또는 광범위한 손상을 받은 뇌의 비정상적인 발달로 인해 낮은 인지기능을 보이는 경우가 있으나 모두가 지적인 손상 문제를 지니고 있는 것은 아니다. 일반적으로 뇌성마비 학생의 약 40~60%가 IQ 70 이하를 보인다(박경옥, 2007; 박지환, 2007). 그러나 비장애인에 비해 높은 지능을 지닌 비율도 상당수 있고, 낮은 인지기능을 가지고 있다 하더라도 학생의 신체적 제약 등의 이유로 이들의 능력을 과소평가하지 않도록 주의를 기울여야 한다. 지체장애학생의 경우, 인지적인 결함으로 인해 낮은 학업성취를 보일 수 있지만, 그보다도 질병으로 인한 잦은 결석과 병원치료, 그리고 신체적·운동적 제약으로 인한 환경 탐색의 기회 부족 등이 학업성취에 부정적인 영향을 미칠 수 있으므로 이를 지원하기 위한 적극적인 조치가 필요하다.

(4) 사회적 · 정서적 특성

지체장애학생의 장애 특성에 따라 다양한 의료적인 처치와 장기적인 물리치료를 받기 위해 입원이나 정형외과 수술과 장기적인 병원치료 등이 필요하다. 이러한 과정은 학생들은 성격뿐만 아니라 교우관계에도 영향을 미치게 되고, 늘 타인에게 의존함으로써 열등감, 과보호 반응, 경험 부족, 학습된 무기력 등을 학습하게 될 수 있다. 이는 학생들이 학습과 생활 면에서 수동적 태도를 보이는 원인이 될 수 있다. 그리고 장애에 대한 본인의 수용 정도에 따라 자신의 신체상에 대한 부정적인 이미지와 타인이 자신에게 호감을 갖지 않을지 모른다는 생각으로 우울, 공격성, 위축, 고집성, 자기방어적 성격 등과 같은 특성을 보이기도 한다. 특히 뇌성마비 학생의 독특한 신체적 외모(왜곡된 자신의 신체상), 간질, 침 흘림, 보장구 등의 사용은 사회적 관계를 맺는 데 부정적인 요소로 작용할 수 있다. 하지만 모든 학생이 낮은 자아존중감과 부정적인 사회적 · 정서적 반응을 보이는 것은 아니므로 편견을 가지지 않도록 주의를 기울여야 한다. 특히 이들은 자기 자신의 장애가 어디서 비롯되었으며 어떻게 상대방을 대해야 하는지에 대한 교육을 받지 못해 자기수용이나 타인과의 관계 형성에 어려움을 가질 수 있다. 따라서 장애학생들이 자기 자신의 장애가 어디서 비롯되었는지에 대한 적극적인 이해교육은 물론, 또래 친구들과 어울리면서 겪는 여러 가지 어려움을 상의하고 지원해 줄 수 있는 특별한 교육프로그램을 마련하여 제공하는 것이 필요하다.

4) 통합교육을 위한 교육적 접근

지체장애학생이 학급에 배치되면 교사는 학생에 대해 필요한 정보를 수집해야 한다. 예를 들어, 이동하는 데 문제는 없는지, 화장실 사용을 스스로 할 수 있는지, 손가락을 움직여서 책장을 넘기고 글씨는 쓸 수 있는지, 이야기를 나누는 데 어려움은 없는지 등 학교생활에 필요한 여러 가지 능력에 대해 충분히 파악하고 학생이 필요로 하는 부분을 지원해 줄 수 있어야 한다. 이들이 겪고 있는 여러 가지 어려움을 지원하는 방법에 대해 좀 더 구체적으로 살펴보면 다음과 같다.

(1) 이동 및 자세 지도

지체장애학생은 장애로 인해 이동에 제약을 받고 있으며, 교육이나 직업생활, 여가 등 다른 교육활동에 참여하는 데 어려움이 많다. 독립적으로 보행하는 것이 어려운 지체장애학생은 일상생활의 대부분을 수동 또는 전동 휠체어에 의지해서 보내는 경우가 있다. 휠체어의 중요한 역할 중 하나인 외부적 자세 지지(external supports)는 중력의 영향과 비정상적인 근 긴장 및 원시반사, 그리고 근력 약화 등을 감소시키고, 운동발달과 일상생활 동작 그리고 인지 및 지각능력을 촉진하는 데 필수적인 요소가 될 수 있다. 또한 이러한 휠체어에서의 바른 자세 지지는 비정상적 감각으로 인한 불편함을 억제하고 욕창 발생의 위험을 감소시킬 수 있다. 일반 휠체어와 전동 휠체어를 선택할 때는 앉기(seating)나 자세(positioning) 평가와 운동기능 상태, 인지능력, 시·청(지)각능력, 환경적인 고려사항 또는 이동(transportation) 문제 등을 충분히 고려하여 학생에게 가장 적합한 형태와 보조기기를 적용하는 것이 바람직하다.

지체장애학생들이 이동이나 자세 유지 등을 위해 다양한 보조기기를 사용하는 목적은 다음과 같다. 첫째, 바르고 균형 있는 자세를 취하게 함으로써 비정상적인 근육의 긴장도를 적정한 수준으로 낮추어 신체 안정감을 높여 주기 위함이다. 둘째, 바른 자세를 유지함으로써 근육의 비정상적 긴장도로 발생할 수 있는 변형이나 구축을 예방하기 위함이다. 셋째, 불수의적인 근골격계의 긴장과 이완 때문에 생기는 불안한 자세로 인해 겪을 수 있는 불안감과 두려움을 줄여 주기 위함이다. 마지막으로 바른 자세는 근긴장도를 낮추어 전반적인 신체 안정감을 주고 이로 인해 상지를 자발적이고 효율적으로 사용할 수 있도록 하여 기능성을 높여 주기 위함이다.

(2) 의사소통 지원

지체장애학생은 학교에서의 교과학습활동, 가정에서의 일상생활, 지역사회에서의 적응활동은 물론, 직장 등과 같은 다양한 장면에서 자신만의 고유한 방식으로 의사소통하고 학습하면서 생활을 영위하고 있다. 지체장애학생에게 의사소통 방법을 지도하고자 할 때 상황을 고려하지 않고 한 가지 방법만을 고수하는 것은 바람직하지 못하다. 음성으로 의사소통하기 어려운 학생들은 몸짓이나 그림 등을 활용하거나 손으로 글씨를 쓰거나 전자 쓰기도구로 자신의 생각을 표현할 수 있다. 운동신경의 문제로 인해 쓰기도구를 사용하여 스스로 쓰지 못하는 학생을 위해서는 수정된 컴퓨터 키보드나 다른 입력 장치(예: 스위치) 또는 컴퓨터 소프트웨어(예: 단어 예측 프로그램)와 같은 보조공학기기를 이용할 수 있다(육주혜, 박경옥, 강은주, 2012). 최근 다양한 의사소통 보조기기들이 상용화되고 있고, 나열된 그림 상징이나 단어를 선택하여 음성으로 출력하는 방식의 의사소통 도구와 자신이 필요로 하는 단어를 입력하여 음성으로 출력할 수 있는 방식 등의 도구가 개발 보급되고 있으므로 학생의 능력과 특성을 고려하여 적절한 도구를 선택하여 충분히 능숙해질 수 있도록 연습 기회를 가져야 한다.

(3) 학습지원

지체장애학생은 움직임의 질적 측면이 다르고 생활연령에 해당되는 발달단계에 도달하지 못하는 경우가 있다. 이러한 운동능력 손상으로 인하여 언어와 인지발달 영역에서 지체를 보이기도 하고, 활동의 일부분에만 참여하기도 한다. 따라서 학교와 가정에서는 시간표, 활동시간 그리고 학습속도 등을 조절해야 하고, 학생의 특성을 고려한 교수전략, 교수·학습 방법, 물리적 환경 및 교재교구의 수정, 보조공학기기 지원 등 대안적인 방법을 강구해야 한다. 지체장애학생에게 적합한 교수·학습 방법을 제안하면 다음과 같다(류재연 외, 2009; 유수옥, 2010).

- 바른 자세로 앉게 한다. 지체장애학생이 안정감을 느끼고 과제에 집중할 수 있도록 자세의 균형을 잡아야 한다. 엉덩이가 의자 안쪽에 바짝 붙도록 하고, 엉덩이와 무릎이 90도를 이루도록 하며, 머리와 등은 수직이 되도록 한다.
- 수업 중에 교구를 사용할 때는 학생 몸의 정중선(몸의 가운데 중심선)에 놓는다. 교사는 학생의 움직임 특성을 충분히 고려하되, 가급적 몸의 가운데에 사물을 놓아 학생이 자신의 몸의 정중선을 인지하도록 하고 좌우 몸을 대칭적으로 사용하도록 한다. 그리고 물건의 사용 목적에 따라 고정시켜 주거나 무게감을 주어 학생이 다루기 쉽도록 지원해 주어야 한다.
- 학생이 반응을 보이기까지 충분한 반응시간을 제공하여 기다려 주는 인내가 필요하다. 수업 중 대화를 나누거나 시험을 볼 때 학생이 효과적으로 반응할 수 있는 대안적인 의사소통 방법을 모색해야 한다.
- 지체장애로 인해 수업 참여가 어렵다고 하더라도, 또래의 활동을 바라보는 수동

적인 학습태도를 갖게 하기보다는 학생의 능력에 맞게 부분적으로라도 활동에 참여할 수 있도록 지원해야 한다. 필요한 경우 교재교구를 수정하고 학생이 효율적으로 활동에 참여할 수 있도록 환경을 재구조화할 수 있다.

• 지체장애학생은 불수의적인 근 긴장도와 잔존한 원시반사로 인해 잦은 피로감을 호소할 수 있다. 따라서 이들이 피곤하다는 표현을 하고 있는지 주의 깊게 살펴보고 몸을 편안히 이완시킬 수 있도록 하며, 학급에 충분한 휴식 공간을 확보해야 한다.

생각해 볼 문제

1. 시각장애학생을 위한 교수환경 수정에 대해 생각해 보시오.
2. 전음성 난청과 감음신경성 난청의 차이점에 대해 생각해 보시오.
3. 지체장애학생이 바른 자세 유지를 위해 사용하는 다양한 보조기기의 종류와 사용방법을 조사해 보시오.

추천 자료

시각장애

삼성화재 안내견학교(http://mydog.samsung.com/blind)   시각장애인용 홈페이지로 안내견에 대한 정보 제공.

시각장애학습전문 E-YAB(http://blind.knise.kr)   시각장애학생 멀티미디어 교수·학습 자료 및 EBS 시각장애 수능방송물 자료 제공.

한국시각장애인연합회(http://www.kbuwel.or.kr)   흰 지팡이, 점자, 편의시설 등 시각장애인에 대한 이해를 돕는 자료 제공.

한국점자도서관(http://www.kbll.or.kr)   점자 소개, 시각장애를 위한 대체 자료의 종류와 제작과정 소개.

힘스인터내셔널(http://www.himsintl.co.kr)   브레일 한소네, 센스뷰 등 시각장애인을 위한 보조공학기구 정보 제공.

청각장애

국립특수교육원 장애대학생 원격교육지원센터(http://rsc.knise.kr) 청각장애대학생을 위한 수화통역과 속기사의 강의파일 실시간 원격지원에 대한 정보 제공.

한국농아인협회(http://www.deafkorea.com/) 수화교육/통역, 보조기기 보급, 인권보호 등의 정보 제공.

지체장애

경기도 재활공학서비스 연구지원센터(http://www.atrac.or.kr) 다양한 보조공학 관련 서비스 지원에 대한 정책과 기기(의사소통, 이동, 일상생활 전반 등)에 대한 정보 제공.

국립특수교육원 장애이해 사이트(http://edu.knise.kr) 국립특수교육원에서 장애이해교육을 목적으로 만든 사이트로 지체장애학생 관련 영화와 보조공학기기 활용에 대한 자료 제공.

유캔두(http://www.ucando.co.kr) 특수교육에서 다루는 다양한 가치에 대한 논의와 소프트웨어와 보조공학기기를 활용하는 동영상 자료 제공.

용어 해설

시각장애

묵자(printed letter) 먹으로 쓴 글이다. 특히 점자와 대비하여 쓰인 문자를 의미한다.

보조공학(assistive technology) 장애인이 직면하는 문제들을 개선하기 위한 보조공학기기, 보조공학 서비스 그리고 그와 관련한 학문 분야 등을 의미한다.

시로(visual pathway) 신경계에서 시각정보를 처리하는 단계들을 말하며, 시각경로라고도 한다.

점자(braille) 지면 위에 도드라진 점을 손가락으로 만져서 읽는 맹인용 문자다.

타이포스코프(typoscope) 검은색의 두꺼운 종이나 플라스틱을 이용하여 대조를 높여 읽기에 도움을 주는 비광학적 도구다. 글을 읽을 때 대비를 높이고, 반사로부터 눈부심을 막을 수 있으며, 읽을 줄을 제시받게 되어 보다 쉽게 독서를 할 수 있다.

청각장애

역치(threshold) 어떤 반응을 일으키는 데 필요한 최소한의 자극 강도다. 이는 감각세포에 흥분을 일으킬 수 있는 최소의 자극 크기를 말한다. 역치는 세포의 종류에 따라 다르고,

같은 세포일지라도 그 세포가 자극을 받는 상태에 따라서도 달라진다. 약한 자극에도 흥분하면 역치가 낮고, 강한 자극을 주어야 흥분하면 역치가 높다고 표현한다.

주파수(frequency)   진동체의 초당 운동주기의 수(cycle per second: cps)로 단위는 헤르츠(Hz)다. 주파수는 음의 고저를 결정짓는 역할을 한다. 인간의 가청주파수대는 16~20,000Hz이며 말의 주파수 범위는 80~8,000Hz인데, 일반적인 말소리는 대부분 500~2,000Hz에 분포되어 있다.

골도(bone conduction)   음파가 두개골을 진동시켜 그것이 내이의 액체에 도달되어 감각기에 전달되는 것으로 골전도라고도 한다.

지체장애

보완대체 의사소통(augmentative and alternative communication: AAC)   독립적으로 말이나 글을 사용하여 의사소통할 수 없는 사람들의 문제를 감소시키고 언어능력을 촉진하기 위해 사용하는 말(구어) 이외 여러 형태의 의사소통 방법을 말한다. 말의 발달이 늦거나 조음의 문제가 있는 아동의 말을 보완(augment)하여 다른 사람과의 의사소통 상호작용을 보충·향상·지원하거나 성대수술이나 조음기관의 마비로 인해 발음을 할 수 없는 경우에는 말 대신에 의사소통 도구 등 다른 대체(alternative) 방법을 통합적으로 사용하는 방법을 포함한다.

원시반사(primitive reflex)   출생한 지 6~7개월 이내의 유아의 특징으로 대뇌피질이 미숙하기 때문에 유의적 통제가 없는 반사운동을 말한다. 비대칭성긴장성경반사(ATNR), 대칭성긴장성경반사(STNR), 긴장성미로반사(TLR), 양성지지반응, 음성지지반응, 정위반사, 모로반사, 신전보호반사 등이 있다. 유아의 경우 일정한 시기에 좌우대칭성으로 나타난다. 그러나 반사가 나타나는 시기에 반사가 결여되거나 소실해야 될 시기에 아직도 반사가 남아 있는 경우, 또 명백히 좌우비대칭성이 있는 경우에는 중추신경의 이상이나 선천성 기형, 골절 등이 의심된다.

보장구(assisting devices)   신체 결함 및 불편을 해소하기 위하여 고안된 장비다. 보조기구라고도 한다. 「장애인복지법」 제65조에 따르면 장애인 보조기구는 "장애인이 장애의 예방·보완과 기능 향상을 위하여 사용하는 의지(義肢)·보조기 및 그 밖에 보건복지부장관이 정하는 보장구와 일상생활의 편의 증진을 위하여 사용하는 생활용품"이다.

제 **8** 장

지적장애, 자폐성장애, 발달지체

1. 지적장애

지적장애는 특수교육의 역사와 함께한 장애 유형 중 하나라고 해도 손색이 없다. 즉, 지적장애에 대해 이해하는 것은 특수교육을 이해하는 기초가 된다.

1) 지적장애의 개념

(1) 지적장애의 정의

지적장애(intellectual and developmental disabilities)란 지적 능력의 제한으로 인해 생기는 장애조건으로, 지적 능력의 제한과 동시에 발생하는 적응행동상의 결함이 두드러진 것이 특징이다. 이는 현재 기능수준에서 심각한 제한을 가진 것으로 보는데 학교나 사회에 자연스럽게 적응하고 다른 사람과 관계를 형성하거나 유지하며 학업적으로나 업무적으로 필요한 과제를 효과적으로 수행하는 데 도움이 필요함을 의미한다(박승희 역, 1994; American Association on Intellectual Developmental Disabilities, 2009). 지적장애는 유의하게 평균 이하의 지적 능력을 가짐과 동시에 두 가지 혹은 그 이상의 실제 적응기술 영역에서 그와 연관된 적응행동상의 어려움을 보이는 것을 말한다. 지적장애를 가진 사람들이 어려움을 나타내는 실제 적응기술 영역은 총 열 가지로, 의사소통, 자기관리, 가정생활, 사회성 기술, 지역사회 활동, 자기지시, 건강과 안전, 기능적 학업교과, 여가, 직업기술이 그것이다(American Association on Mental Retardation, 1992). 또한 이 중 두 가지 요소의 제한이 발달기인 18세 이전에 나타나는 것도 정의의 핵심요소 중 하나다.

지적장애를 정의할 때 일차적으로 충족해야 하는 '지적 능력의 제한성' 요소는 지적 능력에 대한 바른 이해에서 출발해야 한다. 일반적으로 지적 능력을 학업적인 능력이나 시험에서 좋은 점수를 얻는 능력으로 오해할 수 있는데, 본래 지적 능력이란 "개인이 목적을 가지고 행동하고 합리적으로 사고하며, 자신의 환경에 효과적으로 대처할 수 있는 총체적 능력"(Weshler, 1958: Beirne-Smith, Patton, & Kim, 2006에서 재인용)을 의미하는 포괄적인 정신능력이다. 지적장애를 정의하는 지적 능력의 제한성은

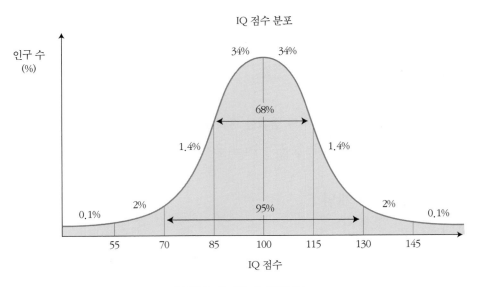

[그림 8-1] 지능의 정규분포

보통 현저하게 낮은 평균 이하의 지적 능력으로 나타나고, 지적 능력의 정도는 지능 검사를 통해 획득된 지능지수(intellectual quotient: IQ)로 표현된다. 현저하게 낮은 평균 이하의 지적 능력은 보통 평균이 100이고 표준편차가 15인 표준화된 지능검사도구로 측정할 때는 표준편차 2 이하로 간주하고, 보통 지능지수 70 이하가 해당된다([그림 8-1] 참조).

그러나 엄격하게 지능지수 70을 기준으로 지적 능력의 제한을 가늠하려고 할 때 생길 수 있는 판별의 부적절성으로 인해 평가자의 '임상적 판단'을 지적장애를 판별하는 중요한 기준에 포함시킨다(Shalock & Luckasson, 2005). 이때 평가자는 평가에 대한 전문성을 가지고 있어야 하며, 평가대상인 한 개인에 대해 충분한 정보를 가지고 그 개인의 맥락(환경)을 고려한 전문가적 소견을 바탕으로 한 판단을 해야 한다.

적응행동은 한 개인이 가정 및 사회생활(학교생활 포함) 등의 일상생활을 하는 데 필요한 기술을 총칭하는 말로, 삶의 변화와 환경적 요구에 대처할 수 있는 능력을 포함한다(송준만 외, 2016). 적응행동의 정의는 매우 다양하나, 미국의 지적장애협회(AAIDD)는 적응행동을 개념적·사회적·실제적 적용기술로 나누었다. '적응행동상의 제한'은 일상생활을 하는 데 필요한 보편적인 요구를 이해하고 이에 적절히 반응하는 능력에 어려움이 있다고 보며, 타인과 그들의 생활에 대한 방해나 행동 문제(예:

〈표 8-1〉 적응행동기술의 분류

분류	관련 기술의 예
개념적 기술	언어 및 문해기술, 금전, 시간, 수 개념, 자기지시
사회적 기술	대인관계기술, 사회적 책임감, 자긍심, 순진성, 사회적 문제해결, 규칙 및 법률 준수, 개인 권익 옹호
실제적 기술	일상생활활동, 직업기술, 금전 사용, 건강과 안전, 대중교통의 이용, 일과의 계획, 전화하기

출처: Beirne-Smith, Patton, & Kim(2006).

폭력, 무례함, 불복종)와는 다르다.

일반적으로 적응행동은 앞서 언급한 세 가지 유형의 적응행동기술(〈표 8-1〉 참조)이 포함된 표준화된 평가도구를 사용하거나 관찰, 면담 등에 의존하여 평가하는데, 개념적으로 한 개인이 보여 주는 모든 적응행동을 측정하는 것은 현실적으로 불가능하다. 따라서 개인의 적응행동능력을 평가할 때는 표준화된 평가 결과뿐 아니라 당사자 또는 가족 등과 같이 그와 가까운 사람과의 면담, 가족사, 의료사, 학교기록 등을 통해 적응행동에 대한 실질적인 정보를 수집한 후에 적응행동의 제한성 여부에 대한 판단을 내려야 한다.

또한 적응행동은 한 개인이 처한 환경이나 생애의 시기 등에 따라 달라질 수 있으며 적응행동에 대한 환경적인 요구나 시기별 기대수준 또한 달라질 수 있음을 기억해야 한다. 한 개인의 적응행동은 그 개인이 속한 사회 및 동년배 또래의 기준을 바탕으로 상세하게 평가해야 하고, 추후에 개인의 교육적 지원에 개별화된 형태로 반영되어야 한다.

앞에서 다룬 지적장애 정의의 핵심요소 두 가지 모두는 '발달기' 중에 나타나야 지적장애로 인정할 수 있다. 수십 년간 지적장애를 정의하는 과정에서 장애의 발생시기를 규정하는 것에 변화가 있기는 하였으나 이제는 국제적으로도 18세 이하로 의견일치를 이루는 추세다. 지적장애의 정의가 성립되던 초반에는 출생 이후 발달기로 규정하다가 지적장애를 유발하는 원인조건이 임신기부터 발견됨에 따라 임신기까지 확장되었다. 18세 이후에 지적기능의 제한이 나타나는 경우는 지적장애로 보지 않고 사고나 질병 등에 의한 뇌손상으로 인해 발생하는 장애로 본다(Foreman, 2009).

(2) 지적장애의 법적 정의

「장애인 등에 대한 특수교육법」(2008)에는 정신지체를 가진 사람에 대한 정의가 포함되어 있다. 이 법의 시행령에 따르면 정신지체를 가진 특수교육 대상자는 "지적 기능성과 적응행동상의 어려움이 함께 존재하며 교육적 성취에 어려움이 있는 사람"으로 정의하고 있다. 이 정의에는 현저한 지적기능의 제한과 환경에서 요구하는 적응능력의 제한성이 모두 포함되어 있어 앞서 언급한 지적장애 정의의 핵심요소 요건에 해당된다. 그러나 발달시기에 대한 언급은 따로 없다.

최근 들어 정신지체는 지적 능력의 제한이라는 특징을 더 정확히 드러낼 수 있는 '지적장애(intellectual and developmental disabilities)'라는 용어로 변경되어 사용되고 있다. 기존의 '지체된(retarded)'이란 표현은 정신지체를 정신적인 능력의 발달이 느리거나 거의 진보가 없는 것으로 이해하던 시대의 산물로 보고(Wehmeyer et al., 2008), 해당 용어가 가지는 인간 존엄성 및 개인 가치의 저하와 같은 부정적인 낙인에 대한 반성이 일었다. 이후 정신지체 분야의 실질적이고 생태학적인 변화를 반영하는 차원에서 국제적으로 지적장애라는 용어가 더 활발히 사용되고 있는 추세다.

우리나라에서도 2007년 「장애인복지법」이 개정되면서 지적장애라는 용어로 개편되었지만, 장애인 교육과 직접 관련된 「장애인 등에 대한 특수교육법」(2008)에서는 종전의 「특수교육진흥법」 시기부터 사용해 오던 정신지체란 용어를 그대로 사용해 왔다. 그러나 학계는 이미 지적장애라는 용어를 사용하고 있음은 물론이고, 2016년 「장애인 등에 대한 특수교육법」 일부개정을 통해 법적으로도 지적장애란 용어를 사용할 수 있게 되었다.

(3) 지적장애의 분류

지적장애를 분류하는 방법은 다양한데, 과거에는 지적 능력의 지체 정도(보통 지능지수로 정도를 구분함)에 따라 지체 정도가 가장 약한 경우를 경도(mild) 지적장애로 나누고, 지체 정도가 심해짐에 따라 중등도(moderate), 중도(severe), 최중도(profound) 지적장애로 분류하였다. 그러나 미국정신지체협회(AAMR)의 1992년 정의체제의 등장 이후, 지적장애의 구분을 지능지수가 아닌 한 개인에게 필요한 '지원의 강도'에 따라 간헐적 · 제한적 · 확장적 · 전반적 지원으로 나누어 분류한다(〈표 8-2〉 참조)(American Association on Mental Retardation, 1992; American Association on Mental Retardation, 2002).

〈표 8-2〉 지원의 강도에 따른 분류

분류	지원 수준
간헐적 지원	필요에 따른 지원으로 일시적(지원이 항상 필요하지 않음) 또는 단기적(실직이나 심각한 의료적 위험 등 일생에서의 전환기에 제공되는 지원) 속성을 갖는다.
제한적 지원	한동안 지속되고 시간제한은 있으나 간헐적인 속성은 없다. 보다 강력한 수준의 지원보다는 인력의 지원이 덜 필요하고 비용 측면이 좀 더 저렴하다(예: 학교를 졸업하고 성인기로 진입하는 시기에 필요한 고용훈련이나 지역사회 적응 지원).
확장적 지원	최소한 학교, 가정 등의 특정 환경에서 정기적으로 지원이 제공되고 시간제한이 없다(예: 장기 가정생활 지원, 직장 내 장기직무 지원).
전반적 지원	항구적이고 높은 강도로 여러 환경에 걸쳐 지원이 제공되는 경우다. 경우에 따라서는 일생 동안 지원이 지속될 수도 있다. 전반적 지원은 일반적으로 제한적 또는 확장적 지원에 비해 인력이나 비용의 투입이 더 많이 이루어진다.

출처: American Association on Mental Retardation(2002).

(4) 지적장애의 판별

지적장애를 가지고 있는지의 여부를 판단하는 과정을 판별(identification)이라고 하고, 판별을 위해서는 한 개인이 지적장애 정의의 핵심요소를 충족하는지를 판단하는 과정이 필요하다.

① 지능검사

지적장애 판별을 위해서는 첫 번째로 현저하게 낮은 평균 이하의 지적 능력을 소유하고 있는지의 여부를 확인해야 한다. 지적 능력을 가늠하기 위해 보통 표준화된 지능검사 도구를 사용하는데 우리나라에서 주로 사용하는 지능검사는 한국 웩슬러 아동지능검사 4판(Korean-Wechsler Intelligence Scale for Children-IV: K-WISC-IV), 한국 웩슬러 유아지능검사(Korean-Wechsler Preschool and Primary Scale of Intelligence: K-WPPSI), 국립특수교육원 한국판 개인지능검사(KISE-KIT), 한국판 카우프만 아동용 개별 지능검사(Kaufman Assessment Battery for Children: K-ABC) 등이 있다.

지능검사를 통해 지적 능력을 측정하고 지능검사 결과를 해석하는 데 있어 유의해야 할 사항은 다음과 같다(Beirne-Smith et al., 2006).

• 지능을 조작적으로 정의하고자 하는 학계의 오랜 노력에도 지능을 정의하고 측

정하는 지능검사 도구는 개념적인 한계로 인해 인간의 지적 능력이라는 것을 분
명하고 포괄적으로 측정할 수 없다.

- 지능검사가 개발된 환경에 따라 범세계적이고 문화적인 다양성을 충족시키기
  에는 어렵다는 한계가 있다. 따라서 주류 언어나 문화를 공유하지 않는 소수 인
  종이나 민족 출신의 경우는 지능검사를 실시하고 그 결과를 해석할 때 유의해야
  한다.
- 아무리 신뢰도가 높은 지능검사라 하더라도 한 개인의 지능지수는 어떤 검사를
  사용했느냐에 따라 달라질 수 있다.

② 적응행동검사

현저하게 낮은 지적 능력의 요건이 충족되면 적응행동의 제한성 정도를 평가하는
적응행동검사를 실시해야 한다. 이때 적응행동상의 제한이 심각한 수준일 때 지적장
애로 판별할 수 있는데, 보통 표준화된 측정도구에서 표준편차 2 이하의 수준을 보일
때가 해당된다. 국내에서 자주 활용하고 있는 적응행동검사에는 사회성숙도검사
(Social Maturity Scale: SMS)와 한국판 적응행동검사(Korean Scales of Independent
Behavior-Revised: K-SIB-R) 등이 있다.

적응행동검사를 통한 측정과 검사 결과 해석에 있어 유의해야 할 사항은 다음과
같다(Beirne-Smith et al., 2006).

- 적응행동을 정의하긴 하였으나 검사도구를 통해 적응행동의 수준을 측정하는
  것은 쉽지 않다.
- 적응행동을 평가할 때 범문화적인 적응행동과 개별 문화에 맞는 적응행동을 어
  떻게 고려해야 할 것인가에 대한 합의가 필요하다.
- 적응행동과 지적 능력의 연관성을 명확히 밝히는 것이 쉽지 않아서 적응행동 수
  행을 평가함에 있어 지능의 역할 및 영향력을 규정하기 어렵다.

따라서 적응행동능력을 평가할 때는 표준화된 검사의 제한점을 이해하고 이를 보
완할 수 있는 추가적인 평가를 사용할 수 있다. 또한 수치화된 결과에 의존하기보다
는 종합적인 자료에 기초한 의사결정을 통해 평가 결과를 통합하는 것이 필요하다.

일반적으로 교사가 평가를 시행할 경우 학교 안에서 학생이 보이는 적응행동만을 생각하기 쉬운데, 가정, 지역사회와 같은 학교 이외의 장소나 다른 사람들과의 상호작용에서 어떤 모습을 보이는지에 대한 정보도 고려하여 적응행동에 대한 평가를 내려야 한다.

2) 지적장애의 특성

지적장애학생들이 가지는 요구나 특성은 개인마다 다를 수 있지만 대체로 주의집중, 기억, 자기조절, 사회성 발달, 학습동기 등에 있어 결함을 보이곤 한다. 지적장애학생을 만날 때 이들에게 공통적으로 나타날 수 있는 특성에 대해 이해하는 것은 이들에게 효과적인 교육을 진행하는 데 필수적이다.

(1) 인지적 특성

지적장애학생은 지적 능력을 활용하거나 학업을 수행할 때 다른 또래 학생에 비해 느리게 진보하거나 거의 진보하는 모습이 보이지 않는다. 이들은 정보를 투입하고 처리하는 과정에서 자극을 정확하게 지각하는 능력, 필요한 자극을 선택하는 능력, 정보를 비교하거나 평가하는 능력, 추론하는 능력 또는 정보를 인출하는 능력 등에서 결함을 보인다. 또한 관찰이나 모방을 통한 학습이나 우발적 학습의 능력이 부족하여 별도로 배우지 않아도 알거나 스스로 알게 되기보다는 교사의 직접적이고 세심한 지도가 필요하다. 또한 또래에 비해 정보를 기억하는 능력, 특히 단기기억에 큰 어려움이 있는 것으로 알려져 있다. 그러나 장기기억에서는 또래와 비교했을 때 크게 뒤지지 않는다. 따라서 지속적인 시연과 반복학습을 통해 장기기억으로 저장할 수 있도록 해야 한다.

(2) 심리적 · 동기적 특성

지적장애학생은 인지적 결함이나 사회적 적응상의 어려움 등으로 인해 자주 실패를 경험한다. 반복적인 실패의 경험은 학생으로 하여금 과제를 수행할 때 실패의 두려움을 갖게 하고, 기대수준을 낮추거나 아예 회피해 버리는 경향을 갖게 한다. 또한 잦은 실패로 인해 자신의 능력에 대한 믿음이 미약하여 가능하면 타인의 도움을 받거나 외적인 단서에 의존해 과제를 수행하려는 경향을 보이기도 하는데, 이를 외부지향성이라고 한다. 외부지향성과 더불어 지적장애학생은 스스로 무언가를 해결해 보고자 하는 의지도 보이지 않고 자기의 행동 역시 스스로 통제하기 어렵다고 느끼기 때문에 무기력한 모습을 보이게 된다. 이러한 무기력은 이전의 실패 경험이 누적되면서 나타나는 학습된 무기력(learned helplessness)으로 보이며, 추후 학생의 삶에 부정적인 요소로 작용하게 된다.

지적장애학생이 자주 보이는 심리 및 동기 문제 중 하나는 부적절한 통제소재(locus of control)인데, 어떠한 사건이 발생하게 되는 원인에 대한 인식이 적절하지 못함을 말한다. 지적장애학생은 특정 사건의 결과에 대해 왜 그러한 결과가 나왔는지 하는 원인을 정확하게 파악하지 못하고, 건설적이지 못한 방향으로 대처하게 된다. 예를 들어, 수학시험에서 좋지 않은 결과를 얻었을 때, 이것을 자신이 연습을 게을리한 탓으로 생각하기보다는 머리가 나쁘다든지 아니면 선생님이 너무 어려운 문제를 냈다고 믿음으로써 다음 시험에 대비한 적절한 대처방안을 찾지 못한다.

(3) 사회적 특성

지적장애학생이 사회적 관계를 형성하고 유지하는 데 어려움을 갖는 것은 이들과 일반학생을 구분하는 중요한 특성 중 하나가 된다. 지적장애학생의 사회성 문제는 적응행동 및 의사소통상의 문제와 연관이 있다. 적응행동의 제한은 지적장애 정의의 핵심요소 중 하나이므로 지적장애학생이 사회적으로 부적응행동을 보일 수 있음을 예상한다. 보통 사회적 단서를 알아채지 못하거나 일반학생뿐 아니라 다른 장애(예: 학습장애)를 가진 학생들에 비해서도 사회성 기술 자체가 부족하거나 아예 습득하지 못한 기술도 있다. 사회적인 판단이 필요한 경우에도 해야 할 행동과 그렇지 않은 행동을 구분하지 못하거나 다른 사람의 감정을 다치게 하는 언행도 자주 하는 편이다. 따라서 또래와의 상호작용 등에 어려움을 느끼고 결국은 사회적으로 소외되는 모습을 보이기도 한다.

3) 통합교육을 위한 교육적 접근

지적장애학생이 일반학생과 함께 통합되어 교육을 받을 때 전체 수업 운영에 큰 영향을 미치지 않으면서 지적장애학생의 특성과 요구에 맞는 교수적 지원을 제공하는 것은 매우 중요하다.

(1) 교과지도

지적장애학생이 포함된 수업에서 학업교과를 다룰 때 지적장애학생의 수업참여를 높일 수 있는 방법의 제시가 필요하다. 상당수의 지적장애학생이 동학년 학업내용에 상응하는 현행 수준을 보이지 못하는 경우가 많으므로 학생 수준에 맞게 과제를 수정하거나 접근방법을 수정하여 지원을 제공해야 한다. 이러한 지원을 교수적 수정(instructional adaptation)이라고 하고, 교수적 수정에 대한 정보는 제5장에서 구체적으로 다루었다. 다음은 미술과에서 지적장애학생을 위해 활용할 수 있는 교수적 수정 방법의 예시다(박승희, 장혜성, 나수현, 신소니아, 2007 참조).

- 과제 난이도 조정하기(예: 오려 붙이기 → 찢어 붙이기, 테두리 그려 주고 색칠하기)
- 지적장애학생이 독립적으로 활용 가능한 수업재료로 바꾸어 주기(예: 물감 → 색연필, 풀 → 스티커형 자료)
- 과제를 작은 단위로 나누어 단위별로 교사의 쉬운 설명 제공하기(예: 물감으로 색칠하기 → 물감을 팔레트에 짜기, 붓에 물을 묻히기, 붓에 물감을 묻히기, 농도 조절하면서 붓칠하기)
- 과제의 양 줄여 주기(예: 10개의 원이 제시된 그림에서 이 중 5개는 미리 색을 칠해 제공하기)
- 다른 학생과 함께 공동작품에 참여할 수 있게 하기
- 활동/과제에 부분적으로라도 참여하는 것을 학생이 스스로 할 수 있게 도와주기 (예: 자동차 모형 조립하기에서 크기가 큰 조각은 학생이 독자적으로 맞추고, 작은 조각은 모둠친구 혹은 보조인력 등이 도와주기)

(2) 생활지도

지적장애학생의 생활지도는 보통 자조기술(self-help skills)을 포함한 적응행동의 교수와 문제행동의 관리가 있다. 자조기술은 식사하기, 옷 입기, 화장실 가기 등 지적장애학생이 독립적인 생활을 영위하는 데 필수적인 기술로, 생활지도에 있어 반드시 가르쳐야 하는 기술 및 활동군으로 구성되어 있다. 학생의 연령이나 기능수준에 따라 자조기술의 범위가 기능적 기술로 확대되는데, 예를 들어 가정에서는 방 청소하기, 학교에서는 교과교실로 이동하기, 지역사회에서는 시내버스 이용하기, 볼링하기 등이 포함된다. 기능적 기술은 보통 해당 기술이 필요한 가정, 학교 및 지역사회의 맥락 안에서 가르치고 연습하는 것이 가장 효과적이라고 한다(예: 박승희, 2001; 박윤하, 박승희, 2004; 이영미, 박승희, 2006).

지적장애학생은 학급이나 가정 등에서 다른 사람에게 방해가 되는 행동을 하거나 공격적인 모습을 보이기도 하는데, 보통 자신의 의사를 표현하는 적절한 의사소통 방법을 잘 모르거나 원하는 바를 획득하기 위해 또는 지루함을 달래는 목적으로 이러한 문제행동을 보이기도 한다(Iwata et al., 1994: Beirne-Smith et al., 2006에서 재인용). 따라서 지적장애학생이 보이는 부적절한 행동은 감소시키면서 적절한 행동으로 대체할 수 있는 문제행동 관리방안이 필요하다. 문제행동 관리방안에 대한 구체적인 내용은 10장에서 자세히 다룬다.

2. 자폐성장애

「장애인 등에 대한 특수교육법」에서 자폐성장애는 정서 · 행동장애영역에서 분리되었다. 이는 자폐성장애의 독특한 특성이 정서 · 행동장애의 특성과 구분되어야 함을 의미한다. 여기서는 자폐성장애의 정의 및 분류, 판별에 대해서 살펴본 후 자폐성장애의 특성과 통합교육을 위한 교육적 접근에 대해서 알아보고자 한다.

1) 자폐성장애의 개념

(1) 자폐성장애의 정의

미국과 한국의 자폐성장애 정의에 대해 살펴보면 〈표 8-3〉과 같다. 먼저, 미국심리학회(American Psychiatric Association: APA)에서 발간한 『정신장애진단통계편람(Diagnostic and Statistical Manual for mental disorders, fifth edition, text revision: DSM-5)』(2013)에 기초하면, 자폐성장애는 사회적 상호작용과 의사소통영역에서 손상을 보이

〈표 8-3〉 자폐성장애의 정의

분류	지원 수준
미국심리학회 (DSM-5, 2013)	3세 이전에 발병하며, 사회적 상호작용과 의사소통 영역에서 손상을 보이면서 제한적이고 반복적인 행동이나 관심, 활동의 상동적 양상을 보이는 사람
미국「장애인교육법 (IDEA)」(2004)	일반적으로 3세 이전에 뚜렷하게 나타나며, 언어적 · 비언어적 의사소통과 사회적 상호작용의 어려움으로 교육적 수행이 불리한 발달장애인
「장애인 등에 대한 특수교육법 시행령」(2016)	사회적 상호작용과 의사소통에 결함이 있고, 제한적이고 반복적인 관심과 활동을 보임으로써 교육적 성취 및 일상생활 적응에 도움이 필요한 사람
「장애인복지법 시행령」(2016)	소아기 자폐증, 비전형적 자폐증에 따른 언어 · 신체표현 · 자기조절 · 사회적응 기능 및 능력의 장애로 인하여 일상생활이나 사회생활에 상당한 제약을 받아 다른 사람의 도움이 필요한 사람
「장애인복지법 시행규칙」(2015)	제1급: ICD-10(International Classification of Diseases, 10th Version)의 진단기준에 따른 전반성발달장애(자폐증)로 정상발달의 단계가 나타나지 아니하고, 지능지수가 70 이하이며, 기능 및 능력 장애로 인하여 주위의 전적인 도움 없이는 일상생활을 해 나가는 것이 거의 불가능한 사람 제2급: ICD-10의 진단기준에 따른 전반성발달장애(자폐증)로 정상발달의 단계가 나타나지 아니하고, 지능지수가 70 이하이며, 기능 및 능력 장애로 인하여 주위의 많은 도움이 없으면 일상생활을 해 나가기 어려운 사람 제3급: 제2급과 같은 특징을 가지고 있으나 지능지수가 71 이상이며, 기능 및 능력 장애로 인하여 일상생활 혹은 사회생활을 해 나가기 위하여 간헐적으로 도움이 필요한 사람

면서 제한적이고 반복적인 행동이나 관심, 상동적인 활동양상을 보이는 경우로 발달 초기(생후 3세 이전)에 나타나서 평생 지속된다.

미국과 한국의 법에서도 자폐성장애를 정의하고 있다. 1990년 미국 의회는 자폐성 장애를 신체 및 기타 건강상의 장애에서 분리하여 특수교육을 받아야 하는 독자적 장애 범주로 구분하고 정의하였다. 미국 의회는 자폐성장애란 언어적 · 비언어적 의사소통과 사회적 상호작용에 영향을 미치는 발달장애로 일반적으로 3세 이전에 뚜렷하게 나타나며, 아동의 교육적 수행에 불리한 영향을 미치는 경우로 정의하고 있다. 아동이 심각한 정서장애로 인해 교육 수행이 불리한 경우에는 이 범주에 해당하지 않는다.

국내의 「장애인 등에 대한 특수교육법 시행령」과 「장애인복지법 시행령」도 자폐성장애를 정의하고 있다. 「장애인 등에 대한 특수교육법 시행령」에서는 자폐성장애를 정서 · 행동장애에서 분리하고 사회적 상호작용과 의사소통에 결함이 있고, 제한적이고 반복적인 관심과 활동을 보임으로써 교육적 성취 및 일상생활 적응에 도움이 필요한 사람으로 정의하였다(「장애인 등에 대한 특수교육법 시행령」 제10조 관련). 그리고 「장애인복지법 시행령」 제2조에서는 자폐성장애인을 소아기 자폐증, 비전형적 자폐증에 따른 언어 · 신체표현 · 자기조절 · 사회적응 기술 및 능력의 장애로 인하여 일상생활이나 사회생활에 상당한 제약을 받아 다른 사람의 도움이 필요한 사람으로 정의하고, 동법 시행규칙 제2조에서는 자폐성장애인의 장애등급을 1~3등급으로 구분하였다.

미국과 국내법상에 나타난 자폐성장애의 정의를 비교해 볼 때, 미국의 경우 자폐성장애 정의에 3세 연령 기준에 대한 설명을 포함하고 있으나, 우리나라의 경우 연령에 대한 구체적인 언급이 없음을 알 수 있다. 하지만 국내 「장애인복지법」에는 미국과 달리 자폐성장애인의 등급을 1~3등급으로 구분하고 있다. 이처럼 미국과 우리나라의 자폐성장애 정의는 약간씩 차이가 있으나, 사회적 상호작용과 의사소통 영역에서 질적 손상을 보이면서 제한적이고 반복적인 행동이나 흥미, 상동적인 활동양상을 보인다는 자폐성장애의 세 가지 뚜렷한 특성을 공통적으로 반영한다.

(2) 자폐의 분류

자폐성장애의 진단기준을 제시하고 있는 『정신장애진단통계편람(DSM-IV)』에서는 전반적 발달장애(Pervasive Developmental Disorder: PDD)의 범주 내에 자폐성장애의 하위 유형으로 자폐성장애(autistic disorder), 레트장애(Rett's disorder), 소아기 붕괴성 장애(childhood disintegrative disorder), 아스퍼거 장애(Asperger's disorder), 달리 분류되지 않는 광범위성 발달장애(pervasive developmental disorder-not otherwise specified, including Atypical Autism)를 제시하고 있다. 하지만 2013년에 발표된 『정신장애진단통계편람(DSM-5)』에서는 하위 유형을 없애고 '자폐스펙트럼장애(Autism Spectrum Disorders: ASD)'를 공식적인 명칭으로 사용하고 있다. 그리고 자폐성장애의 하위 유형으로 분류되었던 레트장애(Rett's Disorder)는 '자폐스펙트럼장애'에서 분리되었다.

(3) 자폐의 판별

선별검사 결과 자폐성장애 증후를 가진 것으로 추정되면, 보다 집중적 평가를 통해서 장애진단을 할 수 있다. 「정신장애진단통계편람」(DSM-5)에서는 자폐스펙트럼장애의 진단기준을 제시하고 있는데 〈표 8-4〉와 같다. 비록 『정신장애진단통계편

〈표 8-4〉『정신장애진단통계편람(DSM-5)』(2013)의 자폐스펙트럼장애 진단기준

A. 다양한 맥락에서 사회적 의사소통과 사회적 상호작용의 지속적인 결함을 보이며, 이는 다음의 세 가지 모두가 현재 또는 이전부터 지속적으로 나타난다(항목별로 제시된 예는 이해를 돕기 위한 설명이지 반드시 확인되어야 하는 예는 아니며 다양한 범위를 보인다). 　1. 사회 및 정서적 상호성에서의 결함(예: 비정상적인 사회적 접근과 주고받는 일반적인 대화의 실패, 관심·정서·애정 등을 다른 사람과 공유하는 데 제한, 사회적 상호작용을 시작 및 반응하는 데 어려움 등) 　2. 사회적 상호작용을 위해 사용하는 비언어적 의사소통 행동에서의 결함(예: 언어 및 비언어적 의사소통을 통합적으로 사용하는 데 어려움, 눈 맞춤이나 몸짓과 같은 비언어적 행동에서의 비정상성, 몸짓의 이해 및 사용의 결함, 표정과 비언어적 의사소통에서의 전반적 결함 등) 　3. 사회적 관계를 만들고 유지하고 이해하는 데에서의 결함(예: 다양한 사회적 맥락에 맞게 행동하는 데 어려움, 상상놀이를 공유하거나 친구를 만드는 데 어려움, 또래에 대한 관심이 없음 등) B. 제한적이고 반복적인 행동, 흥미, 활동을 보이며, 다음 중 적어도 두 가지가 현재 또는 이전부터 지속적으로 나타난다. 　1. 상동적이거나 반복적인 동작, 사물 또는 말의 사용(예: 단순한 상동적인 동작, 장난감을 길게 줄 세우기, 사물 흔들기, 반향어 사용, 특이한 어구의 사용 등) 　2. 동일성에 대한 고집, 판에 박힌 일과에의 집착, 언어 또는 비언어 행동의 의례적(예배의식과 같은) 패턴(예: 작은 변화에도 과도하게 불안해함, 전이의 어려움, 경직된 사고 패턴, 판에 박힌 인사하기 일과, 매일 동일한 일과 또는 동일한 음식 섭취에 대한 요구 등) 　3. 정도나 초점이 비정상적인 매우 제한적이고 한정된 흥미(예: 특이한 사물에 대한 강한 집착이나 몰두, 과도하게 한정된 흥미에의 몰두 등) 　4. 감각 자극에 대한 둔감 혹은 민감 반응 또는 환경의 감각 양상에 대한 특이한 감각적 관심(예: 고통 또는 온도에 대한 분명한 무감각, 특정 소리나 감각에 대한 혐오 반응, 과도하게 냄새를 맡거나 과도하게 사물을 만짐, 빛이나 움직임에 대한 시각적 강한 흥미 등) C. 증후가 초기 발달 시기에 나타나야만 한다(그러나 발달 시기별 사회적 요구가 제한된 능력을 초과할 때까지는 증후가 충분히 나타나지 않을 수도 있다. 또는 이후의 발달 시기에 학습된 전략으로 인해 증후가 가려져서 나타나지 않을 수도 있다). D. 증후가 사회적, 직업적 또는 현재 기능 수행의 다른 중요한 영역에서 임상적으로 유의미한 결함을 유발한다. E. 이러한 어려움이 지적장애로 보다 더 설명이 되어서는 안 된다. 지적장애와 자폐스펙트럼장애는 자주 공존한다. 자폐스펙트럼장애와 지적장애로 동시에 진단되려면 사회적 의사소통이 일반적인 발달에 기대되는 수준보다 낮아야만 한다.

출처: 이성봉, 방명애, 김은경, 박지연(2014: 395).

람』에서는 3세 이전이라는 연령 기준을 명시하고 있으나, 3세 이후더라도 이러한 진단기준에 부합된다면 자폐를 지닌 것으로 진단할 수 있다.

우리나라의 경우 자폐학생을 진단하기 위한 도구로는 아동기 자폐증 평정척도(Childhood Autism Rating Scale: CARS; 김태련, 박량규, 1996; Schopler, Reichler, & Renner, 1986), 한국판 자폐증 진단 면접지(Autism Diagnostic Interview-Revised: ADI-R; 유희정, 2007b), 한국판 자폐증 진단 관찰 스케줄(Autism Diagnostic Observation Schedule: ADOS; 유희정, 곽여숙, 2009), 이화 자폐아동 행동발달 평가도구(Ewha-Check List for Autistic Children: E-CLAC; 김태련, 박량규, 1992) 등이 있다.

2) 자폐성장애의 특성

(1) 행동 특성

자폐학생은 일상생활을 방해하는 반복적이고, 상동적이며, 의례적인 행동을 보인다. 예를 들어, 비닐처럼 부스럭거리는 사물을 계속 만지기, 지속적으로 바퀴를 돌리기, 몸을 앞뒤로 계속 흔들기, 날갯짓하기, 손가락 펄럭이기, 텔레비전에서 나오는 대사를 반복해서 말하기 등의 행동을 보인다. 또한 물건을 용도와 무관하게 특이한 방식으로 사용하며 과도한 집착을 보인다. 예를 들어, 화장실 변기의 물을 반복해서 내리거나, 장난감을 일렬로 늘어놓거나 한다. 학생마다 이러한 행동의 유형과 정도는 다르지만 특정 물건이나 행동에 집착하는 형태로 나타나 타인의 눈에 쉽게 띈다.

(2) 의사소통 특성

자폐학생은 의사소통기술이 부족하다. 자폐학생은 표현언어와 수용언어 모두 결함을 보이며, 기능적 언어 습득에도 어려움을 보인다. 많은 자폐학생은 말을 할 수 없거나 상대방의 말을 따라 하는 반향어(echolalia)를 사용한다. 반향어는 즉각적이거나 지연적으로 나타난다. 예를 들어, 즉각 반향어란 상대방의 "밥 먹었어?"라는 질문에 무엇을 먹었다고 답을 하는 대신에 "밥 먹었어?"라고 그대로 반복하는 말의 형태다. 이에 반해 지연 반향어는 자신이 좋아하는 텔레비전 광고 문구를 기억해 두었다가 학교 수업과 같은 텔레비전을 보고 있지 않는 상황에서 반복하는 것을 말한다. 말을 할 때는 일반학생과 다른 일탈적인 말의 강세, 높낮이, 억양, 리듬 패턴을 보이며, 얼굴 표정과 몸짓이나 눈 맞춤을 거의 사용하지 않고 말한다. 그리고 의사소통의 결함이 심각하지 않은 학생이라도 숙어, 은유, 비유, 농담, 강조 등과 같은 비유적인 언어 사용을 어려워한다. 예를 들어, 어떤 사람이 배고픈 것을 강조하기 위해서 "나는 벌레도 잡아먹을 수 있을 것 같다."고 할 때 자폐학생은 그 사람이 정말로 표현하고자 하는 배고픔의 의미를 이해하지 못한다.

(3) 사회적 특성

자폐학생은 다른 사람과의 사회적 상호작용 과정에서 결함을 보인다. 타인과 상호작용을 잘하려면 상대방의 마음을 이해하고 감정이입을 할 수 있어야 할 뿐만 아니라 언어의 미묘한 어감과 비언어적 단서(예: 몸짓, 시선, 자세, 옷차림, 행동 등)도 알아차릴 수 있어야 한다. 자폐학생은 이러한 능력이 부족하여 이를 활용해 타인과 상호작용을 하지 못하고, 이를 활용하여 소통하는 타인의 반응을 해석하는 데에도 어려움을 경험한다. 또한 자폐학생과 친숙한 성인이더라도 자폐학생의 행동 의미와 의사소통하려는 의도가 무엇인지를 쉽게 파악하기가 어렵다(Keen, Sigafoos, & Woodyatt, 2005). 그리고 자폐학생은 공동 주의집중(joint attention)의 부족으로 인해서 타인과의 눈 맞춤 및 얼굴에 관심을 두지 않으며, 자신을 보고 반갑게 웃으며 안아 주려는 부모에게도 반응을 보이지 않는다.

(4) 기타 특성

이외에도 자폐학생은 감각에 대한 과민성, 인지결함, 자해행동을 보이기도 한다. 자폐학생은 촉각, 미각, 후각, 시각, 청각 등의 감각에 과민하게 혹은 과소하게 반응할 수 있으며(Miller, Reisman, McIntosh, & Simon, 2001), 매우 심한 지적장애부터 우수한 능력까지 다양한 인지능력을 보인다. 예를 들어, 자신이 본 것을 머릿속에 담아 그대로 그림으로 표현하는 데 뛰어난 재능을 보이는 사람이 있는 반면에(www.stephen wiltshire.co.uk), 자신의 머리를 벽에 박거나 손등을 물어뜯는 등의 자해행동을 보이는 사람도 있다.

3) 통합교육을 위한 교육적 접근

자폐학생은 앞서 설명한 행동, 의사소통, 사회적 상호작용의 특성으로 인하여 일반학생들과 함께 통합교육을 받을 때 학업적·사회적·언어적·행동적 영역에서 어려움을 경험하게 되기 때문에 이를 지원해 줄 포괄적인 특수교육적 중재가 필요하다. 여기서는 자폐학생을 위한 일반적 중재로 행동지원 중재, 의사소통기술 중재, 그리고 사회성 기술 중재에 대해 알아보도록 한다.

(1) 행동지원 중재

자폐학생은 상동행동, 의례적 행동, 자해행동, 공격행동 등의 행동 특성을 보이는 것이 일반적이다. 최근에는 이러한 행동을 단순히 줄이는 데 초점을 두기보다는 행동의 기능을 파악하여 선행사건이나 후속 결과를 조작하고, 동시에 대체행동기술을 가르치는 데 초점을 둔다. 선행사건 중재란 행동이 발생하기 전에 통상적으로 발생하는 사건을 수정하여 행동의 발생과 감소를 조절하는 접근법으로 선택 기회를 제공하기, 동기를 유발하기, 환경자극을 풍부하게 하기 등의 다양한 전략을 포함한다. 후속 결과 중재란 문제행동이 발생한 후에 주변인들이 문제행동을 강화하지 않도록 반응을 조절하는 것이다. 대체행동기술 교수란 문제행동과 동일한 기능을 가지되 사회적으로 용인되는 효과적이고 사용하기 쉬운 행동을 직접적으로 가르치는 것을 의미한다. 선행사건 중재, 후속 결과 중재, 대체행동기술 교수에 관한 보다 자세한 내용은 10장에서 다루도록 한다.

또한 중도의 자폐학생에게는 비연속 개별시도 훈련(Discrete Trial Training: DTT)이라는 행동중재기법을 많이 활용한다. DTT란 교사와 아동이 한 책상에 앉아서 일대일 수업을 진행하는 것으로, 하나의 시행이란 '교사의 선행자극 제시(예: "손뼉을 치세요."와 같은 교사의 지시)-학생의 반응-학생의 반응에 대한 교사의 반응'을 의미한다. 이러한 일련의 시행이 계속적으로 반복되므로 이를 비연속 개별시도 훈련이라고 하는데, 교사는 자폐학생이 특정 행동을 습득하도록 할 때 이러한 접근법을 사용할 수 있다.

(2) 의사소통기술 중재

자폐학생은 수용언어와 표현언어 모두에서 결함을 나타내며, 많은 경우 기능적 언어 습득을 어려워한다. 이들의 제한된 수용언어와 표현언어 기술을 보완하기 위해서 교사는 보완대체 의사소통 도구를 사용할 수 있다.

자폐학생의 의사소통을 촉진하기 위해 특정 도구를 사용하지 않더라도 손, 몸짓과 같은 사람의 신체적 촉구, 시각적 촉구, 수화 등을 활용할 수 있다. 또한 보완대체 의사소통 도구(Augmentative Alternative Communication Device)와 그림 교환 의사소통 체계(Picture Exchange Communication System: PECS) 같은 의사소통 지원도구를 활용하여 자폐학생의 의사소통기술을 촉진할 수 있다. 보완대체 의사소통 도구란 구두언어로 의사표현을 하지 않는 자폐학생이 그림, 글자 등을 활용한 의사소통판이나 음성출력장치를 장착한 전자식 의사소통판을 이용하여 의사소통을 하도록 돕는 도구다. 그림 교환 의사소통 체계란 전자식 의사소통판 대신에 그림카드를 활용하여 자신의 생각, 욕구와 감정 등을 표현할 수 있도록 제작한 것이다(김동일 외, 2010).

(3) 사회성 기술 중재

자폐학생은 혼자 놀이를 즐기며, 다른 사람과의 상호작용 과정에서 어려움을 경험한다. 따라서 자폐학생을 통합교육환경에 배치하여 타인과의 교류 및 적절한 행동모델을 통해서 그들의 사회적 상호작용 결함을 극복하도록 하는 것이 절대적으로 필요하다. 사회성 기술을 가르치기 위해서 사회적 상황 이야기, 역할놀이 및 대본 쓰기(스크립트), 모델링(시범 보이기) 등의 전략을 활용할 수 있다.

사회적 상황 이야기란 자폐학생에게 지도하고자 하는 사회성 기술이나 상황을 이야기나 문장으로 만들어 지도하는 방법이다. 어떤 활동이나 사건 전에 사회적 상황 이야기를 제공하는 것은 학생의 불안을 감소시키고, 행동을 개선시켜 주며, 타인의 입장에서 그 사건을 이해하도록 도와준다(Heward, 2000).

모델링(시범 보이기)이란 학생으로 하여금 성공적으로 행동을 수행하는 또래, 부모 등을 관찰함으로써 목표행동을 모방하게 하는 것이다. 모델링은 직접 모델링과 비디오 모델링으로 구분한다. 비디오 모델링을 위해 또래나 부모, 교사 등을 모델로 활용할 수 있으나 학생 자신을 모델로 할 경우에 효과가 더 큰 것으로 알려져 있다(류재연 외, 2009).

3. 발달지체

「장애인 등에 대한 특수교육법」(2008)에서 발달지체 범주가 처음으로 포함되었다. 발달지체 범주를 지지하는 사람들은 유아기 발달의 가소성을 믿기 때문에 전통적인 장애 범주를 사용하는 것은 시기상조라고 믿는다. 그리고 그들은 유아기 평가는 오류가 발생할 확률이 높으며, 발달지체 범주가 전통적인 장애 범주에 속하지 않는 아동에게도 특수교육 서비스를 받을 수 있도록 하는 제도적 장치를 마련하여 문제의 심각성을 예방해야 한다고 생각한다. 뿐만 아니라 이러한 발달지체 범주는 아동의 발달 상태를 제시함으로써 아동의 요구와 능력에 맞는 교육환경에 적절하게 배치될 수 있도록 돕는다. 여기서는 발달지체의 정의 및 분류, 판별에 대해서 살펴본 후 발달지체의 특성과 통합교육을 위한 교육적 접근에 대해서 알아보고자 한다.

1) 발달지체의 개념

(1) 발달지체의 정의

미국의 「장애인교육법」에서는 신체, 인지, 의사소통, 사회·정서, 적응 발달영역 중 하나 혹은 그 이상의 발달영역에서 일탈된 특성이 주(state)의 발달지체 정의에 부합하는 경우를 발달지체로 하고 있다. 미국의 유아특수교육학회에서도 발달지체 범주의 사용을 지지하는 성명서를 발표하고, 발달지체란 아동이 경미하거나 단기간의 지연을 갖는 상태를 의미하는 것이 아니며, 발달과정의 심각한 손상 때문에 특수교육 없이는 학교에서의 학업수행이 부정적인 영향을 받을 확률이 높은 경우를 말한다고 하였다.

우리나라도 「장애인 등에 대한 특수교육법」을 제정할 때 발달지체 정의를 새로운 장애 범주로 채택하였다. 「장애인 등에 대한 특수교육법 시행령」에서는 발달지체를 신체, 인지, 의사소통, 사회·정서, 적응행동 중 하나 이상의 발달이 또래에 비하여 현저하게 지체되어 특별한 교육적 조치가 필요한 영아 및 9세 미만의 아동으로 정의하고 있다. 그리고 한국특수교육학회는 발달지체를 ① 인지, 신체, 의사소통, 사회성 또는 정서, 적응행동 등의 발달 중 한 가지 이상의 영역에서 지체를 보이는 자, ② 발달지체를 일으킬 가능성이 높은 정신적·신체적 조건을 이미 지닌 것으로 진단된 자, ③ 생물학적 또는 환경적 위험요인을 발달지체의 잠재적인 가능성으로 지닌 자라고 정의하고 있다.

이처럼 국내외 법과 학회는 발달지체 범주의 사용을 지지하고 있다. 이들의 발달지체 정의를 종합해 보면, 발달지체란 발달영역에서의 비전형적인 일탈을 보이는 상태로, 장애로 진단받은 아동뿐만 아니라 장애의 위험에 노출된 아동까지도 포함하고 있음을 알 수 있다. 장애위험이 있는 영유아까지도 특수교육 대상자로 포함하여 조기 중재를 통해 2차, 3차 문제를 예방하려는 국가적 의지를 엿볼 수 있다.

(2) 발달지체의 판별

발달지체의 진단과 평가는 발달지체의 정의와 밀접한 관련이 있다. 미국의 경우 각 주에서는 발달지체를 진단하기 위한 지침서를 개발하고 있는데, 일반적으로 두 가지 기준, 즉 ① 확실한 위험요인이 있거나, ② 비공식적 임상경험에 비추어 향후에 위험요인이 있다고 판단될 때 발달지체 범주에 속하며, 특수교육 서비스를 받을 수 있도록 하였다. 여기서 비공식적 임상경험(informal clinical opinion)이란 전문가가 보고서, 검사 결과, 의학적 소견, 부모면담 등 모든 활용 가능한 정보를 사용하여 예견하는 것을 말한다. 그리고 발달지체 진단 이후에도 아동의 발달 상태를 정기적으로 점검하여 계속적으로 특수교육 서비스를 받아야 하는지, 혹은 발달지체가 아닌 전통적인 장애 범주에 입각하여 서비스를 받아야 하는지에 관한 결정을 내려야 한다.

한국특수교육학회에서도 발달지체의 진단기준을 두 가지 연령기준에 맞추어 제시하고 있는데 〈표 8-5〉와 같다. 출생에서 24개월 미만의 아동이 발달지체로 진단을 받으려면, ① 하나 이상의 발달영역에서 25% 또는 표준편차 2 이상의 지체를 보

〈표 8-5〉 발달지체의 진단기준

출생~24개월	24개월 이상
① 하나 이상의 발달영역에서 25% 또는 표준편차 2 이상의 지체	① 하나 이상의 발달영역에서 20% 또는 표준편차 1.5 이상의 지체
② 둘 이상의 발달영역에서 20% 또는 표준편차 1.5 이상의 지체	② 둘 이상의 발달영역에서 15% 또는 표준편차 1 이상의 지체
③ 전문가 팀의 임상적 판단에 근거	③ 전문가 팀의 임상적 판단에 근거

이거나, ② 둘 이상의 발달영역에서 20% 또는 표준편차 1.5 이상의 지체를 보이거나, ③ 전문가 팀의 임상적 판단에 근거해야 한다. 24개월 이상의 아동이 발달지체로 진단을 받으려면, ① 하나 이상의 발달영역에서 20% 또는 표준편차 1.5 이상의 지체를 보이거나, ② 둘 이상의 발달영역에서 15% 또는 표준편차 1 이상의 지체를 보이거나, ③ 전문가 팀의 임상적 판단에 근거해야 한다.

아동이 이러한 진단기준에 부합되는지 판단하기 위해서 국내에서는 다음과 같은 검사도구를 사용할 수 있다. 우선, 국내에서 사용이 가능한 규준참조 검사도구로는 한국판 베일리 영유아 발달검사 II(Bayley Scales of Infant Development Second Education: BSID-II; 조복희, 박혜원, 2006), 한국판 카우프만 아동용 개별 지능검사(Kaufman Assessment Battery for Children: K-ABC; 문수백, 변창진, 1997), 한국판 웩슬러 유아지능 검사(Wechsler Preschool and Primary Scale of Intelligence-Revised: K-WPPSI; 박혜원, 곽금주, 박광배, 1996)가 있다. 그리고 국내에서 사용이 가능한 준거참조 검사도구로는 영유아 캐롤라이나 교육과정(Carolina Curriculum for infants and toddlers with special needs; Johnson-Martin Attermeiner, & Hacker, 2004), 포테이지 아동발달 지침서(Portage guide to early education; Bluma, Shearer, Frohman, & Hilliard, 1976), 영유아를 위한 사정, 평가 및 프로그램 체계(Assessment, Evaluation & Programming System for infants and children: AEPS; Bricker, 2002)가 있다.

일반적으로 발달지체를 진단하기 위해 규준참조 검사를 사용하며, 교육계획안을 작성하고 평가하기 위해서는 준거참조 검사를 사용한다. 발달지체의 진단기준 ①과 ②를 살펴보면 발달영역에서 25% 혹은 20%, 표준편차 1.5 혹은 2 이상의 지체를 보여야 한다. 이러한 수치는 준거참조 검사도구를 사용해서는 얻을 수 없으며, 규준참조 검사도구를 사용함으로써 얻을 수 있다. 하지만 규준참조 검사 결과를 통해서 얻은 수치는 교사가 현장에서 교육계획안을 작성하는 데에는 별다른 도움을 주지 못한다. 따라서 하나의 검사를 통해서 발달지체를 진단하고 그 결과를 바탕으로 교육계획안을 작성하고자, 최근 미국에서는 준거참조 검사에 절선점수(cut off)를 도입하여 규준참조 도구로도 활용하려는 움직임이 있다(Macy, Bricker, & Squires, 2005).

2) 발달지체의 특성

　발달지체의 특성에 대해 살펴보기 위해 발달영역의 의미에 대해 먼저 살펴보도록 한다. 앞서 살펴본 발달지체의 정의와 판별기준에서는 신체, 적응, 사회·정서, 의사소통, 인지 등의 발달영역을 공통적으로 언급하고 있다. 각 발달영역이 의미하는 바는 다음의 〈표 8-6〉과 같다.

　신체영역은 대근육 운동과 소근육 운동으로 구분된다. 대근육 운동영역이란 물리적·사회적 환경의 요구에 따라서 큰 근육에 사용되는 자세와 움직임의 조절력으로 서기, 걷기, 뛰기 등이 여기에 해당한다. 소근육 운동영역이란 아동이 손끝과 손의 작은 근육을 통제하여 장난감이나 물체를 조작하고 통제하는 능력으로 숟가락 사용하기, 놀잇감 조작하기 등이 여기에 해당한다. 이러한 대·소근육 운동은 아동에게 주변 세계와 상호작용할 수 있는 수단을 제공한다. 아동은 물건이 있는 곳으로 이동하여 특정 물체를 잡고 조작해 보면서 성장과 발달을 해 나간다. 특히 운동영역 중에서도 소근육 운동영역은 대상 영속성, 인과, 분류, 보존 등 인지적 개념의 발달에 밀접하게 관여하며, 유치원 및 학교에서 이루어지는 활동에 충분히 참여하기 위해 매우 중요한 발달영역이다.

　적응영역이란 옷 입기, 용변 보기, 씻기, 머리 빗기, 먹기, 자기, 밥 먹기 등 일상생활에 꼭 필요한 움직임과 관련한 기본적인 활동을 포함하는 발달영역을 의미한다. 이러한 적응기술이 제대로 발달하기 위해서는 대근육 운동이나 자세 유지 능력이 뒷받침되어야 한다.

〈표 8-6〉 발달영역의 정의

영 역	정 의
신체	소근육과 대근육 운동을 조절하고 협응할 수 있는 연령에 적합한 능력의 발달
적응	연령에 적합한 자기관리 및 기타 행동으로서 다양한 환경에 성공적으로 적응하는 필요한 영역의 발달
사회·정서	자신의 감정과 타인의 감정을 이해하고 사회적으로 적절한 행동으로 반응하기 위하여 필요한 연령 및 상황에 적합한 능력의 발달
의사소통	자신의 생각과 감정을 표현하고, 타인의 구어, 비구어, 손짓, 몸짓, 문자 등의 표현을 이해하는 능력의 발달
인지	연령에 적합한 정신적 기능으로서 특히 인식하고 이해하는 영역의 발달

사회 · 정서영역이란 한마디로 정의하기 힘든 다채롭고 복잡한 발달영역으로, 개인능력의 발달뿐만 아니라 그 능력을 활용하여 부모, 교사, 또래 등의 타인과 어울리는 것을 포함하는 발달영역이다. 자신과 타인의 감정을 이해하고 이에 적절하게 반응하기 위해서는 인지능력이 필요하다.

의사소통영역은 자신의 기초적 욕구를 표현하게 해 주고, 세상을 배울 수 있게 해 주며, 사회적 상호작용을 촉진하는 발달영역으로, 특히 유아기에서 발달이 강조된다. 왜냐하면 언어 습득의 결정적 시기는 5세 이전이므로(Chomsky, 1957), 언어적인 문제를 조기에 발견하여 중재하는 것은 발달지체 유아의 의사소통 발달에 커다란 도움이 되기 때문이다. 마지막으로 인지영역이란 주변 사건을 이해하고 그에 참여하도록 하는 정신활동과 행동으로, 분류하기, 일대일 대응하기, 보존개념의 습득, 배열하기 등이 여기에 해당한다.

이처럼 각각의 발달영역에 대한 개념을 명확히 정의할 수 있기는 하지만, 발달지체의 특성을 단정적으로 규정하는 것은 개별 아동의 특성과 발달영역 간의 상호작용 측면에서 볼 때 어려운 일이다. 구체적으로 발달지체 특성을 규정하는 것이 어려운 이유는 다음과 같다.

첫째, 발달지체 아동마다 어떠한 발달영역에서 어느 정도 지체되었는가는 다르기 때문이다. 즉, 아동이 대근육 운동, 소근육 운동, 인지, 적응, 의사소통, 사회 · 정서 등의 영역 중 어떠한 영역에서 지체를 보이는지, 그리고 그 영역에서 지체된 수준이 어느 정도인지에 따라서 발달지체 아동의 특성은 매우 이질적이므로 발달지체 특성을 단정하기가 어렵다.

둘째, 앞서 언급하였지만 발달영역은 서로 상호작용을 하면서 변화해 가기 때문에 발달지체 특성은 고정적이지 않고 시간이 흐르면서 변화해 간다. 예를 들어, 초반에는 대근육 운동영역에만 지체를 보이다가도 시간이 지나면서 다른 발달영역에 지체가 나타날 수 있다. 즉, 대근육 운동영역만 지체를 보였던 아동이 시간이 지나면서 사회성 영역에도 문제를 나타낼 수 있다. 왜냐하면 사회 · 정서 발달의 중요한 발달지표인 영아와 보호자 간의 애착행동 형성을 위해서는 보호자를 향해서 고개 돌리기, 눈 맞춤, 보호자에게 미소 짓기, 보호자에게 다가가기 등의 대근육 운동은 필수적이기 때문이다. 그러므로 발달지체의 특성은 개별 아동의 특성과 발달영역 간의 상호작용에 따라서 유동적으로 변화하는 것으로 인식하는 것이 필요하다.

3) 통합교육을 위한 교육적 접근

(1) 아동 주도의 교육방법

초기 특수교육의 교수 형태는 성인의 지시와 1차 강화(예: 바르게 모방하면 주스를 한 모금 제공)를 강조하였다. 하지만 성인 주도의 교육방법은 장애아동이 비장애아동과 함께하는 활동의 참여 기회를 박탈하고, 인지 및 언어 자극을 충분하게 받지 못하게 하며, 아동의 발달과 학습을 촉진하는 데 어려움을 초래하였다. 이에 성인 주도보다는 아동 주도의 교육방법을 사용해야 한다는 주장이 대두되었다. 〈표 8-7〉은 아동 주도 접근법과 성인 주도 접근법을 적용하고 있는 한 유치원의 예다(Pretti-Fronctzak & Bricker, 2004).

〈표 8-7〉 아동 주도 및 성인 주도 접근법을 적용하고 있는 유치원의 예

아동 주도 접근법	성인 주도 접근법
교사는 단체활동을 시작하기 전에 아동들에게 "오늘은 무슨 노래를 부를까요?" 하고 묻고, 아동들이 여러 가지 노래를 말하면 그 노래를 모두 칠판에 적는다. 교사는 "여섯 가지 노래가 나왔어요. 이 중에 무슨 노래를 부를까요?"라고 물으며 아동들과 교사는 함께 부를 노래를 고른다. 그리고 그날 부르지 못한 노래는 다음 날에 부르도록 하였다. 이처럼 교사는 아동들이 어떤 노래를 부를 것인지를 스스로 선택하게 함으로써 아동들의 흥미를 고려하고 그들의 주도를 따른다. 또한 이 과정 중에 문해, 수학, 문제해결, 의사소통, 사회적 목표에 중점을 둔 다양한 학습 기회를 제공한다. 그리고 교사는 아동들이 자신의 발달단계에 맞는 활동을 하도록 허락한다(예: 타인을 바라보기, 노래 카드를 들고 있기, 질문에 답하기, 의견을 제안하기 등).	이 유치원에서의 단체활동은 교사가 아동들에게 정해진 자리에 조용히 앉기를 요구하는 것으로 시작된다. 모두 자리에 앉으면 교사는 오늘 어떠한 활동영역이 운영되는지 말해 주고 교실에서 지켜야 할 규칙들을 우선적으로 상기시킨다. 그런 후 교사는 요일 말하기를 복습한다. 이때 아동들은 오늘은 무슨 요일인지, 날씨는 어떤지 답해야 한다. 예를 들어, 교사가 한 아동을 지목하면 그 아동은 '요일' 카드를 칠판 위에 붙이고 다른 아동은 '날씨' 카드를 칠판 위에 붙인다. 그러면 교사는 아동들에게 비와 관련한 노래 부르기를 요구한다. 이처럼 교사 주도의 활동 중에는 아동들이 자신의 요구를 표현할 기회가 거의 없다.

출처: Pretti-Fronctzak & Bricker(2004: 27-28).

(2) 사회-의사소통 교육과정 및 삽입교수

초기 발달지체 유아를 위한 교육에서는 단어, 수, 개념에 대한 교육과정이 강조되

었다면, 근래에는 사회, 사회-의사소통에 대한 관심이 높아지고 있다. 1970~1980년 대의 연구에서 '사회적(social)' 성질이 유아의 발달과 학습에 중요하다고 밝혀지면서 기능적 언어나 의사소통기술을 자연적 맥락에서 자연적 강화제(예: 내적 흥미)를 활용하여 가르치는 것으로 유아특수교육의 방향이 전환되었다. 그리고 다양한 상황에서 반복적으로 가르치는 것은 장애영유아가 목표기술을 습득하도록 하는 데 필수적이기 때문에 충분한 교육기회를 확보하고자 실제적 일과 및 활동에서 장애영유아의 목표기술을 가르치기 위한 삽입교수(embedding instruction)가 효과적인 교수법으로 부상하였다.

삽입교수를 실시하기 전에는 활동기술도표(activity skill matrix) 및 삽입교수 계획안(embedding instruction plan)을 작성하는 것이 추천된다. 일반적으로 활동기술도표의 가로줄에는 아동의 교육목표를 기록하며, 세로줄에는 일과 또는 활동을 기입한다. 만일 유아의 교수목표가 '두 손으로 사물 조작하기'라면 교사는 그 목표를 언제(예: 바깥놀이), 어떠한 활동(예: 지퍼 올리거나 내리기)에서 실제로 연습할 수 있는가를 생각하여 활동기술도표 및 삽입교수 계획안을 작성한다. 활동기술도표의 예는 〈표 8-8〉과 같으며, 삽입교수 계획안의 예는 김경숙, 백유순, 최민숙의 『장애유아 통합교육방법』(2003)을 참조하도록 한다.

〈표 8-8〉 개별 유아를 위한 활동기술도표 예

시간활동		목표활동				
		독립적인 이동하기	또래에게 반응하기	요구하기	크레파스 사용하기	일대일 대응 (수 세기)
9:00	등원	V		V		
9:15	자유선택 활동	V	V	V	V	V
9:30	대집단 활동	V	V		V	
9:45	소집단 활동	V	V	V	V	V
10:15	실외놀이	V	V	V		
10:45	화장실/손 씻기		V	V		
11:15	간식	V	V	V		V
11:30	이야기/음율		V			V
11:50	하원	V	V	V		

출처: 이소현(2011: 288).

(3) 가족중심 중재

아동과 환경 간의 상호작용 및 아동을 둘러싼 넓은 사회적 맥락이 중요해지면서 아동뿐만 아니라 가족 구성원의 교육참여가 확대되었다. 가족중심 접근의 교육을 적용하려면, 교사는 가족에 대해 알기 위해 자신의 시간을 투자할 필요가 있으며, 가족의 강점을 확인하고 그것을 강화하여야 한다. 또한 의사결정 과정에 가족이 적극적으로 참여하도록 하고 아동뿐만 아니라 가족 구성원 전체를 위한 서비스를 계획하고 제공할 수 있어야 한다. 즉, 교사는 가족이 가장 중요한 의사결정자임을 인정하고, 장애아동과 그 가족의 문화를 존중해야 한다. 보다 자세한 내용은 12장을 참조하도록 한다.

생각해 볼 문제

1. 지적장애 정의에서 나타나는 적응행동에 대해서 설명해 보시오.
2. 자폐성 장애의 주요 특성에 대해서 설명해 보시오.
3. 발달지체 범주의 사용을 통해서 얻을 수 있는 득과 실에 대해서 논의해 보시오.

추천 자료

지적장애

다운복지관(http://www.down.or.kr)   다운증후군을 가진 사람들을 위한 정보, 지적장애인, 발달장애 보호시설, 주간보호센터 운영에 대한 정보 제공.

미국 지적장애 및 발달장애협회(http://www.aamr.org)   미국 지적장애 및 발달장애협회(AAIDD) 홈페이지로, 지적장애에 관한 연구 등 다양한 자료 제공.

서울시립지적장애인복지관(http://www.seoulidd.or.kr)   복지관 소개와 사업 소개, 재활, 지적장애장애인을 위한 전반적인 자료 제공.

자폐성장애

미국자폐협회(http://www.autism-society.org)   미국자폐협회 홈페이지로 자폐에 관한 연구 등 다양한 자료 제공.

스티븐윌셔(http://www.stephenwiltshire.co.uk)   자신이 본 것을 머릿속에 담아 그대로 그림으로 표현하는 데 뛰어난 재능을 보여 인간 카메라라는 별칭을 가진 Stephen Wiltshire의 홈페이지로, 그가 그린 다양한 그림자료 제공.

템플그랜딘(http://www.grandin.com)   자폐증을 극복하고 사회적으로 성공한 비학대적 가축시설 설계자인 템플 그랜딘 교수의 홈페이지로, 그녀의 일과 삶에 대해 다룬 책과 영화에 관한 정보 제공.

한국자폐학회(http://autism.or.kr)   한국자폐학회 홈페이지로 자폐에 관한 학술자료, 학술행사에 대한 정보 제공.

ARI(http://www.autism.com/index.asp)   Autism Research Institute는 자폐의 원인, 문제 등을 연구하여 결과를 얻는 데 주력하는 비영리 단체로, 자폐에 관한 전반적인 정보 제공.

발달지체

기쁨터(http://www.joyplace.org)   발달지체아동 가족 자조모임으로서 발달지체아동 가족들의 경험 등 다양한 정보 제공.

미국유아기국립기술지원센터(http://www.nectac.org)   채플힐 소재 노스캐롤라이나 대학교에 위치한 NECTAC(National Early Childhood Technical Assistance Center)은 기술보조, 출판, 기타 지원 사업을 수행. 이 웹사이트를 통해서 영유아 특수교육과 관련한 다양한 자료 제공.

미국유아특수교육학회(http://www.dec-sped.org)   미국 특수교육학회의 분과인 유아교육학회(Division for Early Childhood: DEC)의 홈페이지로 DEC의 추천의 실제, *Journal of Early Intervention*, *Young Exceptional Children*, *The Young Exceptional Children Monograph Series* 등의 저널 구독에 대한 정보 제공.

이화여자대학교 발달장애아동센터(http://home.ewha.ac.kr/~disabled)   기관의 연구지 발간과 전공 관련서적의 출간, 전문가 및 부모교육을 위한 워크숍 등에 관한 정보 제공.

한국유아특수교육학회(http://www.kecse.org)   한국의 유아특수교육학회 홈페이지로 연간 2회의 학술대회와 연간 4회의 학술지 발간에 관한 정보 제공.

용어 해설

지적장애

자조기술(self-help)   독립적인 일상생활을 하는 데 필요한 기본적인 기술이다. 식사하기, 대소변 처리하기, 옷 입고 벗기, 목욕, 몸단장하기 등의 기술을 포함한다. 이러한 기술들은 단순한 개별적인 활동이라기보다는 운동성, 감각, 인지, 언어, 사회성 등 여러 기능의 통합을 요하는 기술로 적절한 대인관계 및 사회활동의 바탕이 된다.

적응기술(adaptive skills)   문화와 연령에 따라 기대되는 개인의 독립성과 사회적 책임에 대한 수행의 표준에 부합하는 기술이다. 적응기술의 제한성은 또래와의 관계나 지역사회의 맥락에서 발생할 수 있으며 개인의 개별화된 욕구와 밀접한 관련이 있다.

정상화(normalization)   장애나 기타 불이익을 경험한 사람들에게 불평등하지 않은 환경 및 생활방식을 제공해 주자는 철학적 기조다.

지능지수(intelligence quotient: IQ)   표준화된 지능검사 도구에 따라 측정된 지적 능력 결과를 수치로 환산한 지수다. 과거 지능지수의 산출은 정신연령을 생활연령으로 나눈 후 100을 곱하여 산출하였으나 최근에는 또래 집단의 평균 수행을 통계적으로 비교하여 평균을 100, 표준편차를 15(또는 16, 17 등)로 하는 편차지능지수를 사용하고 있다.

자폐성장애

공동 주의집중(공동 관심, joint attention)   어떤 사물이나 사건에 대한 주의를 타인과 공유하는 상호작용이다. 공동 주의집중에는 사물이나 사건에 대해 다른 사람의 주의를 탐지하고 따라가려는 시도, 가리키기, 주기, 보이기 등이 포함된다. 이러한 행동, 즉 상대방이 바라보거나 손가락으로 가리키는 곳을 함께 바라보는 행동을 통해 개인 상호 간에 정서적인 교류가 일어난다.

반향어(echolalia)   들었던 단어나 문장을 즉시 혹은 일정한 시간이 지난 후에 혼자서 반복적으로 하는 말이다. 반향어에는 상대방이 말을 했을 때 바로 말을 따라서 하는 즉각 반향어, 상대방이 말하고 한참 지난 후에 상황에 맞지 않는 말을 따라서 하는 지연 반향어, 원래의 발성을 약간 수정해서 반복하는 완화된 반향어, 원래 발성과 똑같이 반복해서 말하는 완화되지 않은 반향어가 있다.

사회적 상호작용(social interaction)   일상생활에서 일어나는 원인과 결과가 되는 작용으로서 시작행동과 반응행동으로 이루어진다. 사회적 상호작용에는 적어도 두 사람이 포함되어야 하며, 이에 참여하는 사람은 상대방에게 영향을 미치게 된다.

상동행동(stereotyped behavior)   같은 동작을 일정 기간 반복하는 것이다. 특별한 상황에서 발생하기도 하고 일정한 시간을 간격으로 반복적으로 나타나기도 한다. 예를 들면, 의자에 앉아 장시간 상체를 전후로 크게 흔들거나, 손을 되풀이해서 상하로 흔들거나, 방안에서 쉬지 않고 왕복을 되풀이하는 등의 동일행위를 주위의 상황에 상관없이 계속적

214

으로 반복하는 것이다.

자해행동(self-injurious behavior) 개인이 자신의 몸에 물리적 손상을 가져오는 만성적이고 반복적인 행동이다. 일반적으로 나타나는 자해행동은 자신을 때리기, 신체 부위를 물거나 빨기, 여러 신체 부위를 꼬집거나 긁거나 찌르기, 반복적으로 음식을 토하거나 되새김질하기, 먹을 수 없는 물질 먹기 등이다. 자해행동은 지적 결함의 정도가 심하거나 상동행동의 발생 비율이 높을수록 더 심하게 나타나는 것으로 보고되고 있다.

발달지체

가소성(plasticity) 변화와 발전 가능성을 의미한다. 특수교육에서 의미하는 가소성은 장애 학생의 현재 상태가 교육과 훈련 및 환경 변화를 통하여 극복할 수 있다는 것을 뜻한다. 가소성은 다양한 상황에서 사용할 수 있는데, 예를 들어 중추신경계의 손상 후 신경계가 기능적 요구에 적응하고 재조직화하는 능력도 가소성이라고 한다.

가정중심 중재(가족중심 중재, home-based intervention) 장애가 있는 아동의 가정을 중심으로 필요한 중재를 실시하는 것이다. 나이가 든 아동에게 제공하기도 하지만 일반적으로 영유아기의 아동에게 제공한다. 기관중심(center-based) 중재와 달리 자연스러운 생활 장면에서 아동을 지도할 수 있다.

강화(reinforcement) 특정한 행동의 발생에 따른 결과가 행동의 증가를 가져오는 것이다. 보상의 제시는 물질적인 것뿐만 아니라 사회적 인정 등으로도 가능하다. 이때 제시된 보상을 강화물, 강화제 또는 강화인 등으로 부른다.

발달(development) 수정에서 사망에 이르기까지 인간의 모든 생애에서 일어나는 심신의 양적·구조적 변화다. 과거에는 신체적·심리적 기능이나 구조의 상승만을 발달로 간주하는 경향이 있었으나, 최근에는 상승의 정점에서부터 쇠퇴하는 것도 발달로 간주한다. 따라서 미숙한 수준에서 원활하게 되거나, 단순한 것에서 복잡하게 되는 것만을 발달이라고 하지 않는다. 발달과 유사한 용어로는 성숙과 성장이 있다.

삽입교수(embedding instruction) 교육기관 혹은 가정에서 진행하는 일과 및 활동 중에 장애유아가 교수목표를 학습하게 하기 위하여 교수장면을 삽입하는 것을 의미한다.

제 9 장

학습장애, 정서 · 행동장애,
건강장애, 의사소통장애

학 · 습 · 목 · 표

1. 학습장애의 개념과 특성 그리고 통합교육을 위한 교육적 접근을 이해한다.

2. 정서 · 행동장애의 개념과 특성 그리고 통합교육을 위한 교육적 접근을 이해한다.

3. 건강장애의 개념과 특성 그리고 통합교육을 위한 교육적 접근을 이해한다.

4. 의사소통장애의 개념과 특성 그리고 통합교육을 위한 교육적 접근을 이해한다.

1. 학습장애

최근 학력부진에 대한 관심이 높아지면서 공부를 잘하지 못하는 학생들을 표현하는 다양한 용어를 접할 수 있다. 학습지진, 학습부진, 학습장애 등의 용어가 바로 그것이다. 이러한 용어를 대개 혼용하고 있으나 엄밀히 말하면 각 용어는 서로 다른 집단을 지칭한다. 여기에서는 학습문제를 가진 학생들 중에서 학습장애라고 불리는 집단에 대해 살펴보고자 한다.

1) 학습장애의 개념

(1) 학습장애의 정의

학습장애(learning disabilities)는 1963년 미국의 Samuel Kirk가 그 용어를 처음 제안한 이후로 비약적인 발전을 거듭해 왔다. 학습장애는 비교적 최근에 형성된 장애임에도 미국의 경우 특수교육 대상학생 집단의 반 수 이상을 차지할 만큼 그 수가 상당하다. 그러나 이렇게 높은 출현율에도 학습장애를 정의하는 것은 그리 쉽지 않다. 학습장애라는 용어가 처음 대두될 당시, 지적장애는 아니지만 학습에 있어 심각한 어려움을 보이는 학생을 따로 분류하여 이들에게 적합한 서비스를 제공하기 위한 목적으로 새로운 장애집단을 규명해야 한다는 각성이 대두되었다. 하지만 새로운 집단을 구성하면서도 지적장애 등 다른 장애와 분명히 구분되면서 이들의 특성을 잘 드러낼 수 있는 정의를 만드는 데는 의견의 일치를 보기 어려웠다. 수십 년에 걸쳐 논의된 학습장애 정의의 공통된 요소를 살펴보면 다음과 같다.

① 기본 심리과정 준거

최초로 학습장애를 정의하면서 학생이 보이는 당시 학습문제는 개인의 지각, 주의집중, 기억, 언어 혹은 인지 부분에 기인한다는 관점이 우세하였다. 따라서 학습장애의 정의에 이상의 어려움을 포괄하는 개념인 기본 심리과정상의 결함 준거를 포함하였다. 기본 심리과정 준거는 보통 시각 · 청각 등의 감각통합, 주의집중, 지각 등의 개

념을 포함하지만 정확하게 어떠한 것이 학습장애에 영향을 미치는 기본 심리처리 과
정상의 작용인지에 대해서는 아직 정리된 바가 없다(Bender, 2008).

② 잠재력과 성취 간의 심각한 불일치 준거

학습장애를 가진 학생은 평균 이상의 지적 능력을 보이지만 학업에서는 기대한
만큼 성과를 보이지 못한다고 보는 것이 '잠재력(능력)-성취 간 불일치'의 개념이
다. 이는 상당히 오랫동안 학습장애 진단 과정에 사용된 개념으로 지능지수와 다양
한 교과목에서의 학업성취 점수 간의 차이로 결정된다. 불일치 준거는 그간 학습장
애를 결정하는 가장 핵심적인 요소로 인정되어 왔으나(Reschly & Hosp, 2004), 검사
자체가 가진 개념적인 문제, 검사점수 비교의 어려움, 불일치 기준 등의 차이로 인해
대안적인 방법이 필요하다는 인식이 일었다. 2004년 미국「장애인교육진흥법」에서
는 학습장애의 정의를 수정하면서 학습장애의 적격성 결정에서 준거의 사용을 지양
하고 있다.

③ 배제 준거

배제 준거는 학습에 심각한 문제를 보이고 있으나 이것이 학습장애가 아닌 다른
조건에 의해 나타나는 경우 학습장애가 아니라고 보는 것을 의미한다. 초기에는 지
적장애와 감각장애를 가진 학생들이 학습장애로 판별되는 것을 막고자 함이었으나
사회가 다변화되면서 나타나는 사회적·경제적·문화적 차이나 불이익에 의해 학습
의 문제를 보이는 학생이 학습장애로 잘못 판별되는 일을 피하고자 배제 준거를 마
련하였다.

(2) 국내「장애인 등에 대한 특수교육법」의 정의

「장애인 등에 대한 특수교육법 시행령」(2016)은 학습장애를 가진 사람을 "개인의
내적 요인으로 인하여 듣기, 말하기, 주의집중, 지각, 기억, 문제해결 등의 학습기능
이나 읽기, 쓰기, 수학 등의 학업성취 영역에서 현저하게 어려움이 있는 사람"이라고
정의한다. 이 정의는 개인이 보이는 학업문제가 개인이 가지고 있는 기본 심리과정
상의 문제로 인해 생기는 것이며, 그 문제 역시 상당히 심각한 수준일 경우에만 해당
된다.

(3) 미국 「장애인교육진흥법」의 정의

미국 「장애인교육진흥법(IDEIA)」(2004)에서 제안한 학습장애 정의는 다음과 같다. 특정학습장애(specific learning disabilities)는 "언어, 즉 구어와 문어의 이해와 사용에 포함된 기본적인 심리과정 중 한 가지 또는 그 이상의 장애를 의미하는 것으로 듣기, 생각하기, 말하기, 읽기, 쓰기, 철자 또는 수학의 불완전한 능력을 말한다. 이 용어는 지각장애, 뇌손상, 미세뇌기능장애, 난독증 같은 상태를 포함한다. 시각, 청각 또는 운동기능상의 장애, 지적장애, 정서장애, 환경적·문화적·경제적 불이익이 주요 원인이 되어 학습문제를 보이는 학생은 포함하지 않는다."라고 정의하고 있다.

학습지진과 학습부진의 차이

- 학습지진학생(slow learners): 지적 능력의 저하로 학습성취가 낮은 학생을 의미한다. 지적장애 수준의 지적 능력을 가진 것은 아니지만 학습속도가 느리고 학습능력도 평균 수준에 미치지 못한다.
- 학습부진학생(students with underachievement): 지적 능력이나 학습잠재력과 같은 학습가능성에서 기대되는 만큼 학업성취도가 미치지 못하는 학생이다. 평균 수준의 지적 능력을 가지지만 어떤 원인(예: 정서 및 사회·환경적 요인)에 의해 학습능률이 향상되지 못한 채 낮은 학업성취를 보인다.

출처: 국립특수교육원(2009: 432, 434-435).

---

(4) 학습장애의 분류

학습장애는 그 발현 시기에 따라 발달적 학습장애와 학업적 학습장애로 나눌 수 있다. 발달적 학습장애는 보통 학령기 이전에 기억, 주의집중, 지각 등의 기본 심리과정상의 현저한 어려움이 나타나는 경우다. 이러한 어려움을 방치할 경우 추후에 심각한 학습문제로 이어질 가능성이 매우 높다. 학업적 학습장애는 학령기에 들어서서 읽기, 쓰기, 수학 등의 학업영역에서 학업적 잠재력에 비해 학업성취 수준이 현저하게 낮은 경우다.

학습장애는 주된 어려움이 나타나는 영역이 무엇이냐에 따라 언어적 학습장애와 비언어적 학습장애로 나뉘기도 한다. 학습장애를 가진 학생들의 상당수가 구어(듣기, 말하기), 읽기, 쓰기 등의 언어적인 영역에서 문제를 보이고 있음에 비추어 보아 언어적 학습장애는 학습문제를 주로 보이는 영역이 언어와 관련된 부분이라는 것을 알수 있다. 이에 반하여 비언어적 학습장애는 전통적으로 주요 문제영역인 언어에는 큰 어려움이 없으나 수학, 시·공간적 정보처리, 운동능력, 사회적 관계에 어려움을 보이는 집단을 지칭한다. 비언어적 학습장애를 가진 학생들은 시간, 속도, 높이 등의 추상개념, 대인관계의 형성 및 유지, 방향감각의 결손 등을 그 특징으로 갖는다(강대옥 외, 2012).

(5) 학습장애의 판별

학습장애에 대한 정의가 아직 분명하지 못하다는 약점 때문에 이를 근거로 이루어져야 하는 판별의 과정에 대해서도 여전히 논란이 있다. 아직도 논란의 여지가 있긴 하지만 학습장애 판별에 가장 많이 거론되는 두 가지 방법인 능력-성취 간 불일치 모델과 중재반응 모델에 대해 알아보고자 한다.

① 능력-성취 간 불일치 모델

학습장애를 평균 이상의 지적 능력을 가지면서 학업영역에서 심각한 지체를 나타내는 것으로 정의할 때, 능력과 성취 간의 심각한 불일치는 학습장애를 판별함에 있어 당연한 사항이 된다. 보통 지적 능력이 평균 이상이 되면 그에 상응하는 학업성취 수준을 보일 것으로 기대하지만, 학습장애를 가진 학생이라면 실제 학업성취가 기대수준에 많이 미치지 못하여 능력-성취 간 불일치를 보인다. 이러한 격차를 드러내는 방식으로 지적 능력과 실제 학업성취 점수를 활용하는데, 지적 능력은 지능지수로 대표되는 학생의 학업잠재력을 의미하고, 실제 학업성취는 기초학습기능검사, 학습성취도검사와 같은 표준화된 학업성취검사의 결과로 나타난다.

그러나 능력과 성취 간의 '심각한' 불일치 정도를 결정하는 것은 그리 간단하지 않다. 여러 학자가 불일치의 심각성을 결정하기 위해 또래와 비교했을 때 지체 정도를 학년 수준의 차이로 나타내기도 하고, 표준점수를 기반으로 잠재능력 점수와 성취수준 점수를 비교하기도 하였다.

능력-성취 간 불일치 모델은 이론적으로뿐만 아니라 실제적으로 가진 문제점으로 인해 지능검사와 학업성취도검사 간의 상관관계가 완벽하지 못하며, 불일치 모델을 사용했을 때 진단 결과가 일관되지 못하고, 이 두 가지 검사 자체가 피험자의 언어

능력에 영향을 받는다는 문제점이 대두되었다(김동일, 홍성두, 2005; 허승준, 2005).

② 중재반응 모델

학습장애 적격성 여부를 판단하기 위하여 능력-성취 간 불일치 모델을 따를 경우는 앞에서 언급한 모델 자체의 문제 이외에도 학생이 능력과 성취 간의 심각한 불일치가 일어날 때까지 기다리고 있어야 하는 윤리적 문제에 봉착하게 된다. 따라서 학생이 실패할 때까지 기다리는 것이 아니라 학생에게 우수한 교수(중재)를 제공한 후 학생이 중재에 반응하는지의 여부에 따라 학습장애의 적격성을 결정하고자 하는 것이 바로 중재반응 모델(response-to-intervention model: RTI model)이다.

여기서 우수한 교수란 과학적 절차를 잘 따른 연구 결과에 기반을 둔 중재로 일반학급에서 모든 학생을 대상으로 제공한다. 이때 연구 결과에 기반을 둔 중재에 반응하지 않는(진전을 보이지 않거나 진전이 미비한) 학생은 2단계로 이동한다. 2단계에서는 보통 10~15주 정도의 기간 동안 체계적이고 집중적인 소집단(보충) 수업을 받게 되고 진전을 보이면 다시 일반학급(1단계)으로 돌아가며, 진전이 미흡하면 3단계로 이동한다([그림 9-1] 참조). 3단계로 올라온 학생은 잠재적 학습장애로 규명되고 다학문적 평가팀에게 특수교육 대상자 여부 확인을 위한 정밀한 진단절차를 거치게 된다(이대식, 2005). 진전도의 평가는 교육과정중심측정(curriculum-based measurement: CBM)을 통해 이루어진다.

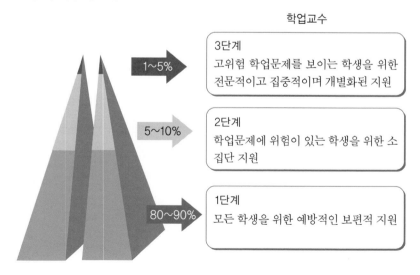

[그림 9-1] 중재반응 모델

2) 학습장애의 특성

학습장애학생이 보이는 특성은 매우 다양하다. 학습장애학생은 개인 간 차와 개인 내 차가 상당히 큰 집단 중 하나이므로 이들이 보이는 특성의 유형과 어려움의 정도는 매우 다를 수 있다.

(1) 학업적 특성

학습장애학생의 대표적인 특성 중 하나는 학습 및 학업 영역에서 상당한 어려움을 경험한다는 것이다. 학습과 학업의 문제는 학습장애를 규정하는 근본적인 특성이다. 학습장애학생은 보통 학교교육을 시작하는 시점에서 학업 영역에 어려움을 나타내기 시작하는데, 자신이 가진 학업적 잠재력을 통해 기대되는 수준보다 낮은 학업수행을 나타낸다. 낮은 학업수행은 읽기, 수학과 같은 특정 과목에서만 나타나는 경우도 있고, 전반적으로 모든 과목에서 낮은 성취를 보일 수도 있다. 학습장애학생은 학년이 올라가면서 전 과목에서 낮은 성취를 보일 가능성이 높다. 예를 들어, 읽기를 잘하지 못할 때 다른 교과를 학습하는 데에도 영향을 미치기 때문이다.

일반적으로 학습장애학생은 읽기기술이 필요한 과제를 할 때 글자를 정확하게 읽지 못하고 글자를 생략, 첨가, 대치, 반전 등의 방식으로 읽을 수 있다. 설사 글자 자체를 정확히 읽었다 하더라도 그 의미를 올바르게 이해하는 데 어려움을 가질 수 있다. 또한 쓰기에서도 맞춤법, 글자의 크기, 간격, 띄어쓰기 등에 어려움을 가질 수 있다. 자신의 생각을 글이라는 매체를 통해 표현하는 작문에서도 내용을 구성하고, 초안을 작성하며, 글의 기계적인 측면(맞춤법, 구두점) 등을 적절히 수행하는 데 곤란을 경험한다.

우리나라 학생들은 읽기보다는 수학에서 더 큰 문제를 경험하는 것으로 알려져 있는데(2011년 학업성취도평가), 학습장애학생은 수학의 기본 개념(예: 자릿값, 수 세기 등) 자체를 이해하는 데 어려움을 가질 뿐 아니라 단순 연산도 그 속도가 느리거나 부정확하며, 인지처리 속도가 상대적으로 느리고 수학 과제에 주의집중하는 수준도 낮은 편이다(Carnine, Jones, & Dixon, 1994).

(2) 인지적 특성

학습장애학생은 기억, 지각, 주의집중 등의 인지적 과정에 있어 결함을 보이는 경우가 많다. 특히 짧은 기간 동안에 기억이 지속되어야 하는 단기기억력에 더 어려움을 보인다. 단기기억력을 높이기 위해서는 기억하고자 하는 정보에 주의를 집중하는 과정이 필요한데, 학습장애학생의 상당수는 주의집중의 문제를 병행하고 있어 이들의 기억력 문제는 더욱 심각해진다(Bender, 2008). 이러한 문제를 완화하기 위하여 조직화와 시연(rehearsal), 기억술(mnemonics)과 같은 전략의 교수 및 활용이 필요하다.

(3) 사회적 · 정서적 특성

학습장애학생은 계속된 학업상의 실패로 인해 낮은 자아개념과 학습된 무기력을 보인다. 자신의 노력과 무관하게 실패를 예견하고 자신이 하는 것은 무엇이든 되지 않을 것이라는 낮은 자기효용감을 나타낸다. 또한 이러한 악순환의 사고 과정은 자신뿐 아니라 주변 사람들의 기대수준도 낮추게 된다.

사회적으로는 타인과의 관계를 형성하고 유지하는 데 어려움을 가지며, 사회적 단서를 잘 읽지 못하거나 부적절한 사회적 판단을 하는 등 미숙한 모습을 보인다. 상황에 맞지 않는 행동을 하거나 자신의 행동이 가져올 결과를 미리 예측하거나 받아들이기도 어렵다(박승희 외, 2007; Bender, 2008). 정서적으로 미숙한 모습을 보이고 자신의 행동에 대한 반성적 사고를 잘 하지 않으며, 쉽게 흥분하고 충동적이며 좌절도 빠르다(김동일, 이대식, 신종호, 2008).

3) 통합교육을 위한 교육적 접근

학습장애학생의 대다수는 일반학생과 함께 통합되어 교육을 받고 있으며, 필요에 따라 특수학급에서 특수교육적 지원을 제공받고 있다(교육부, 2015b). 학습장애학생이 효과적으로 학습하기 위한 주요 원칙을 소개하면 다음과 같다(Lerner, 2006; Mercer & Mercer, 2005).

- 기술과 개념을 제시할 때에는 명확하고 직접적인 방식을 사용하여 학생이 이해할 수 있도록 도움을 준다. 기술이나 개념에 대한 구체적인 설명과 시범을 제공하고, 다양한 상황에서 기술이나 개념을 적용할 수 있도록 안내 및 지도를 제공한다.

- 학습할 내용을 학생의 선행지식이나 경험, 실제 생활에 가능한 한 접목시켜 학생이 관련성을 맺고 의미를 부여할 수 있도록 한다.
- 학습한 기술, 내용, 과제 등을 반복적으로 연습할 수 있는 기회를 제공한다. 연습을 할 때는 단순히 잘하고 있음을 알려 주는 칭찬보다는 어떻게 과제를 수행하는 것이 잘하는 것인지에 대한 구체적인 정보를 제공하는 피드백을 주어야 한다. 또한 학생의 진전도를 자주 평가하여 학생이 필요로 하는 지원이 무엇인지를 파악하는 것이 필요하다.
- 학생이 독립적으로 과제를 수행할 수 있도록 기억술, 그래픽 조직자 등의 학습전략 등을 교수하고 자기기록, 자기평가, 자기강화와 같은 자기관리기술을 가르침으로써 학생이 자기주도적으로 학습할 수 있는 기회를 연습할 수 있게 한다.
- 학생의 능력이나 성과뿐 아니라 노력에 대해서 교사가 높은 기대수준을 가지고 있음을 자주 언급하고 학생의 학습동기를 높여 줄 수 있는 긍정적인 학급 분위기를 조성한다.

2. 정서·행동장애

정서·행동장애란 정서장애(emotional disability)와 행동장애(behavioral disability)가 합쳐진 용어다. 이러한 정서·행동장애라는 용어를 대신하여 정서장애, 때로는 행동장애라는 용어를 동등한 의미로 사용하기도 하지만, 정서·행동장애라는 용어가 보다 적절한 용어로 폭넓게 사용되고 있다(국립특수교육원, 2009). 여기서는 정서·행동장애의 개념과 특성 그리고 통합교육을 위한 교육적 접근에 대해 살펴보고자 한다.

1) 정서·행동장애의 개념

(1) 정서·행동장애의 정의
학자마다 정서·행동장애의 정의를 조금씩 다르게 사용하고 있지만, 여기서는 폭넓게 받아들이고 있는 정서·행동장애의 몇 가지 정의에 대해 살펴보자.

〈표 9-1〉 정서 · 행동장애를 지닌 특수교육 대상자의 선정기준

> 장기간에 걸쳐 다음 각 목의 어느 하나에 해당하여, 특별한 교육적 조치가 필요한 사람
> 가. 지적 · 감각적 · 건강상의 이유로 설명할 수 없는 학습상의 어려움을 지닌 사람
> 나. 또래나 교사와의 대인관계에 어려움이 있어 학습에 어려움을 겪는 사람
> 다. 일반적인 상황에서 부적절한 행동이나 감정을 나타내어 학습에 어려움이 있는 사람
> 라. 전반적인 불행감이나 우울증을 나타내어 학습에 어려움이 있는 사람
> 마. 학교나 개인 문제에 관련된 신체적인 통증이나 공포를 나타내어 학습에 어려움이 있는 사람

먼저, 「장애인 등에 대한 특수교육법 시행령」(2016)에서는 정서 · 행동장애를 지닌 특수교육 대상자의 선정기준을 통해 〈표 9-1〉과 같이 정의하고 있다. 「장애인 등에 대한 특수교육법」에서도 정서 · 행동장애를 어느 한 가지로 정의하기보다는 다섯 가지 특성 중 한 가지에 해당할 때 정서 · 행동장애로 정의하고 있다.

세계적으로 널리 받아들여지고 있는 정서 · 행동장애의 정의로는 미국 「장애인교육진흥법(IDEIA)」의 정의를 들 수 있다(〈표 9-2〉 참조). 이 법에서는 '정서장애'라는 용어를 사용한다.

〈표 9-2〉 미국 「장애인교육진흥법」의 정의

> ① 정서장애는 오랜 시간 동안 아동의 교육적 성취에 불리한 영향을 미칠 정도로 다음의 특성들 중 한 가지 이상을 보이는 상태를 의미한다.
> 가. 지적 · 감각적 또는 건강상의 요인으로 설명할 수 없는 학습의 어려움을 지님
> 나. 또래 및 교사들과 만족스러운 관계를 형성하거나 유지하는 능력의 결함을 지님
> 다. 일반적인 상황에서 부적절한 행동이나 감정을 나타냄
> 라. 일반적으로 전반적인 불행감이나 우울한 느낌을 보임
> 마. 개인 또는 학교 문제와 관련하여 신체적 통증이나 심한 공포감을 나타냄
> ② 정서장애는 조현병을 포함하며, 정서장애로 판명되지 않은 사회적 부적응을 보이는 아동에게는 적용되지 않는다.

이 외에도 미국의 행동장애아협회(Council for Children Behavioral Disorders: CCBD)에서 사용하는 정서 · 행동장애에 대한 정의가 있다(〈표 9-3〉 참조).

〈표 9-3〉 미국 행동장애아협회의 정의

① 학교 프로그램에서 행동이나 정서 반응이 적절한 연령, 문화 또는 인종적 규준들에 비해 너무
　달라 학업, 사회성 기술, 직업 또는 개인기술을 포함한 교육 수행에 불리한 영향을 미친다.
　가. 환경 내의 스트레스 사건에 대한 반응이 지나치게 나타난다.
　나. 서로 다른 두 장면에서 일관되게 나타나고, 적어도 이들 중 하나는 학교와 관련된다.
　다. 일반교육의 직접적인 중재에 반응하지 않고, 일반교육 중재로는 불충분하다.
② 정서·행동장애는 다른 장애들과 함께 동시에 나타날 수 있다.
③ 이 범주는 ①에서 나타난 바와 같이 교육 수행에 불리하게 영향을 미치는 조현병, 주의력결핍
　과잉행동장애, 불안장애, 기타 품행장애 또는 적응장애를 지닌 아동이나 청소년을 포함할 수
　있다.

　지금까지 살펴본 정서·행동장애의 이러한 정의들은 각기 상이하기는 하지만 여러 측면에서 유사성을 보여 준다. 비록 어느 한 가지로 받아들여지는 정의가 존재하는 것은 아니지만, 여러 정의에서 보여 주는 정서·행동장애의 정의를 바탕으로 정서·행동장애의 특성을 이해할 필요가 있다.

(2) 정서·행동장애의 분류 및 특성

　정서·행동장애는 외현화된 행동문제와 내면화된 행동문제 두 가지로 나누어 볼 수 있다. 외현화된 행동이라고 하는 것은 외부적으로 문제행동이 표출되는 것을 의미하며, 내면화된 행동이라고 하는 것은 내부적으로 위축된 행동을 보이는 것이다. 여기서는 외현화된 행동의 대표적인 예로 주의력결핍 과잉행동장애, 품행장애, 반항성장애에 대해, 내면화된 행동의 대표적인 예로 불안장애와 우울장애, 양극성장애에 대해, 기타 장애로서 조현병과 틱장애에 대해 살펴보기로 한다.

　다음에 제시되는 장애가 반드시 정서·행동장애를 지닌 특수교육 대상자로 선정되는 것은 아니며, 대표적인 행동 특성을 설명하는 것으로 이해하는 것이 적합하다.

① 외현화된 행동

■ 주의력결핍 과잉행동장애

　주의력결핍 과잉행동장애(attention deficit hyperactivity disorder: ADHD)는 ADHD로 널리 알려져 있으며, ADHD는 주의집중이 어렵고 충동적이며 과잉행동을 나타내는 특성을 보인다. DSM-5에서는 ADHD의 진단기준으로, 주의력결핍에 해당하는 아홉

가지 증상 중 여섯 가지 이상이 6개월 이상 지속되거나, 과잉행동 및 충동성에 해당하는 아홉 가지 증상 중 여섯 가지 이상이 적어도 6개월 이상 지속되는 경우라고 하였다. DSM-5에서 제시하는 ADHD의 진단기준은 〈표 9-4〉와 같다.

〈**표 9-4**〉 DSM-5의 ADHD 진단기준

A. 개인의 기능이나 발달을 저해하는 부주의 및 과잉행동-충동성의 지속적 패턴이 나타나며, 다음 1항과 2항 중 하나 이상에 해당해야 한다.

1. **부주의**: 다음 증상 가운데 여섯 가지 (또는 그 이상의) 증상이 6개월 이상 발달 수준에 맞지 않으며, 사회적 · 학업적 · 직업적 활동에 직접적으로 부정적인 영향을 미친다.
   참고: 증상은 반항행동, 저항, 적대성 또는 과제나 수업의 이해 실패가 단독으로 나타나지 않음. 후기 청소년과 성인(17세 이상)에게는 다섯 가지 이상의 증상이 나타나야 함.
   a. 흔히 세부적인 면에 면밀한 주의를 기울이지 못하거나 학업, 직업 또는 다른 활동에서 부주의한 실수를 저지른다(예: 세부적인 면을 간과하거나 놓침, 일을 정확하게 하지 못함).
   b. 흔히 일을 하거나 놀이를 할 때 지속적으로 주의를 집중할 수 없다(예: 강의, 대화 또는 오랜 시간의 독서 중에 초점을 유지하기 어려움).
   c. 흔히 다른 사람이 직접 말할 때 경청하지 않는 것으로 보인다(예: 분명한 방해요인이 없을 때조차도 마음이 딴 곳에 있는 것 같음).
   d. 흔히 지시를 완수하지 못하고, 학업, 잡일, 작업장에서 임무를 수행하지 못한다(예: 과제를 시작하지만 금방 초점을 잃어버리거나 쉽게 옆길로 샘).
   e. 흔히 과업과 활동을 체계화하지 못한다(예: 계열적인 과제를 잘 다루지 못함, 자료와 소유물을 잘 정돈하지 못함, 일을 체계적으로 하지 못함, 시간 관리를 잘 못함, 기한을 맞추지 못함).
   f. 흔히 지속적인 정신적 노력을 요구하는 과업에 참여하기를 피하고 싫어하며 저항한다(예: 학업 또는 숙제, 후기 청소년이나 성인의 경우에는 보고서 준비, 문서 작성, 장문의 논문 검토).
   g. 흔히 과제나 활동을 하는 데 필요한 물건들을 잃어버린다(예: 학습 자료, 연필, 책, 도구, 지갑, 열쇠, 서류, 안경, 휴대전화).
   h. 흔히 외부의 자극(후기 청소년이나 성인의 경우에는 관련 없는 생각을 포함하여)에 의해 쉽게 산만해진다.
   i. 흔히 일상적인 활동을 잊어버린다(예: 잡일하기, 후기 청소년과 성인의 경우에는 전화 회신하기, 비용 지불하기, 약속 지키기).

2. **과잉행동과 충동성**: 다음 증상 가운데 여섯 가지 (또는 그 이상의) 증상이 6개월 이상 발달 수준에 맞지 않으며, 사회적 · 학업적 · 직업적 활동에 직접적으로 부정적인 영향을 미친다.
   참고: 증상은 반항행동, 저항, 적대성 또는 과제나 수업의 이해 실패가 단독으로 나타나지 않음. 후기 청소년과 성인(17세 이상)에게는 다섯 가지 이상의 증상이 나타나야 함.
   a. 흔히 손발을 가만히 두지 못하거나 의자에 앉아서도 몸을 움직거린다.

b. 흔히 앉아 있도록 요구되는 교실이나 다른 상황에서 자리를 떠난다(예: 자리에 낮아 있도록 요구되는 교실, 사무실이나 작업장 또는 다른 상황에 제자리를 떠남).

c. 흔히 부적절한 상황에서 지나치게 뛰어다니거나 기어오른다(청소년 또는 성인에게서는 주관적인 좌불안석으로 제한될 수 있음).

d. 흔히 조용히 여가활동에 참여하거나 놀지 못한다.

e. 흔히 '끊임없이 활동하거나' 마치 '모터에 의해 작동되는 것'처럼 행동한다(예: 레스토랑이나 모임에서 오랫동안 조용히 있지 못하거나 불편해함, 다른 사람들에게 가만히 있지 못한다거나 따라잡기 어렵다고 인식될 수 있음).

f. 흔히 지나치게 수다스럽게 말한다.

g. 흔히 질문이 채 끝나기도 전에 성급하게 대답한다(예: 다른 사람의 말을 가로채서 함, 대화할 때 차례를 기다리지 못함).

h. 흔히 차례를 기다리지 못한다(예: 줄을 서서 기다릴 때).

i. 흔히 다른 사람의 활동을 방해하고 간섭한다(예: 대화, 게임 또는 활동에 참견함, 부탁을 하거나 허락을 받지 않고 다른 사람의 물건을 사용함, 청소년이나 성인의 경우에는 다른 사람이 하고 있는 일에 함부로 끼어들거나 떠맡으려 함).

B. 몇 가지의 부주의나 과잉행동-충동성 증상이 12세 이전에 나타난다.

C. 몇 가지의 부주의나 과잉행동-충동성 증상이 두 가지 이상의 상황에서 나타난다(예: 가정, 학교 또는 작업장에서, 친구나 친척과의 관계에서, 다른 활동에서).

D. 이러한 증상이 사회적·학업적·직업적 기능을 방해하거나 그 질을 저하시킨다는 명백한 증거가 있다.

E. 이러한 증상이 조현병이나 다른 정신증적 장애의 경과 중에만 나타나는 것이 아니며, 다른 정신장애에 의해 더 잘 설명되지 않는다(예: 기분장애, 불안장애, 해리성장애, 인격장애, 약물중독이나 금단).

출처: Reid & Johnson(2012).

■ 품행장애

품행장애(conduct disorder)란 다른 사람의 기본적 권리를 침해하고 나이에 맞는 사회적 규범 및 규칙을 위반하는 지속적이고 반복적인 행동양상이다. 예를 들어, 사람과 동물에 대한 공격성, 재산의 파괴, 사기 또는 도둑질, 심각한 규칙 위반 행동이 장기간 동안 지속되는 것이다.

■ 반항성장애

반항성장애(defiant disorder)는 적대적 반항장애(oppositional defiant disorder)라고

도 불리며, 자주 짜증을 내거나, 어른과 다투거나, 어른의 요구나 규칙을 무시 또는
거절하거나, 의도적으로 사람을 귀찮게 하거나, 자신의 실수나 잘못된 행동을 남의
탓으로 돌리거나, 다른 사람에게 쉽게 짜증을 내거나, 화를 내거나 분개하거나, 원
한이나 앙심을 품는 등 거부적 · 적대적 · 도전적인 행동양상이 지속적으로 나타나
는 경우다.

② 내면화된 행동
■ 불안장애
　불안장애(anxiety disorder)는 불안이나 공포로 인해 일상생활이나 학업생활에 영향
을 주는 것으로, 이러한 불안장애에는 범불안장애, 공포증, 섭식장애, 공황장애, 선
택적 함묵증 등이 포함된다.

■ 우울장애와 양극성장애
　우울장애(depressive disorder)는 우울한 기분이나 감정이 오랫동안 지속되어 생활
의 흥미를 잃고 일상생활이나 학업생활에 부정적인 영향을 미친다. 양극성장애
(bipolar disorder)는 일명 조울증이라고 불리는데, 조울증은 조증과 울증이 반복적으
로 나타나는 것으로 이는 우울증보다도 치료에 더 많은 어려움이 따른다.

③ 기타 장애
　외현화된 행동이나 내면화된 행동으로 분류되지 않는 기타 장애로서 조현병과 틱
장애가 있다.

■ 조현병
　조현병(schizophrenia)은 집중력 저하, 긴장, 불안, 부적절한 감정표현, 망상, 환각,
공포감, 이상한 언어 사용 등의 증상을 나타내는 정신적으로 혼란스러운 상태를 의
미한다.

■ 틱장애
　틱장애(tic disorder)는 신체의 특정 부위를 반복적으로 움직이는 운동틱과 특정한

소리나 말을 표현하는 음성틱이 있다. 틱장애의 대표적인 장애는 뚜렛증후군으로, 이는 운동틱과 음성틱이 함께 나타나는 경우다.

2) 통합교육을 위한 교육적 접근

정서·행동장애학생의 통합교육을 위한 교육적 접근으로 행동 관리 및 지원을 중심으로 살펴보도록 하자.

정서·행동장애학생은 그것이 외현화된 것이든 내면화된 것이든 행동문제를 보인다는 것이 특징이다. 통합학급에서는 정서·행동장애학생이 보이는 다양한 행동문제를 우선적으로 다루는 것이 필요하다. 이들의 행동문제를 다루기 위해서는 이들이 왜 그러한 행동을 나타내는지를 파악하고, 이들의 문제행동을 감소시키고 바람직한 행동의 증가를 위해 필요한 행동지원을 제공해 주는 것이 요구된다.

문제행동의 발생원인을 이해하기 위해서는 문제행동이 발생하기 전과 문제행동이 발생한 후의 사건들을 분석함으로써 그 이유를 이해하고, 적절한 행동의 지원방안을 모색해야 한다. 이것이 바로 기능적 행동평가인데, 기능적 행동평가는 문제행동의 전과 후를 분석하게 되는 ABC 분석과 학생의 문제행동에 대한 정보를 제공해 줄 수 있는 사람들과의 면담, 때로는 조작적 상황에서의 실험을 통한 행동분석을 실시할 수 있다. 이러한 기능적 행동평가가 이루어지고 나면 문제행동을 대체할 수 있는 대체행동을 교수하고, 바람직한 행동에 대해서는 강화 등을 이용해 행동에 대한 적절한 결과가 주어져야 한다. 이와 관련해서는 10장에서 보다 구체적으로 다룰 것이다.

여기서는 통합학급에서 정서·행동장애학생이 보일 수 있는 여러 가지 문제행동을 관리하기 위해 사용할 수 있는 표면적 행동관리전략(surface management; Long & Newman, 1980)을 소개하고자 한다. 표면적 행동관리전략에 대한 구체적 설명은 3장을 참고하기 바란다.

(1) 계획된 무시하기

교사가 학생의 부적절한 행동을 너무 드러나게 막거나 제거하는 것은 학생에게 부정적이긴 하지만 오히려 관심의 표현이 된다. 따라서 신체 상해 등의 위험한 행동이

아닐 경우, 교사는 학생의 부적절한 행동을 의도적으로 무시하고 학생은 여러 번의
무시 경험을 통해 자신의 부적절한 행동이 더 이상 교사의 관심을 끌지 못함을 알게
된다.

(2) 문제행동을 멈추라는 신호 보내기

부적절한 행동을 하는 학생 쪽을 바라보고 손끝을 살짝 까딱인다든지, 목청을 가
다듬거나 미간을 찌푸리는 행동, 살짝 발을 구르는 신호를 통해 학생이 특정 행동을
멈출 수 있게 한다.

(3) 근접 통제하기

교사가 학생 근처에 서 있는 것만으로도 학생은 자신의 충동성을 조절할 수 있다.
교사는 부적절한 행동을 하는 학생 근처로 다가가서 학생이 부적절한 행동을 멈추거
나 바른 행동을 보일 때까지 서 있거나 학생의 어깨에 조용히 손을 얹는 행동을 함으
로써 학생의 행동을 조용히 통제할 수 있다.

(4) 학생의 흥미 촉발하기

학생이 지루하거나 재미없어 하는 표정을 보이면 교사는 학생이 흥미를 보일 만한
주제나 이야기, 활동을 포함시켜 학생에게 활동에 참여할 수 있게 한다. 이로써 학생
의 문제행동을 예방할 수 있다.

(5) 유머를 이용한 긴장감 해소하기

갈등을 유발할 수 있는 상황이 있을 때 교사가 유머러스한 말이나 표정, 이야기를
통해 학급의 긴장을 해소해 준다. 유머를 이용하면 학생들이 편안한 마음으로 수업
활동에 임할 수 있다.

(6) 학습 참여를 방해하는 장애물 제거하기 혹은 감소시키기

장애학생이 자신의 수행수준이나 능력, 사전지식 등에 맞지 않는 활동에 참여해야
할 때가 있다. 이럴 경우 혼자서 과제를 수행하는 데 어려움을 느끼거나 쉽게 흥미를
잃게 된다. 이런 상황이 발생할 경우 교사는 학생에게 직접 개별적인 지원을 제공하

거나 또래 등의 다른 인적자원을 배치할 수 있다. 또한 활동을 독자적으로 수행할 수 있도록 학습보조도구나 자료(예: 교과서를 녹음한 CD)를 제공하여 좌절감을 감소시킬 수 있다.

(7) 일상적으로 행하는 활동순서를 만들어 관리하기

예상치 못한 활동이나 행동이 계속되면 학생은 불안감을 갖게 되므로 교사는 교실이나 수업에서 이루어지는 활동을 일상적인 것으로 바꾸어 학생이 다음 일어날 일이나 과제를 예견하고 준비할 수 있게 한다.

(8) 필요성, 가치에 호소하기

학생의 정서적·윤리적 가치에 호소하는 방법을 통해 문제가 될 수 있는 상황을 해소할 수 있다. 이를 위해 ① 교사–학생 관계에 호소하거나, ② 문제행동이 일어날 경우 실제 일어날 수 있는 후속 결과(예: 화가 나서 주먹을 휘두르다가 학급 어항을 깰 경우 어항에 살던 물고기가 죽고 학생이나 부모님이 어항을 새로 사는 데 비용이 발생함)로 설득하거나, ③ 또래들의 거부가 있을 것을 알려 주거나, ④ 교사의 권위를 세워 설득할 수 있으며, 혹은 ⑤ 감정의 상처로 인해 문제행동이 나타났을 수 있음을 인정해 주는 방법을 활용할 수 있다.

(9) 학생의 주의를 끄는 유혹적인 사물 제거하기

간혹 학생이 학교에 가지고 오는 작은 장난감, 풍선, 사탕 등의 물건은 학생이 과제에 집중하는 것을 방해한다. 일단 학생을 유혹하는 사물을 제거하면서 학생에게 해당 수업이 끝난 후 하교 직전에 돌려 줄 것을 약속한다.

(10) 예방적 차원에서 대체활동 제시하기

학생이 교사의 언어적인 지시나 통제로 문제행동을 철회할 것 같지 않거나 수업활동에 집중하기 어렵다고 판단할 때 잠시 교실을 떠났다 올 수 있는 활동을 제공할 수 있다. 예를 들어, 옆 교실에 심부름을 다녀오게 하는 것이다. 이러한 대체활동은 벌의 개념이 아니며, 잠시 학생이 분노, 실망감과 같은 부정적인 감정이나 딸꾹질, 웃음 등을 멈출 수 없을 때 사용할 수 있다.

3. 건강장애

과거에는 불치병으로 여겼던 질병이 현대에서는 의학기술의 발달로 위험도가 약화되어 만성적 질병으로 변화하였다. 만성적 질병을 지닌 학생의 수가 점차 증가함에 따라 2005년 「특수교육진흥법」 개정을 통해 건강장애학생을 특수교육 대상자로 포함하여 학생의 교육권을 보장하였다. 초기에 건강장애는 건강 회복 및 유지와 병원 내 복지 서비스 제공에 관심을 기울여 왔으나 최근에는 지역사회에서의 교육과 생활을 지원하는 접근방법을 바꾸려 하고 있다. 이 절에서는 건강장애의 정의 및 원인 그리고 특성에 대해 살펴보고, 통합교육을 위한 적절한 교육적 지원방법을 논의하고자 한다.

1) 건강장애의 개념

「장애인 등에 대한 특수교육법」(2008)이 제정되면서 건강장애에 대해 "만성질환으로 인하여 3개월 이상의 장기입원 또는 통원치료 등 계속적인 의료적 지원이 필요하여 학교생활 및 학업수행에 어려움이 있는 사람"으로 정의하고 있다. 「장애인복지법」에서의 건강장애는 내부 기관의 장애로 구분하여 신장장애, 심장장애, 간장애, 호흡기장애, 장루·요루장애, 뇌전증장애로 구분하고 있을 뿐 별도로 건강장애로 칭하고 있지 않다.

미국의 「장애인교육법」에서는 건강장애를 "심장의 상태, 결핵, 류머티즘, 신장염, 천식, 겸상적혈구 빈혈증, 혈우병, 간질, 납중독, 백혈병, 당뇨병 등과 같은 만성 또는 급성 건강문제로 인하여 약화된 근력, 체력, 민첩성을 가진 상태"라고 정의하고 있다. 건강장애로 분류되는 급성 및 만성 질병의 유형과 특징을 살펴보면 다음과 같다.

2) 건강장애의 분류 및 출현율

(1) 건강장애의 유형과 특징

① 소아암(백혈병)

- 의학적 특성: 소아암의 가장 일반적인 형태는 백혈병으로 미성숙한 림프세포 (lymphocytes)의 통제 불가능할 만큼의 성장과 증식으로 인하여 적혈구 수가 감소하고, 백혈구 수가 증가하는 혈액 형성 조직의 질병이다.
- 정서적·행동적 특성: 소아암 아동의 치료과정에서 장단기적으로 인지와 사회·정서 및 행동에 문제가 발생하게 되고, 이로 인해 신체기능의 전반적인 저하가 나타난다. 특히 수량적 기술, 소근육 운동, 시각과 운동의 협응에서 어려움을 겪는다고 보고되고 있으며, 백혈병 아동들 중 1/3이 학교 복귀 후 특수교육 서비스를 필요로 하는 경우가 있다.

② 신장장애

- 의학적 특성: 신장장애는 신체 내의 노폐물을 제거하여 적절한 수분과 전해질을 보유할 수 있도록 조절하는 기관인 신장의 기능 이상으로 인해 일상생활 활동에 어려움을 가져오며 장기간 신장 기능을 대신하는 치료가 필수적인 상태다.
- 신체적·정서적 특성: 신장장애 학생은 어릴 때부터 식욕부진과 식이제한 등에 의한 열량 공급 부족, 만성 빈혈, 각종 내분비 장애 등으로 인한 신체적 성장장애를 보이는 경우가 많으며, 요독증으로의 이환성이 높기 때문에 뇌손상, 지능 발달 지연 등 심각한 부작용이 초래되기도 한다. 나이가 많은 아동은 호르몬 조절에 이상이 생겨 사춘기의 지연, 성적 성숙의 지연을 가져오게 되며 이러한 신체적 미성숙이 아동에게 커다란 정신적 부담을 주어 심각한 정서적인 문제를 야기하기도 한다.

③ (소아)천식

- 의학적 특성: 소아천식은 호흡통로에 염증이 생기고, 협착을 야기하는 다양한 물질에 대해 민감성이 증가되며, 공기의 원활한 흐름을 방해하여 호흡에 어려움

을 느끼게 되는 질병이다.

- 정서적 · 행동적 특성: 천식 자체가 직접적으로 학습에 문제를 야기한다기보다는 질병으로 인해 학교에 결석을 자주 하거나, 학교에 등교했을 경우에도 기분이 불쾌하거나, 집중을 할 수 없어 새로운 기술과 정보 습득에 어려움이 있다. 또한 무산소증으로 인한 뇌손상, 주의 산만 등은 병에 의해 유발되는 증세들이고, 귀의 감염으로 인한 청각장애, 수면 부족, 질병의 치료 목적으로 사용한 약물로 인한 부작용 등으로 학교생활에서 어려움을 경험할 수 있다. 지속적인 스테로이드 복용 등 약물 복용의 가장 큰 부작용으로는 침체된 기분, 두려운 느낌, 단기기억장애 등이 있다.

④ (소아)당뇨

- 의학적 특성: 소아당뇨는 췌장에서 인슐린을 합성하여 분비시키는 능력이 감소되어 발생하는 질병으로 식사 후 높아진 영양소들의 처리가 불가능해져 혈액 내에 높은 농도의 당, 지방 등 영양소가 있어도 세포들이 이용할 수 없는 상태다. 당뇨병 중에서 의존성 당뇨는 흔히 소아 연령기에 많이 발생되기 때문에 소아당뇨라고도 불리는데, 인슐린의 절대량이 부족하여 발생하는 것이므로 반드시 인슐린 투여로 치료해야 한다. 확실한 완치방법이 없으며 적극적으로 관리하지 않으면 망막증, 신증, 신경병변 등의 합병증을 가져올 수도 있는 만성질환이다.
- 정서적 · 행동적 특성: 당뇨병은 적절한 혈당관리 및 적정 영양수준을 고려한 식사가 규칙적으로 이루어져야 하고, 매일 꾸준한 운동을 해야 하는 등 다른 어떤 질환보다도 개인의 삶을 크게 위축시킬 가능성이 있다. 질병 관리를 효과적으로 하지 못하는 데서 비롯되는 신체적 부작용이나 합병증에 대한 우려와 불안에 따른 우울과 스트레스 상황 속에서 생활하게 된다. 자기개념 형성에 있어 민감한 시기인 학령기 및 청소년기 소아당뇨인의 경우 주로 성인에게 많이 나타나는 당뇨가 자신에게 생겼다는 것에 대한 수치심과 분노, 좌절감 등으로 인한 심리적 갈등이 더욱 심해지게 된다.

⑤ 심장장애

- 의학적 특성: 심장장애는 심장의 기능 부전으로 인하여 일상생활 정도의 활동에

도 호흡곤란 등의 장애가 있어 일상생활 활동에 현저한 제한을 받는 질병이다.

- 정서적·행동적 특성: 대부분 태어날 때부터 심장질환으로 인해 정상적인 신체 발달을 하지 못하며 잦은 호흡기 질환 등으로 취약한 건강상태에 놓이게 된다. 이로 인해 정상적이고 활발한 학교생활을 하는 데 많은 어려움을 갖게 된다. 등·하교, 체육 수업 참여 등 학교생활을 위한 기본적 행동에 있어 어려움을 나타내고, 친구관계가 수동적이고 동정적인 경향을 보이며, 학습 수행에 어려움을 갖고 있지만 학습에 대한 욕구는 강한 것으로 보고되고 있다.

(2) 출현율

건강장애에 포함되는 질병은 건강장애 특수교육 대상학생에 따라 다르므로 한 가지로 요약할 수 없다. 건강장애학생의 특수교육 요구학생 실태조사(교육부, 2015b)에 의해 발표된 출현율을 살펴보면, 특수교육 대상학생 중 건강장애학생은 1,935명으로, 전체 장애학생의 2.2%를 차지하고 있다. 2015년 현재 건강장애학생은 특수학교 48명, 특수학급 238명, 일반학급 1,649명이 각각 특수교육 지원을 받고 있는 것으로 나타났다. 한편, 보건복지부의 2014년 장애인 실태조사를 보면 심장장애 0.02%, 신장장애 0.16%, 호흡기장애 0.03%, 간장애 0.03%, 장루·요루장애 0.04%, 뇌전증 장애 0.05%로 출현하고 있다고 한다. 이들 건강장애학생의 교육적 배치현황을 살펴보면, 특수학교나 특수학급보다는 일반학급을 중심으로 건강장애학생의 수가 증가하고 있어 어떻게 교육하고 지원할 것인가에 대한 교육적 접근이 중요하다(국립특수교육원, 2015; 박은혜, 이정은, 2004). 건강장애학생의 교육적 지원을 위한 병원학교는 전국에 33개가 설치, 운영되고 있다.

3) 건강장애의 특성

지금까지의 건강장애 관련 선행연구들을 살펴보면 대부분 심리적·정서적 지원에 대한 연구들이 대부분이며, 특수교육 분야보다는 의학적 접근에 대한 연구가 많은 실정이다. 건강장애의 발생비율이 높아짐에 따라 이들을 위한 특수교육 지원과 관련 서비스에 대한 관심과 요구가 커져 가고 있으나 국내에서는 건강장애학생의 치료 후의 교육지원 및 학교 적응에 관한 정확한 실태 조사나 프로그램 실행 및 교육의 성과에 관련된 연구와 실행들이 미비한 실정이다.

건강장애학생은 질병으로 인한 신체적인 어려움, 결석 및 치료로 인한 학업 지체 및 인지 손상, 또래 및 교사와의 사회적 관계 문제로 인해 학교생활 적응 및 학습문제의 어려움에 직면하게 된다(박은혜, 김미선, 김정연, 2005). 여기서는 건강장애의 특성을 인지적, 사회적·정서적, 신체적 측면에서 살펴보고자 한다. 이러한 특성 파악을 통해 건강장애학생에게 효율적이고 적합한 교육을 제공할 수 있는 다양한 지원방안을 마련하고 인력개선 등 효율적 지원방안을 제안하여 건강장애학생의 교육 지원체제를 강화하기 위해 우리가 실천할 수 있는 것을 찾아보고자 함이다.

(1) 인지적 특성

건강장애학생의 인지적 특성은 소아당뇨를 가지고 있는 학생이 학업수행과 주의집중에 문제를 갖는 것과 같이 질병 자체에 기인하는 경우도 있고, 백혈병을 앓고 있는 학생이 방사선 치료나 화학요법과 같은 치료로 인해 다양한 인지능력이 손상되는 것처럼 치료과정에서 발생하는 경우도 있다.

건강장애학생은 개별적인 질병의 특성으로 인해 각기 다른 특성을 나타내기도 하지만 만성적인 질병의 치료과정에서 장기간 약물 복용과 스테로이드계 약물의 단기 복용 등으로 인해 불면증과 주의력결핍 및 인지처리 과정의 손상이 유발되어 인지적 어려움을 경험한다(김정연, 2010). 또한 모든 치료과정에서 공통적으로 나타나는 부작용이라고 볼 수 있는 '만성적 피로감'은 학업수행에 지장을 주고, 학교생활에 적응하지 못하는 요인이 되기도 한다. 만성질환으로 장기입원 혹은 장기통원치료를 받는 대부분의 건강장애학생은 장기결석을 하게 되는데, 이는 학업능력 저하의 주요 원인으로 꼽히고 있기도 하다(김은주, 2008).

(2) 사회적·정서적 특성

건강장애학생은 잦은 입퇴원으로 인해 자신의 신체와 정서상의 균형을 가능하게 했던 일상에서 소외되고, 질병과 치료에 따른 고통과 재발에 대한 염려로 스트레스를 경험하게 된다(박경옥, 오원석, 2012; 오진아, 2010). 또한 장기결석과 장기간의 입원, 가족 구성원의 기능 변화 등으로 인해 사회적·정서적 어려움을 가지게 된다. 소아암 학생의 경우 생존율이 높아지면 높아질수록 치료과정으로 인해 장기적으로나 단기적으로 사회·정서 및 행동에서의 문제가 발생하게 되고, 또한 그들의 전체적인 신체기능이 저하되는 현상을 경험하게 된다. 이러한 변화는 학교생활에서 학생이 또래나 교사와의 관계에 어려움을 겪게 되는 요인이 된다(박은혜, 이정은, 2003).

(3) 신체적 특성

건강장애학생은 만성질환 자체에서 기인하는 신체적인 고통 등 여러 가지 어려움들을 경험한다(김은주, 2008). 신장장애학생은 식욕부진과 식이제한 등에 의한 열량 부족, 만성 빈혈, 각종 내분비 장애 등으로 신체적 성장장애를 보이며, 지능발달 지연 등 심각한 부작용이 초래되는 경우도 있다. 또한 호르몬 이상으로 사춘기와 성적 성숙이 지연되면서 나타나는 신체적 미성숙이 학생에게 커다란 정신적 부담을 주어 심각한 정신장애 문제를 야기할 수도 있다.

천식의 경우에는 천식 자체가 직접적으로 학습문제를 야기하는 것은 아니지만, 질병으로 인해 학교에 자주 결석하거나, 학교에 등교했을 경우에도 기분이 불쾌하거나, 집중할 수 없어 새로운 기술과 정보 습득에 어려움이 있다. 또한 천식 발작 중 발생할 수 있는 무산소증으로 인한 뇌손상, 학교 결석, 집중을 방해하는 병의 증세들 그리고 청각장애를 야기하는 귀의 감염, 수면 부족, 질병을 치료하기 위한 약물로 인한 부작용 등으로 학교생활에서 어려움을 경험할 수 있다. 지속적인 스테로이드계 약물 복용으로 인한 가장 큰 부작용으로는 침체된 기분, 두려운 느낌, 단기기억장애 등이 있다(류신희, 김정연, 2008). 따라서 교사는 학생이 다양한 경험을 할 수 있도록 학생의 인지적, 사회적·정서적, 신체적 특성을 잘 이해하고 학생에게 나타나는 신체 변화 및 요구를 충족시킬 수 있는 적절한 교육지원책을 마련해야 한다.

4) 통합교육을 위한 교육적 접근

통합교육을 담당하는 교사들은 건강장애학생에게 교육기회를 확보해 주어 이들의 기본적인 학습권을 보장하고, 개별화된 학습지원과 심리적·정서적 지원을 균형적으로 제공하여 학교생활에 적응할 수 있도록 해야 한다. 즉, 교사들은 다양한 교육서비스 제공을 통해 학생들에게 삶에 대한 희망과 용기를 심어 정서적 자존감을 회복시켜 주어야 하고, 치료과정에서 최대 교육효과 증진을 목표로 병원학교, 사이버

가정학습 서비스, 화상강의 시스템, 순회교육 등 다양한 교육지원을 제공하여 자기
주도적인 학습이 이루어지도록 지원해 나가야 한다(류재연 외, 2009).

(1) 병원학교

병원학교는 장기입원이나 장기치료로 인해 학교교육을 받을 수 없는 학생을 위해
병원 내에 설치된 교육기관의 한 형태다. 병원학교는 학생이 의료적 처치를 받는 병
원에서 공부할 수 있도록 최소한의 교육환경을 갖추고 특수교사를 파견하여 교육함
으로써 지속적인 학업이수 및 학교생활이 연계되도록 도와주고 있다(교육인적자원부,
2006).

병원학교는 교육청 소속의 특수학교나 병원 자체 병원학교로 이루어진다. 학사관
리를 살펴보면, 우선 학적은 학생의 소속 학교에 두고, 출석확인서를 소속 학교에 통
보하여 출결을 처리한다. 출석확인서는 해당 교육청(초, 중―지역교육청, 고―시교육청)
에서 발급하고, 교육시수는 초등학생 1시간 이상, 중·고등학생은 2시간 이상을 1일
최소 수업시수로 하고 있다. 이때 1단위 시간은 최소 20분으로 하고, 학력평가는 원
소속 학교에서 처리한다. 학업성취도평가 시 가능하면 학생의 평가 당일 학교 출석
을 권장하고, 건강상의 이유로 출석이 곤란한 경우에는 병원학교 담당교사와 소속
학교 담임 간 협의를 통해 가정이나 병원에서 평가할 수 있다.

(2) 원격수업

학교에 출석하기 어려운 건강장애학생은 원격수업으로 수업을 대체할 수 있다. 원
격수업은 사이버 가정학습 서비스와 화상강의 시스템을 통해 이루어진다. 건강장애
학생에게 제공되는 사이버 가정학습 서비스는 학생 개개인의 학년별·과목별 진도
에 맞게 학습을 제공하고 담임교사, 학부모, 도우미 등이 일대일 상담 및 학습 지도를
하면서 학습 참여를 독려하고 학습에 대해 지속적으로 관리한다.

화상강의 시스템은 인터넷을 통한 실시간 일대일 화상강의를 시범적으로 운영하
여 개별 학생의 학년 및 학력 수준에 적합한 개별화된 학습지원을 모색하고 있다. 그
리고 시범운영 기관별로 지역을 분담하여 화상강의 지도를 받고자 하는 건강장애학
생이 전원 참여할 수 있도록 하고 있다. 예를 들어, 서울시교육연구정보원 교수학습
지원센터에서 운영하고 있는 '꿀맛 무지개 학교'는 대표적인 사이버 가정학습 사이

트다. 하지만 이러한 화상강의 시스템을 이용한 교육 대상자 선정 과정은 많은 해결 과제를 가지고 있다. 즉, 건강장애 외 중도 · 중복장애 학생 또는 장기결석생이 화상 강의를 들을 수 있다는 근거를 바탕으로 정서 및 행동장애 학생이 병원학교와 화상 강의 기관에 입교하는 경우도 있다. 이들의 경우, 일반학교에서 품행의 문제를 가진 학생이 학교에 출석하는 것을 막는 용도로 악용되거나 대학 특례 입학 등을 위한 사 례로 악용될 우려가 있으므로 대상학생 선정 및 관리는 보다 엄격하고 체계적으로 관리되어야 할 것이다(박은혜, 김정연, 김유리, 2013).

(3) 순회교육

순회교육은 병원에서의 집중적인 치료를 마치고 가정에서 치료를 하거나 통원치 료를 받고 있는 학생을 대상으로 실시할 수 있다. 특수교육운영위원회에서 종합적으 로 판단하여 순회교육 여부를 결정하되, 부모의 동의가 있어야 한다. 학생 소속학교 의 일반교사와 특수교사가 순회교육을 담당하거나 해당 교육청에서 건강장애학생 순회교육 협력학교를 지정하여 운영하고, 일반학교, 교육청, 특수교육지원센터 등에 서 순회교육을 관리 · 감독하고 있다.

(4) 개별화 건강관리 계획

개별화 건강관리 계획(Individualized Healthcare Plan: IHP)은 담임교사와 특수교사 가 협력하여 개별화교육계획에 포함하여 작성한다. 개별화 건강관리 계획에는 학생 에 따라 학업적 적응 정도 및 질병의 회복 정도가 다르므로 획일적 교육과정 적용이 어렵다. 따라서 개별화된 교육과정을 수립하여 실행해 교육의 체계성과 연계성이 확 보되도록 하는 것이 좋다. 개별화교육계획 내에 포함되는 개별화 건강관리 계획에는 다음의 요소를 포함하는 것을 권장하고 있다(박은혜, 박지연, 노충래, 2002).

- 학생의 이름, 사진, 응급상황 시의 연락처(가족, 의사)
- 사례 관리자(case manager) 혹은 자격을 가진 치료 책임자명 기재
- 진단/상태에 대한 기술, 건강력, 특정 증상과 통증 정도 포함
- 건강관리 절차와 약물 관리를 포함하는 매일의 치료 내용
  ※ 약물 투약 장소, 복용량, 약물 전달, 약물 전달 방법, 부작용, 유효기간, 치료

에 대한 학교 직원의 책임
- 책임에 대한 모니터링: 학교 직원의 특정한 역할, 기록 보관에 대한 책임, 기록 형식, 증상, 특성들
- 응급상황 발생 시의 절차
  - 필요한 경우, 건강관리계획의 첫 페이지에 분명하게 써 놓거나 강조 표시를 함
  - 응급 시에 보이는 특정한 증상, 취해야 할 행동 순서 목록 포함
  - 책임에 대한 모니터링(예: completing injury report)
- 추가적인 조정 제공 여부
  - 교실, 시설, 설비, 다른 학교환경 등 물리적인 접근방법의 변화, 교수와 활동에서의 변화, 보조공학 등에 대해 기재

건강상태로 인해 학교에서의 평가 참여가 어려운 경우에는 교사가 방문하여 평가를 실시하는 등 학교 차원에서 별도의 평가 조정 방안을 모색해야 한다.

(5) 학교 복귀를 위한 지원

장기적인 입원과 치료를 위해 오랜 시간 학교에서 떠나 있었던 건강장애학생이 성공적으로 학교로 복귀하기 위해서는 학생 자신과 가족뿐만 아니라, 학교의 교사와 학급의 또래들도 다음과 같은 준비가 필요하다(류신희, 2008). 첫째, 입원했던 건강장애학생의 퇴원이 임박할 즈음 병원, 병원학교, 학교, 부모 간의 협력을 통해 학생의 학교 복귀 과정에 대해 계획하고 준비한다(학교복귀지원팀 구성-의료진, 병원학교 담당교사, 학교 담당교사, 부모, 학생 등). 둘째, 병원학교에서의 교육 관련 기록과 병원에서의 질병 치료와 관련된 기록을 정리하여 학교 담당 교사와의 회의를 통해 전달하고, 복귀하기 전 준비에 대해 의논한다. 〈표 9-5〉는 건강장애학생의 학교 복귀를 지원하기 위한 다양한 방법을 소개한다(김정연, 2010).

〈표 9-5〉 건강장애학생의 학교 복귀 지원 프로그램

일반학생과의 상호작용 확대를 통한 심리적 · 정서적 지원
같은 반 친구 혹은 인근학교 학생들이 병원학교 혹은 가정을 방문하여 학교생활에 대해 전달해 주고, 함께 교류할 수 있는 기회를 자주 마련하여 또래관계를 유지할 수 있도록 지원한다.

건강장애에 대한 인식개선 및 학교생활적응지원 자료 개발·보급
외국의 경우에는 유아 대상 이해교육(Kid on the Block-인형극을 통한 이해 프로그램), 온타리오학교지원프로그램(교사 대상 소아암에 대한 의료적 정보 제공), 건강장애학생의 학교생활 적응을 위한 지침을 마련하여 제공하고 있다. 건강장애학생 본인이 자신의 병에 대해 바르게 이해하고 건강과 삶에 대한 통제력을 가질 수 있도록 관련 프로그램을 개발 보급하는 것이 필요하다.
캠프 참여를 통한 심리적·정서적 안정 도모
각종 단체나 협회가 주최하는 캠프에 참여하여 또래들과 함께 서로의 경험을 나누고 즐거운 시간을 갖게 함으로써 재활의지를 심어 주고 심리적·정서적 안정을 갖도록 지원한다. 죽음이나 질병으로 인해 변한 신체상 등에 대한 불안감에 대처하는 교육 기회를 제공하는 것이 필요하다.
전화나 이메일 등 통신 이용, 가정이나 병원 방문
학생들이 혼자가 아니라는 마음이 들도록 지속적인 관심을 기울이고 학급 학생들과의 유대도 유지할 수 있도록 주기적인 방문이나 연락이 필요하다.
스마트 기기를 활용한 학교 복귀 지원방안의 마련
스마트 기기를 활용하여 소속 학교 담임교사 및 건강장애학생의 학교 복귀 준비에 활용될 수 있도록 지원하는 방안이 필요하다. 스마트 기기의 활용은 학급 친구들과의 교류를 강화할 수 있으나 시범사업 등을 통한 점진적 접근이 바람직할 것이다.

출처: 김정연(2010: 135-154).

4. 의사소통장애

의사소통이란 사람들 사이의 생각이나 감정, 정보 등을 교환하는 것으로, 이러한 교환에 장애가 있는 것을 의사소통장애라고 한다. 의사소통장애는 말장애와 언어장애를 통칭해서 부르는 것으로, 여기서는 말장애와 언어장애의 개념 및 특성 그리고 통합교육을 위한 교육적 접근에 대해 살펴보고자 한다.

1) 의사소통장애의 개념

(1) 의사소통장애의 정의

의사소통장애에 대한 이해를 위해서는 우선 말, 언어, 의사소통의 개념을 이해하는 것이 필요하다. 말은 일반적으로 의사소통을 위한 말소리를 산출하는 것을 의미하는데, 언어를 표현하는 데 있어 가장 효과적인 수단으로 사용된다. 말의 산출은

호흡, 발성, 공명, 조음의 과정을 통해 이루어진다. 언어는 의사소통에 사용되는 상
징체계로서 형태, 내용, 사용의 세 가지 요소로 구성된다. 형태는 소리를 의미가 있
는 기호와 연결하는 것으로 음운론, 형태론, 구문론이 포함된다. 내용은 언어의 의
미에 해당하며 의미론이 여기에 해당된다. 사용은 언어의 활용에 대한 규칙을 의미
하는 것으로 화용론이 해당된다. 언어의 구성요소와 그에 따른 하위체계에 대한 설
명은 〈표 9-6〉에 제시하였다.

〈표 9-6〉 언어의 구성요소 및 하위체계

구성요소	언어의 하위체계	정의	사용의 예	
			수용언어	표현언어
형태	음운론	말소리 및 말소리의 조합을 규정하는 규칙	말소리 식별	말소리를 만들고 분명하게 발음
	형태론	단어의 구성을 규정하는 규칙	단어의 문법적인 구조 이해	단어 내에서 문법 사용
	구문론	단어의 배열, 문장의 구조, 서로 다른 종류의 문장 구성을 규정하는 규칙	문구와 문장 이해	문구와 문장 내에서 문법 사용
내용	의미론	의미(단어 및 단어의 조합)를 규정하는 규칙	단어의 의미와 단어들 간의 관계 이해	단어의 의미와 단어들 간의 관계 사용
사용	화용론	사회적 상황에서의 언어의 사용과 관련된 규칙	사회적·상황적 단서 이해	다른 사람에게 영향을 미치기 위해 언어 사용

출처: 이소현, 박은혜(2011: 272)를 수정.

　의사소통은 구어나 문어를 통한 언어적 요소는 물론 몸짓이나 자세, 얼굴 표정, 눈
맞춤, 목소리, 억양 등과 같은 비언어적 요소를 통해서도 이루어질 수 있다. 의사소통
이 구어와 문어뿐만 아니라 이러한 비언어적인 요소까지 포함하여 사람들의 생각이
나 감정을 전달하는 것이라고 하였을 때, 의사소통이 가진 개념은 말이나 언어의 개
념보다 훨씬 폭넓다고 할 수 있다.
　앞과 같이 의사소통, 말, 언어를 구별하여 살펴보았는데 의사소통장애, 말장애, 그
리고 언어장애의 정의는 〈표 9-7〉과 같다(국립특수교육원, 2009).

〈표 9-7〉 의사소통장애, 말장애, 언어장애의 정의

- 의사소통장애-언어 또는 비언어 형태의 정보를 교환하는 데 장애가 있는 것이다. 의사소통장애는 말장애(speech disorder)와 언어장애(language disorder)로 나눌 수 있다.
- 말장애-발동부(공기가 움직이게 하는 곳으로 일반적으로는 폐, 후두, 구강의 안쪽 부분), 발성부(후두와 성대), 발음부의 기관 손상이나 잘못으로 인한 의사소통장애의 일종이다. 말소리를 산출하거나(조음장애), 말의 흐름과 관련되거나(유창성장애), 목소리를 조절하는(음성장애) 등의 장애가 있다. 구어장애라고도 불린다.
- 언어장애-언어발달의 이상이나 지체를 의미하는 의사소통장애의 한 유형이다. 호흡, 발성, 조음 등의 기관 이상으로 발생하는 말장애와 구별된다. 언어의 구성요소는 형태, 내용, 사용 등으로 구별할 수 있는데, 이들 구성요소에서 어려움을 겪는다.

미국의 「장애인교육진흥법(IDEIA)」에서는 의사소통장애라는 용어를 사용하지 않고 말 또는 언어장애(speech or language impairment)라는 용어를 사용하고 있다. 비록 국내의 「장애인 등에 대한 특수교육법 시행령」(2016)과 미국의 「장애인교육진흥법」에서 사용하는 용어의 차이가 존재하기는 하지만, 그것이 의미하는 내용에는 차이가 없다. 「장애인 등에 대한 특수교육법 시행령」(2016)에서는 의사소통장애를 지닌 특수교육 대상자를 〈표 9-8〉과 같이 규정하고 있다.

〈표 9-8〉 의사소통장애를 지닌 특수교육 대상자

다음 각 목의 어느 하나에 해당하여 특별한 교육적 조치가 필요한 사람
가. 언어의 수용 및 표현능력이 인지능력에 비하여 현저하게 부족한 사람
나. 조음능력이 현저히 부족하여 의사소통이 어려운 사람
다. 말 유창성이 현저히 부족하여 의사소통이 어려운 사람
라. 기능적 음성장애가 있어 의사소통이 어려운 사람

(2) 의사소통장애의 분류

의사소통장애를 말장애와 언어장애로 분류하여 볼 때, 이들 각 유형에는 또다시 하위 유형이 포함된다. 말장애의 하위 유형으로는 조음장애, 유창성장애, 음성장애가 있으며, 언어장애의 하위 유형으로는 구어의 결여, 질적으로 다른 언어, 지연된 언어발달, 중단된 언어발달이 포함된다.

먼저, 말장애의 하위 유형에 대해 살펴보도록 하자.

① 말장애의 하위 유형

■ 조음장애

조음장애는 말소리의 산출 시 어려움이 있는 것으로 첨가, 생략, 왜곡, 대치 등의 현상을 나타낸다. 첨가는 필요 없는 음소를 첨가하는 형태로, 예를 들면 '아버지'를 '아바버지'로 발음하는 경우다. 생략은 음소를 빠트리고 발음하지 않는 형태로, 예를 들면 '아버지'를 '아지'로 발음하는 경우다. 왜곡은 조음기관의 잘못된 사용으로 잘못된 발음을 하는 형태로, 예를 들면 '아버지'를 '아봐지'로 발음하는 경우다. 마지막으로 대치는 다른 음소로 바꾸어 발음하는 것으로, 예를 들면 '아버지'를 '아머지'로 발음하는 경우다.

■ 유창성장애

유창성장애는 말의 속도와 흐름에 대한 것으로 말더듬과 속화가 포함된다. 말더듬은 유창성장애의 가장 대표적인 형태로, 음절이나 단어를 반복하거나 머뭇거리는 등말을 더듬는 행동으로 인해 유창성에 문제를 보이는 것이다. 물론 발달기에 있는 유아의 경우 말더듬 증상을 보이기도 하지만, 이것은 언어발달 과정에서 자연스럽게나타나는 것으로 시간이 지나면서 자연스럽게 회복된다. 유창성장애는 말더듬 이외에 속화가 포함되는데, 속화란 말의 속도가 너무 빨라 음을 추가하거나 잘못 발음함으로써 말을 이해하기 어려운 경우를 의미한다.

■ 음성장애

음성장애는 화자의 음조, 강도, 음질, 공명과 관련한 기본 음성적 특성이 정상인의 목소리와 편차를 보이는 말장애의 한 유형으로(국립특수교육원, 2009), 발성장애와 공명장애를 포함한다. 발성장애는 성대 결함으로 인해 목소리의 변형이 나타나는 것으로, 이것은 성대의 종양이나 염증으로 인한 기질적인 경우와 소리 지르기와 같은 성대의 남용 및 오용과도 관련되어 있다(강대옥 외, 2012). 공명장애는 비강의 공명이 지나치게 많거나 충분하지 못한 경우로, 발성 시 코와 입 사이를 폐쇄하지 못해나타난다.

② 언어장애의 하위 유형

■ **구어의 결여**

구어의 결여란 3세 이후에도 자발적인 발화가 없는 경우로, 자발적으로 언어를 사용하지 못하는 것이다.

■ **질적으로 다른 언어**

질적으로 다른 언어란 화용론의 문제를 동반한 것으로, 말소리의 산출이나 어휘 발성에 문제가 없음에도 일반적으로 말을 사용하는 방법과 다른 경우다. 즉, 자폐성 장애학생의 반향어, 사회적 상황에 맞지 않는 의미 없는 말, 이치에 맞지 않는 단어 등의 사용처럼 상대방과의 의사소통이 제대로 이루어지지 않는 것이다.

■ **지연된 언어발달**

지연된 언어발달이란 전형적인 언어발달 단계를 거치지만, 또래에 비해 언어발달 속도가 느린 경우를 가리키며 언어발달지체로 볼 수 있다.

■ **중단된 언어발달**

중단된 언어발달은 정상적인 언어발달이 진행된 이후에 청각이나 두뇌기능의 손상으로 언어장애를 가지게 되는 것으로서 대표적으로 실어증이 있다.

2) 의사소통장애의 특성

의사소통장애학생은 언어적인 측면뿐만 아니라 학업적, 사회적 · 정서적인 측면에서도 어려움을 경험할 수 있다. 의사소통장애학생은 언어적인 측면에서 언어의 두 가지 유형인 수용언어와 표현언어에 어려움을 가진다. 수용언어는 의사소통의 내용을 이해하는 것이고, 표현언어는 이해되는 언어를 산출하는 것이다. 의사소통장애를 가진 학생은 다른 사람이 표현하는 언어를 이해하기 어렵고, 자신의 생각을 언어로 표현하는 것에 제한을 가진다.

또한 의사소통장애학생은 학업적인 부분에서도 어려움을 경험한다. 의사소통장애학생의 경우 반드시 낮은 지능과 낮은 학업성취를 보이는 것은 아니나, 일반적으로 의사소통의 문제로 인해 지적 능력이나 학업성취도 평가에서 평균보다는 낮은 점수를 보이는 경향이 있다(김유, 안성우, 박원경, 2007). 특히 학업을 유지하기 위해서는 기본적인 언어 습득이 이루어져야 하는데, 의사소통장애로 인해 교과 학습에 필요한 언어능력을 갖추지 못하여 학습에 문제를 초래할 수 있다.

의사소통장애학생은 사회적이고 정서적인 부분에서 어려움을 경험하기도 하는데, 의사소통장애학생이 나타내는 말 또는 언어적 특성으로 인해 또래와의 의사소통에 어려움을 경험할 수 있으며, 때로는 또래로부터 외면당하거나 놀림의 대상이 되기도 한다. 의사소통장애학생은 이러한 부정적인 또래 상호작용으로 인해 낮은 자존감을 가지게 되며, 때로는 적대감이나 위축행동을 나타내기도 한다.

3) 통합교육을 위한 교육적 접근

통합교육환경에서 의사소통장애학생을 지도할 때, 학교 및 가정의 일상적인 생활환경에서 의사소통기술을 향상시킬 수 있는 노력이 필요하다. 이를 위해 환경중심 언어중재(milieu teaching)를 사용할 수 있는데, 이는 일상적인 상황에서의 의사소통 교수를 강조한다. 이것은 학생이 의사소통의 기회를 가질 수 있도록 환경을 구조화하고, 학생의 반응에 대해서도 교사가 의도적인 반응을 보여 줌으로써 학생이 교사의 의사소통기술을 학습할 수 있도록 모델링을 제공하는 것 등을 포함한다. 하지만 때로는 의사소통 증진을 위해 치료실과 같은 구조적 환경에서 일대일의 의사소통 교수가 필요할 수도 있다.

의사소통장애학생의 교육을 위한 또 다른 접근으로서 보완대체 의사소통(augmentative and alternative communication: AAC)이 존재한다. 보완대체 의사소통은 보완 의사소통과 대체 의사소통을 통칭하여 부르는 용어로, 표현언어인 구어의 사용을 보완해 주거나 대체하기 위한 의사소통 수단을 의미한다. 보완 의사소통은 말 그대로 구어의 사용을 보충해 주기 위한 것이며, 대체 의사소통은 구어의 사용이 불가능하거나 구어를 사용하더라도 의사소통에 어려움이 있는 경우 구어의 사용을 대체하기 위한 것이다.

이러한 보완대체 의사소통은 두 가지로 분류되는데, '도구적(aided)'인 것과 '비도구적(unaided)'인 것이 있다. '도구적'이라는 것은 의사소통을 위해 도구를 사용하는 것으로, 예를 들면 의사소통판([그림 9-2]), 음성출력기 등을 사용하는 것이다. '비도구적'이라는 것은 도구를 사용하지 않고 의사소통을 원활하게 하는 것으로, 예를 들면 몸짓, 수화 등이 해당된다. 이처럼 보완대체 의사소통은 의사소통에 어려움을 가지고 있는 의사소통장애학생뿐만 아니라, 지체장애, 자폐성장애, 중복장애 학생의 의사소통 향상을 위해서도 널리 활용되고 있다.

[그림 9-2] 보완대체 의사소통-의사소통판

생각해 볼 문제

1. 학습장애영역에서 중재반응 모델이 의미하는 바를 설명하시오.

2. 주의력결핍 과잉행동장애(ADHD)의 행동 특성을 생각해 보고, ADHD 학생을 위한 교육방법에 대해 논해 보시오.

3. 학급의 학생이 만성적 질환으로 인해 병원학교에 입학을 하게 된 경우를 가정해 보고, 그 학생이 치료과정 중이나 치료 완료 후에 학교로 원활하게 복귀할 수 있도록 학급의 학생들과 준비할 수 있는 학교 복귀 프로그램을 구상해 보시오.

4. 의사소통장애의 하위 유형인 말장애와 언어장애의 차이점에 대해 논해 보시오.

추천 자료

학습장애

한국학습장애학회(http://www.korealda.or.kr)   우리나라의 학습장애에 대한 다양한 논의 내
용을 접할 수 있는 사이트로 한국의 학습장애 관련 자료 및 논문 자료 제공.

학습장애 온라인(http://www.ldonline.org)   학습장애 관련 다양한 정보가 제공되는 미국 사
이트로 이 분야의 최신 동향 등에 대한 정보 제공.

정서 · 행동장애

한국정서행동장애아교육학회(http://www.ksebd.org)   학회 소개, 연수, 심리 · 행동적응지도
사 및 학술대회에 관한 정보 제공.

CEC 정서 · 행동장애분과(http://www.ccbd.net)   정서 · 행동장애를 가진 학생의 교육을 위
한 정보 및 연구 자료 제공.

건강장애

꿀맛무지개학교(http://health.kkulmat.com)   건강장애학생을 위한 화상강의 시스템의 주 운
영 사이트로 건강장애에 대한 전체적인 이해와 화상강의에 대한 이해 정보 제공.

전국병원학교(http://hoschool.ice.go.kr)   전국의 병원학교 정보 제공.

한국백혈병소아암협회(http://www.soaam.or.kr.)   소아암에 대한 전반적인 정보들과 병원 안
내, 커뮤니티 등 정보 제공.

의사소통장애

국제보완대체의사소통학회(http://www.isaac-online.org)   보완대체 의사소통에 관한 학술
정보 제공.

말더듬 홈페이지(http://www.stutteringhomepage.com)   유창성장애 및 말더듬과 관련된 사
이트로 미네소타 대학에서 운영하고 있으며, 연구, 치료, 지원기관 등의 정보 제공.

미국국립실어증협회(http://www.aphasia.org)   실어증에 관한 법률 및 프로그램 등의 정보
제공.

미국언어청각협회(http://www.asha.org)   언어 및 청각 관련 발행물, 연구, 옹호 관련 정보
제공.

한국언어치료학회(http://www.ksha1990.or.kr)   언어치료 연구, 연수회, 학술대회, 행사 안내
등에 관한 정보 제공.

용어 해설

학습장애

단기기억(short-term memory) 외부로부터 정보 자극을 적절하게 통제함으로써 기억과정에 너무 많은 정보가 한꺼번에 유입되어 야기되는 혼란을 사전에 막아 준다. 또는 일상생활에서 우리 마음에 어떤 용어가 떠올랐다면 이것은 단기기억 과정에 있는 정보를 의미한다.

불일치(discrepancy) 학습장애 진단방법 중의 하나로, 해당 아동의 현재 학업성취 수준과 잠재적 지적 능력 사이에 기준 이상의 차이가 있을 경우 이를 학습장애로 보는 근거다. 현재의 학업성취 수준은 주로 또래집단을 대상으로 한 표준화된 학업성취검사에서의 점수로 나타내며, 잠재적 지적 능력은 표준화된 상업용 지능검사 점수로 나타낸다.

자기효능감(self-efficacy) 특정한 문제를 자신의 능력으로 성공적으로 해결할 수 있다는 자기 자신에 대한 신념이나 기대감이다. 높은 자기효능감은 과제에 대한 집중과 지속성을 통하여 성취수준을 높일 수 있다. 그리고 그 결과 긍정적인 자아상을 형성하는 데 도움이 된다.

정서·행동장애

주의력결핍 과잉행동장애(attention deficit hyperactivity disorders: ADHD) 동등한 발달수준에 있는 아동에 비하여 주의력과 과잉행동의 정도가 심하게 일탈되며 그러한 정도가 장애의 진단기준을 충족시킬 때 내려지는 진단명이다. 대개 7세 이전에 발견되며, 적어도 아동이 속하는 두 가지 이상의 상황(가정, 학교, 유치원, 작업장)에서 존재해야 한다.

행동분석(behavior analysis) 행동의 선행사건과 후속 결과의 관계를 분석하는 것이다. 행동분석은 특정 행동을 통제하는 선행조건의 역할 혹은 특정 행동을 유지하는 결과를 검증하기 위하여 사건을 체계적으로 조작하는 경우가 많다.

건강장애

병원학교(hospital school) 병원 내에 설치된 파견 학급 형태의 학교다. 장기입원이나 지속적인 의료적 지원이 필요한 학생에게 학업 기회를 부여하고 또래 관계를 유지시켜 주며 학습 및 정서적 지원을 제공하려는 목적으로 운영되고 있다.

순회교육(itinerant education) 특수교사 또는 특수교육 관련 서비스 담당 인력이 각급 학교나 의료기관, 가정 또는 복지시설 등에 있는 특수교육 대상자를 직접 방문하여 실시하는 교육이다.

의사소통장애

실어증(aphasia)　대뇌의 언어중추에 손상을 입었을 때 나타나는 부분적이거나 전반적인 언어이해, 언어표현, 언어사용의 장애를 통칭한다. 브로카실어증, 베르니케실어증, 전도성 실어증, 전반실어증 등이 있으며, 언어문제로는 크게 유창하게 말하는 능력의 저하, 낱말 떠올리기의 어려움, 착어증, 문법과 구문의 상실 등이 있다.

의사소통판(communication board)　보완대체 의사소통 도구의 하나로 판 위에 사진이나 그림, 글자와 같은 상징을 배열한 후 손이나 신체의 한 부분을 이용하여 이를 지적함으로써 의사를 표현할 수 있도록 한 것이다.

조음기관(articulators)　말소리 산출에 관련된 여러 구조로서 혀, 입술, 턱, 연구개(여린입천장) 등과 같이 움직일 수 있는 구조와 치아나 경구개(굳은입천장)와 같이 움직일 수 없는 구조다. 이러한 구조에 결함이 생기면 말소리 산출에 장애를 갖게 된다.

표현언어(expressive language)　구어 혹은 문어의 방법으로 의사소통하는 것이다. 광의적인 의미로는 말하기, 쓰기, 제스처, 몸짓, 수화, 지화, 의사소통판의 사용 등의 모든 방법으로 자신의 의사를 표현하는 것을 의미하기도 한다.

화용론(pragmatics)　언어의 사회적 사용과 기능에 관한 규칙이다. 말하는 이와 듣는 이의 관계, 시간과 장소의 적절성, 효과적인 주제의 선택 등과 관련한 용법과 규칙이 포함된다.

제**4**부

장애학생의 교육

제 **10** 장

장애학생의 행동지원

학·습·목·표

1. 문제행동의 기능 및 기능평가 방법에 대해 이해한다.

2. 행동관리를 위한 구체적인 행동수정기법에 대해 이해한다.

3. 개별화된 긍정적 행동지원 및 학교·프로그램 차원의 긍정적 행동지원에 대해 이해한다.

1. 장애학생의 문제행동

장애학생의 문제행동이 수정되지 않고 지속될 경우 주변 사람들은 그 학생에 대해 부정적인 태도를 갖게 된다. 결과적으로 장애학생은 사람들과 어울려 지내는 것이 어렵게 되고, 사회적 부적응과 고립의 문제로 진전될 수 있다. 또한 문제행동 중재를 실시하는 데에는 많은 시간과 노력이 소요되므로, 장애학생은 문제행동을 보이지 않는 또래들과 비교했을 때 상대적으로 학습에 방해를 받게 되어 전인적 발달을 도모할 수 있는 교육 기회를 놓칠 수 있다. 따라서 교사는 문제행동의 습득경로 및 원인에 대해 이해하고 그것에 기초하여 중재를 계획하고 실행하는 데 도움이 되는 정보를 얻어 문제행동을 효과적이고 효율적으로 관리할 필요가 있다. 이 장의 첫 부분에서는 먼저 문제행동의 기능 및 기능평가 방법에 대해 살펴보고자 한다.

1) 문제행동의 기능

장애학생이 보이는 문제행동은 원활하지 못한 의사소통능력에 기인하기도 한다. 즉, 구어로 의사소통을 하지 못하는 많은 장애학생은 자신이 원하는 바를 표현하는 올바른 방법을 습득하지 못하여 바람직하지 않은 행동으로 표현하기도 한다. 또한 문제행동은 대화 상대자가 장애학생이 표현하는 의사소통방식을 잘 이해하지 못하고, 민감하게 반응해 주지 못하는 경우에 발생하기도 한다. 이와 같은 문제행동의 기능에 대해 이소현, 박은혜(2011)는 회피, 관심 끌기, 물건 얻기, 자기조절, 놀이 또는 오락으로 구분하였고, Meyer와 Evans(1989)는 부적 강화(예: 과제중단), 사회적 강화(예: 관심, 선호물 습득), 물질적 강화, 감각적 강화로 구분하기도 하였다. 이처럼 문제행동에 제안되는 가설에 따라 문제행동의 기능을 달리 분류할 수 있다. 장애학생이 보이는 문제행동의 기능을 좀 더 자세히 살펴보면 다음과 같다.

(1) 회피 기능
문제행동의 회피 기능은 싫어하는 사람이나 상황에서 벗어나기 위해서 혹은 다른 사람들의 요구를 감소시키거나 제거하려는 목적으로 발생한다. 어려운 수학 문제를 풀지 않고 시간을 벌어 보겠다는 이유로 수학시간에 화장실을 자주 가는 행동이나 아픈 주사를 맞는 것이 싫어서 병원에 가지 않으려고 떼를 쓰는 행동 등은 모두 회피의 기능을 가진 문제행동의 예다.

(2) 관심 끌기 기능

장애학생은 다른 사람의 관심을 끌기 위한 목적으로 문제행동을 보일 수 있다. 예를 들어, 학급 발표회에서 몸 개그로 친구들을 한바탕 웃게 만든 적이 있는 학생이 공식적인 자리에서 급우들의 관심을 끌기 위해 몸 개그를 하는 것은 관심 끌기 기능으로 볼 수 있다.

(3) 물건 얻기 기능

물건 얻기 기능은 자신이 원하는 음식물이나 선호하는 물건을 획득하게 됨으로써 문제행동이 강화된다. 예를 들어, 길을 가다가 장난감을 사 달라며 떼를 쓰는 아동에게 어머니가 주변 시선을 부담스러워하여 장난감을 사 주게 되는 경우가 발생할 수 있는데, 이러한 경우 앞으로 이 아동의 어머니는 그런 일을 종종 겪을 것으로 예상할 수 있다.

(4) 자기조절 기능

문제행동의 자기조절 기능은 장애학생이 특정 행동을 함으로써 얻게 되는 감각적인 자극이 학생 자신을 자극하여 강화하는 것이다. 예를 들어, 자신의 각성수준을 유지하고 감각적(예: 시각적, 청각적, 촉각적) 자극을 얻기 위해서 하는 손 흔들기, 다리 떨기, 눈 누르기, 볼펜 돌리기와 같은 행동을 자기조절 기능으로 볼 수 있는데, 이러한 자기자극 행동을 상동행동이라고 부르기도 한다.

2) 문제행동의 기능평가

문제행동은 앞에서 설명한 여러 가지 이유로 설명할 수 있다. 하지만 여기서 우리가 주의해야 할 점은 하나의 문제행동이 단일 기능만을 가지고 있는 것이 아니라 복합적인 기능을 가질 수 있다는 것이다. 그리고 외형적으로 같은 모습의 문제행동이라도 그 행동의 기능이 서로 다를 수 있다는 점도 명심해야 한다. 문제행동과 기능적 관계가 있는 선행사건이나 후속 결과에 관한 정보를 수집하여 분석할 수 있는데 이를 기능평가(functional assessment)라고 한다(Alberto & Troutman, 2003). 여기서는 문제행동의 기능을 정확히 파악하도록 돕는 여러 가지 기능평가 방법에 대해 살펴보고자한다.

(1) 기록 검토

문제행동의 기능을 파악하기 위해서 학생의 과거와 현재의 의료적 상태, 이전의 학업 성적, 현재의 수행 수준, 징계 기록 등에 대한 정보를 포함한 문서를 검토할 수있다. 이러한 과거의 기록을 검토하면서 지원 계획에 직접적으로 도움이 되는 정보를 추려서 요약해 보는 것은 문제행동의 기능을 파악하는 데 도움이 된다.

(2) 면담

면담은 주로 학생을 잘 아는 사람을 대상으로 실시하는데, 대부분의 경우 가족 구성원이나 교사가 면담 대상이 될 수 있다. 간혹 학생과의 면담을 통해서도 정보를 얻을 수 있다. 학생 당사자는 다른 사람보다 훨씬 더 정확하고 통찰력 있는 정보를 제공할 가능성이 높다. 특히 다른 사람이 알아채기 어려운 사항(예: 약물 복용, 불안감)이 문제행동을 유발하는 요인이라면, 학생과의 직접적인 면담이 더욱 효과적일 수 있다.

(3) 체크리스트

학생을 잘 아는 사람과의 면담 혹은 학생과의 면담을 할 때 보조적인 장치로 체크리스트를 활용하기도 하고, 직접적인 관찰을 할 때도 체크리스트를 활용할 수 있다. 문제행동의 원인을 파악하기 위해 〈표 10-1〉과 같은 체크리스트를 활용할 수 있다(Scheuermann & Hall, 2008).

(4) ABC 분석

기록이나 면담 또는 체크리스트와 같은 방법이 간접적인 기능평가 방법이라면 ABC(antecedent-behavior-consequence) 분석은 보다 직접적인 기능평가 방법이다.

〈표 10-1〉 기능평가 체크리스트의 예시

교사와 스태프를 위한 기능평가 체크리스트(FACTS-Part A)

단계 1   학생/학년   ㅂ록/초등학교 1학년   날짜   3/22
          면담자   ICE 박사   응답자   빌처

단계 2   학생 프로파일: 학생의 강점이나 학교에 기여하는 점을 최소한 세 가지를 적으시오.

          독단적, 강한 성격, 아주 상냥할 수 있음

단계 3   문제행동(들): 문제행동을 적으시오.

_____ 지각	✓ 싸움/신체적 공격	_____ 방해행동	_____ 도둑질
_____ 무반응	✓ 부적절한 언어	_____ 반항	_____ 파괴행위
_____ 위축	✓ 괴롭히는 말	_____ 일을 끝내지 않음	_____ 기타
	✓ 부적절한 말	_____ 자해	

          문제행동을 기술하시오.   전체적으로 불순종

단계 4   일과 확인하기: 문제행동이 언제, 어디서, 누구와 함께 있을 때 가장 잘 일어납니까?

일정(시간)	활동	문제행동 발생 가능성						구체적인 문제행동
		낮음					높음	
7 : 45	수업 시작 전	1	2	③	4	5	6	
8 : 00~9 : 30	읽기	1	2	3	4	5	⑥	
9 : 45~10 : 45	수학	1	2	3	4	5	⑥	공격
	이동시간	1	2	3	④	5	6	또래의 물건을 움켜잡음
	국어	1	2	3	4	5	6	
	휴식	1	2	3	④	5	6	밀치는 행동
11 : 45~11 : 35	점심	1	2	③	4	5	6	
12 : 10~1 : 50	사회	1	2	3	④	5	6	
	미술	1	2	③	4	5	6	
1 : 00~1 : 45	과학	1	2	3	④	5	6	언어적 · 신체적 공격
	이동시간	1	2	3	4	5	6	

단계 5   심층적인 평가를 위하여 1~3개 정도의 일과를 선택하시오: (a) 평가점수가 4, 5, 6 정도가 되는 활동
          (조건)과 (b) 문제행동의 유사성을 근거로 하여 일과를 선택하시오. 선택된 각 일과를 위하여 FACTS-
          Part B를 완성하시오.

교사와 스태프를 위한 기능평가 체크리스트(FACTS-Part B)

단계 1 학생/학년　브록/초등학교 1학년　　날짜　3/22
　　　　　　면담자　ICE 박사　　　　　　　　응답자　빌처

단계 2 일과/활동/맥락: FACTS-Part A로부터 어떤 일과(1개)가 평가되는가?

일과/활동/맥락	문제행동
브록이 하고 싶지 않은 일을 하자고 요구받는 경우	언어적 · 신체적 공격

단계 3 문제행동에 대해 더 자세히 기술하시오.

> 문제행동이 어떤 것인가?　－ 불순종
> 　　　　　　　　　　　　　　－ 위협하기
> 　　　　　　　　　　　　　　－ 밀치기
> 문제행동이 얼마나 자주 발생하는가? － 수업시간마다 한 번 또는 그 이상
> 문제행동이 발생하면 얼마나 오래 지속되는가? － 어디에서나 1분에서 몇 분 동안 지속
> 문제행동의 위험 수준/강도는 어떠한가? － 점점 심해진다.

단계 4 문제행동이 발생할 것으로 예측할 수 있는 사건(환경)은 무엇인가? (예측변인)

관련된 이슈(배경사건)		환경적인 특징	
＿＿ 질병	기타: 브록은 어머니가	✔ 질책/교정	✔ 구조화된 활동
＿＿ 약물 복용	지방출장으로 인해 위탁	＿＿ 신체적 요구	✔ 비구조화된 시간
＿＿ 부정적 사회성	가정에 있음	＿＿ 사회적인 고립	＿＿ 매우 지겨운 과제
✔ 가정에서의 갈등		✔ 또래와 같이 있는	✔ 매우 긴 활동
＿＿ 학업 실패		＿＿ 기타	✔ 매우 어려운 과제

단계 5 어떤 후속 결과가 문제행동을 가장 잘 유지시키는 것 같은가?

얻기 위한 것		회피하거나 도피하는 것	
✔ 성인 관심	기타: 힘, 통제	✔ 힘든 과제	기타:
✔ 또래 관심		✔ 질책	
＿＿ 선호활동		✔ 또래의 부정적 반응	
✔ 돈/물건		＿＿ 신체적 노력	
		＿＿ 성인 관심	

행동 요약

단계 6 행동지원 계획을 세우는 데 사용할 수 있는 행동 요약을 적으시오.

배경사건 & 선행사건	문제행동	후속 결과
엄마에 대한 분노, 위탁가정, 좋아하지 않는 활동 요구	불순종 언어적·신체적 공격	관심 통제

단계 7 행동 요약의 정확성을 당신은 얼마나 확신합니까?

매우 확신하지 못함					매우 확신함
1	2	3	4	5	⑥

단계 8 문제행동을 통제하기 위해 현재 사용하는 노력은 어떤 것입니까?

문제행동을 예방하기 위한 전략		문제행동에 대한 반응 전략	
___ 스케줄 변화	기타: 재지시	✔ 질책	기타: 집에 전화함
✔ 자리 변경	___	✔ 훈육실에 보내기	___
___ 교육과정 변경	___	✔ 방과 후 남김	___

출처: Scheuerman & Hall(2008: 133-135).

ABC 분석 양식에는 문제행동이 일어난 시간, 선행사건과 후속 결과에 대한 정보를 포함하고 있어서 문제행동의 원인을 파악하는 데 유용하다. ABC 관찰 기록지의 예는 〈표 10-2〉와 같다(양명희, 2012).

(5) 기능분석

기능분석(functional analysis)은 문제행동의 유발 요인이나 그 행동을 유지시키는 요인을 확인하기 위해 아동이 속한 자연스러운 환경에서 관찰되는 선행 또는 후속 사건들을 실험적으로 조작함으로써 행동의 기능을 평가하는 한 방법이다(Heward, 2013). 기능분석은 문제행동의 원인에 대한 정확한 설명을 제공하긴 하지만, 바쁜 학교 환경에서는 기능분석을 수행하기 어려울 수 있으며, 학급에서 나타나는 다양한 선행자극의 상호작용 및 복잡성을 설명하기 어려울 수 있다.

〈표 10-2〉 ABC 관찰지의 예

아동: 김○○   날짜: 2010. 3. 5.   시간: 11:00~11:15
관찰자: 김○○   장소: ○○유치원 토끼반(6세반)
상황: 자유놀이 시간이 끝나고 가지고 놀던 장난감을 정리하고 이야기 시간을 준비하라는 선생님의 지시가 주어졌
     다. 교실에는 20명의 유아들이 있다.

시간	선행사건(antecedents)	행동(behaviors)	후속 결과(consequences)
11:00	교사(T)가 장난감을 정리하라고 지시함 T. 장난감 정리 시간을 알리는 동요를 피아노로 연주함 T의 연주가 끝나고 다른 아이들은 제자리로 감	M은 장난감을 가지고 놂 M은 장난감을 가지고 놂 M은 장난감을 가지고 놂 M은 장난감을 가지고 놂 M은 두 다리를 뻗고 소리 지르며 욺 M은 두 발로 바닥을 크게 두드리며 더 큰 소리로 욺	 T. 자리에 앉을 것을 요구함 T. M의 장난감을 치움 T. M에게 제자리로 가라고 지시함 T. M을 두 팔로 들어 제자리로 옮기려 함
11:04			

출처: 양명희(2012: 67).

2. 행동수정 기법의 활용

장애학생의 문제행동을 다루기 위해 오랜 시간 동안 행동수정 기법을 사용해 왔
다. 학교현장에서의 행동수정은 학생의 학습과 사회성 발달을 향상시키기 위해 학습
이론의 원리를 적용하는 것을 말한다. 이러한 행동수정 기법은 처음에는 실험 상황
에서 개발되었으며, 실제 학습상황에 적용된 많은 연구 결과에서 그 효과성이 입증
되었다. 여기서는 강화, 소거, 벌에 기초한 행동수정 기법에 대해 살펴보고자 한다.

1) 강화에 기초한 중재

강화에 기초한 중재는 차별강화, 토큰경제, 행동계약 등을 포함한다. 차별강화는
학생이 적절한 장소와 시간에 적절한 행동을 보일 때는 강화를 제공하고 그렇지 않
을 때는 강화를 제공하지 않음으로써, 바람직한 행동은 증가시키고 문제행동은 감소

시키는 것을 목표로 한다. 예를 들어, 교사는 수업 중 큰 소리로 떠드는 학생의 행동을 감소시키기 위해서 학생이 손들고 대답하기와 같은 문제행동과 상반되는 적절한 행동을 보일 때 강화를 할 수 있다. 이때 아동에게 왜 강화가 주어졌는지 알리는 것이 중요한데, 보통 아동은 문제행동을 보일 때에만 관심을 받기 때문이다(이소현, 박은혜, 2011).

토큰경제는 일반학급이나 특수학급, 경도장애학생이나 중도장애학생, 학령기 아동이나 성인, 사회적 기술이나 학업기술 영역을 불문하고 폭넓게 사용되는 학급 관리체계다. 토큰경제는 다수의 학생 행동을 동시에 관리할 때 유용하게 사용되고, 자리 이탈의 방해행동을 감소시키고 주의집중시간을 증가시키는 데 효과적이다. 토큰을 선정할 때는 학생의 나이, 기능 수준, 토큰의 가격과 내구력, 토큰 사용의 용이함과 토큰의 견고성 등을 고려해야 한다. 학생이 토큰의 가치를 알기 위해서는 토큰과 강화물이 조건화되어야 한다. 따라서 학생이 목표행동을 보였을 때 교사는 약속된 토큰을 주고 강화물과 교환할 수 있는 기회를 주어, 토큰과 강화물을 연관시킬 수 있어야 한다. 특히 토큰을 강화물로 교환할 수 있는 시간 간격을 점차 증가시켜 만족을 지연하거나 더 큰 강화물을 위해 저축해야 한다는 것을 깨닫게 해야 한다. 토큰경제의 장점은 대체 강화물을 다양하게 선택할 수 있으므로 한 가지 강화물에 싫증을 낼 염려가 없고, 다른 강화물에 비해 제공하기가 용이하다는 강점이 있다.

행동계약은 학생과 교사가 중재하고자 하는 목표행동과 성취했을 때의 보상에 대해 동의한 내용을 계약서로 작성하는 것을 의미한다. 예를 들어, 수학시간에 다섯 번 이상 자리를 이탈하지 않는다면 방과 후에 컴퓨터 게임을 30분 동안 할 수 있도록 계약을 하고, 일주일 동안 공격행동을 보이지 않으면 주말에 교사와 점심을 먹기로 계약하는 것 등을 들 수 있다. 이와 같은 행동계약은 지각, 결석, 욕, 기물 파괴, 싸움 등의 문제행동을 감소시키는 데 효과적이다.

2) 소 거

바람직하지 못한 행동을 감소시키기 위해 사용하는 행동수정 절차로서의 소거는 문제행동을 촉발하고 유지하는 것으로 여겨지는 강화(물)를 제거함으로써 문제행동을 감소시키는 것이다. 문제행동을 감소시키기까지 시간이 걸리기 때문에 급격히 감소시켜야 하는 자해행동이나 공격행동에 소거를 사용하는 것은 바람직하지 않다. 소거의 부작용으로 문제행동의 일시적 증가와 공격성의 증가가 관찰되기도 하는데, 차별강화나 선행사건 중재 등의 다른 중재방법과 병행하여 사용하는 경우에는 덜 심하게 나타나기도 한다(Lerman, Iwata, & Wallace, 1999).

감각적 소거는 반복적인 문제행동에서 비롯되는 감각적 피드백을 제거함으로써 문제행동을 감소시키는 것이다. 예를 들어, 학생이 청각 자극을 얻기 위해 책상을 반복적으로 두드린다면, 책상에 책상보를 씌워 학생이 원하는 소리 자극을 얻지 못하게 하여 책상을 두드리는 방해행동을 감소시키거나 제거할 수 있다. 감각적 강화 때문에 자신의 뺨을 손바닥으로 계속 때리는 자해행동을 하는 자폐성 장애학생의 손목에 약 600g 정도의 모래주머니를 달아 주어 자신이 원하는 감각적 자극을 얻을 수 없게 함으로써 자신의 뺨을 때리는 학생의 자해행동을 급격히 줄인 사례(Van Houten, 1993)도 보고된 바 있다.

3) 혐오적 중재

앞서 언급한 중재방법들이 문제행동을 감소시키는 데 효과가 크지 않을 경우나 문제행동 자체가 자해행동이나 공격행동처럼 위험하여 시급히 멈춰야 할 때 교사는 〈표 10-3〉과 같은 혐오적 중재방법을 사용할 수 있다. 하지만 학생들에게 미칠 정서 반응을 고려하여 매우 신중하게 적용 여부를 결정하고 사전에 철저한 계획을 수립하여 접근해야 한다.

〈표 10-3〉 혐오적 중재방법

벌	바람직하지 않은 문제행동이 발생한 직후에 주어짐으로써 그 행동의 발생률을 감소시키는 후속자극이다. 벌을 사용하기 위해서는 먼저 선행사건을 중심으로 한 중재가 시도되었는지, 문제행동을 유지하는 요인과 기능이 분석되었는지, 적절한 행동을 가르치기 위한 체계적이고 계획적인 시도가 있었는지 등이 고려되어야 한다.
반응대가	학생이 문제행동을 보였을 때 학생이 이미 지니고 있는 강화를 잃게 함으로써 행동의 발생률을 감소시키는 벌금 절차다. 반응대가를 집단에게 사용하는 예로는 학급 학생 모두가 준비물을 안 챙겨 온 경우 학급 전체가 한 달 동안 휴식시간을 반납하는 것이다.

타임아웃	문제행동이 발생했을 때 학생이 정적강화를 받지 못하도록 일정시간 동안 분리시키는 것이다. 타임아웃에는 다음과 같은 방법이 있다. • 배제적 타임아웃: 문제행동 발생 후 학생을 잠시 동안 교실 안에 있는 고립된 장소(예: 생각하는 의자 등)에 머무르게 하는 것이다. • 완전 타임아웃: 문제행동 발생 후 학생을 일정시간 동안 분리된 방에 격리시켜 놓는 것이다.
과다교정	• 상황회복 과다교정: 학생으로 하여금 자신의 문제행동이 환경에 미친 영향을 원상태로 회복시켜 놓도록 하는 것이다. • 정적 연습 과다교정: 문제행동이 발생한 후 학생으로 하여금 문제행동과 관련된 바람직한 행동을 반복적으로 연습시키는 것이다.

3. 긍정적 행동지원

문제행동의 원인과 무관하게 후속 결과만으로 문제행동을 완화할 수 있다는 입장이 비판을 받아 오던 중, 1980년대 초 문제행동에는 의사소통기능이 있다는 것이 밝혀지면서 문제행동을 유지하게 하거나 강화하는 환경적 요인을 찾아내는 기능평가를 시도하기 시작했다. 이러한 과정에서 긍정적 행동지원이라는 용어가 등장하게 되었고, 1997년 미국 공법 105-17에서 이 용어를 공식적으로 사용하면서 널리 알려지게 되었다. 여기서는 긍정적 행동지원의 개요, 개별화된 긍정적 행동지원, 학교·프로그램 차원의 긍정적 행동지원에 대해서 살펴보고자 한다.

1) 긍정적 행동지원의 개요

전통적으로 교사들은 학생의 문제행동에 대해 주로 벌과 같은 사후 반응적이고 처벌적인 전통적 행동중재 방법을 사용해 왔다. 물론 전통적 행동중재도 사전 예방 기법(예: 교실규칙을 정하고 어길 경우에 벌함)을 포함하고 있지만 문제행동 개선에는 불충분하여 그 효과도 크지 않았다. 이에 대한 대안으로 등장한 긍정적 행동지원은 문제행동을 다루기 위한 다양한 방법 중에서도 가장 부상하고 있는 접근법이다. 여기서는 긍정적 행동지원의 개념, 근원 요소, 특성에 대해 살펴보고자 한다.

긍정적 행동지원은 학생의 문제행동이 덜 발생하게 만들고 바람직한 행동이 더 잘 기능하도록 하여 학생의 실제 생활을 향상시켜 주는 환경을 만들고 유지하는 것에 초점을 두는 문제해결방법이다(양명희, 2012). 즉, 문제행동의 예방을 강조하는 종합적인 중재방법으로, 문제행동의 일시적 감소보다는 개인의 전반적인 삶의 질 향상을 목표로 하기 때문에 지원의 형태가 지속적이다(Bambara & Kern, 1996).

긍정적 행동지원은 문제행동의 원인을 학생 내에 두지 않고 환경에 두고 있기 때문에 환경의 수정을 통한 문제행동의 예방, 대체행동의 교수, 의미 있는 후속자극의 제공과 같은 종합적 전략을 사용한다. 따라서 긍정적 행동지원은 문제행동이 일어난 후에 반응을 하는 소극적인 행동수정 전략이 아니라, 학생에게 타인과의 상호작용을 하는 데 필요한 새로운 기술을 가르치는 능동적인 환경 통제전략으로 볼 수 있다.

긍정적 행동지원은 부적절한 행동을 다루는 관점을 근본적으로 바꾸었다. 전통적인 행동수정은 학생이 문제행동을 일으켰을 때 행동의 원인에 관심을 두지 않고, 문제행동 자체에 대하여 처벌적이고 사후 반응적인 관점으로 접근하여 문제행동의 제거에만 초점을 두고 있었다. 이에 반해 긍정적 행동지원은 문제행동이 일어나지 않도록 사전에 예방하는 것을 강조하며, 학생의 문제행동을 의사소통 의도라 보고 바른 행동을 가르쳐 주는 데 초점을 둔다. 다시 말해서, 긍정적 행동지원은 전통적 행동수정과 달리, 문제행동 자체를 무조건 없애기보다는 문제행동의 기능(예: 관심 끌기, 회피)을 파악하여 문제행동과 동일 기능을 갖지만 사회적으로 용인되는 효과적이고 실행이 쉬운 행동을 가르치는 것이 주요 특징이다. 이러한 두 접근법의 주요 특징을 비교하면 다음의 〈표 10-4〉와 같다.

역설적으로 들릴 수 있겠지만, 많은 전문가가 문제행동을 다루는 가장 적절한 시점은 문제행동이 발생한 이후가 아니라 문제행동이 발생하기 이전이라고 말한다(Carr et al., 2002). 또한 혐오적인 훈육방법을 사용할수록 학생의 파괴적인 행동은 오히려 더욱 증가하게 되므로(Mayer, 2001), 사후 대처적인 방법보다는 예방적인 접근법을 통해서 문제행동을 다루어야 한다고 주장한다.

〈표 10-4〉 전통적 행동수정과 긍정적 행동지원의 비교

	전통적 행동수정	긍정적 행동지원
관점	타인에게 해를 주므로 문제행동은 제거되어야 하는 것으로 봄	문제행동은 학습된 것이며, 의사소통의 목적을 가짐
평가	문제행동의 빈도, 강도, 지속기간 등 행동의 양상을 파악함	문제행동의 원인 파악을 위하여 기능평가를 실시함
단기목표	문제행동의 감소 및 제거를 목표로 함	학생이 자신의 욕구를 사회적으로 용인되는 방법으로 표현하도록 도움
중재	문제행동 발생 시 강화를 줄이거나 벌을 제공함	교사-학생 간의 안전감과 신뢰감을 발달시킴 학습환경 및 수업을 재구성함 학생의 좌절을 감소시키기 위해 타인의 지원을 받도록 함 의사소통할 수 있는 대안적 방법을 교수함 문제행동에 대해 체계적이고 일관성 있게 접근함

출처: 이대식 외(2011: 293)에서 발췌 및 수정.

2) 개별화된 긍정적 행동지원

심각한 문제행동을 보이는 학생은 기능평가에 기초한 개별화된 긍정적 행동지원을 통해서 문제행동을 교정받게 된다. 교사가 앞서 설명한 기능평가 방법을 통해서 학생의 행동 의도와 기능을 파악하였다면, 이에 적절한 후속 조치나 선행 자극을 조절하기에 앞서 실행에 대한 계획안을 수립해야 한다. 여기서는 개별화된 긍정적 행동지원의 절차와 긍정적 행동지원 계획안을 작성하는 방법에 대해 살펴보고자 한다.

(1) 개별화된 긍정적 행동지원 절차

개별화된 긍정적 행동지원 절차는 [그림 10-1]과 같이 도식화할 수 있다. 학생이 보이는 문제행동에 대한 중재가 필요한 경우, 교사는 문제행동에 대해 조작적 정의를 하고 문제행동지원팀에 이 문제를 의뢰하게 된다. 다음으로 문제행동의 기능에 대한 가설을 세우기 위한 정보수집 과정인 기능평가를 수행하고, 필요한 경우에는 기능분석을 실시할 수 있다. 마지막으로 기능평가 및 기능분석에 기초하여 가설을 세우고 행동지원 계획안을 수립하게 되며, 실행 중에 그 효과성을 평가하는 것이 바

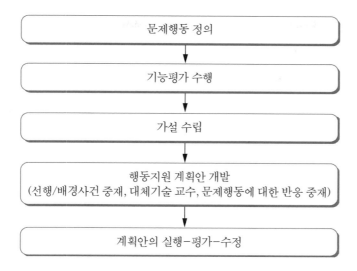

```
┌─────────────────────────────────────┐
│            문제행동 정의              │
└─────────────────────────────────────┘
                  ↓
┌─────────────────────────────────────┐
│            기능평가 수행             │
└─────────────────────────────────────┘
                  ↓
┌─────────────────────────────────────┐
│             가설 수립                │
└─────────────────────────────────────┘
                  ↓
┌─────────────────────────────────────┐
│          행동지원 계획안 개발         │
│ (선행/배경사건 중재, 대체기술 교수,   │
│     문제행동에 대한 반응 중재)        │
└─────────────────────────────────────┘
                  ↓
┌─────────────────────────────────────┐
│        계획안의 실행-평가-수정        │
└─────────────────────────────────────┘
```

[그림 10-1] 개별화된 긍정적 행동지원 절차

출처: Bambara & Kern(1996)에서 발췌 및 수정.

람직하다.

(2) 긍정적 행동지원 계획안 작성방법

긍정적 행동지원 계획안은 크게 배경사건 및 선행사건 중재, 대체기술 교수, 문제행동에 대한 반응 중재로 구성되는데(Bambara & Kern, 1996), 구체적인 예는 [그림 10-2]와 같다. 첫째, 배경사건 및 선행사건 중재는 문제행동 발생을 예방할 수 있도록 환경을 재구성하는 것이다. 배경사건 및 선행사건 중재에서는 문제행동을 일으키는 요인으로 파악된 특정 사건을 제거하거나 수정하는 것은 물론, 바람직한 행동과 관련된 사건들을 도입하거나 증가시키기도 한다.

둘째, 대체기술 교수를 위해 기능평가를 통하여 밝혀진 문제행동의 원인과 동일한 기능을 지니되 사회적으로 용인되는 효과적이고 실행이 쉬운 대체기술을 우선적으로 가르치는 것이 필요하다. 하지만 문제행동과 항상 동일한 기능을 가진 대체기술을 가르치는 것이 어려워, 하나의 대체기술만으로 문제상황을 예방하거나 변경하는 것이 어려울 수 있다. 그러한 경우에는 안내기술 및 일반적 적응기술 등도 함께 가르쳐야 한다.

셋째, 반응 중재에는 문제행동에 대한 후속 결과나 대체행동에 대한 반응을 기술

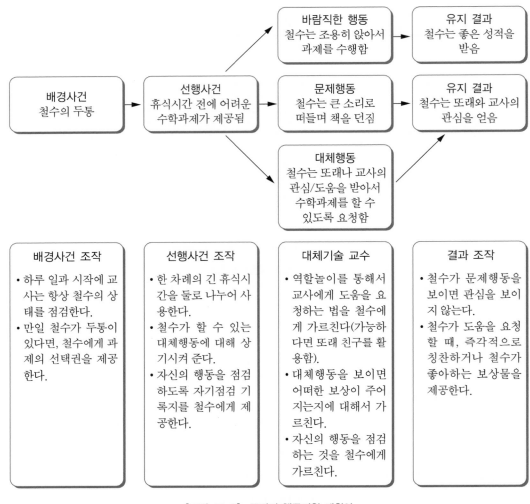

[그림 10-2] 긍정적 행동지원 계획안

출처: Crone & Horner(2003: 57)을 수정.

하게 된다. 우선 대체행동을 신속하게 습득할 수 있도록 대체행동에 대한 반응 중재가 계획되어야 한다. 그리고 앞서 설명한 배경사건 및 선행사건 중재, 대체기술 교수를 통해서도 문제행동을 완전히 제거하지 못할 수 있기 때문에 문제행동에 대한 반응 중재가 계획되어야 한다. 주의해야 할 점은 문제행동에 대한 반응을 계획할 때 윤리적인 부분을 고려하여 혐오적인 절차의 사용을 지양하여야 하며, 자신과 타인에게 심각하게 해를 입히거나 기물을 파손하는 위험한 상황에 대한 위기관리 계획을 별도로 수립해 두어야 한다.

3) 학교 · 프로그램 차원의 긍정적 행동지원

학교에서 나타나고 있는 여러 가지 문제행동을 다룰 수 있는 포괄적이고 예방적이며 시스템을 바꿀 수 있는 접근법이 필요하다는 의견이 개진되면서, 긍정적 행동지원은 학교 · 프로그램 차원으로 보다 확장되었다. 문제행동을 다루는 접근법에는 여러 가지가 있으나 근래에는 장애아동뿐만 아니라 일반아동도 포함하며 문제행동의 심각성에 따른 수준별 지원과 문제행동의 예방에 초점을 두는 학교 · 프로그램 차원의 긍정적 행동지원(school-wide/program-wide positive behavior support: SW/PW-PBS)이 주목을 받고 있다. SW/PW-PBS는 문제행동을 예방하기 위한 일괄적 교육과정이 아니라 총체적인 과정(process)을 의미하며, 이 과정을 지속적으로 운영하기 위해 필수적인 시스템을 강조한다.

SW/PW-PBS는 지원의 목적에 따라서 행동지원의 강도와 범위를 3단계로 분류하고 있다. 즉, SW/PW-PBS는 학교의 모든 학생을 대상으로 한 1차 예방(primary prevention)의 보편적 지원, 문제행동의 위험이 있는 표적 집단을 대상으로 한 2차 예방(secondary prevention)의 소집단 지원, 특정한 개인을 대상으로 하는 3차 예방(tertiary prevention)의 집중적인 개별 지원으로 분류된다(Bambara & Kern, 1996).

이러한 SW/PW-PBS는 문제행동뿐만 아니라 학생의 학업능력 향상을 위한 모델로도 적용된다. 과거에는 학생의 문제행동을 다루기 위한 하나의 피라미드만을 통해서 SW/PW-PBS를 설명하고자 하였으나, 근래에는 학업 향상을 위한 피라미드를 통합하여 [그림 10-3]과 같이 설명하고 있다. 즉, 문제행동 중재를 위한 SW/PW-PBS와 학업성취 향상을 위한 중재반응(response to intervention: RTI) 접근법을 함께 접목시키고자 하는 움직임이 있다. 중재반응 접근법은 집중 교육을 필요로 하는 학생을 판별하고 교육을 진행함에 따라 학생이 학업에서 진전을 보이는지를 관찰하기 위한 과학적이고 연구 기반적인 접근법을 의미한다. SW/PW-PBS는 위계적 지원 단계의 적용, 증거기반 중재의 사용, 학생의 진전도 점검, 의사결정 시 자료 수집 및 사용, 학생 선별 및 진단 등을 사용하고 있는데, 이는 RTI 접근법과의 공통적인 특징이기도 하다(Hawken, Vincent, & Schumann, 2008).

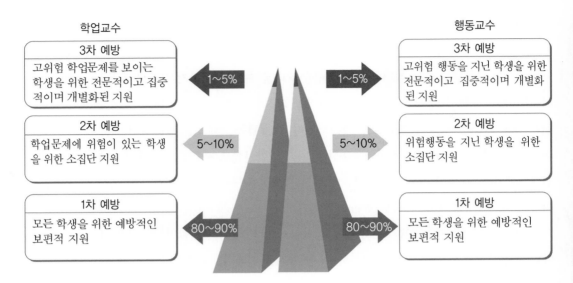

[그림 10-3] 학교 · 프로그램 차원의 긍정적 행동지원과 중재반응 접근법

출처: PBIS(Positive Behavioral Interventions & Supports) 홈페이지 內 Categories of RTI under SCHOOL.

생각해 볼 문제

1. 정서 · 행동 문제를 지닌 학생뿐만 아니라 일반학생도 공격성이나 품행에 문제행동을 보이고 있다. 이들의 문제행동을 조절하기 위해 교사가 학급에서 운영할 수 있는 학급규칙을 세워 보시오.

2. 학생의 정서 및 행동에 영향을 미치는 요인 중에서도 교사의 신념은 다른 무엇보다 중요한데, 학생의 문제행동을 지원하기 위한 나의 교육적 신념은 무엇이고, 왜 그러한 신념을 지니게 되었는지 논하시오.

3. 실제 문제행동의 기능을 기능평가를 통해서 알아보고, 그 결과에 기초해서 예방, 대체기술 교수, 후속 결과 중재전략을 제시해 보시오.

추천 자료

긍정적 행동지원 및 중재에 관한 국가기술지원센터(http://www.pbis.org)   긍정적 행동지원의 중재 충실도 평가도구, 학술 발표 자료, 뉴스, 연구 자료 등에 대한 정보 제공.

긍정적 행동지원 연합회(http://www.apbs.org)   긍정적 행동지원에 대한 자료, 긍정적 행동지원에 대한 연구 장려금 신청, 국제학술대회 등에 대한 정보 제공.

긍정적 행동지원 웹 강좌(http://kipbsmodules.org)   KIPBS에서 제공하는 긍정적 행동지원에 대한 강좌 제공.

엄마가 달라졌어요(http://ebs.co.kr/docuprime/episode/6074)   아동의 정서적 이해와 이에 대한 교육적 중재방법을 논의하는 영상 자료 제공.

Beach Center on Disability(http://www.beachcenter.org/pbs/pbs_at_home/default.aspx) 긍정적 행동지원에 관한 기본 지식, 가정에서의 행동 지도, 그리고 학교와의 협력체계에 관한 정보 제공.

PBISWorld(http://www.pbisworld.com)   문제행동에서 시작하여 중재를 왜, 언제, 어떻게 시행하는지에 대한 정보가 보기 쉽게 정리되어 있고, 긍정적 행동지원 및 중재에 관련한 문서를 포함하고 있는 웹사이트에 대한 정보 제공.

용어 해설

긍정적 행동지원(positive behavior support: PBS)   문제행동을 감소시키고 예방하는 것만이 목적이 아니라 나아가 친사회적 행동을 형성하여 이를 일상생활에서 일반화할 수 있도록 지원하는 모든 종합적인 접근법이다. 응용행동분석, 정상화, 개인중심계획이라는 세 가지 중요한 근원을 토대로 하는 긍정적 행동지원은 문제행동을 하는 개인의 생활양식을 변경하도록 도와주어 자신을 포함하여 모든 관계자에게 향상된 삶의 질을 즐길 수 있는 기회를 제공한다.

응용행동분석(applied behavior analysis: ABA)   환경에 적응하는 인간행동의 기본원리를 이용하여 바람직한 행동을 향상시키거나 문제행동을 감소시키기 위해 사용되는 중재전략이다. 응용행동분석은 직접관찰, 측정, 환경과 행동 사이의 기능적 관계 분석을 포함한다.

조작적 정의(operational definition)   행동 발생에 대한 관찰자 간의 불일치를 최소화하기 위하여 표적행동의 구체적인 범위와 한계를 관찰 가능하고 측정 가능한 용어로 기술하는 것이다. 예를 들어, '언어적 공격성'에 대한 이해가 다양할 수 있기 때문에 이를 구체적이고 측정 가능한 한계를 명확하게 함으로써 '성인이나 다른 아동을 대상으로 소리를 지르거나 욕을 하거나 별명을 부르는 것'과 같이 조작적 정의를 내릴 수 있다.

중재(intervention)   과제의 목표 달성을 위하여 학생이나 피험자를 돕는 일련의 도움활동이다. 주로 행동수정에서 사용하는 용어다. 중재는 주로 교과지식 이외의 부분에서 문제행동의 수정 또는 긍정적 행동의 조성과 같이 외현적 행동의 변화를 도모할 때 사용하는 경향이 있다.

행동수정(behavior modification) 개인의 외적·내적 행동을 증진하기 위하여 학습원리와 다양한 기법을 체계적으로 적용하는 것이다. 즉, 행동의 후속 결과를 변화시키는 절차나 행동을 유발하는 자극의 조건(환경)을 변화시키는 것에 관한 용어로서, 바람직한 행동으로의 변화를 유도하기 위하여 사용되는 모든 방법이나 절차를 통칭한다.

제 **11** 장

특수교육공학과
보편적 학습설계

1. 특수교육공학의 이해

교육에서의 공학은 근본적으로 교육의 필요에 의해 채택되어 적용되어 왔으며, 현재 교육의 효과성 및 효율성을 증진하는 기술로 자리 잡고 있다. 특히 특별한 요구를 가진 장애학생을 위한 교육에 큰 도움이 되고 있다. 여기서는 특수교육공학의 개념 및 장점 그리고 구성요소에 대해 살펴본다.

1) 특수교육공학의 개념 및 장점

특수교육공학(special education technology)은 장애학생의 효과적인 교수 · 학습과 일상생활을 효과적으로 지원할 수 있도록 사용되는 각종 공학기기, 서비스, 수업의 전략과 실제라고 정의할 수 있다. 즉, 장애학생에게 적절한 교수 · 학습 방법과 전략, 교수 · 학습 매체, 관련 공학기기와 서비스를 제공하여 특수교육의 질적 효율을 제고할 수 있는 체계적이고 종합적인 서비스다(김원경, 신진숙, 박현옥, 김용욱, 김미숙, 2010).

특수교육공학을 교육현장에서 사용함으로써 장애학생에게 제공할 수 있는 장점은 다음과 같다(한국통합교육학회, 2009).

- 장애를 가진 학습자에게 개별적인 교수를 가능하게 하여 학습 관련 수행능력을 향상시킬 수 있다.
- 학습자의 동기와 학습태도를 향상시킬 수 있다.
- 장애를 보완하거나 이전에 하지 못했던 것을 할 수 있도록 하는 새로운 능력을 부여할 수 있다.
- 장애로 인하여 낮게 인식했던 자아상과 자신의 가치를 향상시킬 수 있다.

특히 자신에 대한 부정적 인식과 낮은 자존감을 가지고 있던 장애학생이 특수교육공학을 통해 또래나 교사, 가족으로부터 유능하게 인식됨으로써 새로운 자신의 능력을 발견하게 된다는 점이다.

2) 특수교육공학의 구성요소

특수교육공학은 '공학기기' '서비스' '전략과 실제'의 세 가지 요소로 구성되어 있으며(김용욱, 2005), 이러한 구성요소들은 특수교육공학을 위한 기기나 서비스 수준의 관점에서 전략과 실제까지 특수교육공학의 영역으로 포함하고 있다.

- '공학기기'는 디지털 및 컴퓨터를 기반으로 하는 첨단공학기기에서부터 휠체어와 같이 일반적으로 많이 활용하고 있는 기계류 중심의 일반공학기기, 개조된 책상 및 식사도구와 같이 간단한 개조 및 도움장치만으로 장애가 있는 학습자의 독특한 요구를 수용할 수 있는 기초공학기기 등을 포함한다.
- '서비스'는 각종 공학기기를 운용하려면 관련 소프트웨어가 필요한 경우가 있는데, 이러한 소프트웨어를 활용하는 것에서부터 공학기기의 준비, 사용, 사후관리까지 일련의 과정을 포함한다.
- '전략과 실제'는 언제, 어떻게 활용하면 좋을지에 대한 전문가의 선택 및 실제 적용이라고 할 수 있다. 교수·학습 장면에서는 기기나 소프트웨어를 수업시간 전체에 걸쳐 학습의 전 구성원에게 활용할 수 있다.

2. 통합교육을 위한 특수교육공학

우리나라 특수교육공학은 교수설계나 교수방법보다는 보조공학이 많은 부분에서 강조되고 있는 실정이다. 통합교육에서 장애학생의 잠재력을 최대한 개발하기 위한 특수교육공학적 접근은 다양한 문제를 해결하는 데 중요한 역할을 한다. 여기서는 통합교육을 위한 특수교육공학을 〈표 11-1〉에 나오듯이 보조공학 및 교수공학 활용을 중심으로 살펴본다.

〈표 11-1〉 보조공학과 교수공학

보조공학	교수공학
신체나 감각장애가 있는 학생들의 일상적인 기능을 향상시켜 주기 위한 기구 • 의사소통판 • 컴퓨터 화면 읽기 프로그램 • 점자 프린터 • 헤드포인터 • 시각장애인을 위한 확대기	교수 전달과 지원을 위한 기술 • 컴퓨터와 소프트웨어 • 전화/팩스 • 인터넷 • 자료 압축 • 비디오디스크

출처: Kirk, Gallagher, & Anastasiow(2003).

1) 보조공학의 활용

(1) 교실수업에서의 보조공학

보조공학(assistive technology)에서 보조공학도구는 구입한 것이든, 수정한 것이든, 개별적으로 맞춤제작한 것이든 간에 기능적 능력개발이 필요한 개인에게 그들의 기능적 역량을 증진하거나 개선하는 데 사용되는 품목, 장비, 제품들이라고 규정하고 있으며, 보조공학은 이러한 지원을 받기 위한 서비스까지도 포함한다(강혜경, 박은혜, 2002).

교실수업에서 보조공학을 활용하는 것은 협력팀에 의해 시작되며, 협력팀의 역할은 사용자의 요구에 따라 개별화되어야 한다. 협력팀은 특별한 상황적 요구를 필요로 하는 장애학생의 특성과 관련된 물음에 답해 봄으로써 보조공학을 효율적으로 활용할 수 있다. 보조공학을 수업에 활용하는 단계는 다음과 같다(신진숙, 2005).

- 보조공학의 선정이다. 협력팀은 개별 학생의 학습 특성에 가장 적합한 장치를 선정하고 여러 상황의 요구를 고려함으로써 학생이 교육프로그램을 수행할 수 있도록 도와준다.
- 교수·학습 활동에서 보조공학장치의 활용에 대한 점검이다. 학습을 수행하는 동안 협력팀은 언제나 집단의 상호작용과 학생의 능력을 점검할 책임이 있으며, 부가적으로 환경적인 요인을 기록하고 장치의 사용을 관찰해서 집단의 활동에 보조공학장치를 통합하는 것을 용이하게 할 수 있다.

• 평가의 수행이다. 협력팀 구성원은 보조공학장치가 수업에서 장애학생에게 도움이 되는지의 여부를 결정해야 한다. 이 단계에서 보조공학이 학생의 특별한 어려움을 보상해 주는지, 그리고 학업 숙달과 수업목표 도달을 내용으로 역할의 책무성을 완수하고 집단활동에 참여하는가에 대한 평가를 해야 한다.

(2) 의사소통을 위한 보조공학

의사소통 지원을 위한 보조공학기기는 의사소통이 어려운 장애학생의 의사소통 능력과 생활수준을 높이기 위한 하드웨어와 소프트웨어다(Loncke, 2003).

말과 언어 표현 및 이해에 크고 작은 장애를 보이는 사람들에게 의사소통을 할 수 있는 기회를 주고 의사소통 능력을 향상시키도록 말을 보완하거나(augment) 대체적인(alternative) 방법을 사용하는 것을 보완대체 의사소통(Augmentative and Alterative Communication: AAC)이라고 한다. AAC를 사용하는 장애인들은 다른 사람들과 의사소통 및 상호작용을 하면서 의사소통이 되지 않는 것으로 인한 문제행동의 감소, 정서적 성장, 학습활동 참여, 독립적인 생활의 촉진과 말과 언어발달의 촉진까지 이룰 수 있다(김영태, 2014).

의사소통을 위한 보조공학기기로는 탑재된 그림상징 및 어휘의 화면을 터치하여 원하는 단어나 문장을 입력해서 음성을 출력하는 키즈보이스 또는 스마트폰이나 PC에 다운받은 앱을 통해 의사소통할 수 있는 나의 AAC와 같은 녹음-출력 의사소통 보조공학기기가 있다([그림 11-1] 참조).

키즈보이스

나의 AAC

[그림 11-1] 녹음-출력 의사소통 보조공학기기

출처: 나의 AAC 홈페이지.

보이스아이   노바캠리더

[그림 11-2] 문자-음성 변환 의사소통 보조공학기기

출처: 경기도재활공학서비스연구지원센터 홈페이지, 정보통신보조기기 홈페이지.

시각장애학생이 광학문자인식(OCR)을 통해 인쇄물의 문자를 판독하여 음성으로 읽어 주는 시각장애인용 문자 판독기인 보이스아이, 노바캠리더 등과 같은 문자-음성 변환 의사소통 보조공학기기가 있다([그림 11-2] 참조).

청각장애학생의 의사소통을 위한 보조공학기기에는 청력손실의 유형과 정도에 따라 음을 증폭해 주시는 다양한 보청기가 있으며, 일반소리 증폭 청취기능과 블루투스 무선 청취기능을 함께 가지고 있는 디지털 복합 음성증폭기인 에숍(ESOB) 목걸이형 음성증폭기, 송신기로서 수업 시 아동의 청취를 어렵게 만드는 소음, 거리, 반향 등의 영향 없이 교사의 음성을 학생에게 직접 전송하는 FM보청기(Oticon Amigo T10, Oticon Amigo Arc) 등이 있다([그림 11-3] 참조).

에숍(ESOB) 목걸이형 음성증폭기   FM보청기

[그림 11-3] 청각장애학생을 위한 의사소통 보조공학기기

출처: 경기도재활공학서비스연구지원센터 홈페이지, 한국정보화진흥원 홈페이지.

(3) 학습 및 컴퓨터 접근을 위한 보조공학

시각장애학생의 학습 및 컴퓨터 접근을 돕기 위한 보조공학기기에는 근거리 확대 및 쓰기모드 기능, 길거리 표지판, 칠판 등의 확인이 가능한 휴대용 독서 확대경 센스 뷰 듀오, 3배에서 73배까지 확대가 가능한(19인치 모니터 기준) 센스뷰 데스크탑, 워드 프로세서, 파일관리 기능, e-mail, 인터넷, 미디어, 컴퓨터와 인터페이스 기능이 가능한 점자정보단말기, 스크린의 텍스트를 읽어 주거나 점역 및 편집이 가능한 다양한 소프트웨어 등이 있다([그림 11-4] 참조).

지체장애학생의 학습 및 컴퓨터 접근을 돕기 위한 보조공학기기에는 휠체어 전용 높낮이 조절 책상, 필기보조기구, 책을 넘겨주는 보조기기 페이지터너, 상지에 손이나 손목을 사용해서 마우스를 사용할 수 없는 장애인들을 위해 이마나 안경 등에 반사용 스티커를 부착하여 기능을 할 수 있는 헤드마우스(3발 머리마우스), 근 기능에 어려움이 있는 분들을 위한 대체마우스인 조이스틱, 트랙볼마우스, 분리형 대체키보드, 페달대체키보드, 터치모니터 등이 있다([그림 11-5] 참조).

센스뷰듀오

센스뷰 데스크탑

점자정보단말기

점자프린터기

[그림 11-4] 시각장애학생의 학습 및 컴퓨터 접근을 돕기 위한 보조공학기기

출처: 실로암시각장애인복지관 홈페이지.

높낮이 조절 책상

필기보조기구 링펜

페이저터너

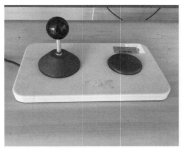

조이스틱

트랙볼마우스

헤드마우스

분리형 대체키보드

페달 대체키보드

터치모니터

[그림 11-5] 지체장애학생의 학습 및 컴퓨터 접근을 돕기 위한 보조공학기기

출처: 경기도재활공학서비스연구지원센터 홈페이지, 한국정보화진흥원 홈페이지.

(4) 이동 및 자세 유지를 위한 보조공학

지체장애학생의 이동을 위한 보조공학기기에는 전동휠체어, 수동휠체어, 전방지지 워커 등이 있으며, 자세 유지를 위한 보조공학기기는 욕창 예방을 위한 자세 변환 매트리스, 휠체어 부착용 머리 지지대, 후방지지 기립기 등이 있다([그림 11-6] 참조).

시각장애학생의 이동을 위한 보조공학기기에는 시각장애학생이 길을 걸어갈 때 장애물 등이 나타나면 초음파를 이용해서 진동으로 사용자에게 알려 주어 안전하게 길을 걸어갈 수 있도록 하는 울트라케인(진동 흰지팡이), 점자 나침반 등이 있다([그림 11-7] 참조).

수동휠체어

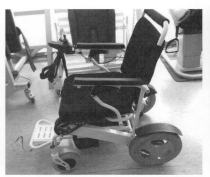
접이식 전동휠체어

전방지지 워커

휠체어 부착용 머리지지대

자세 변환 매트리스

후방지지 기립기

[그림 11-6] 지체장애학생의 이동 및 자세 유지를 돕기 위한 보조공학기기

출처: 경기도재활공학서비스연구지원센터 홈페이지, 한국정보화진흥원 홈페이지.

울트라케인   점자 나침반

[그림 11-7] 시각장애학생의 이동을 돕기 위한 보조공학기기

출처: 실로암시각장애인복지관 홈페이지.

(5) 여가 및 일상생활을 위한 보조공학

여가 및 일상생활을 위한 보조공학은 장애로 인해 부족한 기능을 보완하여 자신이 원하는 일상생활, 스포츠, 레저 활동을 할 수 있도록 지원하는 것이다.

시각장애학생을 위한 여가 및 일상생활 보조공학기기에는 음성시계, 휴대용 음성 변환 출력기, 분실물을 찾을 수 있는 수신기인 키 파인더 등이 있으며, 청각장애학생을 위한 일상생활 보조공학기기에는 화상전화기, 청각신호를 시각적 신호로 변환하는 스마트 초인종, 화재 및 가스 누출 등의 위험에 대한 소리 정보를 빛과 진동으로 인지할 수 있게 하는 케어파이어 등이 있다([그림 11-8] 참조).

지체장애인의 여가 및 일상생활을 위한 보조공학기기에는 식사도구, 다기능 배변 의자, 높낮이 조절 변기와 세면대 등이 있으며, 스포츠 활동을 위한 맞춤자전거, 스키 휠체어, 농구용 휠체어 등도 있다([그림 11-9] 참조).

음성시계

키 파인더

휴대용 음성변환 출력기

화상전화기

스마트 초인종

케어파이어

[그림 11-8] 시각·청각장애학생의 일상생활을 돕기 위한 보조공학기기

출처: 경기도재활공학서비스연구지원센터 홈페이지, 국립재활원 중앙보조기구센터 홈페이지, 실로암시각장애인복지관 홈페이지, 한국정보화진흥원 홈페이지.

식사도구

다기능 배변의자

맞춤자전거

[그림 11-9] 지체장애학생의 일상생활을 돕기 위한 보조공학기기

출처: 경기도재활공학서비스연구지원센터 홈페이지, 국립재활원 중앙보조기구센터 홈페이지, 한국정보화진흥원 홈페이지.

2) 교수공학의 활용

특수교육에서의 교수공학은 체계적으로 사용하고 적용하는 하드웨어적·소프트웨어적 접근 등 각종 도구와 시스템의 활용이라고 할 수 있다. 하지만 그동안 교수공학은 지체장애나 감각장애 학생들과 같은 특정 장애학생에게 보조공학기기를 제공하는 것에만 국한되어 있던 것이 사실이다. 따라서 앞으로는 통합교육환경에서 특별한 교육적 요구를 지닌 장애학생들의 학습효과와 효율성을 향상시키는 교수공학적 접근을 보다 적극적으로 활용하여야 할 것이다.

(1) 컴퓨터 보조수업(computer assistive instruction: CAI)

CAI란 컴퓨터가 교사의 교수기능을 대신하여 교과내용의 지식이나 기능, 태도 등을 학생에게 전달·학습하는 것으로, 컴퓨터를 직접 수업매체로 활용하는 것이 특징이다. CAI의 응용방법으로는 훈련-실습양식, 개별지도법, 시뮬레이션, 문제해결 프로그램, 워드프로세싱이 있다(구본권, 김동연, 1994; 김원경 외, 2009).

- **훈련-실습양식(drill-and-practice mode)**: 학생이 훈련과 실습 프로그램에서 진술하고 있는 기술과 지식 영역에 대한 소개를 이미 받았다고 전제하고 지도된 실습(guided practice)의 기회를 주는 것이다. 즉, 정해진 기준에 이를 때까지 반복적으로 자료를 제시하여 교수나 부모의 시간을 절약할 수 있게 해 주고, 다양한 문제를 무작위로 제공할 수도 있으며, 피드백을 통해 강화하거나 정정할 수 있다. 그리고 수시로 기록을 유지하고 만족할 만한 수준에 도달하였는지 확인하고 다음 단계로의 진행을 결정할 수도 있다.
- **개별지도법(tutorials)**: 새로운 정보를 제시하기 위해 학생의 능력수준에 따라 개별화된 프로그램을 제공하는 것이다. 개별지도는 기초부터 시작하여 새로운 개념을 소개하고, 설명과 예시를 제공하며, 학생이 새로운 자료를 연습하는 것을 도와준다.
- **시뮬레이션(simulation)**: 문제해결을 위해 사회적·물리적 현상이나 실제적인 상황과 유사한 모의 상황을 제시함으로써 경험을 제공하는 것이며, 시뮬레이션에서 경험하는 상황은 학급에서 위험하거나 재현하기에 어렵거나 불가능한 것

이다.

- **문제해결 프로그램**(problem solving program): 사고하는 기술 면에서 연습을 하게 하며, 문제가 제시되면 학생은 정보를 모아 가능한 해결책을 생각해 내야 한다. 그런 다음 그것이 문제를 해결하는지를 알기 위해 실험하게 된다.
- **워드프로세싱**(word processing): 쓰기, 그리기 또는 정보의 운영과 같은 특정 과제를 성취하기 위한 도구이며, 쓰기, 문법, 철자 및 읽기 기능의 개선을 통해서 작문 기술과 창의력 향상에 도움을 준다.

(2) 정보통신기술(Information & Communication Technology: ICT)

ICT는 정보기술(Information Technology)과 통신기술(Communication Technology)의 합성어로, 정보통신기술을 정보나 매체로 활용하여 교과수업에서 학생의 학습동기를 유발하고, 여러 가지 수업상황에서 다양한 정보통신기술을 활용하는 교육활동을 말한다(송재신, 강신천, 최연주, 정성무, 서종원, 2005).

특수교육에서 ICT 활용 교육의 의의는 다음과 같다(강혜경, 김규일, 김정연, 이정은, 2007).

- 사회활동이나 사회 참여를 지원하는 보조공학으로 활용할 수 있다. 장애로 인해서 실현할 수 없었던 것을 할 수 있도록 지원하기 위한 기술이라는 개념으로, 보조공학기기를 활용하여 '할 수 있는 것'이 많아지기 때문에 특수교육 대상학생이 학습에 대한 의욕이나 삶에 대한 의지를 향상시킬 수 있다.
- 즐겁고 효과적인 학습을 진행하기 위한 교구로서 활용할 수 있다. 멀티미디어를 사용하여 정보기기의 다양한 기능을 살려 장애학생의 특성과 과제에 맞는 적절한 교재를 제공함으로써 즐겁고 효과적인 학습을 기대할 수 있다.
- 사회생활을 풍요롭게 하는 참여 미디어로서 활용할 수 있다. 개개인의 장애 특성에 맞는 보조공학기기를 활용함으로써 네트워크상에서 장애를 인식하지 않고 대화를 나눌 수 있는 등 장애를 넘어서는 새로운 사회 참여 기회를 제공할 수 있다.

(3) e-러닝(electronic learning)

e-러닝은 CD-ROM, 파일, e-book 등 다양한 형태의 디지털 교육 콘텐츠를 활용하는 컴퓨터 기반 교육이며, 인터넷, 익스트라넷 등 웹을 기반으로 교육자와 학습자, 학습자와 다른 학습자 간에 쌍방향 커뮤니케이션이 가능한 온라인 학습체제를 말한다(김성수, 2003).

e-러닝은 기존 오프라인 교육과 달리 시간적 · 공간적인 독립성을 가지고 있으며 교육비용을 절감할 수 있다. 그리고 자기 주도적으로 교육이 이루어져 획일적 교육에서 탈피하여 개인의 욕구에 맞는 맞춤교육이 가능하다. 또한 최신의 경향 및 변화를 신속히 반영하여 교육할 수 있으며, 인터넷의 매체적 특성을 활용한 교수자와 학습자 간의 적극적인 상호작용, 학습 공동체 형성 등을 통해 지식을 보다 원활히 공유할 수 있다는 장점이 있다(윤병욱, 2004).

(4) u-러닝(ubiquitous learning)

u-러닝은 개방적 학습자원을 학습자의 필요에 따른 선택에 의해 활용하는 통합적 학습체제를 의미하며, 언제, 어디서나, 누구나 편리한 방식으로 원하는 학습을 할 수 있는 이상적인 학습체제다(정성무, 고범석, 서정희, 신성욱, 2005). u-러닝의 주요 특징을 요약하면 다음과 같다.

- 학생들에게 언제, 어디서나 내용에 상관없이 어떤 단말기로도 학습할 수 있는 교육환경을 조성해 줌으로써 보다 창의적이고 학습자 중심의 교육과정을 실현하는 것이 목표다.
- u-러닝 교육환경은 획일적이거나 강제적이지 않다. 학생들은 각자의 개별화된 요구에 따라 학습한다. 이와 같은 교육환경에서 부모와 교사들 간의 상호작용도 자연스럽고 편안하게 이루어진다.
- 학습자가 사용하는 컴퓨터는 책상에 고정되어 있지 않고 인터페이스나 휴대도 편리하다. 이를 통해 학습자와 친밀한 상호작용을 돕는 학습 에이전트 역할을 수행한다.
- 학습공간도 학교와 교실에 제한되지 않는다. 모든 실제 세계의 공간이 학습공간이 된다. 센서나 칩 형태의 컴퓨터를 심은 지능화된 사물도 학습에 도움을 줄 수

있으며, 학생들은 휴대하고 있는 학습 단말기를 통해서도 학습정보를 제공받는 다(이문호, 2008).

3. 보편적 학습설계의 이해

교사가 학생의 학습에 긍정적인 영향을 끼치기 위해서는 유연한 수업(teaching)양식을 가지고 모든 학생의 요구를 충족시키기 위한 교수전략을 사용해야 한다. 교수(instruction)를 주의 깊게 계획하고 설계하면 모든 학습자는 성공할 수 있다.

보편적 학습설계(Universal Design for Learning)는 교수를 강조하는 하나의 개념 또는 철학이며, 다양한 능력을 지닌 학생을 위해 사용할 수 있다(Taylor, Simley, & Richards, 2009).

1) 보편적 학습설계의 개념 및 필요성

(1) 보편적 학습설계의 개념

보편적 학습설계(Universal Design for Learning: UDL)는 '모든 연령과 다양한 능력을 가진 사람들에게 유용하게 만들어진 제품이나 환경에 대한 디자인'이라는 보편적 설계(Universal Design: UD)라는 용어와 관련되며(곽승철, 2010; 추연구, 2006; Bowe, 2000), 장애인과 고령자들이 일상생활을 하는 데 누구도 차별받지 않아야 한다는 무장벽(Barrier Free) 운동이라는 건축학적 개념과도 관련된다. 건축에서 시작된 보편적 설계는 1990년 이후 장애인을 포함하여 모든 사용자의 편리와 접근성을 보장하기 위한 하나의 운동개념으로 다양한 분야에 확장되었으며, 그중에 교육분야로 적용된 것이 보편적 학습설계다.

Rose와 Mayer(2002)는 보편적 학습설계를 "다양한 학습자가 융통적인 방법과 매체를 사용하여 학습상황에 유연하게 대처하여 장애학생뿐만 아니라 모든 학생의 학습기회를 극대화하게 된 것으로, 교육개혁에서의 다른 접근방법과 조화를 이루는 학생 학습 향상의 필수적인 요소"라고 하였다(조선화, 2011).

(2) 보편적 학습설계의 필요성

통합교육은 장애학생을 포함하여 모든 학생의 다양성을 인정하고 그들의 교육적 요구에 적합한 교육을 제공하기 위한 것이다. 현재의 통합교육이 효과적으로 이루어지기 위해서는 보편적 설계에 기초한 특수교육 및 통합교육에 대한 이론 및 실제적인 접근의 변화가 필요하다. 즉, 이론적으로는 장애를 인간의 다양성과 차이성의 한 구성요소로 인정하고 수용하며, 교육의 실제에서는 누구도 배제되지 않는 교육과정과 교수를 설계하여 실행해야 한다는 책무성의 변화가 먼저 이루어져야 한다(김용욱, 2008). 따라서 UDL은 모든 학생에게 접근 가능한 교육환경을 만들 수 있으며, 다양한 배경과 능력을 가진 학생들이 더 효과적으로 학습하는 데 기여할 것이다.

2) 보편적 학습설계의 원리와 활용

미국의 응용특수공학센터(Center for Applied Special Technology: CAST)가 제안한 UDL의 원리와 Rose와 Mayer(2002)가 제안한 UDL 원리를 적용한 교수방법을 제시하면 〈표 11-2〉와 같다. 또한 미국 특수아동협의회(Council for Exceptional Children: CEC, 2005)에서는 보편적 학습설계의 활용을 위한 일곱 가지 원리와 실례를 〈표 11-3〉과 같이 제시하고 있다.

〈표 11-2〉 CAST가 제안한 UDL 원리와 교수방법

UDL의 세 가지 원리	UDL 원리를 적용한 교수방법
다양한 내용 제시방법 (multiple methods of presentation)	• 복합적인 예 제공 • 정보의 중요한 특징 강조 • 복합적인 매체와 형태 제공 • 배경지식 및 맥락에 대한 정보 제공
다양한 표현방법 (multiple methods of expression)	• 융통성 있는 수행 모델 제공 • 연습을 지원하는 기회 제공 • 지속적이고 관련된 피드백 제공 • 기술 시연을 위한 융통성 있는 기회 제공
다양한 참여방법 (multiple options for engagement)	• 내용과 도구의 선택사항 제공 • 적절한 목표수준 제공 • 보상의 선택 제공 • 학습상황의 선택 제공

출처: Rose & Mayer(2002): 김동일 외(2010: 365)에서 수정.

〈표 11-3〉 CEC에서 제시한 일곱 가지 UDL 원리와 실례

원 리	실 례
공평한 사용	• 모든 수준의 능력을 가진 학생들에게 적절하고 다양한 개념과 가치의 교실환경 제공 • 장애학생의 차별, 비난 금지 및 개인적 장애 존중 • 온라인에서의 노트 제공 • 어떠한 보조공학을 이용하든 강의노트를 듣고 학습하도록 해 줌
사용 시 융통성	• 차별화된 학습양식 적용 • 다양한 수단으로 자신의 지식을 표현 • 왼손, 오른손 모두 사용 가능한 장비 허용 • 상이한 학습방법과 지식을 경험할 수 있도록 다양한 교수방법(시각적으로 배열된 강의, 집단활동, 종이 혹은 웹 기반 토론) 활용 • 시각장애 또는 학습장애를 가진 학생들의 접근이 가능한 발신자 표시 및 음성 안내 기능이 내장된 전화기를 제공
간단하고 직관적	• 어려운 단어의 정의를 쉽게 볼 수 있도록 링크(단어 클릭 시 단어의 정의를 볼 수 있음) • 명확하게 표가 붙여진 제어장치와 단어뿐만 아니라 상징적 기호(그림 포함)의 실습장비 • 학교교사, 보고서, 프로젝트 채점에 대한 안내지 제공 • 포괄적이고 정확한 정보를 담고 있는 학습 지도안의 제공 • 학생이 어려운 과제를 수행할 때 참고할 수 있는 참고자료 제공 • 지적장애학생을 위해 수도꼭지에 빨간색은 더운 물, 파란색은 차가운 물로 표시
인식 가능한 정보	• 디지털이나 온라인 형태로 된 교과서, 읽을거리, 다른 교수지원 방안을 선택할 수 있으며, 다양한 요구를 가진 학습자에게 전통적인 교수뿐만 아니라 다양한 공학적 자료 제시 • 감각 손상을 지닌 학생을 위해 접근 가능한 대안형식의 매체 • 차별화된 형식과 미디어에서의 텍스트 사용 가능: 캡션을 포함한 비디오 • 청각장애학생을 위해 소리 정보만 전달하는 경보기를 보완하여 시각 정보도 제공하는 경보기를 제공
오류에 대한 포용	• 어려운 문제를 지닌 학생을 돕기 위해 컴퓨터 프로그램이나 단서 제공 • 실습장비는 장애를 최소화하여 디자인 • 교실수업을 보완하는 온라인 실습 제공 • 터치스크린 방식의 휴대전화기의 버튼 조작 실수로 발생하는 곤란함을 막기 위한 버튼 잠금 장치
적은 신체적 노력	• 마이크로소프트 컴퓨터 모니터에 부착 • 실습장비는 신체적으로 조작이 용이하도록 설계 • 학습자에게 보고서나 에세이를 쓰게 하거나 편집하기 위해 워드프로세스를 사용할 수 있도록 허용 • 지체장애학생을 위한 자동문 또는 버튼식 문

접근과 사용을 위한 크기와 공간	• 고안된 보조기기와 개인장치를 수용한 교실 공간 마련 • 모든 학생에게 교사의 관점과 매체를 명확하게 제시 • 소규모 학습환경의 경우, 모든 학습자가 토론하는 동안 말하는 사람을 대면할 수 있도록 좌석을 둥글게 배열 • 지체장애학생의 휠체어가 충분히 드나들 수 있는 넓이의 출입구와 적절한 각도의 경사로

출처: Council for Exceptional Children(2005).

생각해 볼 문제

1. 장애학생을 위한 보조공학기기 적용 시 고려해야 할 점에 대해 생각해 보시오.
2. 수업 시 보조공학기기의 활용을 위하여 교사가 어떻게 준비해야 하는지에 대해 생각해 보시오.
3. 통합교육에서의 보편적 학습설계(UDL)의 활용에 대해 생각해 보시오.

추천 자료

경기도 재활공학서비스 연구지원센터(http://atrac.or.kr)　신체 기능의 제약을 가진 사람을 위한 전문적인 보조공학 서비스 제공과 보조공학 관련 연구 및 산업화 지원.

국립재활원 중앙보조기구센터(http://www.knat.go.kr)　장애인 보조기구 사례관리 사업과 품질관리 사업을 통해 장애인의 사회통합을 실현하는 장애인 보조기구 서비스 전달체계 구축을 위한 보건복지부 기관.

실로암시각장애인복지관(http://www.silwel.or.kr)　시각장애인과 시각장애인 보조공학기기에 대한 정보 제공.

한국정보화진흥원(http://www.at4u.or.kr)　신체적 · 경제적으로 정보통신에 대한 접근과 활용이 어려운 장애인의 정보화를 통한 사회통합을 유도, 정보통신 보조기기 구매 지원.

용어 해설

대체키보드(alternative keyboard)　기존의 키보드에 크기, 형태, 배열 등의 변화를 주어 컴

퓨터 조작의 효율과 편의성을 제공할 수 있도록 만든 키보드다. 대표적인 대체키보드로
는 다양한 기능이 프로그램화되어 있는 키보드, 작은 운동 범위의 사용자를 위한 소형
키보드, 제한된 수의 키를 조합하여 사용하는 조합 키보드, 컴퓨터 스크린 위에서 입력
할 수 있는 화면 키보드 등이 있다.

무장벽(barrier free)   모든 시민이 자연스럽게 사회에 참여(직장생활, 가정생활, 지역사회생
활)할 수 있는 성숙한 사회를 건설하기 위해 참여를 방해하는 물리적·심리적 장벽을
축소·제거하는 것.

보조공학(assistive technology)   장애인이 직면하는 문제들을 개선하기 위한 보조공학기기,
보조공학 서비스, 그리고 그와 관련한 학문 분야 등을 의미한다. 보조공학기기란 장애
인이 과제나 작업을 할 때 그것이 없으면 할 수 없거나 또는 더 쉽고 나은 방법으로 과제
나 작업을 할 수 있게 해 주는 등 장애인의 기능적인 능력의 개선, 유지, 확대에 필요한
도구나 물품 및 생산 시스템이다.

제 **12** 장

장애학생 가족지원

1. 장애학생 가족지원의 의미

장애학생의 가족에 대한 관심은 수년 동안 특수교육에서 중요하게 다루어져 왔다. 교사, 연구자 그리고 장애학생과 관련된 일에 종사하는 전문가들은 장애학생 가족의 역할이 장애학생에게 중요한 영향을 미친다는 것을 인식하기 시작하였다. 장애학생의 발달은 가족이 장애학생의 교육과 중재에 얼마나 참여하는지와 직접적으로 관련된다고 생각한다. 즉, 가족 구성원의 참여가 장애학생의 발달과 교육에 중요한 영향 요인으로 작용할 수 있다.

이러한 학생발달과 관련한 가족 참여의 중요성을 배경으로 최근에 교사, 가족 구성원 및 관련 전문가의 협력은 특수교육 분야에서 현저하게 강조되어 왔다. 특히 가족을 적극적인 교육 참여자 및 의사결정권자로 보는 시각은 조기 중재와 치료과정에서도 강조되고 있다. 따라서 교사는 장애학생의 효과적인 교육을 위하여 가족이 교육과 중재에 관심을 가지고 참여하도록 권유할 필요가 있다.

1) 특수교육에서 가족지원의 개념

장애학생에게 보다 효율적인 교육을 제공하기 위해서 교사는 장애학생의 가족에 대해 이해하는 것이 중요하다. 이는 장애학생의 가족 구성원이 장애학생의 과거와 현재에 걸친 생애 전반에 영향을 미쳐 왔으며, 미래에도 영향을 미칠 가장 중요한 생태학적 환경이기 때문이다. 따라서 교사가 장애학생의 가족이 경험하는 문제와 장애학생을 둘러싼 개별 가족 구성원들의 인식을 이해하고 이를 장애학생 지원의 방향성 결정과 구체적인 적용에 반영하는 것이 점점 더 중요한 과제로 떠오르고 있다.

「장애인 등에 대한 특수교육법」 제28조 제1호에서는 특수교육 관련 서비스로 "특수교육 대상자와 그 가족에 대하여 가족상담 등 가족지원을 제공하여야 한다."고 명시하고 있으며, 동법 시행령 제23조 제1호에 의하면, "가족지원은 가족상담, 양육상담, 보호자 교육, 가족지원 프로그램 운영 등의 방법으로 한다."고 명시하였다(〈표 12-1〉 참조). 이처럼 「장애인 등에 대한 특수교육법」은 '가족지원'을 특수교육 관련

〈표 12-1〉「장애인 등에 대한 특수교육법」에서 가족지원과 관련한 조항

> 「장애인 등에 대한 특수교육법」 제2조(정의)
> 2. "특수교육 관련서비스"란 특수교육 대상자의 교육을 효율적으로 실시하기 위하여 필요한 인
> 적·물적 자원을 제공하는 서비스로서 상담지원, 가족지원, 치료지원, 보조인력지원, 보조공학
> 기기 지원, 학습보조기기 지원, 통학지원 및 정보접근 지원 등을 말한다.
>
> 「장애인 등에 대한 특수교육법」 제28조(특수교육 관련서비스)
> ① 교육감은 특수교육대상자와 그 가족에 대하여 가족상담 등 가족지원을 제공하여야 한다.
>
> 「장애인 등에 대한 특수교육법 시행령」 제23조(가족지원)
> ① 법 제28조 제1항에 따른 가족지원은 가족상담, 양육상담, 보호자 교육, 가족지원 프로그램 운
> 영 등의 방법으로 한다.
> ② 제1항에 따른 가족지원은 「건강가정기본법」 제35조에 따른 건강가정지원센터, 「장애인복지
> 법」 제58조에 따른 장애인 복지시설 등과 연계하여 할 수 있다.

서비스로 명시하고 있으며, 이를 특수교육의 범주 안에 포함시키고 있다.

2) 장애학생 가족지원의 유형

장애학생의 가족을 위한 지원은 크게 사회적 지원과 전문가 지원으로 나누어 볼
수 있다. 사회적 지원이란 지원이 필요한 개인이나 가족에게 제공되는 긍정적 상호
작용이나 도움의 형태를 의미한다(Schwartz & Frohner, 2005; Turnbull & Turnbull,
1990). 구체적으로 사회적 지원은 대가족 구성원, 친구, 동료, 지역사회 주민 그리고
종교 모임 등이 제공하는 지원을 말한다. 이러한 사회적 지원은 종종 물질적·정서
적 지원뿐만 아니라 다양한 정보를 제공하기도 한다(Turnbull & Turnbull, 1990).

장애학생의 가족은 이러한 사회적 지원 이외에 전문가 지원을 제공받게 되는데,
전문가 지원은 교사, 치료사, 의사, 사회복지사, 상담가, 심리학자 등이 제공하는 지
원이다. 장애학생의 가족은 전문가 집단으로부터 학생과 가족 구성원을 위한 전문적
인 도움과 더불어 필요에 따라 정서적인 지원을 제공받는다. 이처럼 장애학생 가족
을 위한 가족 구성원, 친구, 전문가 그리고 지역사회의 지원은 장애학생 가족이 그들
의 상황에 긍정적으로 적응하는 데 기여한다. Singer(2002)는 장애학생 가족을 위한
지원이 장애학생을 양육하는 데 대한 가족 기능을 강화시킬 뿐만 아니라 가족의 삶
의 질을 유지하고 향상시키는 데 도움을 제공한다고 하였다.

2. 장애학생 가족의 가족체계

장애학생 가족과 관련하여 가족 구성원 서로 간의 관계 및 영향력은 중요한 주제로 대두되고 있다. 가족 구성원 간의 상호작용은 가족체계(family system)를 통해 설명될 수 있는데, 많은 연구자는 가족 구성원 간의 관계나 상호작용을 언급할 때, 가족체계이론(family system theory or family structure theory)을 사용한다(Dyson, 1996; Lenhart & Chudzinski, 1994; Minuchin, 1974; Minuchin, Lee, & Simon, 1996; Turnbull & Turnbull, 1990). 가족체계이론은 가족관계에서의 상호작용과 특징에 관한 것이다. 가족체계이론에서 말하는 가족관계란 부모, 형제자매, 조부모, 삼촌, 고모, 이모 등의 대가족까지 포함하는 가족 구성원을 언급하는 것으로 이들 사이의 상호작용이라 할 수 있다.

가족체계이론은 장애학생 가족을 설명할 때에도 자주 사용되어 왔다. 가족체계의 관점에서 장애학생 가족을 바라보면 장애학생의 출생이 다른 가족 구성원에게 영향을 미치며, 반대로 장애학생도 가족 구성원들의 반응이나 행동에 영향을 받는다고 하였다(Brennan, 1997). 따라서 장애학생을 둔 가족의 문제는 단지 학생과 부모만의 문제가 아니라, 가족 구성원 전체를 둘러싼 문제로 바라보아야 한다. 즉, 학생이 가진 장애는 학생의 부모에게만 영향을 미치는 것이 아니라, 다른 가족 구성원에게도 영향을 미치며 이들의 상호작용에 영향을 준다고 할 수 있다. Minuchin(1974)은 가족 구성원들이 서로 영향을 주고받는 관계에 있다고 하였는데, 장애학생을 둔 가족 구성원들은 일반적인 가족관계에서 나타나는 상호적인 영향력과는 달리 다양한 심리적·경제적 그리고 관계적 어려움을 경험할 수 있다고 하였다. 가족 구성원 중에 장애를 가진 구성원이 있다는 것은 가족 전체에게 하나의 커다란 도전이 된다. 이러한 도전은 장애학생의 부모에게만 한정되는 것이 아니며, 장애학생을 둘러싼 다른 가족 구성원, 특히 장애학생의 형제자매와 조부모에게도 해당된다.

3. 장애학생의 가족: 부모, 형제자매, 조부모

장애학생 가족의 가족지원을 고려할 때, 가장 먼저 고려되어야 할 점은 가족의 범위를 규정하는 것이다. 일차적으로 장애학생의 가족이라고 하였을 때, 우선은 양육을 담당하고 있는 장애학생의 부모를 생각할 수 있다. 특히 장애학생의 부모 중에서도 자녀의 양육과 교육을 주로 담당하는 어머니의 역할을 중시하였으며, 어머니는 장애학생과 관련된 대표적인 가족 구성원으로 인식되었다.

하지만 최근에는 장애학생의 어머니뿐만 아니라 아버지, 형제자매, 조부모 등의 범위로 가족지원의 대상이 확대되는 경향을 보여 준다. 이러한 경향을 반영하듯 특수교육 분야에서 장애학생 가족에 대한 연구는 주로 부모를 대상으로 이루어졌으나, 최근 국내에서도 장애학생의 형제자매 및 조부모에 대한 연구가 구체적으로 이루어지고 있다.

1) 부 모

장애학생의 가족 구성원이 어떠한 경험을 하고 있는지, 그들의 삶이 어떠한 도전을 받고 있는지에 대한 연구는 주로 다른 가족 구성원보다도 장애학생의 부모를 대상으로 이루어져 왔다. 장애학생의 부모를 대상으로 한 연구들은 장애학생의 부모로서 겪게 되는 여러 가지 경험과 인식에 대한 보고를 통해 장애학생 부모교육이나 지원에 실제로 도움이 될 만한 관련 정보를 제공해 왔다.

일반적으로 자녀의 출생은 가족에게 새로운 기쁨과 행복을 가져다준다. 또한 자녀의 출생으로 새로운 가족 구성원이 생기게 되므로 부모는 이러한 새로운 상황에 적응해 나가야 하며, 또한 부모로서의 도전과 책임을 느끼게 된다. 하지만 장애를 가진 자녀의 출생은 부모로서의 일반적인 기쁨과 도전의 감정과는 다른 감정을 경험하게 한다. 장애의 가능성이 있는 자녀나 장애를 가진 자녀의 출생은 부모로 하여금 앞으로 부모가 그들의 자녀로 인해 경험할 수 있는 기대와 행복을 방해하기도 한다. 이러한 기대의 무너짐으로 부모는 양육과정에서 슬픔, 스트레스, 낙담을 경험하기도 한다(Barnett, Clements, Kaplan-Estrin, & Fialka, 2003; Bennett & DeLuca, 1996; Cho, Singer, & Brenner, 2000; Sandler & Mistretta, 1998). 만약 부모가 자녀의 장애로 인해 슬픔과 스트레스가 계속된다면 이러한 부모의 감정과 반응은 장애를 가지고 있는 그들 자녀의 발달과 교육에 부정적인 영향을 미칠 수 있다. 〈표 12-2〉는 장애자녀가 부모에게 미치는 영향을 제시한 것이다.

〈표 12-2〉 장애자녀가 부모에게 미치는 영향

- 장애자녀를 양육, 교육하는 과정에서 발생하는 비용 혹은 보조공학기구 구입 등으로 인한 경제적 부담
- 장애자녀의 양육에 따른 시간 소요 및 정신적 · 신체적 피로
- 가족 간의 여행, 외출 등의 제한
- 장애자녀 돌봄을 위한 직장생활 중단
- 여가시간의 부족
- 자녀양육 과정에서의 부부 갈등 초래
- 장애자녀 외의 다른 자녀의 요구도 동시에 충족시켜야 하는 책임
- 장애에 대한 사회의 부정적 태도로 인한 사회적 고립 경험
- 장애자녀의 특수한 문제에 대한 대처기술 부족
- 장래에 대한 걱정 등으로 인한 스트레스

일반적으로 장애를 가진 학생의 부모는 자녀가 장애가 있다는 사실을 알고 난 이후에 슬픔과 낙담을 경험하게 되고, 이후 그들 자녀의 장애를 받아들이기 위해 노력한다. 이러한 적응은 대개 다른 가족 구성원이나 지역사회의 지원 그리고 관련 전문가들의 지원에 의해 촉진될 수 있다. Bennett과 DeLuca(1996)에 의하면, 장애학생 가족에 관한 초기 연구는 장애학생 가족의 어려움이나 스트레스를 다루었으나, 이제는 장애학생 가족의 긍정적 적응(positive adjustment)에 대한 주제로 옮겨 가고 있다고 하였다.

자녀의 장애에 대해 긍정적으로 적응한 부모들은 장애를 가진 그들 자녀들과의 상호작용, 다른 가족 구성원과의 상호작용, 그리고 자녀의 교육 및 중재에 관련된 교사와의 상호작용에 적극적으로 참여하게 된다. 〈표 12-3〉은 장애학생 부모의 심리적 단계와 이에 따른 상담방법을 제시하고 있다.

〈표 12-3〉 장애학생 부모의 심리적 단계와 상담방법

단 계	특성	교사의 지원
충격, 불신, 불안	"이런 일은 있을 수 없어." • 자녀에게 장애가 있음을 부인 • 죄책감, 수치심	• 부모의 감정과 행동에 대해 수용하고 경청 • 자신의 감정을 표현하도록 격려

분노	"왜 내가?" • 자기 자신 혹은 전문가 등 타인을 비난 • 장애진단의 정확성에 대해 전문가와 논쟁	• 분노를 표출할 수 있도록 격려하며 경청 • 논쟁하거나 방어하지 않기 • 자녀교육에 지치지 않도록 격려 • 자신을 위한 시간을 마련하도록 권장
타협	"장애가 없어질 수만 있다면, 뭐든지 하겠어."	• 적극적으로 경청 • 깊은 이해와 지지 • 자녀를 다루는 방법에 대한 비평 삼가
우울 좌절	• 현실을 수용하기 시작 • 우울해함 • 자녀의 결함만 보려고 하여 무기력해짐	• 적극적·반영적으로 경청 • 자녀의 약점보다는 강점과 능력에 대해 의논 • 우울증이 만성적일 경우 전문적인 상담 제안
수용	"괜찮아, 나는 할 수 있어." • 자녀의 강점을 보기 시작 • 자녀의 삶을 향상시키기 위해 긍정적으로 노력함	• 지속적 경청 • 다른 학생과 비교하지 않도록 하기 • 자녀의 진보에 대해 격려

출처: 서울특별시교육청(2011: 33).

2) 형제자매

장애학생을 둘러싼 다양한 가족 구성원 중에서도 특히 형제자매는 일생의 많은 시간을 함께 보내고 공유하게 되며, 서로 간의 상호작용을 통해 성장·발달에 주요한 영향력을 미치는 관계로 볼 수 있다. 형제자매를 가족지원의 주요한 대상으로 보고 이들을 위한 지원을 제공하기 위해서는 우선 이들이 장애 형제자매를 두었다는 사실에 대해 어떠한 경험을 하고 있는지를 파악하는 것이 필요하다.

최근 많은 연구가 형제자매의 심리적·사회적 발달 경험에 대한 연구, 형제자매가 장애학생의 발달에 긍정적인 영향을 제공한 것에 관한 연구, 형제자매를 위한 지원 프로그램의 효과에 대한 연구 결과를 보고하고 있다. 특히 장애학생 형제자매의 심리적·사회적 발달 경험은 형제자매들이 장애학생으로 인해 경험하게 되는 긍정적이거나 부정적인 측면을 보여 주고 있다. 이미숙, 권회연(2009)은 비장애 형제자매가 경험하는 긍정적 측면으로 타인에 대한 이해와 배려, 책임감, 자아존중감, 사회적 성숙을, 부정적인 경험으로는 소외감, 분노, 부담감 등을 언급하였다.

　　근래에 장애학생의 형제자매들이 경험하게 되는 여러 가지 문제와 관련하여 이들에게 관심을 가지고 지원을 제공하자는 주장이 커지고 있다. 무엇보다 중요한 것은 장애학생의 형제자매가 장애학생의 존재를 수용하고, 서로에게 긍정적 영향력을 주고받을 수 있는 관계가 되도록 하는 것이다. 형제자매의 장애형제에 대한 수용과 관계의 정립은 형제자매가 성취하여야 할 중요한 발달과제의 하나라고 해도 과언이 아니다. 연구들은 형제자매가 장애형제에게 긍정적인 영향력을 제공하고, 장애형제의 교육과 발달에 중재자로서의 참여할 수 있다고 하였다(이영철, 김소라, 2001; 한경임, 2001; 한경임, 임민숙, 2006; 황보명, 2003).

　　이처럼 형제자매가 장애형제의 협력자로서의 역할을 수행하기 위해서는 이들이 장애형제의 존재를 인식하고, 장애형제의 장애를 수용하며, 나아가 비장애형제로서의 자신의 역할을 정립하는 것이 필요하다. 이를 위해 교사와 부모는 장애학생의 형제자매가 경험하는 심리적·정서적 경험을 인식하고, 장기적으로 어떠한 지원이 제공되어야 하는지에 대해 조망하는 것이 필요하다. 〈표 12-4〉는 교사가 부모와 장애학생의 형제자매에 대해 상담할 때 제안할 수 있는 내용을 제시한 것이다.

〈표 12-4〉 장애학생의 형제자매에 대한 부모상담

- 부모는 비장애형제가 솔직하게 자신의 감정을 표현하도록 한다.
- 비장애형제에게 장애형제의 장애 상태를 정확히 알려 주어서 이해할 수 있게 한다.
- 부모는 비장애형제와의 시간을 갖는다.
- 비장애형제를 위한 프로그램에 참석하게 한다.
- 가족회의를 정기적으로 열어서 서로 대화를 하면서 불만이 쌓이지 않도록 하고, 장애형제에게 부담을 갖지 않게 한다.
- 비장애형제에게 부담감을 주지 않는 한도 안에서 일상생활에서 장애형제를 적절하게 돕도록 한다.
- 비장애형제의 친구가 장애형제를 보고 이상하다고 물어보거나 놀릴 때 장애형제의 상태를 정확하게 말할 수 있게 지도한다.
- 비장애형제가 친구들과 잘 지낼 수 있게 격려한다.
- 학교 입학 시에 비장애형제의 의견을 충분히 고려하여 같은 학교에서 교육시킬 것인지의 여부를 결정한다.
- 장애형제의 보상심리로 비장애형제에 대해 지나친 기대를 하지 않도록 한다.

3) 조부모

과거부터 현대에 이르기까지 일반적으로 조부모의 지원이 가족을 위한 사회적 지원 중에서도 가장 중요한 지원으로 인식되어 온 것은 그들이 가진 삶의 경험을 통해 자녀 및 손자녀에게 삶의 통찰을 제공할 수 있을 뿐 아니라, 그들이 다른 가족 구성원을 위한 조력자로서의 역할을 수행해 왔기 때문이다. 특히 조부모는 손자녀와의 다양한 상호작용을 통해 손자녀의 삶에 영향을 미쳐 왔을 뿐만 아니라, 손자녀 돌보기와 같은 참여를 통해 부모에게 실질적인 도움을 제공해 왔다.

특히 현대사회에서는 조부모의 수명 증가로 인하여 그들의 자녀 및 손자녀에게 영향을 줄 수 있는 기간이 증가되었으며, 가족 내의 다양한 이유로 부모가 자녀의 양육에 전반적으로 참여할 수 없는 경우, 조부모가 전반적 또는 부분적으로 양육에 참여하는 현상이 증가하는 추세다.

장애학생 가족을 위한 가족 내부의 지원은 가족 외부에서 제공하는 다른 어떠한 도움보다도 중요하다. 장애학생 가족을 위한 가족 내부의 지원 중 가장 중요한 지원은 확대가족이 제공하는 지원이라고 할 수 있는데, 그중에서도 조부모가 제공하는 지원은 가장 중요하며 의미가 있다. Gardner, Scherman, Mobley, Brown와 Schutter(1994)는 장애학생의 조부모는 장애 손자녀와 함께 놀이를 하고 산책하는 시간을 갖는 등 손자녀와의 상호작용에 긍정적 행동을 보여 주었으며, 장애학생의 부모를 위해 손자녀를 대신 돌보아 주거나 때로는 경제적 지원을 제공한다고 하였다.

하지만 모든 장애학생의 조부모가 장애학생 가족을 위해 이러한 지원을 제공하는 것은 아니다. 이미숙(2009)은 조부모가 손자녀의 장애를 받아들일 수 없다면, 조부모는 손자녀 가족에게 도움이나 지원을 제공하는 데 한계가 있을 수 있다고 하였다. 이러한 측면에서 손자녀의 장애를 받아들이지 못하는 조부모의 경우에는 장애학생 가족에게 또 다른 스트레스 요인으로 작용할 수 있다. 따라서 장애학생의 조부모를 장애학생 가족을 위한 중요한 사회적 지원의 한 형태로 고려하여 장애학생 조부모로서의 긍정적인 역할을 제공할 수 있도록 조부모를 지원하기 위한 방법을 모색하여야 한다.

4. 장애학생 가족의 긍정적 적응

최근에는 장애학생 가족이 장애학생을 둔 상황에 어떻게 긍정적으로 적응해 가는지에 대해 관심을 갖기 시작하였다. 또한 장애자녀를 양육하면서 발생되는 스트레스를 극복하고 이러한 스트레스에 대처하기 위한 기술 및 전략을 개발하는 데 노력을 기울여 왔다. 여기서는 장애학생 가족의 긍정적인 적응과 이들의 적응에 영향을 미치는 요인에 대해 살펴보고자 한다.

1) 장애학생 가족의 긍정적 적응

장애학생 가족의 적응(adaptation)에 대해 언급하기 위해서는 먼저 '적응'이라는 용어에 대해 생각해 보아야 한다. 적응이라고 하는 것은 학자마다 조금씩 다른 의미로 사용되어 왔지만, Castro(2003)는 적응이라고 하는 것은 개인 정체성(personal identity), 삶의 만족(life satisfaction), 건강한 정신건강(good mental health)에 대한 긍정적 이해(positive sense)를 포함한다고 하였다. 이러한 맥락에서 장애학생 가족 구성원의 적응이라고 하는 것은 그들이 장애학생을 둔 상황에 대해 얼마나 긍정적으로 인식하고 있으며, 그들의 삶에 얼마나 만족하는가에 대한 문제로 해석할 수 있다.

비록 많은 장애학생의 가족이 적응의 초기 단계에서 부정적인 감정을 경험하는 경우가 많지만, 연구들은 장애학생 가족이 그들의 상황에 긍정적으로 대처하고 적응해 나갈 수 있다고 주장한다(Barnett et al., 2003; Sandler & Mistretta, 1998; Stainton & Besser, 1998). 장애학생 가족적응(family adaptation)의 문제가 중요한 이유는 가족 구성원의 긍정적인 적응이 아동의 발달 및 교육과 관련성이 있기 때문이다(Nichols & Keltner, 2005). 즉, 장애학생 가족이 장애학생의 존재에 대해 얼마나 긍정적으로 적응하느냐 하는 문제는 장애학생이 가족들로부터 얼마나 잘 양육되며 교육받을 수 있는지에 대해 영향을 미칠 수 있다. Glidden과 Floyd(1997)는 장애학생 가족이 장애학생의 존재로 인해 경험할 수 있는 스트레스에 어떻게 대처하는지가 가족 구성원의 긍정적인 적응과 관련된다고 하였다.

이러한 적응은 아동의 출생부터 성인기에 이르기까지 계속적인 과정으로 볼 수 있는데(Bennett & DeLuca, 1996), 이 적응은 장애학생이라는 진단을 받는 초기 단계부터 성인기에 이르기까지 아동의 모든 발달단계에 적용되는 용어로 이해할 수 있다. 즉, 장애학생 가족 구성원은 아동의 발달단계에 따라 또 다른 적응 노력이 요구되며, 장애학생의 각 발달단계의 특성에 대해 가족 구성원의 적합한 이해와 노력이 필요하다. Lustig(1997)는 적응을 스트레스에 대처하는 가족의 능력과 요구를 충족시켜 주는 것이라고 하였다. 또한 Krauss(1993)는 양육자의 스트레스 수준은 양육자의 적응에 대한 하나의 지표로 사용된다고 하였다. 즉, 스트레스 수준이 높은 것은 양육자가 특정 상황에 대해 낮은 수준의 적응을 보이는 것을 의미할 수 있으며, 낮은 스트레스 수준은 특정 상황에 대해 양육자가 긍정적으로 적응하고 있는 것으로 이해할 수 있다. 이처럼 장애학생의 부모 및 가족 구성원이 경험하는 스트레스는 부모 및 그 가족 구성원의 장애학생에 대한 적응수준을 이해하기 위한 하나의 방법으로 사용할 수 있다.

2) 장애학생 가족의 적응에 영향을 미치는 요인

장애학생을 양육하는 데 나타나는 양육 스트레스나 적응은 여러 요인에 의해 영향을 받는다. 양육 스트레스에 영향을 미치는 요인을 이해하기 위하여, 연구들은 아동의 나이, 장애 유형, 장애 정도 또는 문제행동의 여부 등과 같은 장애학생의 특성에 대하여 연구하였다(Dyson, 1996; Hanson & Hanline, 1990; Hassall, Rose, & McDonald, 2005; Sivberg, 2002; Tomanik, Harris, & Hawkins, 2004; Troster, 2001). 또한 양육자의 적응은 양육자의 내적 특성, 예를 들어 장애학생을 양육하면서 나타나는 심리적·정서적 문제를 다루는 능력, 자아존중감 또는 문제해결능력과 관련된다(Fallon & Russo, 2003; Hassall et al., 2005; Todis & Singer, 1991).

비록 양육자의 내적 특성이 장애학생을 가진 상황에 긍정적으로 적용하는 데 중요한 요인이기는 하지만, 양육자의 적응에 보다 중요한 영향을 미치는 요인은 바로 외부적 요인이라 할 수 있는 지원의 이용 가능성이다. 흥미롭게도, 많은 연구는 양육자를 위한 지원의 이용 가능성이 양육자의 스트레스를 감소시키고 그들의 긍정적 적응을 향상시킨다고 보고하였다(Hanson & Hanline, 1990; Hassall et al., 2005).

장애학생 가족을 위한 지원의 이용 가능성과 관련하여, 교사는 장애학생의 부모에게만 관심을 기울이던 것에서 벗어나 장애학생과 관련된 가족 구성원들의 인식과 경험에 대해서 관심을 기울일 필요가 있다. 〈표 12-5〉는 가족지원을 위해 교사가 해야할 역할을 제시하고 있다. 다양한 가족 구성원에게 얻은 그들의 다양한 인식과 경험에 대한 연구는 교사가 장애학생 가족체계에 대해 더 잘 이해할 수 있도록 하며, 장애학생의 발달과 교육에 있어서 가족 참여를 향상시키기 위한 질 높은 프로그램과 중재를 개발하는 데 도움을 제공할 것이다.

〈표 12-5〉 가족지원을 위한 교사 역할

- 가족의 요구가 무엇인지 파악하기
- 학생의 발달과 행동에 대해 부모와 상담하기
- 지역사회의 지원체계에 대해 가족에게 정보 제공하기
- 아버지와 형제자매에 대한 관심 갖기
- 부모상담 시 부모의 이야기에 공감적 경청하기

생각해 볼 문제

1. 가족 구성원이 장애학생에게 어떤 영향을 미치는지를 생각해 보고, 반대로 장애학생이 가족 구성원에게 어떤 영향을 미치는지를 생각해 보시오.
2. 장애학생 부모의 심리적 단계에 맞는 교사의 지원에 대해 생각해 보시오.
3. 주변의 장애학생 가족에게 제공해 줄 수 있는 지원방안에 대해 생각해 보시오.

추천 자료

보건복지부(http://www.mohw.go.kr)　장애인 생활지원 정책 및 장애학생 가족지원 정책에 관한 정보 제공.

서울시장애인가족지원센터(http://dfscenter.welfare.seoul.kr)　장애를 가진 구성원이 있는 가족에게 효과적인 서비스 지원을 위한 정보 제공.

전국장애인부모연대(http://www.bumo.or.kr)　장애인 부모교육, 리더십 트레이닝, 상담, 후원에 관한 정보 제공.

Sibling Support Project(http://www.siblingsupport.org)   비장애 형제자매 지원 프로그램
인 Sibshops에 관한 정보 제공.

용어 해설

부모교육(parent education)   부모의 역할을 원활히 수행할 수 있도록 부모에게 특수교육 요
구 학생의 교육에 필요한 지식이나 정보를 제공하고 기술을 가르치는 것이다. 부모교육
은 부모가 부모의 역할을 인식하도록 돕고, 자녀의 성장·발달을 촉진하는 환경 조성에
관한 지식을 갖도록 하며, 자녀양육 시 직면하는 문제의 해결을 위해 필요한 정보와 기
법을 습득하도록 하는 데 목적이 있다.

삶의 질(quality of life: QOL)   자신의 삶에 대한 객관적인 정도뿐만 아니라 주관적인 인식과
평가에 의한 만족의 정도다. 기본적인 생활조건의 예는 주거 장소, 기초 생활비, 직업,
여가 등이며, 주관적인 인식과 평가의 예는 친구관계, 관심과 사랑, 자존감 등을 들 수
있다.

자아존중감(self-esteem)   자기 자신을 가치 있고 긍정적인 존재로 평가하는 개념이다. 자아
효능감이 과제 극복에 대한 자기 자신의 기대수준에 따라 달라질 수 있다면, 자아존중
감은 자기 자신에 대한 보다 광범위하고 포괄적인 긍정 또는 부정적인 평가를 의미한
다. 일반적으로 자아개념과 자아존중감은 혼용되어 사용되기도 하며, 자아존중감은 평
가의 측면을 강조한 자아개념의 특별한 유형으로 설명하기도 한다.

장애인 등에 대한 특수교육법

[시행 2016.6.23.] [법률 제13575호, 2015.12.22., 일부개정]

제1장 총칙

제1조(목적) 이 법은 「교육기본법」 제18조에 따라 국가 및 지방자치단체가 장애인 및 특별한 교육적 요구가 있는 사람에게 통합된 교육환경을 제공하고 생애주기에 따라 장애유형 · 장애정도의 특성을 고려한 교육을 실시하여 이들이 자아실현과 사회통합을 하는데 기여함을 목적으로 한다.

제2조(정의) 이 법에서 사용하는 용어의 정의는 다음과 같다. 〈개정 2012.3.21.〉

1. "특수교육"이란 특수교육대상자의 교육적 요구를 충족시키기 위하여 특성에 적합한 교육과정 및 제2호에 따른 특수교육 관련서비스 제공을 통하여 이루어지는 교육을 말한다.

2. "특수교육 관련서비스"란 특수교육대상자의 교육을 효율적으로 실시하기 위하여 필요한 인적 · 물적 자원을 제공하는 서비스로서 상담지원 · 가족지원 · 치료지원 · 보조인력지원 · 보조공학기기지원 · 학습보조기기지원 · 통학지원 및 정보접근지원 등을 말한다.

3. "특수교육대상자"란 제15조에 따라 특수교육을 필요로 하는 사람으로 선정된 사람을 말한다.

4. "특수교육교원"이란 「초 · 중등교육법」 제2조제4호에 따른 특수학교 교원자격증을

가진 자로서 특수교육대상자의 교육을 담당하는 교원을 말한다.

5. "보호자"란 친권자·후견인, 그 밖의 사람으로서 특수교육대상자를 사실상 보호하는 사람을 말한다.

6. "통합교육"이란 특수교육대상자가 일반학교에서 장애유형·장애정도에 따라 차별을 받지 아니하고 또래와 함께 개개인의 교육적 요구에 적합한 교육을 받는 것을 말한다.

7. "개별화교육"이란 각급학교의 장이 특수교육대상자 개인의 능력을 계발하기 위하여 장애유형 및 장애특성에 적합한 교육목표·교육방법·교육내용·특수교육 관련서비스 등이 포함된 계획을 수립하여 실시하는 교육을 말한다.

8. "순회교육"이란 특수교육교원 및 특수교육 관련서비스 담당 인력이 각급학교나 의료기관, 가정 또는 복지시설(장애인복지시설, 아동복지시설 등을 말한다. 이하 같다) 등에 있는 특수교육대상자를 직접 방문하여 실시하는 교육을 말한다.

9. "진로 및 직업교육"이란 특수교육대상자의 학교에서 사회 등으로의 원활한 이동을 위하여 관련 기관의 협력을 통하여 직업재활훈련·자립생활훈련 등을 실시하는 것을 말한다.

10. "특수교육기관"이란 특수교육대상자에게 유치원·초등학교·중학교 또는 고등학교(전공과를 포함한다. 이하 같다)의 과정을 교육하는 특수학교 및 특수학급을 말한다.

11. "특수학급"이란 특수교육대상자의 통합교육을 실시하기 위하여 일반학교에 설치된 학급을 말한다.

12. "각급학교"란 「유아교육법」 제2조제2호에 따른 유치원 및 「초·중등교육법」 제2조에 따른 학교를 말한다.

제3조(의무교육 등) ① 특수교육대상자에 대하여는 「교육기본법」 제8조에도 불구하고 유치원·초등학교·중학교 및 고등학교 과정의 교육은 의무교육으로 하고, 제24조에 따른 전공과와 만 3세미만의 장애영아교육은 무상으로 한다.

② 만 3세부터 만 17세까지의 특수교육대상자는 제1항에 따른 의무교육을 받을 권리를 가진다. 다만, 출석일수의 부족 등으로 인하여 진급 또는 졸업을 하지 못하거나, 제19조제3항에 따라 취학의무를 유예하거나 면제받은 자가 다시 취학할 때의 그 학년이 취학의무를 면제 또는 유예받지 아니하고 계속 취학하였을 때의 학년과 차이가 있는

경우에는 그 해당 연수(年數)를 더한 연령까지 의무교육을 받을 권리를 가진다.

③ 제1항에 따른 의무교육 및 무상교육에 드는 비용은 대통령령으로 정하는 바에 따라 국가 또는 지방자치단체가 부담한다.

제4조(차별의 금지) ① 각급학교의 장 또는 대학(「고등교육법」 제2조에 따른 학교를 말한다. 이하 같다)의 장은 특수교육대상자가 그 학교에 입학하고자 하는 경우에는 그가 지닌 장애를 이유로 입학의 지원을 거부하거나 입학전형 합격자의 입학을 거부하는 등 교육기회에 있어서 차별을 하여서는 아니 된다.

② 국가, 지방자치단체, 각급학교의 장 또는 대학의 장은 다음 각 호의 사항에 관하여 장애인의 특성을 고려한 교육시행을 목적으로 함이 명백한 경우 외에는 특수교육대상자 및 보호자를 차별하여서는 아니 된다.

1. 제28조에 따른 특수교육 관련서비스 제공에서의 차별

2. 수업참여 배제 및 교내외 활동 참여 배제

3. 개별화교육지원팀에의 참여 등 보호자 참여에서의 차별

4. 대학의 입학전형절차에서 장애로 인하여 필요한 수험편의의 내용을 조사·확인하기 위한 경우 외에 별도의 면접이나 신체검사를 요구하는 등 입학전형 과정에서의 차별

제2장 국가 및 지방자치단체의 임무

제5조(국가 및 지방자치단체의 임무) ① 국가 및 지방자치단체는 특수교육대상자에게 적절한 교육을 제공하기 위하여 다음 각 호의 업무를 수행하여야 한다.

1. 장애인에 대한 특수교육종합계획의 수립

2. 특수교육대상자의 조기발견

3. 특수교육대상자의 취학지도

4. 특수교육의 내용, 방법 및 지원체제의 연구·개선

5. 특수교육교원의 양성 및 연수

6. 특수교육기관 수용계획의 수립

7. 특수교육기관의 설치·운영 및 시설·설비의 확충·정비

8. 특수교육에 필요한 교재·교구의 연구·개발 및 보급

9. 특수교육대상자에 대한 진로 및 직업교육 방안의 강구

10. 장애인에 대한 고등교육 및 평생교육 방안의 강구

11. 특수교육대상자에 대한 특수교육 관련서비스 지원방안의 강구

12. 그 밖에 특수교육의 발전을 위하여 필요하다고 인정하는 사항

② 국가 및 지방자치단체는 제1항의 업무를 수행하는데 드는 경비를 예산의 범위 안에서 우선적으로 지급하여야 한다.

③ 국가는 제1항의 업무 추진이 부진하거나 제2항의 예산조치가 부족하다고 인정되는 지방자치단체에 대하여는 예산의 확충 등 필요한 조치를 하도록 권고하여야 한다.

④ 교육부장관은 제1항의 업무를 효율적으로 수행하기 위하여 보건복지부장관·고용노동부장관·여성가족부장관 등 관계 중앙행정기관 간에 협조체제를 구축하여야 한다. 〈개정 2008.2.29., 2010.6.4., 2013.3.23.〉

제5조(국가 및 지방자치단체의 임무) ① 국가 및 지방자치단체는 특수교육대상자에게 적절한 교육을 제공하기 위하여 다음 각 호의 업무를 수행하여야 한다.

1. 장애인에 대한 특수교육종합계획의 수립

2. 특수교육대상자의 조기발견

3. 특수교육대상자의 취학지도

4. 특수교육의 내용, 방법 및 지원체제의 연구·개선

5. 특수교육교원의 양성 및 연수

6. 특수교육기관 수용계획의 수립

7. 특수교육기관의 설치·운영 및 시설·설비의 확충·정비

8. 특수교육에 필요한 교재·교구의 연구·개발 및 보급

9. 특수교육대상자에 대한 진로 및 직업교육 방안의 강구

10. 장애인에 대한 고등교육 및 평생교육 방안의 강구

11. 특수교육대상자에 대한 특수교육 관련서비스 지원방안의 강구

12. 그 밖에 특수교육의 발전을 위하여 필요하다고 인정하는 사항

② 국가 및 지방자치단체는 제1항의 업무를 수행하는데 드는 경비를 예산의 범위 안에서 우선적으로 지급하여야 한다.

③ 국가는 제1항의 업무 추진이 부진하거나 제2항의 예산조치가 부족하다고 인정되는 지방자치단체에 대하여는 예산의 확충 등 필요한 조치를 하도록 권고하여야 한다.

④ 교육부장관은 제1항의 업무를 효율적으로 수행하기 위하여 문화체육관광부장관·

보건복지부장관 · 고용노동부장관 · 여성가족부장관 등 관계 중앙행정기관 간에 협조 체제를 구축하여야 한다. 〈개정 2008.2.29., 2010.6.4., 2013.3.23., 2016.2.3.〉

[시행일 : 2016.8.4.] 제5조

제6조(특수교육기관의 설립 및 위탁교육) ① 국가 및 지방자치단체는 특수교육대상 자의 취학편의를 고려하여 특수교육기관을 지역별 및 장애영역별로 균형 있게 설 치 · 운영하여야 한다.

② 국가 및 지방자치단체는 국립 또는 공립의 특수교육기관이 부족하거나 특수교육 대상자의 의무교육 또는 무상교육을 위하여 필요한 경우에는 사립의 특수교육기관에 그 교육을 위탁할 수 있다.

③ 제2항에 따라 특수교육을 위탁한 경우에는 해당 특수교육기관의 교육여건이 국립 또는 공립 특수교육기관의 수준에 미달하지 아니하도록 지원하여야 한다.

④ 제2항에 따른 위탁교육 · 제3항에 따른 지원 또는 비용부담 등에 관하여 필요한 사 항은 대통령령으로 정한다.

제7조(위탁교육기관의 변경신청) ① 제6조제2항에 따라 교육을 위탁받은 사립의 특수 교육기관에 취학하고 있는 특수교육대상자 또는 그의 보호자는 해당 특수교육기관의 교육활동이 매우 불량하거나 특수교육대상자의 특성에 맞지 아니하여 특수교육대상 자의 교육에 현저한 지장을 주고 있다고 판단되는 때에는 교육장 또는 교육감에게 그 사유를 구체적으로 명시하여 취학하고 있는 교육기관 외의 교육기관에 취학할 수 있 도록 교육기관 변경을 신청할 수 있다.

② 제1항에 따른 변경신청을 받은 교육장 또는 교육감은 신청 접수일부터 30일 이내 에 제10조제1항에 따른 시 · 군 · 구특수교육운영위원회 또는 시 · 도특수교육운영위 원회를 열어 신청인 · 해당 학교의 장 등 이해관계인의 의견을 들은 후 변경 여부를 결 정 · 통보하여야 한다.

제8조(교원의 자질향상) ① 국가 및 지방자치단체는 특수교육교원의 자질향상을 위한 교육 및 연수를 정기적으로 실시하여야 한다.

② 국가 및 지방자치단체는 특수교육대상자의 통합교육을 지원하기 위하여 일반학교 의 교원에 대하여 특수교육 관련 교육 및 연수를 정기적으로 실시하여야 한다.

③ 제1항과 제2항에 따른 교육 및 연수 과정에는 특수교육대상자 인권의 존중에 관한 내용이 포함되어야 한다. 〈신설 2013.12.30.〉

④ 제1항과 제2항에 따른 교육 및 연수에 필요한 사항은 대통령령으로 정한다. 〈개정 2013.12.30.〉

제9조(특수교육대상자의 권리와 의무의 안내) 국가 및 지방자치단체는 제15조제1항 각 호의 장애를 가지고 있는 자를 알게 되거나 제15조에 따라 특수교육대상자를 선정한 경우에는 2주일 이내에 보호자에게 해당 사실과 의무교육 또는 무상교육을 받을 권리 및 보호자의 권리 · 책임 등을 통보하여야 한다.

제10조(특수교육운영위원회) ① 제5조에 따른 국가 및 지방자치단체의 업무수행에 관한 주요 사항을 심의하기 위하여 교육부장관 소속으로 중앙특수교육운영위원회를, 교육감 소속으로 시 · 도특수교육운영위원회를, 교육장 소속으로 시 · 군 · 구특수교육운영위원회를 각각 둔다. 〈개정 2008.2.29., 2013.3.23.〉

② 제1항에 따른 중앙특수교육운영위원회의 구성 · 운영 등에 관하여 필요한 사항은 대통령령으로, 시 · 도특수교육운영위원회 및 시 · 군 · 구특수교육운영위원회의 구성 · 운영 등에 관하여는 특별시 · 광역시 · 도 및 특별자치도(이하 "시 · 도"라 한다)의 교육규칙으로 각각 정한다.

제11조(특수교육지원센터의 설치 · 운영) ① 교육감은 특수교육대상자의 조기발견, 특수교육대상자의 진단 · 평가, 정보관리, 특수교육 연수, 교수 · 학습활동의 지원, 특수교육 관련서비스 지원, 순회교육 등을 담당하는 특수교육지원센터를 하급교육행정기관별로 설치 · 운영하여야 한다.

② 제1항에 따른 특수교육지원센터는 하급교육행정기관이나 특수학교, 특수학급이 설치된 일반 초 · 중 · 고등학교 또는 관할 지역의 관공서(장애인복지관을 포함한다) 등 특수교육대상자를 비롯한 지역주민의 접근이 편리한 곳에 설치하여야 한다.

③ 특수교육지원센터의 설치 · 운영 등에 관하여 필요한 사항은 대통령령으로 정한다.

제12조(특수교육에 관한 연차보고서) 정부는 특수교육의 주요 현황과 정책에 관한 보고서를 매년 정기국회 개회 전까지 국회에 제출하여야 한다.

제13조(특수교육 실태조사) ① 교육부장관은 특수교육대상자의 배치계획 · 특수교육교원의 수급계획 등 특수교육정책의 수립을 위한 실태조사를 3년마다 실시하고 그 결과를 공표하여야 한다. 〈개정 2008.2.29., 2013.3.23., 2015.12.22.〉

② 교육부장관은 대학에 취학하는 장애학생의 교육여건을 개선하기 위하여 필요하다고 인정하는 경우 장애학생의 교육복지 실태조사를 3년마다 실시하고 그 결과를 공표

하여야 한다. 〈개정 2008.2.29., 2013.3.23., 2015.12.22.〉

③ 교육부장관은 제1항과 제2항에 따른 실태조사를 위하여 필요한 경우 관계 중앙행정기관의 장, 지방자치단체의 장 및 「공공기관의 운영에 관한 법률」에 따른 공공기관의 장, 대학의 장, 그 밖의 관련 법인 또는 단체의 장에 대하여 자료의 제출 또는 의견의 진술을 요청할 수 있다. 이 경우 요청을 받은 자는 정당한 사유가 없으면 이에 협조하여야 한다. 〈신설 2015.12.22.〉

④ 제1항과 제2항에 따른 조사의 내용과 방법, 그 밖에 조사에 관하여 필요한 사항은 대통령령으로 정한다. 〈개정 2015.12.22.〉

제3장 특수교육대상자의 선정 및 학교배치 등

제14조(장애의 조기발견 등) ① 교육장 또는 교육감은 영유아의 장애 및 장애 가능성을 조기에 발견하기 위하여 지역주민과 관련 기관을 대상으로 홍보를 실시하고, 해당 지역 내 보건소와 병원 또는 의원(醫院)에서 선별검사를 무상으로 실시하여야 한다.

② 교육장 또는 교육감은 제1항에 따른 선별검사를 효율적으로 실시하기 위하여 지방자치단체 및 보건소와 병·의원 간에 긴밀한 협조체제를 구축하여야 한다.

③ 보호자 또는 각급학교의 장은 제15조제1항 각 호에 따른 장애를 가지고 있거나 장애를 가지고 있다고 의심되는 영유아 및 학생을 발견한 때에는 교육장 또는 교육감에게 진단·평가를 의뢰하여야 한다. 다만, 각급학교의 장이 진단·평가를 의뢰하는 경우에는 보호자의 사전 동의를 받아야 한다.

④ 교육장 또는 교육감은 제3항에 따라 진단·평가를 의뢰받은 경우 즉시 특수교육지원센터에 회부하여 진단·평가를 실시하고, 그 진단·평가의 결과를 해당 영유아 및 학생의 보호자에게 통보하여야 한다.

⑤ 제1항의 선별검사의 절차와 내용, 그 밖에 검사에 필요한 사항과 제3항의 사전 동의 절차 및 제4항에 따른 통보 절차에 필요한 사항은 대통령령으로 정한다.

제15조(특수교육대상자의 선정) ① 교육장 또는 교육감은 다음 각 호의 어느 하나에 해당하는 사람 중 특수교육을 필요로 하는 사람으로 진단·평가된 사람을 특수교육대상자로 선정한다. 〈개정 2016.2.3.〉

1. 시각장애
2. 청각장애

3. 지적장애

4. 지체장애

5. 정서·행동장애

6. 자폐성장애(이와 관련된 장애를 포함한다)

7. 의사소통장애

8. 학습장애

9. 건강장애

10. 발달지체

11. 그 밖에 대통령령으로 정하는 장애

② 교육장 또는 교육감이 제1항에 따라 특수교육대상자를 선정할 때에는 제16조제1항에 따른 진단·평가결과를 기초로 하여 고등학교 과정은 교육감이 시·도특수교육운영위원회의 심사를 거쳐, 중학교 과정 이하의 각급학교는 교육장이 시·군·구특수교육운영위원회의 심사를 거쳐 이를 결정한다.

제16조(특수교육대상자의 선정절차 및 교육지원 내용의 결정) ① 특수교육지원센터는 진단·평가가 회부된 후 30일 이내에 진단·평가를 시행하여야 한다.

② 특수교육지원센터는 제1항에 따른 진단·평가를 통하여 특수교육대상자로의 선정 여부 및 필요한 교육지원 내용에 대한 최종의견을 작성하여 교육장 또는 교육감에게 보고하여야 한다.

③ 교육장 또는 교육감은 특수교육지원센터로부터 최종의견을 통지받은 때부터 2주일 이내에 특수교육대상자로의 선정 여부 및 제공할 교육지원 내용을 결정하여 부모 등 보호자에게 서면으로 통지하여야 한다. 교육지원 내용에는 특수교육, 진로 및 직업교육, 특수교육 관련서비스 등 구체적인 내용이 포함되어야 한다.

④ 제1항에 따른 진단·평가의 과정에서는 부모 등 보호자의 의견진술의 기회가 충분히 보장되어야 한다.

제17조(특수교육대상자의 배치 및 교육) ① 교육장 또는 교육감은 제15조에 따라 특수교육대상자로 선정된 자를 해당 특수교육운영위원회의 심사를 거쳐 다음 각 호의 어느 하나에 배치하여 교육하여야 한다.

1. 일반학교의 일반학급

2. 일반학교의 특수학급

3. 특수학교

② 교육장 또는 교육감은 제1항에 따라 특수교육대상자를 배치할 때에는 특수교육대상자의 장애정도·능력·보호자의 의견 등을 종합적으로 판단하여 거주지에서 가장 가까운 곳에 배치하여야 한다.

③ 교육감이 관할 구역 내에 거주하는 특수교육대상자를 다른 시·도에 소재하는 각급학교 등에 배치하고자 할 때에는 해당 시·도 교육감(국립학교의 경우에는 해당 학교의 장을 말한다)과 협의하여야 한다.

④ 제3항에 따라 특수교육대상자의 배치를 요구받은 교육감 또는 국립학교의 장은 대통령령으로 정하는 특별한 사유가 없는 한 이에 응하여야 한다.

⑤ 제1항부터 제4항까지의 규정에 따른 특수교육대상자의 배치 등에 관하여 필요한 사항은 대통령령으로 정한다.

제4장 영유아 및 초·중등교육

제18조(장애영아의 교육지원) ① 만 3세 미만의 장애영아의 보호자는 조기교육이 필요한 경우 교육장에게 교육을 요구할 수 있다.

② 제1항에 따른 요구를 받은 교육장은 특수교육지원센터의 진단·평가결과를 기초로 만 3세 미만의 장애영아를 특수학교의 유치원과정, 영아학급 또는 특수교육지원센터에 배치할 수 있다.

③ 제2항에 따라 배치된 장애영아가 의료기관, 복지시설 또는 가정 등에 있을 경우에는 특수교육교원 및 특수교육 관련서비스 담당 인력 등으로 하여금 순회교육을 제공하도록 할 수 있다.

④ 국가 및 지방자치단체는 장애영아를 위한 교육여건을 개선하고 설비를 정비하기 위하여 노력하여야 한다.

⑤ 그 밖에 장애영아의 교육지원에 필요한 사항은 대통령령으로 정한다.

제19조(보호자의 의무 등) ① 특수교육대상자의 보호자는 그 보호하는 자녀에 대하여 제3조제1항에 따른 의무교육의 기회를 보호하고 존중하여야 한다.

② 부득이한 사유로 취학이 불가능한 의무교육대상자에 대하여는 대통령령으로 정하는 바에 따라 제1항에 따른 취학의무를 면제하거나 유예할 수 있다. 다만, 만 3세부터 만 5세까지의 특수교육대상자가 「영유아보육법」에 따라 설치된 어린이집 중 대통령

령으로 정하는 일정한 교육 요건을 갖춘 어린이집을 이용하는 경우에는 제1항에서 정하는 유치원 의무교육을 받고 있는 것으로 본다. 〈개정 2011.6.7.〉

③ 제2항에 따라 취학의무를 면제 또는 유예 받은 자가 다시 취학하고자 하는 경우에는 대통령령으로 정하는 바에 따라 취학하게 할 수 있다.

제20조(교육과정의 운영 등) ① 특수교육기관의 유치원·초등학교·중학교·고등학교과정의 교육과정은 장애의 종별 및 정도를 고려하여 교육부령으로 정하고, 영아교육과정과 전공과의 교육과정은 교육감의 승인을 받아 학교장이 정한다. 〈개정 2008.2.29., 2013.3.23.〉

② 특수교육기관의 장 및 특수교육대상자가 배치된 일반학교의 장은 제1항에 따른 교육과정의 범위 안에서 특수교육대상자 개인의 장애종별과 정도, 연령, 현재 및 미래의 교육요구 등을 고려하여 교육과정의 내용을 조정하여 운영할 수 있다.

③ 특수학교의 장은 교육감의 승인을 받아 유치원·초등학교·중학교·고등학교과정을 통합하여 운영할 수 있다.

제21조(통합교육) ① 각급학교의 장은 교육에 관한 각종 시책을 시행함에 있어서 통합교육의 이념을 실현하기 위하여 노력하여야 한다.

② 제17조에 따라 특수교육대상자를 배치받은 일반학교의 장은 교육과정의 조정, 보조인력의 지원, 학습보조기기의 지원, 교원연수 등을 포함한 통합교육계획을 수립·시행하여야 한다.

③ 일반학교의 장은 제2항에 따라 통합교육을 실시하는 경우에는 제27조의 기준에 따라 특수학급을 설치·운영하고, 대통령령으로 정하는 시설·설비 및 교재·교구를 갖추어야 한다.

제22조(개별화교육) ① 각급학교의 장은 특수교육대상자의 교육적 요구에 적합한 교육을 제공하기 위하여 보호자, 특수교육교원, 일반교육교원, 진로 및 직업교육 담당교원, 특수교육 관련서비스 담당 인력 등으로 개별화교육지원팀을 구성한다.

② 개별화교육지원팀은 매 학기 마다 특수교육대상자에 대한 개별화교육계획을 작성하여야 한다.

③ 특수교육대상자가 다른 학교로 전학할 경우 또는 상급학교로 진학할 경우에는 전출학교는 전입학교에 개별화교육계획을 14일 이내에 송부하여야 한다.

④ 특수교육교원은 제1항부터 제3항까지의 규정에 따른 업무를 수행하기 위하여 각

업무를 지원하고 조정한다.

⑤ 제1항에 따른 개별화교육지원팀의 구성, 제2항에 따른 개별화교육계획의 수립·실시 등에 관하여 필요한 사항은 교육부령으로 정한다. 〈개정 2008.2.29., 2013.3.23.〉

제23조(진로 및 직업교육의 지원) ① 중학교 과정 이상의 각급학교의 장은 특수교육대상자의 특성 및 요구에 따른 진로 및 직업교육을 지원하기 위하여 직업평가·직업교육·고용지원·사후관리 등의 직업재활훈련 및 일상생활적응훈련·사회적응훈련 등의 자립생활훈련을 실시하고, 대통령령으로 정하는 자격이 있는 진로 및 직업교육을 담당하는 전문인력을 두어야 한다.

② 중학교 과정 이상의 각급학교의 장은 대통령령으로 정하는 기준에 따라 진로 및 직업교육의 실시에 필요한 시설·설비를 마련하여야 한다.

③ 특수교육지원센터는 특수교육대상자에게 효과적인 진로 및 직업교육을 지원하기 위하여 대통령령으로 정하는 바에 따라 관련 기관과의 협의체를 구성하여야 한다.

제24조(전공과의 설치·운영) ① 특수교육기관에는 고등학교 과정을 졸업한 특수교육대상자에게 진로 및 직업교육을 제공하기 위하여 수업연한 1년 이상의 전공과를 설치·운영할 수 있다.

② 교육부장관 및 교육감은 지역별 또는 장애유형별로 전공과를 설치할 교육기관을 지정할 수 있다. 〈개정 2008.2.29., 2013.3.23.〉

③ 전공과를 설치한 각급학교는 「학점인정 등에 관한 법률」 제7조에 따라 학점인정을 받을 수 있다.

④ 제1항 및 제2항에 따른 전공과의 시설·설비 기준, 전공과의 운영 및 담당 인력의 배치 기준 등에 관하여 필요한 사항은 대통령령으로 정한다.

제25조(순회교육 등) ① 교육장 또는 교육감은 일반학교에서 통합교육을 받고 있는 특수교육대상자를 지원하기 위하여 일반학교 및 특수교육지원센터에 특수교육교원 및 특수교육 관련서비스 담당 인력을 배치하여 순회교육을 실시하여야 한다.

② 교육감은 장애정도가 심하여 장·단기의 결석이 불가피한 특수교육대상자의 교육을 위하여 필요한 경우 순회교육을 실시하여야 한다.

③ 교육감은 이동이나 운동기능의 심한 장애로 인하여 각급학교에서 교육을 받기 곤란하거나 불가능하여 복지시설·의료기관 또는 가정 등에 거주하는 특수교육대상자의 교육을 위하여 필요한 경우 순회교육을 실시하여야 한다.

④ 교육장 또는 교육감은 제3항에 따른 순회교육의 실시를 위하여 의료기관 및 복지시설 등에 학급을 설치·운영하는 등 필요한 조치를 강구하여야 한다. 〈신설 2015.12.22.〉

⑤ 국가 또는 지방자치단체는 제4항에 따라 학급이 설치·운영 중인 의료기관 및 복지시설 등에 대하여 국립 또는 공립 특수교육기관 수준의 교육이 이루어질 수 있도록 대통령령으로 정하는 바에 따라 행정적·재정적 지원을 할 수 있다. 〈신설 2015.12.22.〉

⑥ 제1항부터 제4항까지의 규정에 따른 순회교육의 수업일수 등 순회교육의 운영에 필요한 사항은 대통령령으로 정한다. 〈개정 2015.12.22.〉

제26조(방과후 과정을 운영하는 유치원 과정의 교육기관) ① 「유아교육법」 제2조제6호에 따른 방과후 과정을 운영하는 유치원 과정의 교육기관에 특수교육대상자가 배치되는 경우 해당 각급학교의 장은 특수교육대상자에 대한 방과후 과정 운영을 담당할 인력을 학급당 1인 이상 추가로 배치할 수 있다. 〈개정 2012.3.21.〉

② 제1항에 따른 방과후 과정 담당 인력의 자격기준, 운영방법 등에 관하여 필요한 사항은 대통령령으로 정한다. 〈개정 2012.3.21.〉

[제목개정 2012.3.21.]

제27조(특수학교의 학급 및 각급학교의 특수학급 설치 기준) ① 특수학교와 각급학교의 장은 다음 각 호의 기준에 따라 학급 및 특수학급을 설치하여야 한다.

1. 유치원 과정의 경우 : 특수교육대상자가 1인 이상 4인 이하인 경우 1학급을 설치하고, 4인을 초과하는 경우 2개 이상의 학급을 설치한다.

2. 초등학교·중학교 과정의 경우 : 특수교육대상자가 1인 이상 6인 이하인 경우 1학급을 설치하고, 6인을 초과하는 경우 2개 이상의 학급을 설치한다.

3. 고등학교 과정의 경우 : 특수교육대상자가 1인 이상 7인 이하인 경우 1학급을 설치하고, 7인을 초과하는 경우 2개 이상의 학급을 설치한다.

② 교육감은 제1항에도 불구하고 순회교육의 경우 장애의 정도와 유형에 따라 학급 설치 기준을 하향 조정할 수 있다.

③ 특수학교와 특수학급에 두는 특수교육교원의 배치기준은 대통령령으로 정한다.

제28조(특수교육 관련서비스) ① 교육감은 특수교육대상자와 그 가족에 대하여 가족 상담 등 가족지원을 제공하여야 한다.

② 교육감은 특수교육대상자가 필요로 하는 경우에는 물리치료, 작업치료 등 치료지원을 제공하여야 한다.

③ 각급학교의 장은 특수교육대상자를 위하여 보조인력을 제공하여야 한다.

④ 각급학교의 장은 특수교육대상자의 교육을 위하여 필요한 장애인용 각종 교구, 각종 학습보조기, 보조공학기기 등의 설비를 제공하여야 한다.

⑤ 각급학교의 장은 특수교육대상자의 취학 편의를 위하여 통학차량 지원, 통학비 지원, 통학 보조인력의 지원 등 통학 지원 대책을 마련하여야 한다.

⑥ 각급학교의 장은 특수교육대상자의 생활지도 및 보호를 위하여 기숙사를 설치·운영할 수 있다. 기숙사를 설치·운영하는 특수학교에는 특수교육대상자의 생활지도 및 보호를 위하여 교육부령으로 정하는 자격이 있는 생활지도원을 두는 외에 간호사 또는 간호조무사를 두어야 한다. 〈개정 2008.2.29., 2013.3.23., 2013.4.5.〉

⑦ 제6항의 생활지도원과 간호사 또는 간호조무사의 배치기준은 국립학교의 경우 교육부령으로, 공립 및 사립 학교의 경우에는 시·도 교육규칙으로 각각 정한다. 〈신설 2013.4.5.〉

⑧ 각급학교의 장은 각급학교에서 제공하는 각종 정보(교육기관에서 운영하는 인터넷 홈페이지를 포함한다)를 특수교육대상자에게 제공하는 경우 특수교육대상자의 장애유형에 적합한 방식으로 제공하여야 한다. 〈개정 2013.4.5.〉

⑨ 제1항부터 제8항까지의 규정에 따른 특수교육 관련서비스의 제공을 위하여 필요한 사항은 대통령령으로 정한다. 〈개정 2013.4.5.〉

제5장 고등교육 및 평생교육

제29조(특별지원위원회) ① 대학의 장은 다음 각 호의 사항을 심의·결정하기 위하여 특별지원위원회를 설치·운영하여야 한다.

1. 대학의 장애학생 지원을 위한 계획

2. 심사청구 사건에 대한 심사·결정

3. 그 밖에 장애학생 지원을 위하여 대통령령으로 정하는 사항

② 특별지원위원회의 설치·운영 등에 관하여 필요한 사항은 대통령령으로 정한다.

제30조(장애학생지원센터) ① 대학의 장은 장애학생의 교육 및 생활에 관한 지원을 총괄·담당하는 장애학생지원센터를 설치·운영하여야 한다. 다만, 장애학생이 재학하

고 있지 아니하거나 대통령령으로 정하는 바에 따라 장애학생 수가 일정 인원 이하인 소규모 대학 등은 장애학생 지원부서 또는 전담직원을 둠으로써 이에 갈음할 수 있다.

② 장애학생지원센터(제1항에 따라 장애학생 지원부서 또는 전담직원으로 갈음하는 경우에는 이를 말한다)는 다음 각 호의 업무를 담당한다.

1. 장애학생을 위한 각종 지원에 관한 사항

2. 제31조에서 정하는 편의제공에 관한 사항

3. 교직원·보조인력 등에 대한 교육에 관한 사항

4. 장애학생 교육복지의 실태조사에 관한 사항

5. 그 밖에 대학의 장이 부의하는 사항

③ 장애학생지원센터의 설치·운영에 관하여 필요한 사항은 대통령령으로 정한다.

제31조(편의제공 등) ① 대학의 장은 해당 학교에 재학 중인 장애학생의 교육활동의 편의를 위하여 다음 각 호의 수단을 적극적으로 강구하고 제공하여야 한다.

1. 각종 학습보조기기 및 보조공학기기 등의 물적 지원

2. 교육보조인력 배치 등의 인적 지원

3. 취학편의 지원

4. 정보접근 지원

5. 「장애인·노인·임산부 등의 편의증진보장에 관한 법률」 제2조제2호에 따른 편의시설 설치 지원

② 대학의 장은 해당 학교의 입학전형절차에서 장애수험생의 수험의 편의를 위하여 「장애인차별금지 및 권리구제 등에 관한 법률」 제14조제1항 각 호의 수단 중 수험편의에 필요한 수단을 적극적으로 강구하고 제공하여야 한다. 〈신설 2015.12.22.〉

③ 국가 및 지방자치단체는 제1항 및 제2항에 따라 필요한 경비를 예산의 범위 안에서 지원하여야 한다. 〈개정 2015.12.22.〉

제32조(학칙 등의 작성) 대학의 장은 이 법에서 정하는 장애학생의 지원 등에 관하여 필요한 내용을 학칙에 규정하여야 한다.

제33조(장애인 평생교육과정) ① 각급학교의 장은 해당 학교의 교육환경을 고려하여 「장애인복지법」 제2조에 따른 장애인의 계속교육을 위한 장애인 평생교육과정을 설치·운영할 수 있다.

② 「평생교육법」 제2조제2호에 따른 평생교육기관은 장애인의 평생교육 기회의 확대

를 위하여 별도의 장애인 평생교육과정을 설치·운영할 수 있다. 〈개정 2011.7.21.〉

③「평생교육법」제19조에 따라 설립된 평생교육진흥원은 장애인의 평생교육 기회 확대 방안 및 장애인 평생교육 프로그램을 개발하여야 한다. 〈개정 2011.7.21.〉

④「평생교육법」제20조에 따라 설치 또는 지정된 시·도평생교육진흥원은「평생교육법」제2조제2호에 따른 평생교육기관이 장애인 평생교육과정을 설치·운영할 수 있도록 지원하여야 한다. 〈개정 2011.7.21.〉

제33조 삭제 〈2016.5.29.〉

[시행일 : 2017.5.30.] 제33조

제34조(장애인평생교육시설의 설치) ① 국가 및 지방자치단체는 초·중등교육을 받지 못하고, 학령기를 지난 장애인을 위하여 학교형태의 장애인평생교육시설을 설치·운영할 수 있다.

② 국가 및 지방자치단체 외의 자가 제1항에 따른 장애인평생교육시설을 설치하고자 하는 때에는 대통령령으로 정하는 시설과 설비를 갖추어 교육감에게 등록하여야 한다.

③ 국가 및 지방자치단체는 장애인평생교육시설의 운영에 필요한 경비를 예산의 범위 안에서 지원하여야 한다.

제34조 삭제 〈2016.5.29.〉

[시행일 : 2017.5.30.] 제34조

제6장 보칙 및 벌칙

제35조(대학의 심사청구 등) ① 장애학생 및 그 보호자는 대학에 이 법에 따른 각종 지원조치를 제공할 것을 서면으로 신청할 수 있다.

② 대학의 장은 제1항에 따른 신청에 대하여 2주 이내에 지원 여부 및 그 사유를 신청자에게 서면으로 통지하여야 한다.

③ 장애학생 및 그 보호자는 제1항에 따른 신청에 대한 대학의 결정(부작위 및 거부를 포함한다)과 이 법을 위반하는 대학의 장 또는 교직원의 행위에 대하여 특별지원위원회에 심사청구를 할 수 있다.

④ 특별지원위원회는 제3항의 심사청구에 관하여 2주 이내에 결정을 하여야 한다.

⑤ 제3항에 따른 심사에서는 청구인에게 의견진술 기회를 주어야 한다.

⑥ 대학의 장, 교직원, 그 밖의 관계자는 제4항에 따른 결정에 따라야 한다.

⑦ 그 밖에 특별지원위원회에 대한 심사청구에 관하여 필요한 사항은 대통령령으로 정한다.

제36조(고등학교 과정 이하의 심사청구) ① 특수교육대상자 또는 그 보호자는 다음 각 호의 어느 하나에 해당하는 교육장, 교육감 또는 각급학교의 장의 조치에 대하여 이의가 있을 때에는 해당 시·군·구특수교육운영위원회 또는 시·도특수교육운영위원회에 심사청구를 할 수 있다.

1. 제15조제1항에 따른 특수교육대상자의 선정

2. 제16조제3항에 따른 교육지원 내용의 결정 사항

3. 제17조제1항에 따른 학교에의 배치

4. 제4조를 위반하는 부당한 차별

② 제17조제1항에 따라 특수교육대상자를 배치받은 각급학교의 장은 이에 응할 수 없는 특별한 사유가 있거나 배치받은 특수교육대상자가 3개월 이상 학교생활의 적응에 상당한 어려움이 있는 경우에는 해당 시·군·구특수교육운영위원회 또는 시·도특수교육운영위원회에 심사청구를 할 수 있다.

③ 시·군·구특수교육운영위원회 또는 시·도특수교육운영위원회는 제1항과 제2항의 심사청구를 받은 때에는 이를 심사하여 30일 이내에 그 결정을 청구인에게 통보하여야 한다.

④ 제3항의 심사에서는 청구인에게 의견진술의 기회를 주어야 한다.

⑤ 교육장, 교육감, 각급학교의 장, 그 밖의 관계자는 제3항에 따른 결정에 따라야 한다.

⑥ 제3항에서 정하는 심사결정에 이의가 있는 특수교육대상자 또는 그 보호자는 그 통보를 받은 날부터 90일 이내에 행정심판을 제기할 수 있다.

⑦ 제1항부터 제4항까지의 규정에 따른 심사청구의 절차 등에 관하여 필요한 사항은 대통령령으로 정한다.

제37조(권한의 위임과 위탁) ① 이 법에 따른 교육부장관의 권한은 그 일부를 대통령령으로 정하는 바에 따라 교육감에게 위임할 수 있다. 〈개정 2008.2.29., 2013.3.23.〉

② 이 법에 따른 교육감의 권한은 그 일부를 대통령령으로 정하는 바에 따라 교육장에게 위임할 수 있다.

제38조(벌칙) 다음 각 호의 어느 하나에 해당하는 자는 1년 이하의 징역 또는 1천만원 이하의 벌금에 처한다.

1. 제4조제1항을 위반하여 장애를 이유로 특수교육대상자의 입학을 거부하거나 입학 전형 합격자의 입학을 거부하는 등의 불이익한 처분을 한 교육기관의 장

2. 제4조제2항제4호를 위반하여 대학의 입학전형절차에서 수험편의의 내용의 확인과 관계없는 별도의 면접이나 신체검사를 요구한 자

[본조신설 2016.5.29.]

[종전 제38조는 제38조의2로 이동 〈2016.5.29.〉]

제38조의2(벌칙) 다음 각 호의 어느 하나에 해당하는 자는 300만원 이하의 벌금에 처한다.

1. 삭제 〈2016.5.29.〉

2. 제4조제2항제1호부터 제3호까지의 규정을 위반하여 특수교육 관련서비스의 제공, 수업참여 및 교내외 활동 참여와 개별화교육지원팀에의 보호자 참여에 있어서 차별한 자

3. 삭제 〈2016.5.29.〉

[제38조에서 이동 〈2016.5.29.〉]

부칙 〈제14156호, 2016.5.29.〉

이 법은 공포한 날부터 시행한다.

부록 2 **장애인 등에 대한 특수교육법 시행령**

[시행 2016.6.23.] [대통령령 제27227호, 2016.6.21., 일부개정]

제1장 총칙

제1조(목적) 이 영은 「장애인 등에 대한 특수교육법」에서 위임된 사항과 그 시행에 필요한 사항을 규정함을 목적으로 한다.

제2조(의무교육의 실시) 「장애인 등에 대한 특수교육법」(이하 "법"이라 한다) 제3조 및 법률 제8483호 부칙 제1조 단서에 따라 특수교육대상자에 대한 의무교육은 다음 각 호에 따라 차례로 각각 실시한다.

1. 2010학년도: 만 5세 이상 유치원 과정 및 고등학교 과정

2. 2011학년도: 만 4세 이상 유치원 과정

3. 2012학년도: 만 3세 이상 유치원 과정

제3조(의무교육의 비용 등) ① 법 제3조제3항에 따라 국가 또는 지방자치단체가 부담하여야 하는 비용은 입학금, 수업료, 교과용 도서대금 및 학교급식비로 한다.

② 국가 및 지방자치단체는 제1항의 비용 외에 학교운영 지원비, 통학비, 현장·체험 학습비 등을 예산의 범위에서 부담하거나 보조할 수 있다.

제2장 국가 및 지방자치단체의 임무

제4조(위탁교육) ① 교육감은 법 제6조제2항에 따라 특수교육대상자에 대한 교육을 사

립(私立) 특수교육기관에 위탁하기 위하여 매 학년도가 시작되기 10개월 전까지 관할 구역에 있는 사립 특수교육기관의 교육여건, 교육 가능한 인원, 교육기간 등에 관하여 그 특수교육기관의 장(특수학급이 설립된 사립학교의 장을 포함한다)과 협의하여야 한다.

② 교육감은 특수교육대상자의 교육을 위탁한 사립 특수교육기관에 대하여 국립 또는 공립 특수교육기관과 같은 수준의 교육을 할 수 있도록 운영비, 시설비, 실험실습비, 진로 및 직업교육비, 교직원의 인건비, 그 밖에 특수교육에 필요한 경비를 지급하여야 한다.

③ 제1항과 제2항 외에 위탁교육의 운영에 관한 세부 사항은 교육감이 정하는 바에 따른다.

제5조(교원의 자질 향상) ① 교육부장관 및 교육감은 통합교육에 대한 이해를 높이기 위하여 일반학교의 교원(특수교육교원은 제외한다. 이하 이 조에서 같다)에게 연수를 받게 하는 경우 특수교육에 관한 내용을 포함하여야 한다. 〈개정 2013.3.23.〉

② 교육부장관 및 교육감은 통합교육을 효율적으로 시행하기 위하여 통합교육을 지원하는 일반학교의 교원에 대하여는 특수교육과 관련된 직무연수 과정을, 특수교육교원에 대하여는 일반교과 교육에 관한 직무연수 과정을 개설·운영하여야 한다. 〈개정 2013.3.23.〉

제6조(중앙특수교육운영위원회 구성·운영) ① 법 제10조제1항에 따른 중앙특수교육운영위원회(이하 "중앙위원회"라 한다)는 위원장을 포함하여 15명 이내의 위원으로 구성한다.

② 중앙위원회의 위원장(이하 "위원장"이라 한다)은 교육부차관이 되고, 위원은 당연직위원과 위촉위원으로 구성한다. 〈개정 2013.3.23.〉

③ 당연직위원은 교육부, 행정자치부, 문화체육관광부, 보건복지부, 고용노동부, 여성가족부의 고위공무원단 소속 공무원으로서 해당 부처의 장관이 지명하는 사람이 된다. 〈개정 2010.3.15., 2010.7.12., 2013.3.23., 2014.11.19.〉

④ 위촉위원은 다음 각 호의 어느 하나에 해당하는 사람 중에서 위원장이 위촉한다.

1. 특수교육교원 자격이 있는 사람으로서 7년 이상 특수교육대상자를 교육하거나 교육하였던 사람

2. 특수교육대상자의 학부모 또는 보호자로서 특수교육 분야에서 활동하거나 활동 경

험이 있는 사람

3. 「고등교육법」 제2조제1호 또는 제3호에 따른 학교에서 특수교육에 관한 학문을 가르치는 부교수 이상으로 재직하거나 재직하였던 사람

⑤ 위촉위원의 임기는 2년으로 하되, 2차에 한하여 연임할 수 있다.

⑥ 중앙위원회의 회의는 연 2회 이상 개최하여야 하며, 위원장이 필요 하다고 인정하거나 재적위원 3분의 1 이상이 요구하는 경우에는 위원장이 회의를 소집한다.

⑦ 중앙위원회의 회의는 재적위원의 과반수 출석으로 개의하고, 출석위원 과반수의 찬성으로 의결한다.

⑧ 중앙위원회는 필요하다고 인정되면 관계 행정기관에 직원의 출석·설명과 자료 제출을 요구할 수 있다.

⑨ 그 밖에 중앙위원회의 구성 및 운영 등에 필요한 사항은 중앙위원회의 의결을 거쳐 위원장이 정한다.

제6조의2(위촉위원의 해촉) 중앙위원회의 위원장은 제6조제4항제1호부터 제3호까지의 규정에 따른 위촉위원이 다음 각 호의 어느 하나에 해당하는 경우에는 해당 위원을 해촉(解囑)할 수 있다.

1. 심신장애로 인하여 직무를 수행할 수 없게 된 경우

2. 직무와 관련된 비위사실이 있는 경우

3. 직무태만, 품위손상이나 그 밖의 사유로 인하여 위원으로 적합하지 아니하다고 인정되는 경우

4. 위원 스스로 직무를 수행하는 것이 곤란하다고 의사를 밝히는 경우

[본조신설 2015.12.31.]

제7조(특수교육지원센터의 설치·운영) ① 교육감은 법 제11조에 따른 특수교육지원센터를 설치할 때 그 업무를 수행할 수 있는 독립된 공간을 확보하여야 한다.

② 교육감은 특수교육지원센터가 그 업무를 효율적으로 수행할 수 있도록, 담당 업무를 전담하는 특수교육 분야의 전문인력을 배치하여야 한다.

③ 교육감은 지역의 지리적 특성 및 특수교육의 수요 등을 고려하여 필요한 경우에는 하나의 하급교육행정기관에 2 이상의 특수교육지원센터를 설치·운영할 수 있다.

④ 특수교육지원센터는 담당 업무를 효율적으로 수행하기 위하여 관련 기관과의 연계체제를 구축하고 협력하여 업무를 수행할 수 있다.

⑤ 교육감은 특수교육지원센터의 진단·평가 과정에서 장애가 의심되는 영유아 또는 학생이 이전에 의료적 진단을 받지 아니한 경우에는 이에 대한 의료적 진단을 보건소, 병원 또는 의원에 의뢰하여야 한다.

⑥ 교육감은 제5항에 따라 의료적 진단을 보건소, 병원 또는 의원에 의뢰한 경우에는 그 비용을 부담하여야 한다.

제8조(실태조사) ① 법 제13조에 따라 실태조사할 사항은 다음 각 호와 같다.

1. 특수교육대상자의 성·연령·장애유형·장애정도별 현황

2. 특수교육기관 및 그 교육과정의 운영 실태

3. 특수교육 관련서비스의 제공 현황

4. 특수교육 지원을 위한 행정조직 및 지원 현황

5. 특수교육재정의 확보·분배·활용 현황

6. 특수교육대상자의 교육성과 및 학교 졸업 후의 생활상태

7. 장애인 평생교육과정 및 장애인 평생교육시설의 운영 현황

8. 특수교육대상자 및 그 보호자, 특수교육에 관한 전문가 등 특수교육 관련자의 특수
   교육 지원에 대한 만족도 및 요구 사항

② 실태조사는 표본조사의 방법으로 시행하되, 특수교육에 관하여 정확한 현황을 파악하고 조사항목의 특성상 필요한 경우에는 전수조사(全數調査)의 방법으로 시행할 수 있다.

제3장 특수교육대상자의 선정 및 학교 배치 등

제9조(장애의 조기발견 등) ① 교육장 또는 교육감은 매년 1회 이상 법 제14조제1항에 따른 홍보를 하여야 한다.

② 교육장 또는 교육감은 장애의 조기발견을 위하여 관할 구역의 어린이집·유치원 및 학교의 영유아 또는 학생(이하 "영유아 등"이라 한다. 이하 이 조에서 같다)을 대상으로 수시로 선별검사를 하여야 한다. 이 경우 「국민건강보험법」 제52조제1항 또는 「의료급여법」 제14조제1항에 따른 건강검진의 결과를 활용할 수 있다. 〈개정 2011.12.8., 2012.8.31.〉

③ 교육장 또는 교육감은 선별검사를 한 결과 장애가 의심되는 영유아 등을 발견한 경우에는 병원 또는 의원에서 영유아 등에 대한 장애 진단을 받도록 보호자에게 안내하

고 상담을 하여야 한다.

④ 교육장 또는 교육감은 선별검사를 받은 영유아 등의 보호자가 법 제15조에 따른 특수교육대상자로 선정받기를 요청할 경우 영유아 등의 보호자에게 영유아 등의 건강검진 결과통보서 또는 진단서를 제출하도록 하여 영유아 등이 특수교육대상자에 해당하는지 여부를 판단하기 위한 진단·평가를 하여야 한다.

⑤ 교육장 또는 교육감은 제3항에 따라 진단·평가한 결과 영유아 등에게 특수교육이 필요하다고 판단되면 보호자에게 그 내용과 특수교육대상자 선정에 필요한 절차를 문서로 알려야 한다.

⑥ 제2항부터 제5항까지의 규정에 따른 선별검사 및 진단·평가에 필요한 사항은 교육부령으로 정한다. 이 경우 제2항에 따른 선별검사에 관한 사항은 보건복지부장관과 협의하여야 한다. 〈개정 2010.3.15., 2013.3.23.〉

제10조(특수교육대상자의 선정 기준) 법 제15조에 따라 특수교육대상자를 선정하는 기준은 별표와 같다.

제11조(특수교육대상자의 학교 배치 등) ① 교육장 또는 교육감은 법 제17조제1항에 따라 특수교육대상자를 학교에 배치할 때에는 해당 학교의 장과 특수교육대상자에게 각각 문서로 알려야 한다.

② 교육장 또는 교육감은 특수교육대상자를 일반학교의 일반학급에 배치한 경우에는 특수교육지원센터에서 근무하는 특수교육교원에게 그 학교를 방문하여 학습을 지원하도록 하여야 한다.

③ 각급학교의 장은 특수교육대상자에 대한 교육지원의 내용을 추가·변경 또는 종료하거나 특수교육대상자를 재배치할 필요가 있으면 법 제22조제1항에 따른 개별화교육지원팀의 검토를 거쳐 교육장 및 교육감에게 그 특수교육대상자의 진단·평가 및 재배치를 요구할 수 있다.

제12조(배치에 대한 이의) 법 제17조제4항에서 "대통령령으로 정하는 특별한 사유"란 해당 특수학교가 교육하는 특수교육대상자의 장애종류와 배치를 요구받은 특수교육대상자의 장애종류가 달라 효율적인 교육을 할 수 없는 경우를 말한다.

제4장 영유아 및 초·중등교육

제13조(장애영아의 교육지원) ① 만 3세 미만의 장애영아(이하 이 조에서 "장애영아"

라 한다) 교육의 수업일수는 매 학년도 150일을 기준으로 하되, 장애영아의 건강 상태 및 교육과정의 운영상 필요한 경우에는 교육부장관, 교육감 또는 교육장의 승인을 받아 30일의 범위에서 줄일 수 있다. 〈개정 2013.3.23.〉

② 법 제18조제2항에 따라 특수교육을 받는 영아학급 등의 교원 배치에 관한 사항은 교육부장관, 교육감 또는 교육장이 정한다. 〈개정 2013.3.23.〉

③ 교육감이나 교육장은 법 제18조제2항에 따라 장애영아를 특수교육지원센터에 배치하여 교육을 하는 경우 「특수학교시설·설비기준령」 별표에 따른 보통교실을 그 특수교육지원센터에 갖추어야 한다.

④ 장애영아 담당 교원은 「초·중등교육법」 제21조제2항에 따른 특수학교 유치원교사 자격증을 소지한 사람으로 한다. 〈개정 2014.12.23.〉

제14조(취학의무의 유예 또는 면제 등) ① 특수교육대상자의 보호자가 법 제19조제2항에 따라 특수교육대상자의 취학의무를 유예받거나 면제 받으려는 경우에는 관할 교육감 또는 교육장에게 취학의무의 유예 또는 면제를 신청하여야 한다.

② 제1항에 따른 신청을 받은 교육감 또는 교육장은 법 제10조제1항에 따른 관할 특수교육운영위원회의 심의를 거쳐 특수교육대상자의 등·하교 가능성, 순회교육 실시 가능성 및 보호자의 의견 등을 고려하여 면제 또는 유예를 결정한다. 이 경우 유예기간은 1년 이내로 하고, 유예기간을 연장하려는 경우에도 관할 특수교육운영위원회의 심의를 거쳐야 한다.

③ 취학의무를 면제 또는 유예받은 사람이 다시 취학하고자 하는 경우 그 보호자는 교육감 또는 교육장에게 취학을 신청하고, 그 신청을 받은 교육감 또는 교육장은 관할 특수교육운영위원회의 심의를 거쳐 취학 여부를 결정하여야 한다.

제15조(어린이집의 교육 요건) 법 제19조제2항 단서에서 "대통령령으로 정하는 일정한 교육 요건을 갖춘 어린이집"이란 다음 각 호의 사항을 모두 충족하는 어린이집을 말한다. 〈개정 2011.12.8.〉

1. 「영유아보육법」 제30조제1항에 따른 평가인증을 받은 어린이집

2. 장애아 3명마다 보육교사 1명을 배치한 어린이집(보육교사가 3명 이상인 경우에는 보육교사 3명 중 1명은 「초·중등교육법」 제21조제2항에 따른 특수학교 유치원교사 자격증을 소지한 교사여야 한다)

[제목개정 2011.12.8.]

제16조(통합교육을 위한 시설·설비 등) ① 일반학교의 장은 법 제21조제2항에 따라 통합교육을 실시하는 경우에는 특수교육대상자의 교내 이동이 쉽고, 세면장·화장실 등과 가까운 곳에 위치한 66제곱미터 이상의 교실에 특수학급을 설치하여야 한다. 다만, 배치된 특수교육대상자의 수 및 그 학교의 여건 등을 고려하여 시·도 조례로 정하는 바에 따라 44제곱미터 이상의 교실에 학급을 설치할 수 있다.

② 일반학교의 장은 법 제21조제2항에 따라 통합교육을 실시하는 경우에는 배치된 특수교육대상자의 성별, 연령, 장애의 유형·정도 및 교육활동 등에 맞도록 정보 접근을 위한 기기, 의사소통을 위한 보완·대체기구 등의 교재·교구를 갖추어야 한다.

제17조(전문인력의 자격 기준 등) 법 제23조제1항에서 "대통령령으로 정하는 자격이 있는 진로 및 직업교육을 담당하는 전문인력"이란 특수학교의 정교사·준교사·실기교사의 자격이 있는 사람으로서 다음 각 호의 어느 하나에 해당하는 사람을 말한다.

1. 대학이나 대학원에서 직업재활에 관한 전공을 이수한 사람

2. 진로 및 직업교육과 관련한 국가자격증 또는 민간자격증 소지자

3. 진로 및 직업교육과 관련한 직무연수를 이수한 사람

제18조(진로 및 직업교육을 위한 시설 등) ① 중학교 과정 이상 각급 학교의 장은 법 제23조제2항에 따라 진로 및 직업교육을 위하여 66제곱미터 이상의 교실을 1개 이상 설치하여야 한다.

② 특수교육지원센터는 특수교육기관, 한국장애인고용공단지부 등 해당 지역의 장애인 고용 관련 기관, 직업재활시설, 장애인복지관, 산업체 등 관련 기관과 협의체를 구성하여야 한다. 〈개정 2009.12.31.〉

③ 교육감은 특수교육대상자의 취업을 위하여 직업훈련실을 특수학교에 설치하고, 이에 필요한 인력과 경비를 지원하도록 노력하여야 한다.

제19조(전공과의 설치·운영) ① 법 제24조제1항에 따른 전공과를 설치·운영하는 특수교육기관의 장은 66제곱미터 이상의 전공과 전용 교실을 1개 이상 설치하여야 하며, 세부적인 시설·설비의 기준은 교육감이 정한다.

② 전공과를 설치한 교육기관의 장은 그 설치 목적을 달성하기 위하여 현장실습이 포함된 직업교육계획을 수립하여야 한다.

③ 전공과의 수업 연한과 학생의 선발 방법은 교육감의 승인을 받아 전공과를 설치한 교육기관의 장이 정한다.

④ 전공과를 전담할 인력은 전공과를 설치한 특수교육기관의 고등학교 과정과 같은 수준으로 배치한다.

제20조(순회교육의 운영 등) ① 교육장이나 교육감은 법 제25조제1항에 따른 순회교육을 하기 위하여 순회교육을 받는 특수교육대상자의 능력, 장애 정도 등을 고려하여 순회교육계획을 작성·운영하여야 한다.

② 순회교육의 수업일수는 매 학년도 150일을 기준으로 하여 각급학교의 장이 정하되, 순회교육을 받는 특수교육대상자의 상태와 교육과정의 운영상 필요한 경우에는 지도·감독기관의 승인을 받아 30일의 범위에서 줄일 수 있다.

③ 삭제 〈2016.6.21.〉

제21조(유치원 과정의 방과후 과정 담당 인력의 자격기준 및 운영방법) ① 법 제26조제1항에 따라 특수교육대상자에 대한 방과후 과정 운영을 담당하는 인력은 「영유아보육법」 제21조제2항에 따른 보육교사의 자격 또는 「유아교육법」 제22조 및 「초·중등교육법」 제21조에 따른 교원의 자격을 가지고 있는 사람으로 한다. 〈개정 2012.4.20.〉

② 방과후 과정을 운영하는 유치원 과정의 교육기관의 장은 교육과 보육을 연계하고 정규교육과정을 포함하여 1일 8시간 이상으로 운영하며, 그 밖에 운영에 필요한 사항은 교육감이 정한다. 〈개정 2012.4.20.〉

③ 교육감은 방과후 과정을 운영하는 유치원 과정의 교육기관에 대하여 그 교육에 소요되는 경비를 부담하거나 보조하여야 한다. 〈개정 2012.4.20.〉

[제목개정 2012.4.20.]

제22조(특수학교 및 특수학급에 두는 특수교육교원의 배치기준) 법 제27조제3항에 따라 배치하는 특수교육 담당 교사는 학생 4명마다 1명으로 한다. 다만, 도시와 농촌·산촌·어촌 교육의 균형발전, 특수교육지원센터의 운영현황 및 특수교육대상자의 지역별 분포 등을 고려하여 특별시·광역시·도·특별자치도별 교사는 교육부장관이, 단위 학교·학급별 교사는 해당 교육감 또는 교육장이 배치 기준의 40퍼센트의 범위에서 가감하여 배치할 수 있다. 〈개정 2013.3.23.〉

제23조(가족지원) ① 법 제28조제1항에 따른 가족지원은 가족상담, 양육상담, 보호자교육, 가족지원프로그램 운영 등의 방법으로 한다.

② 제1항에 따른 가족지원은 「건강가정기본법」 제35조에 따른 건강가정지원센터,

「장애인복지법」 제58조에 따른 장애인복지시설 등과 연계하여 할 수 있다.

제24조(치료지원) ① 법 제28조제2항에 따른 치료지원에 필요한 인력은 「의료기사 등에 관한 법률」 제4조에 따른 면허 또는 「자격기본법」 제19조제1항에 따라 주무부장관이 공인한 민간자격을 소지한 사람으로 한다.

② 교육감 또는 특수학교의 장은 특수교육지원센터 또는 특수학교에 치료실을 설치·운영할 수 있다.

③ 교육감은 「공공보건의료에 관한 법률」 제2조에 따른 공공보건의료기관 및 「장애인복지법」 제58조에 따른 장애인복지시설 등과 연계하여 치료지원을 할 수 있다.

제25조(보조인력) ① 교육감은 법 제28조제3항에 따라 각급학교의 장이 특수교육대상자를 위한 보조인력을 원활하게 제공할 수 있도록 보조인력 수급에 관한 계획의 수립, 보조인력의 채용·배치 등 보조인력의 운영에 필요한 업무를 수행한다.

② 교육감 또는 교육장은 보조인력의 자질 향상을 위하여 특수교육에 관한 연수를 실시하여야 한다.

③ 보조인력의 역할 및 자격은 교육부령으로 정하고, 그 밖에 운영 방법에 관한 세부사항은 교육감이 정하여 고시한다. 〈개정 2013.3.23.〉

제26조(각종 교구 및 학습보조기 등 지원) 교육감은 법 제28조제4항에 따라 각급학교의 장이 각종 교구·학습보조기·보조공학기기를 제공할 수 있도록 특수교육지원센터에 필요한 기구를 갖추어 두어야 한다.

제27조(통학 지원) ① 교육감은 각급학교의 장이 법 제28조제5항에 따른 통학 지원을 원활하게 할 수 있도록 통학차량을 각급학교에 제공하거나 통학 지원이 필요한 특수교육대상자 및 보호자에게 통학비를 지급하여야 한다.

② 각급학교의 장은 특수교육대상자가 현장체험학습, 수련회 등 학교밖 활동에 참여할 수 있도록 조치를 취하여야 한다.

제28조(기숙사의 설치·운영) ① 교육감은 법 제28조제6항에 따른 기숙사의 운영에 필요한 경비를 예산의 범위에서 부담하거나 보조할 수 있다.

② 공립 및 사립학교의 기숙사 시설·설비 기준은 시·도 교육규칙으로 정한다.

제29조(기타 특수교육 관련서비스의 제공) ① 교육부장관 또는 교육감은 제23조부터 제28조까지의 규정에서 정한 특수교육 관련서비스 외에 보행훈련, 심리·행동 적응 훈련 등 특정한 장애유형의 특수교육대상자에게 필요한 특수교육 관련서비스를 제공

하여야 한다. 〈개정 2013.3.23.〉

② 제1항의 특수교육 관련서비스 제공에 필요한 인력은 국가자격 또는 「자격기본법」 제19조제1항에 따라 주무부장관이 공인한 민간자격을 소지한 사람으로 한다.

제5장 고등교육 및 평생교육

제30조(특별지원위원회의 설치·운영) ① 대학의 장은 그 대학에 장애학생이 10명 이상 재학하는 경우에는 법 제29조에 따른 특별지원위원회(이하 "특별지원위원회"라 한다)를 설치·운영하여야 한다.

② 장애학생이 10명 미만인 대학의 장은 법 제30조제2항에 따른 장애학생 지원부서 또는 전담직원이 법 제29조제1항제1호 및 제3호에 관한 특별지원위원회의 기능을 수행할 수 있도록 할 수 있다.

③ 특별지원위원회의 위원 자격, 구성 및 회의 개최 시기 등은 해당 대학의 장이 정한다.

제31조(장애학생지원센터의 설치·운영 등) ① 법 제30조제1항 단서에서 "일정 인원"이란 9명을 말한다.

② 법 제30조제1항에 따른 장애학생지원센터, 장애학생 지원부서 또는 전담직원은 장애학생 지원계획을 수립하고, 그 사실을 장애학생에게 알려야 한다.

제32조(학교형태의 장애인평생교육시설) ① 법 제34조제2항에서 "대통령령으로 정하는 시설과 설비"란 다음 각 호에 해당하는 시설·설비를 말한다.

1. 49.5제곱미터 이상의 수업실

2. 학습에 필요한 시설 및 설비

3. 도서 및 자료 500권 이상을 갖춘 자료실

4. 관리실

5. 「장애인·노인·임산부 등의 편의증진 보장에 관한 법률 시행령」별표 2에 따라 교육연구시설에 설치하여야 하는 편의시설

② 교육감은 법 제34조제2항에 따른 장애인평생교육시설을 설치·운영하는 사람이 교육감이 관리하는 공공시설을 이용하려는 경우, 그 공공시설의 본래 이용 목적을 해치지 않는 범위에서 이용할 수 있도록 지원하여야 한다.

제6장 보칙

제33조(심사청구 절차) 법 제35조제3항 및 법 제36조제1항 또는 제2항에 따른 심사청구 및 그 심사청구에 대한 결과의 통지에 필요한 서류는 각각 교육부령으로 정한다. 〈개정 2013.3.23.〉

제34조(규제의 재검토) ①교육부장관은 다음 각 호의 사항에 대하여 다음 각 호의 기준일을 기준으로 2년마다(매 2년이 되는 해의 기준일과 같은 날 전까지를 말한다) 그 타당성을 검토하여 개선 등의 조치를 하여야 한다. 〈개정 2015.12.31.〉

1. 제17조에 따른 전문인력 자격기준: 2015년 1월 1일

2. 제21조제1항에 따른 유치원 방과후 과정 담당 인력의 자격기준: 2015년 1월 1일

3. 제24조제1항에 따른 치료지원 담당 인력의 자격기준: 2015년 1월 1일

② 교육부장관은 다음 각 호의 사항에 대하여 다음 각 호의 기준일을 기준으로 3년마다(매 3년이 되는 해의 기준일과 같은 날 전까지를 말한다) 그 타당성을 검토하여 개선 등의 조치를 하여야 한다. 〈신설 2015.12.31.〉

1. 제30조에 따른 특별지원위원회의 설치 · 운영: 2016년 1월 1일

2. 제31조제2항에 따른 장애학생 지원계획 수립 및 그 사실을 장애학생에게 알릴 의무: 2016년 1월 1일

3. 제32조제1항에 따른 학교형태의 장애인평생교육시설의 시설 · 설비 기준: 2016년 1월 1일

[본조신설 2014.12.9.]

부칙 〈제27227호, 2016.6.21.〉

이 영은 2016년 6월 23일부터 시행한다.

[별표] 특수교육대상자 선정 기준(제10조 관련)〈개정 2016. 6. 21.〉

1. 시각장애를 지닌 특수교육대상자

시각계의 손상이 심하여 시각기능을 전혀 이용하지 못하거나 보조공학기기의 지원을 받아야 시각적 과제를 수행할 수 있는 사람으로서 시각에 의한 학습이 곤란하여 특정의 광학기구 · 학습매체 등을 통하여 학습하거나 촉각 또는 청각을 학습의 주요 수단으로 사용하는 사람

2. 청각장애를 지닌 특수교육대상자

청력 손실이 심하여 보청기를 착용해도 청각을 통한 의사소통이 불가능 또는 곤란한 상태이거나, 청력이 남아 있어도 보청기를 착용해야 청각을 통한 의사소통이 가능하여 청각에 의한 교육적 성취가 어려운 사람

3. 지적장애를 지닌 특수교육대상자

지적 기능과 적응행동상의 어려움이 함께 존재하여 교육적 성취에 어려움이 있는 사람

4. 지체장애를 지닌 특수교육대상자

기능 · 형태상 장애를 가지고 있거나 몸통을 지탱하거나 팔다리의 움직임 등에 어려움을 겪는 신체적 조건이나 상태로 인해 교육적 성취에 어려움이 있는 사람

5. 정서 · 행동장애를 지닌 특수교육대상자

장기간에 걸쳐 다음 각 목의 어느 하나에 해당하여, 특별한 교육적 조치가 필요한 사람

가. 지적 · 감각적 · 건강상의 이유로 설명할 수 없는 학습상의 어려움을 지닌 사람

나. 또래나 교사와의 대인관계에 어려움이 있어 학습에 어려움을 겪는 사람

다. 일반적인 상황에서 부적절한 행동이나 감정을 나타내어 학습에 어려움이 있는 사람

라. 전반적인 불행감이나 우울증을 나타내어 학습에 어려움이 있는 사람

마. 학교나 개인 문제에 관련된 신체적인 통증이나 공포를 나타내어 학습에 어려움이 있는 사람

6. 자폐성장애를 지닌 특수교육대상자

　사회적 상호작용과 의사소통에 결함이 있고, 제한적이고 반복적인 관심과 활동을 보임으로써 교육적 성취 및 일상생활 적응에 도움이 필요한 사람

7. 의사소통장애를 지닌 특수교육대상자

　다음 각 목의 어느 하나에 해당하여 특별한 교육적 조치가 필요한 사람

　가. 언어의 수용 및 표현 능력이 인지능력에 비하여 현저하게 부족한 사람

　나. 조음능력이 현저히 부족하여 의사소통이 어려운 사람

　다. 말 유창성이 현저히 부족하여 의사소통이 어려운 사람

　라. 기능적 음성장애가 있어 의사소통이 어려운 사람

8. 학습장애를 지닌 특수교육대상자

　개인의 내적 요인으로 인하여 듣기, 말하기, 주의집중, 지각(知覺), 기억, 문제 해결 등의 학습기능이나 읽기, 쓰기, 수학 등 학업 성취 영역에서 현저하게 어려움이 있는 사람

9. 건강장애를 지닌 특수교육대상자

　만성질환으로 인하여 3개월 이상의 장기입원 또는 통원치료 등 계속적인 의료적 지원이 필요하여 학교생활 및 학업 수행에 어려움이 있는 사람

10. 발달지체를 보이는 특수교육대상자

　신체, 인지, 의사소통, 사회·정서, 적응행동 중 하나 이상의 발달이 또래에 비하여 현저하게 지체되어 특별한 교육적 조치가 필요한 영아 및 9세 미만의 아동

장애인 등에 대한 특수교육법 시행규칙

[시행 2016.6.23.] [교육부령 제101호, 2016.6.23., 일부개정]

제1조(목적)   이 규칙은 「장애인 등에 대한 특수교육법」 및 같은 법 시행령에서 위임된 사항과 그 시행에 필요한 사항을 규정함을 목적으로 한다.

제2조(장애의 조기발견 등)   ① 교육장 또는 교육감은 「장애인 등에 대한 특수교육법」 (이하 "법"이라 한다) 제14조제1항 또는 제3항에 따른 선별검사나 진단·평가를 실시하는 경우에는 별표에 따른 검사를 각각 실시하여야 한다.

② 보호자 또는 각급학교의 장은 법 제15조제1항 각 호에 해당하는 장애를 가지고 있거나 장애를 가지고 있다고 의심되는 영유아 및 학생을 발견하여 진단·평가를 의뢰하고자 하는 경우에는 별지 제1호서식에 따른 진단·평가의뢰서를 작성하여 교육장 또는 교육감에게 제출하여야 한다.

③ 교육감 또는 교육장은 「장애인 등에 대한 특수교육법 시행령」(이하 "영"이라 한다) 제9조제5항에 따라 진단·평가의 결과를 영유아 및 학생의 보호자에게 알릴 때에는 별지 제2호서식에 따른다.

제3조(특수교육대상자의 학교 배치)   교육감 또는 교육장이 영 제11조제1항에 따라 특수교육대상자를 학교에 배치할 때에는 별지 제3호서식에 따라 해당 학교장과 특수교육대상자에게 통지하여야 한다.

제3조의2(교육과정)   ① 법 제20조제1항에 따른 특수교육기관의 교육과정은 유치원 교육과정, 공통 교육과정, 선택 교육과정 및 기본 교육과정으로 구분한다.

② 제1항에 따른 교육과정의 대상 및 내용은 다음 각 호와 같다. 〈개정 2013.3.23.〉

1. 유치원 교육과정: 만 3세부터 초등학교 취학 전까지의 어린이를 대상으로 하고, 「유아교육법」 제13조제2항에 따라 교육부장관이 정하는 유치원 교육과정에 준하여 편성된 과정

2. 공통 교육과정: 초등학생 및 중학생을 대상으로 하고, 「초·중등교육법」 제23조제2항에 따라 교육부장관이 정하는 초등학교 및 중학교 교육과정에 준하여 편성된 과정

3. 선택 교육과정: 고등학생을 대상으로 하고, 「초·중등교육법」 제23조제2항에 따라 교육부장관이 정하는 고등학교 교육과정에 준하여 편성된 과정

4. 기본 교육과정: 특수교육대상자의 장애 종별 및 정도를 고려하여 제2호 및 제3호의 교육과정을 적용하기 어려운 학생을 대상으로 하고, 대상자의 능력에 따라 학년의 구분 없이 다음 각 목의 어느 하나에 해당하는 교과의 수준을 다르게 적용할 수 있도록 편성된 과정

    가. 국어, 사회, 수학, 과학, 실과, 체육, 음악, 미술 및 교육부장관이 필요하다고 인정하는 교과

    나. 특수교육대상자의 진로 및 직업에 관한 교과

③ 제1항 및 제2항에서 규정된 사항 외에 교육과정의 내용 및 기준에 관하여 필요한 세부사항은 교육부장관이 정하여 고시한다. 〈개정 2013.3.23.〉

[본조신설 2010.12.20.]

제4조(개별화교육지원팀의 구성 등) ① 각급학교의 장은 법 제22조제1항에 따라 매 학년의 시작일부터 2주 이내에 각각의 특수교육대상자에 대한 개별화교육지원팀을 구성하여야 한다.

② 개별화교육지원팀은 매 학기의 시작일부터 30일 이내에 개별화교육계획을 작성하여야 한다.

③ 개별화교육계획에는 특수교육대상자의 인적사항과 특별한 교육지원이 필요한 영역의 현재 학습수행수준, 교육목표, 교육내용, 교육방법, 평가계획 및 제공할 특수교육 관련서비스의 내용과 방법 등이 포함되어야 한다.

④ 각급학교의 장은 매 학기마다 개별화교육계획에 따른 각각의 특수교육대상자의 학업성취도 평가를 실시하고, 그 결과를 특수교육대상자 또는 그 보호자에게 통보하

여야 한다.

제5조(보조인력의 역할 및 자격) ① 법 제28조제3항에 따라 학교에 배치되는 보조인력은 교사의 지시에 따라 교수학습 활동, 신변처리, 급식, 교내외 활동, 등하교 등 특수교육대상자의 교육 및 학교 활동에 대하여 보조 역할을 담당한다.

② 보조인력의 자격은 고등학교를 졸업한 자 또는 이와 같은 수준 이상의 학력이 있다고 인정된 자로 한다.

제6조(생활지도원의 자격 및 배치기준) ① 법 제28조제6항 후단에 따라 특수학교의 기숙사에 두는 생활지도원은 다음 각 호의 어느 하나에 해당하는 사람으로 한다. 〈개정 2013.10.4.〉

1. 「초·중등교육법」 별표 2의 자격 기준에 해당하는 사람

2. 고등학교를 졸업한 사람 또는 이와 같은 수준 이상의 학력이 있다고 인정된 사람으로서 다음 각 목의 어느 하나에 해당하는 자격이 있는 사람

　가. 「의료기사 등에 관한 법률」 제2조에 따른 물리치료사 또는 작업치료사

　나. 「사회복지사업법」 제11조에 따른 사회복지사

　다. 「영유아보육법」 제21조제2항에 따른 보육교사

② 법 제28조제6항 후단에 따라 국립학교에 두는 생활지도원은 학생 5명마다 1명 이상을 배치하여야 한다. 다만, 시각장애 또는 청각장애가 있는 특수교육대상자를 교육하는 중학교 및 고등학교 과정의 경우에는 학생 7명마다 1명 이상을 배치할 수 있다.

제6조의2(간호사 등의 배치기준) 법 제28조제6항 후단에 따라 국립학교에는 간호사를 1명 이상 배치하되, 기숙사에 기숙하는 학생이 50명을 초과하는 경우에는 그 초과인원 50명마다 간호사 또는 간호조무사를 1명 이상 추가로 배치하여야 한다.

[본조신설 2013.10.4.]

제7조(특별지원위원회에 대한 심사청구 결과 통보 등) ① 법 제35조제3항에 따라 장애학생 또는 그 보호자가 심사청구를 할 때에는 별지 제4호서식에 따른 심사청구서를 해당 학교의 특별지원위원회에 제출하여야 한다.

② 제1항에 따른 심사청구를 받은 해당 학교의 특별지원위원회는 심사를 거쳐 별지 제5호서식에 따른 심사결과통지서를 그 청구인에게 교부하여야 한다.

제8조(고등학교 과정 이하의 심사청구 결과 통보 등) ① 법 제36조제1항 또는 제2항에 따라 특수교육대상자, 그 보호자 또는 각급학교의 장이 심사청구를 할 때에는 별지

제6호서식에 따른 심사청구서를 해당 시·군·구특수교육운영위원회 또는 시·도특
수교육운영위원회에 제출하여야 한다.

② 제1항에 따른 심사청구를 받은 해당 시·군·구특수교육운영위원회 또는 시·도
특수교육운영위원회는 심사를 거쳐 별지 제7호서식에 따른 심사결과통지서를 그 청
구인에게 교부하여야 한다.

부칙 〈제101호, 2016.6.23.〉

이 규칙은 2016년 6월 23일부터 시행한다.

[별표] 특수교육대상자 선별검사 및 진단 · 평가 영역(제2조제1항 관련)〈개정 2016. 6. 23.〉

구분		영역
장애 조기 발견을 위한 선별검사		1. 사회성숙도검사 2. 적응행동검사 3. 영유아발달검사
진단 · 평가 영역	시각장애 · 청각장애 및 지체장애	1. 기초학습기능검사 2. 시력검사 3. 시기능검사 및 촉기능검사(시각장애의 경우에 한함) 4. 청력검사(청각장애의 경우에 한함)
	지적장애	1. 지능검사 2. 사회성숙도검사 3. 적응행동검사 4. 기초학습검사 5. 운동능력검사
	정서 · 행동 장애 자폐성장애	1. 적응행동검사 2. 성격진단검사 3. 행동발달평가 4. 학습준비도검사
	의사소통 장애	1. 구문검사 2. 음운검사 3. 언어발달검사
	학습장애	1. 지능검사 2. 기초학습기능검사 3. 학습준비도검사 4. 시지각발달검사 5. 지각운동발달검사 6. 시각운동통합발달검사

비고 : 특수교육대상자 선정을 위한 장애유형별 진단 · 평가 시 장애인증명서 · 장애인수첩 또는 진단서등
을 참고자료로 활용할 수 있다.

● 참고문헌 ●

강대욱, 강병일, 김기주, 김남진, 김창평(2012). 특수교육학개론. 서울: 학지사.

강영심, 김자경, 김정은, 박재국, 안성우, 이경림, 황순영(2010). 특수교육학개론. 경기: 서현사.

강혜경, 김규일, 김정연, 이정은(2007). 특수교육현장에서의 ICT 활용을 위한 지원 모형 개발 연구. 국립특수
    교육원.

강혜경, 박은혜(2002). 장애아동을 위한 특수교육공학의 활용 및 지원방안. 특수교육연구, 9(2), 3-25.

곽승철(2010). 보편적 교수 · 학습 설계가 장애학생의 교육적 통합에 주는 함의. 중도 · 지체부자유교육,
    53(4), 1-29.

교육과학기술부(2004). e-러닝.

교육과학기술부(2007). 장애인 등에 대한 특수교육법.

교육과학기술부(2008a). 장애인 등에 대한 특수교육법 시행규칙.

교육과학기술부(2008b). 장애인 등에 대한 특수교육법 시행령.

교육과학기술부(2008c). 장애인 등에 대한 특수교육법령 해설자료.

교육과학기술부(2011a). 특수교육교육과정 별책 1.

교육과학기술부(2011b). 특수교육교육과정 별책 2.

교육과학기술부(2011c). 병원학교 운영체계 다양화 방안.

교육과학기술부(2011d). 2011년도 특수교육 연차보고서.

교육부(2015a). 특수교육 교육과정 총론(교육부 고시 제2015-81호 별책 1).

교육부(2015b). 2015 특수교육통계.

교육부(2015c). 2015 개정 특수교육 교육과정 길라잡이.

교육부(2016a). 장애인 등에 대한 특수교육법.

교육부(2016b). 장애인 등에 대한 특수교육법 시행규칙.

교육부(2016c). 장애인 등에 대한 특수교육법 시행령.

교육인적자원부(2003). 교육통계연보.

교육인적지원부(2006). 건강장애학생의 교육지원 방안 및 병원학교 설치 운영 현황. 병원학교 운영 관련 워크숍 자료집. 서울: 교육인적지원부.

교육인적자원부(2008). 초등학교 사회과 교사용 지도서. 서울: 대한교과서주식회사.

구본권, 김동연(1994). 특수교육학. 서울: 교육과학사.

국립특수교육원(1998). 시각장애아동 체육과 지도자료.

국립특수교육원(2001). 특수교육요구아동 출현율 조사연구.

국립특수교육원(2008). 2008 개정 특수학교 교육과정에 따른 개별화계획 수립·운영자료.

국립특수교육원(2009). 특수교육학 용어사전. 서울: 하우출판사.

국립특수교육원(2015). 2015 특수교육실태조사.

권요한, 김수진, 김요섭, 박중휘, 이상훈, 이순복, 정은희, 정진자, 정희섭(2010). 특수교육학개론. 서울: 학지사.

권주석(2004). 초등학교 통합학급의 협력교수 실행수준 분석. 발달장애학회지, 8(2), 1-14.

김기룡(2011). 학교형태의 '장애인 평생교육시설' 발전방안. 학교형태의 장애인 평생교육시설 발전방안 공청회 자료집(pp. 27-70). 전국장애인야학협의회, 전국장애인 교육권연대, 국회의원 안민석, 국회의원 이상민 의원실.

김남진, 김용욱(2010). 특수교육공학. 서울: 학지사.

김동일, 손승현, 전병운, 한경근(2010). 특수교육학 개론. 서울: 학지사.

김동일, 이대식, 신종호(2008). 학습장애아동의 이해와 교육(2판). 서울: 학지사.

김동일, 홍성두(2005). 학습장애의 진단을 위한 불일치 판별모델: 개관과 전망. 아시아교육연구, 6(3), 209-237.

김라경, 박승희(2002). 협력교수가 일반학생과 학습장애학생의 사회과 학업성취도에 미치는 영향. 초등특수교육연구, 15(2), 19-45.

김성수(2003). Web-based HRM: e-Learning을 중심으로. 서울대학교 경영대학원 전자상거래 지원센터.

김영태(2014). 말-언어장애 아동을 위한 보완·대체 의사소통(AAC) 활용을 위한 탐색. 보완대체의사소통연구, 2(1), 1-22.

김용욱(2005). 장애학생을 위한 특수교육공학의 활용. 서울: 집문당.

김용욱(2008). 통합교육을 위한 방법론적 접근: 보편적 설계. 한국특수교육학회 2008 추계학술대회 발표자료집.

김용욱, 운광보, 최병옥(2003). 교육방법과 교육공학의 이해. 경기: 양서원.

김원경, 신진숙, 박현옥, 김용욱, 김미숙(2010). 최신특수교육학개론. 경기: 양서원.

김원경, 조홍중, 허승준, 추연구, 윤치연, 박중휘, 이필상, 김일명, 문장원, 서은정, 유은정, 김자경, 이근민, 김미숙, 김종인, 이신동(2009). 최신특수교육학(2판). 서울: 학지사.

김유, 안성우, 박원경(2007). 단순언어장애 초등학생의 학습능력에 관한 연구. 언어치료연구, 16(4), 75-102.

김은주(2008). 건강장애학생을 위한 병원학교운영 지원체계의 타당화 연구. 이화여자대학교 대학원 박사학위 청구논문.

김정연(2010). 건강장애학생의 학교복귀지원을 위한 프로그램 개발 연구. 특수교육학연구, 45(3), 135-154.

김종인, 이준우, 우주형(2007). 장애인 복지론. 경기: 서현사.

김진호, 박재국, 방명애, 안성우, 유은정, 윤치연, 이효신(2006). 최신 특수교육. 서울: 시그마프레스.

김태련, 박랑규(1992). 이화 자폐아동 행동발달 평가도구(E-CLAC). 서울: 도서출판 특수교육.

김태련, 박랑규(1996). 아동기 자폐증 평정척도(CARS). 서울: 도서출판 특수교육.

김희규, 강정숙, 김은영, 김의정, 김주영, 김형일, 박계신, 오세철, 옥정달, 정동일, 정동훈, 정해진, 채희태, 홍은숙, 황복선(2010). 특수교육학개론. 서울: 학지사.

류신희(2008). 건강장애학생의 교육실태 및 학교복귀지원에 대한 요구 조사. 조선대학교 교육대학원 석사학위논문.

류신희, 김정연(2008). 건강장애학생의 학교생활 적응 및 교육 실태. 중도 · 지체부자유아연구, 51(4), 157-176.

류재연, 윤희봉, 임경원, 고등영, 박경옥, 이태수, 김성남(2009). 특수교육의 이해. 서울: 시그마프레스.

문수백, 변창진(1997). 한국판 카우프만 아동용 개별 지능검사(K-ABC). 서울: 학지사.

박경옥(2007). 교실속의 테크놀로지-중증 지체장애학교를 중심으로. 장애아동과 테크놀로지, 10(4).

박경옥, 오원석(2012). 병원학교 파견 특수교사들이 인식한 병원학교 운영의 어려움과 교육지원에 대한 요구 분석. 지체 · 중복건강장애연구, 55(3), 117-139.

박순희(2010). 시각장애아동의 이해와 교육. 서울: 학지사.

박승희(1999). 일반학급에 통합된 장애학생의 수업의 질 향상을 위한 교수적 수정의 개념과 실행 방안. 특수교육학연구, 34(2), 29-71.

박승희(2001). 지역사회중심의 교수. 국립특수교육원 편. 2001 부모연수 제1, 2기: 부모연수 및 상담과정(pp. 133-150). 국립특수교육원.

박승희(2003). 한국 장애학생 통합교육: 특수교육과 일반교육 관계 재정립. 서울: 교육과학사.

박승희, 장혜성, 나수현, 신소니아(2007). 장애관련종사자의 특수교육 입문. 서울: 학지사.

박윤하, 박승희(2004). 시각적 단서와 관찰의 단계적 소거를 적용한 지역사회중심교수가 자폐청소년의 지하철 이용하기 수행에 미치는 효과. 정서 · 행동장애연구, 20(2), 217-250.

박은혜, 김미선, 김정연(2005). 건강장애학생이 겪는 어려움과 지원방안에 대한 질적 연구. **특수교육연구**, 12(1), 223-243.

박은혜, 김정연, 김유리(2013). 건강장애학생 교육지원 개선 방안. 서울특별시교육청.

박은혜, 박지연, 노충래(2002). 교육취약계층 학습권 보장을 위한 건강장애학생 교육지원모형 개발. 교육인적자원부.

박은혜, 박지연, 노충래(2005). 건강장애학생을 위한 교육지원 모형 개발. **특수교육학연구**, 40(3), 269-298.

박은혜, 이정은(2003). 장애개념 재정립을 통한 건강장애학생 지원체계 개발. **2003년도 제8회 이화특수교육 학술대회 자료집**(pp. 125-164). 서울: 이화여자대학교 특수교육연구소.

박은혜, 이정은(2004). 건강장애학생의 학교적응 지원을 위한 기초연구. **특수교육학연구**, 39(1), 143-168.

박은혜, 이희란, 김주혜(2005). 건강장애학생의 교육에 대한 부모 요구 조사. **특수교육학연구**, 39(4), 175-193.

박지환(2007). 신경계 질환별 물리치료. 경기: 현문사.

박혜원, 곽금주, 박광배(1996). 한국 웩슬러 유아지능검사(K-WPPSI). 서울: 도서출판 특수교육.

방명애(1998). 특수학급 아동의 교과학습 지원을 위한 방법론. **특수교육연구**, 6, 171-187.

방명애(1999). 일반교사와 특수교사의 협력체제 개발. 2003년도 국립특수교육원 연수자료.

보건복지부(2014). **2014년 장애인 실태조사**.

서선진(2008). 학습문제아동의 수업참여와 주의집중 증진방안에 대한 고찰: 통합학급의 국어읽기수업을 중심으로. **교과교육학연구**, 12(3), 789-813.

서울특별시교육청(2011). 유ㆍ초ㆍ중ㆍ고 담임교사를 위한 통합교육 함께하기.

석동일(1999). 청각장애아동의 언어발달 특성분석. 난청과 언어장애, 22(1), 31-42.

송재신, 강신천, 최연주, 정성무, 서종원(2005). 용어로 이해하는 **교육 정보화 자료집**. 한국교육학술정보원.

송준만, 강경숙, 김미선, 김은주, 김정효, 김현진, 이경순, 이금진, 이정은, 정귀순(2016). 지적장애아교육(2판). 서울: 학지사.

신진숙(2005). 경도정신지체학생의 협동학습 지원을 위한 보조공학장치의 활용. **장애아동교육연구**, 7(3), 163-178.

신현기, 변호길, 김호연, 정인호, 전병운, 정해동, 강영택, 성수국, 마주리, 유재연(2000). **특수교육의 이해**. 서울: 교육과학사.

양명희(2012). 행동수정이론에 기초한 행동지원. 서울: 학지사.

오진아(2010). 병원학교 현황과 발전방향. 2010 전국 병원학교 운영 워크숍자료. 부산광역시교육청.

우정한(2003). 효율적인 통합교육을 위한 웹기반 협력교수 교사교육 프로그램의 개발 및 적용. 대구대학교 대학원 박사학위논문.

유수옥(2010). 특수유아교육. 서울: 창지사.

유희정(2007a). 한국판 자폐증 진단 면담-개정판(K-ADI-R). 서울: 학지사.

유희정(2007b). 자폐증 진단 면접지(ADI-R). 서울: 학지사.

유희정, 곽영숙(2008). 한국판 자폐증 관찰 스케줄(K-ADOS). 서울: 학지사.

유희정, 곽영숙(2009). 자폐증 진단 관찰 스케줄(ADOS). 서울: 학지사.

육주혜, 박경옥, 강은주(2012). 뇌성마비 학생을 위한 컴퓨터 접근의 실제. 서울: 학지사.

윤동호, 이상욱, 최억(2005). 안과학. 서울: 일조각.

윤병욱(2004). e-Learning 사용자 만족에 영향을 미치는 요인에 대한 실증적 연구. 명지대학교 대학원 박사학위논문.

이경림(2008). 시각장애학생 교육의 이해와 실제. 경기: 서현사.

이대식(2005). 학습장애의 선별 및 진단. 현장특수교육, 52.

이대식, 김수연, 이은주, 허승준(2011). 통합교육의 이해와 실제(2판). 서울: 학지사.

이문호(2008). 스캐폴딩 학습전략을 기초로 한 u-러닝 체험학습모형에 관한 연구. 성균관대학교 대학원 박사학위논문.

이미숙(2009). 중증장애아 조부모의 경험 및 역할에 대한 질적 연구. 특수교육학연구, 43(4), 113-133.

이미숙, 권회연(2009). 장애학생 형제자매의 긍정적 적응 및 발달을 위한 방안 고찰. 정서·행동장애연구, 25(1), 141-163.

이성봉, 방명애, 김은경, 박지연(2014). 정서 및 행동장애(2판). 서울: 학지사.

이소현(2005). 통합교육 효율화를 위한 특수교육 장학의 방향과 과제. 제6회 특수교육 전문직 워크숍 자료집. 국립특수교육원.

이소현(2011). 개별화 교육과정. 서울: 학지사.

이소현, 박은혜(2011). 특수아동교육(3판). 서울: 학지사.

이소현, 이창미, 최윤희, 김지영(2008). 장애아 보육프로그램 운영 매뉴얼. 보건복지가족부.

이소현, 황복선(2000). 통합교육을 위한 특수교사-일반교사 간 협력 모형. 특수교육연구, 7, 67-87.

이숙향(1999). 학교에서의 통합교육 협력체제 제6회 국제세미나: 장애학생의 통합을 위한 최상의 실제. 국립특수교육원, 55-86.

이영미, 박승희(2006). 지역사회중심의 여가기술교수가 정신지체인의 볼링장 이용하기 기술 수행에 미치는 영향. 특수교육학연구, 40(4), 279-302.

이영철, 김소라(2001). 형제·자매의 환경중심 언어중재 효과. 특수교육학연구, 36(3), 55-76.

이종연(2004). 교육공학의 이해와 적용. 서울: 원미사.

이지선(2009). 장애학생이 통합된 중학교 과학수업실태 및 과학교사와 특수교사 간 협력 요구. 이화여자대학교 대학원 석사학위논문.

이해균, 임안수, 이우관(2006). 저시력교육. 대구: 대구대학교 출판부.

임안수(2008). 시각장애아 교육. 서울: 학지사.

전국장애인야학협의회, 전국장애인교육권연대, 국회의원 안민석, 국회의원 이상민 의원실(2011). 학교형태의 장애인평생교육시설 발전방안 공청회 자료집.

전병운, 김희규, 박경옥, 유장순, 정주영, 홍성두(2013). 장애아동을 위한 국어교육의 이론과 실제. 서울: 학지사.

정대영(2005). 통합교육에서의 주요 쟁점과 실천과제 고찰. 특수아동교육연구, 7(1), 21-45.

정문성(2002). 협동학습의 이해와 실천. 경기: 교육과학사.

정성무, 고범석, 서정희, 신성욱(2005). u-러닝의 이해. 한국교육학술정보원.

정옥분(2004). 발달심리학: 전생애 인간발달. 서울: 학지사.

정윤주(2002). 통합교육 실행의 협력적인 교사 역할에 대한 서울시 특수교사와 통합학급 교사의 필요도 인식 및 실행도 비교. 이화여자대학교 대학원 석사학위논문.

조복희, 박혜원(2006). 한국판 Bayley 영유아 발달검사 II(K-BSID-II). 서울: 도서출판 키즈팝.

조선화(2011). 보편적 학습설계를 적용한 초등 과학수업이 통합학급 학생들의 과학 학습성취도에 미치는 영향. 이화여자대학교 대학원 석사학위논문.

최승숙(2004). 학습장애 등 경도장애학생 통합교육을 위한 초등학교 내 협력교수의 실제 모형과 전략으로서의 함의. 특수교육저널: 이론과 실천, 5(3), 323-352.

최승숙(2006). 통합학급 내 장애학생의 교수-학습을 위한 특수교사와 일반교사의 협력모형과 실제. 학습장애연구, 3(2), 127.

최지혜(2008). 일반교사와 특수교사의 협력교수 효율화를 위한 교육평등관 비교연구. 공주대학교 대학원 석사학위논문.

추연구(2006). 통합교육 효율화를 위한 유니버설 디자인 적용 가능성 고찰. 지적장애연구, 8(3), 113-133.

한경임(2001). 보완 · 대체 의사소통 사용 중증 뇌성마비 유아의 형제에 대한 의사소통 상대방 훈련 효과. 중복 · 지체부자유아연구, 37, 121-138.

한경임, 임민숙(2006). 형제에 대한 상호작용 기술 훈련이 뇌성마비아동의 의사소통 향상에 미치는 효과. 한국장애학생학회, 8(1), 1-20.

한국통합교육학회 편(2005). 교사를 위한 특수교육입문: 통합교육. 서울: 학지사.

한국통합교육학회(2009). 교사를 위한 특수교육입문: 통합교육(2판). 서울: 학지사.

한국특수교육학회(2008). 특수교육대상자 개념 및 선발기준. 경기: 한국특수교육학회.

한현민(2000). 특수아동과 특수교육. 서울: 도서출판 특수교육.

허승준(2005). 학습장애의 진단 및 평가: 기존 모델의 문제점과 시사점. 학습장애연구, 2(2), 31-53.

황보명(2003). 형제 참여 언어중재가 언어장애아동의 언어능력에 미치는 효과. 음성과학, 10(3), 65-77.

Alberto, P. A., & Troutman, A. C. (2003). *Applied behavior analysis for teachers.* Upper Saddle River, NJ: Pearson/Prentice Hall. 이효신 역(2007). 교사를 위한 응용행동분석. 서울: 학지사.

Alderman, M. K. (1990). Motivation for at-risk students. *Educational Leadership, 48*(1), 27-30.

American Association on Mental Retardation (1992). *Mental retardation: Definition, classification and system of support.* Washington, DC: Author. 박승희 역(1994). 정신지체: 정의, 분류, 지원의 체계. 서울: 교육과학사.

American Association on Mental Retardation (2002). *Mental retardation: Definition, classification and system of support.* Washington, DC: Author. 박승희, 신현기 역(2003). 정신지체 개념화: AAMR 2002년 정신지체 정의, 분류, 지원체계. 서울: 교육과학사.

American Association on Intellectual and Developmental Disabilities (2009). *Intellectual disability: Definition, classification, and system of supports (The 11th edition of the AAIDD definition manual).* Washington, DC: Author. 박승희, 김수연, 장혜성, 나수현 역(2011). 지적장애: 정의, 분류 및 지원체계. 경기: 교육과학사.

American Psychiatric Association (2000). *Diagnostic and statistical manual of mental disorders: DSM-IV-TR.* Washington, DC: American Psychiatric Association.

American Psychiatric Association (2013). *Diagnostic and statistical manual of mental disorders* (5th ed.). Arlington, VA: American Psychiatric Publishing.

Bambara, L. M., & Kern, L. (1996). *Individualized supports for students with problem behaviors: designing positive behavior plans.* New York: The Guilford Press. 이소현, 박지연, 박현옥, 윤선아 역(2008). 장애학생을 위한 개별화 행동지원. 서울: 학지사.

Barnett, D., Clements, M., Kaplan-Estrin, M., & Fialka, J. (2003). Building new dreams: Supporting parents' adaptation to their child with special needs. *Infants & Young Children, 16*(3), 184-200.

Barraga, N. C., & Erin, J. N. (1992). *Visual handicaps and learning* (3rd ed.). Austin, TX: Pro-Ed.

Bauwens, J., & Hourcade, J. (1997). Cooperative teacher: Pictures of possibilities. *Intervention in School and Clinic, 3392,* 81-85, 89.

Beirne-Smith, M., Patton, J. R., & Kim, S. H. (2006). *Mental retardation: An introduction to intellectual disabilities* (7th ed.). Upper Saddle River, NJ: Prentice Hall. 신종호, 김동일, 신현기, 이대식 역(2008). 정신지체(7판). 서울: 시그마프레스.

Bender, W. N. (2008). *Learning disabilities: Characteristics, identification and teaching strategies* (6th ed.). Boston: Pearson. 권현수, 서선진, 최승숙 역(2011). 학습장애: 특성, 판별 및 교수전략. 서울: 학지사.

Bennett, T., & DeLuca, D. A. (1996). Families of children with disabilities: Positive adaptation across the life cycle. *Social Work in Education, 18*(1), 31–45.

Bigge, J. L., Stump, C. S., Spagna, M. E., & Silberman, R. K. (1999). *Curriculum, assessment, and instruction for students with disabilities (The wadsworth special educator series)*. Stanford, CT: Cengage Learning.

Blackhurst, A. E., & Morse, T. E. (1996). Using anchorde instruction to teach about assistive technology. *Focus on Autism and Other Developmental Disabilities, 11*, 131–141.

Blackhurst, A. E. (1997). Perspectives on technology in special education. *Teaching Exceptional Children, 29*(5), 41–48.

Bluma, S., Shearer, M., Frohman, A., & Hilliard, J. (1976). *The portage guide to early education checklist*. Portage, WI: Portage Project Cooperative Educational Agency12. 강순구, 조윤경 역(1990). 포테이지 아동 발달 지침서. 서울: 도서출판 특수교육.

Bowe, F. G. (2000). *Universal design in education: Teaching nontraditional students*. Westport, CT: Bergin & Garvey.

Brennan, E. L. (1997). Grandparenting and very young children with significant special needs: An ecological study. Ohio: Kent State University. Unpublished doctoral dissertation.

Bricker, D. (2002). *Assesment, evaluation, and programming system for infant and children* (2nd ed.). Baltimore, MD: Paul H. Brookes Publishing Co. 이영철, 허계형, 문현미, 이상복, 정갑순 역(2005). 영유아를 위한 사정, 평가 및 프로그램 체계. 서울: 도서출판 특수교육.

Carnine, D. W., Jones, E. D., & Dixon, R. (1994). Mathematics: Educational tools for diverse learners. *School Psychology Review, 23*, 406–427.

Carr, E. G., Dunlap, G., Horner, R. H., Koegel, R. L., Turnbull, A. P., Sailor, W., et al. (2002). Positive behavior support: Evolution of an applied science. *Journal of Positive Behavior Interventions, 4*, 4–16.

CAST (2004). Planning for all learners(PAL) toolkit. Retrieved April, 3, 2011. from http://www.cast.org/teachingeverystudents/tk_procedures.cfm?tk_id=21

Castro, V. S. (2003). *Acculturation and psychological adaptation*. Westport, CT: Greenwood Press.

Cho, S., Singer, G. H. S., & Brenner, M. (2000). Adaptation and accommodation to young children with disabilities: A comparison of Korean and Korean American parents. *Topics in Early Childhood Special Education, 20*(4), 236–249.

Chomsky, N. (1957). *Syntactic structures*. The Hague: Mouton.

Clandinin, D. J., Davies, A., Hogan, P., & Kennard, B. (1993). *Learning to tech, teaching to learn: Stories of collaboration in teacher education*. New York: Teachers College Press.

Cole, D. A., Vandercook, T., & Rynders, J. (1988). Comparison of two peer interaction programs: Children with and without severe disabilities. *American Educational Research Journal, 25*, 415–439.

Collicott, J. (1991). Implementing multilevel instruction: Strategies for classroom teachers. In G. L. Proter & D. Richler (Eds.), *Changing Canadian schools* (pp. 191–218). Ontario, Canada: Roeher Institute.

Com, A. L., & Koenig, A. J. (1996). Perspectives on low vision. In A. L. Com & A. J. Koenig (Eds.), *Foundations of low vision: Clinical and functional perspectives* (pp. 3–25). New York: American Foundation for the Blind.

Cook, L., & Freind, M. (1995). Co-teaching: Guidelines for creating effective practices. *Focus on Exceptional Children, 28*(3), 1–16.

Council for Exceptional Children (2005). *Universal design for learning 99 a guide for teachers and education professionals.* NY: Prentice Hall. 노석준 역(2006). 보편적 학습 설계 교사들과 교육전문가들을 위한 지침서. 경기: 아카데미프레스.

Crone, D. A., & Horner, R. H. (2003). *Building positive behavior support systems in schools: Functional behavioral assessment.* New York: Guilford.

Darragh, J. (2007). Universal design for early childhood education: Ensuring access and equity for all. *Early Childhood Education Journal, 35*(2), 167–171.

Deno, S. L. (1987). Curriculum-based measurement. *Teaching Exceptional Children, 20*(1), 41–42.

Dettmer, P., Thurston, L. P., & Dyck, N. (1993). *Consultation, collaboration, and teamwork for students with special needs.* Boston: Allyn and Bacon.

Dettmer, P., Thurston, L. P., & Dyck, N. (2002). *Consultation, collaboration, and teamwork for students with special needs* (4th ed.). Boston: Allyn and Bacon.

Dyson, L. L. (1996). The experiences of families of children with learning disabilities: Parental stress, family functioning, and sibling self-concept. *Journal of Learning Disabilities, 29*(3), 280–286.

Elwan, A. (1999). Poverty and disability: A survey of the literature. *The World Bank Social Protection Discussion Paper* (No. 9932). Washington, DC: World Bank.

Emmer, E. T., Evertson, C. M., & Worsham, M. E. (2003). *Classroom management for secondary teachers* (6th ed.). Boston: Allyn and Bacon.

Fallon, M. A., & Russo, T. J. (2003). Adaptation to stress: An investigation into the lives of United States military family with a child who is disabled. *Early Childhood Education Journal, 30*(3), 193–198.

Foreman, P. (2009). *Education of students with an intellectual disability: Research and practice.* Charlotte, NC: Information Age Publishing.

Forest, M., & Lusthaus, E. (1989). Circles and maps. In S. Stainback, W. Stainback, & M. Forest (Eds.),

Educating all students in the mainstream of regular education (pp. 43-57). Baltimore, MA: Paul H. Brookes.

Friend, M., & Cook, L. (1992). *Interactions: Collaboration skills for school professionals.* White Plains, NY: Longman.

Friend, M., & Cook, L. (1999). Co-teaching: Guidelines for creating effective practices. *Focus on Exceptional Children, 28*(3), 1-16.

Gajria, M., Salend, S. J., & Hamrick, M. A. (1994). Teacher acceptability of testing modifications for mainstreamed students. *Learning Disabilities Research & Practice, 9*, 236-243.

Gardner, J. E., Scherman, A., Mobley, D., Brown, P., & Schutter, M. (1994). Grandparents' beliefs regarding their role and relationship with special needs grandchildren. *Education & Treatment of Children, 17*(2), 185-197.

Glidden, L. M., & Floyd, F. J. (1997). Disaggregating parental depression and family stress in assessing families of children with developmental disabilities: A multisample analysis. *American Journal on Mental Retardation, 102*(3), 250-266.

Greenwood, C. R., Delquadri, J. C., & Carta, J. J. (1997). *Together we can! ClassWide peer tutoring to improve basic academic skills.* Longmont, CA: Sopris West.

Hallahan, D. P., Kauffman, J. M., & Pullen, P. (2009). *Exceptional learners: Introduction to special education* (11th ed.). Boston: Allyn and Bacon.

Hanson, M. J., & Hanline, M. F. (1990). Parenting a child with a disability: A longitudinal study of parental stress and adaptation. *Journal of Early Intervention, 14*(3), 234-248.

Hanson, M. J., & Lynch, E. W. (2004). *Understanding families: Approaches to diversity, disability, and risk.* Baltimore, ML: Paul H. Brookes Publishing Co.

Hassall, R., Rose, J., & McDonald, J. (2005). Parenting stress in mothers of children with an intellectual disability: The effects of parental cognition in relation to child characteristics and family support. *Journal of Intellectual Disability Research, 49*(6), 405-418.

Hawken, L. S., Vincent C. G., & Schumann, J. (2008). Response to intervention for social behavior: Challenges and opportunities. *Journal of Emotional and Behavior Disorders, 16*(4), 213-225.

Heward, W. L. (2000). *Exceptional children: An introdution to special education* (6th ed.). Upper Saddle River, NJ: Pearson/Prentice Hall. 김진호 역(2002). 특수교육학개론. 서울: 시그마프레스.

Heward, W. L. (2013). *Exceptional children: An introduction to special education* (10th ed.). Upper Saddle River, NJ: Pearson/Prentice Hall.

Hooper, S., & Umansky, W. (2009). *Young children with special needs* (5th ed.). Upper Saddle River, NJ: Pearson Education. 노진아, 김연하, 김정민 역(2011). 장애영유아 특수교육. 서울: 학지사.

Horner, R. H., & Carr, E. G. (1997). Behavioral support for students with severe disabilities: Functional assessment and comprehensive intervention. *Journal of Special Education, 31*, 84-104.

Idol, L., Nevin, A., & Paolucci-Whitcomb, P. (1994). *Collaborative consultation* (2nd ed.). Austin, TX: Pro-Ed.

Iwata, B. A., Pace, G. M., Dorsey, M. F., Zarcone, J. R., Vollumer, T. R., Smith, R. G., et al. (1994). The functions of self-injurious behavior: An Experimental-epidemiological analysis. *Journal of Applied Behavior Analysis, 27*, 215-240.

Janney, R. E., & Snell, M. E. (2000). *Social relationships and peer support*. Baltimore, MA: Paul H. Brookes.

Johnson, D. W., & Johnson, R. T. (1994). *Learning together and alone: Cooperative, competitive and individualistic learning* (4th ed.). Boston: Allyn & Bacon.

Johnson, L. J., & Pugach, M. C. (1996). The emerging third wave of collaboration: Expanding beyond individual problem solving to create an educational system that embraces diversity. In D. Keen, J. Sigafoos, & G. Woodyatt (Eds.), Teacher responses to the communicative attempts of children with autism. *Journal of Developmental and Physical Disabilities, 17*, 19-33.

Johnson-Martin, N., Attermeier, S., & Hacker, B. (2004). *The Carolina curriculum for infants and toddlers with special need* (3rd ed.). Baltimore, MD: Brookes Publishing. 김호연, 장혜성, 박경옥, 강창욱 역(2009). 영유아 캐롤라이나 교육과정: 0-3세. 서울: 굿에듀북.

Johnson-Martin, N., Hacker, B., & Attermeier, S. (2004). *The Carolina curriculum for infants and toddlers with special need* (2nd ed.). Baltimore, MD: Brookes Publishing. 한경근, 신현기, 최승숙, 김은경 역(2009). 영유아 캐롤라이나 교육과정: 3-6세. 서울: 굿에듀북.

Kalat, J. W. (1998). *Biological Psychology* (6th ed.). Stanford, CT: Cengage Learning. 김문수, 문양호, 박소현, 박순권 역(1999). 생물심리학. 서울: 시그마프레스.

Keen, D., Sigafoos, J., & Woodyatt, G. (2005). Teacher responses to the communicative attempts of children with autism. *Journal of Developmental and Physical Disabilities, 17*, 19-33.

Kirk, S. A., Gallagher, J. J., & Anastasiow, N. J. (2003). *Educating exceptional Children*. Stanford, CT: Cengage Learning. 강창욱, 김남순, 김미숙, 김성애, 김용욱, 김원경, 김정권, 김향지, 민천식, 신진숙, 오세웅, 윤광보, 이영철, 이해균, 조안나, 한현민 역(2004). 특수아동의 이해와 교육. 서울: 박학사.

Krauss, M. W. (1993). Stability and change in the adaptation of families of children with disabilities. Paper presented at the annual meeting of the Society for Research in Child Development. New Orleans, LA.

Lenhart, T. L., & Chudzinski, J. (1994). Children with emotional/behavioral problems and Their family structures. (ERIC Document Reproduction Services No. ED 377634)

Lerman, D. C., Iwata, B. A., & Wallace, M. D. (1999). Side effects of extinction: Prevalence of bursting and aggression during the treatment of self-injurious behavior. *Journal of Applied Behavior Analysis, 32*(1), 1-8.

Lerner, J. (2006). *Learning disabilities and related disorders: Characteristics and teaching strategies* (10th ed.). Boston: Houghton Miffilin Co.

Lewis, R. B., & Dooriag, D. H. (2011). *Teaching students with special needs in general education classroom* (8th ed.). Boston: Person.

Loncke, F. (2003). *Special education technology: Classroom applications.* Belmont. CA: Wadsworth Publishing Co.

Long, N. J., & Newman, R. G. (1980). Managing surface behavior of children in school. In N. J. Long, W. C. Morse, & R. G. Newman (Eds.), *Conflict in the classroom: The education of children with problems* (4th ed.). Belmont, CA: Wadsworth.

Lowenfeld, B. (1975). *The changing status of the blind from separation to integration.* Springfield, IL: Charles C Thomas Publisher.

Lustig, D. C. (1997). Families with an adult with mental retardation: Empirical family typologies. *Rehabilitation Counseling Bulletin, 41*(2), 138-157.

Maccini, P., Gagnon, J. C., & Hughes, C. A. (2002). Technology-based practices for secondary students with learning disabilities. *Learning Disability Quarterly, 25*(4), 247-261.

Macy, M., Bricker, D., & Squires, J. (2005). Validity and reliability of a curriculum-based assessment approach to determine eligibility for part C services. *Journal of Early Intervention, 28*(1), 1-16.

Mayer, G. R. (2001). Antisocial behavior: Its causes and prevention within our schools. *Education and Treatment of Children, 24,* 414-429.

Mercer, C. D., & Mercer, A. R. (2005). *Teaching students with learning problems* (7th ed.). Upper Saddle River, NJ: Prentice Hall. 서선진, 안재정, 이금자 역(2010). 학습문제가 있는 학생들을 위한 특수교육 교수방법. 서울: 학지사.

Meyer, L. H., & Evans, I. M. (1989). *Non aversive intervention for behavior problems: A manual for home and community.* Baltimore: Paul H. Brookes.

Miller, L. J., Reisman, J. E., McIntosh, D. N., & Simon, J. (2001). An ecological model of sensory modulation: Performance of children with fragile X syndrome, autistic disorder, attention-deficit/hyperactivity disorder, and sensory modulation dysfunction. In S. Smith-Roley, E. I. Blanche, &

R. C. Schaaf (Eds.), *Understanding the nature of sensory integration with diverse populations* (pp. 57–88). San Antonio, TX: Therapy Skill Builders.

Minuchin, S. (1974). *Families & Family therapy*. Cambridge, Massachusetts: Harvard University Press.

Minuchin, S., Lee, W., & Simon, G. M. (1996). *Mastering family therapy: Journeys of growth and transformation*. New York: John Wiley & Sons, Inc.

Monda-Amaya, L. E., Dieker, L., & Reed, F. (1998). Preparing students with learning disabilities to participate in inclusive classroom. *Learning Disabilities Research and Practive, 13*(3), 171–182.

Moors, D. F. (2001). *Educating the deaf: Psychology, principle, and practices* (5th ed.). Boston: Houghton Mittlin.

National Autism Center (2009). National standards report.

Nichols, L. A., & Keltner, B. (2005). Indian family adjustment to children with disabilities. *American Indian and Alaska Native Mental Health Research: The Journal of The National Center, 12*(1), 22–48.

O' Brien, J., Forest, M., Snow, J., & Hasbury, D. (1989). *Action for inclusion: How to improve school by welcoming children with special needs into regular classroom*. Toronto, Ontario: Frontier College.

Peterson, J. M., & Hittie, M. M. (2003). *Inclusive teaching: Creating effective schools for all learners*. Boston: Allyn & Bacon.

Pretti-Fronctzak, K., & Bricker, D. (2004). *An activity-based approach to early intervention* (3rd ed.). Baltimore: Brookes.

Pugach, M. J., & Johnson, L. J. (1995). *Collaborative practitioners, collaborative schools*. Denver: Love Publishing Company.

Reid, R., & Johnson, J. (2012). *Teacher's Guide to ADHD*. NY: The Guilford Press. 송현종, 양승갑 역(2014). ADHD 학생의 이해와 지도. 서울: 학지사.

Reschly, D. J., & Hosp, J. L. (2004). State SLD identification policies and practices. *Learning Disability Quarterly, 27*(4), 197–213.

Rose, D., & Mayer, A. (2002). *Teaching every student in digital age: Universal design for learning*. Alexander, VA: Association for Supervision and Curriculum Development (ASCD).

Rosenberg, M. S. Westling, D. L., & McLeskey, J. (2008). *Special education for today's teachers*. Upper Saddle River, NJ: Pearson. 박현옥, 이정은, 노진아, 권혁수, 서선진, 윤현숙 역(2010). 특수교육개론. 서울: 학지사.

Salend, S. J. (2001). *Creating inclusive classrooms: Effective and reflective practices*. Upper Saddle River, NJ: Merrill Prentice Hall.

Sandall, S. R., Schwartz, I. S., Joseph, G. E., Lieber, J., Horn, E., Wolery, R. A., Odom, S. O., & Chou, H. (2008). *Building blocks for teaching preschoolers with special needs* (2nd ed.). Baltimore: Paul H. Brookes. 김경숙, 백유순, 최민숙 역(2003). **장애유아 통합교육방법**. 경기: 양서원.

Sandler, A. G., & Mistretta, L. A. (1998). Positive adaptation in parents of adults with disabilities. *Education and Training in Mental Retardation and Developmental Disabilities, 33*(2), 123-130.

Shalock, R. L., & Luckasson, R. (2005). *Clinical judgement. Washington, DC: American Association On Intellectual and Developmental Disabilities.* 박승희 역(2008). **임상적 판단: 장애분야 최선의 실제의 네 번째 요소**. 서울: 시그마프레스.

Scheuermann, B., & Hall, J. (2008). *Positive Behavioral Supports for the Classroom* (1st ed.). Prentice Hall. 김진호, 김미선, 김은경, 박지연 역(2010). **긍정적 행동지원**. 서울: 시그마프레스.

Schimmer, B. R. (2001). *Psychological, social, and educational dimensions of deafness.* Boston: Allyn and Bacon.

Schopler, E., Reichler, R. J., Renner, B. R. (1986). *The Childhood Autism Rating Scale (CARS).* Los Angeles, CA: Western Psychological Services. 김태련, 박랑규 역(1996). **아동기 자폐증 척도(CARS)**. 서울: 도서출판 특수교육.

Schumm, J. S., Vaughn, S., & Leavell, A. (1994). Planning pyramid: A framework for planning for diverse student needs during content area instruction. *The Reading Teacher, 47*(8), 608-615.

Schwartz, C., & Frohner, R. (2005). Contribution of demographic, medical, and social support variables in predicting the mental health dimension of quality of life among people with multiple scierosis. *Health & Social Work, 30*(3), 203-212.

Singer, G. H. S. (2002). Suggestions for a pragmatic program of research on families and disability. *The Journal of Special Education, 36*(3), 148-154.

Sivberg, B. (2002). Family system and coping behaviors: A comparison between parents of children with autistic spectrum disorders and parents with non-autistic children. *Autism: The International Journal of Research and Practice, 6*(2), 397-409.

Slapin, B., Lessing, J., & Belkind, E. (1987). *Books without bias: A guide to evaluating children's literature for handicapism.* Berkely, CA: KIDS project.

Slavin, R. E. (1991). Synthesis of research on cooperative learning. *Educational Leadership, 48*(5), 71-82.

Smith, T. E. C., Polloway, E. A., Patton, J. R., & Dowdy, C. A. (2006). *Teaching students with special needs: In inclusive settings* (4th ed.). Boston: Allyn and Bacon.

Snell, M. E., & Brown, F. (2008). *Instruction of students with Severe Disabilities* (6th ed.). Upper Saddle

River, NJ: Prentice Hall Inc. Pearson Education Upper Saddle River. 박은혜, 한경근 역(2008). 중도장애 학생의 교육. 서울: 시그마프레스.

Snell, M. E., & Janney, R. E. (2005). *Collaborative teaming* (2nd ed.). Baltimore: Paul H. Brookes.

Stainback, W., & Stainback, S. (Eds.). (1992). *Controversial issues confronting special education: Divergent perspectives.* Boston: Allyn & Bacon.

Stainton, T., & Besser, H. (1998). The positive impact of children with an intellectual disability on the family. *Journal of Intellectual and Developmental Disability, 23*(1), 57–70.

Stormont, M., Lewis, T. J., & Beckner, B. (2005). Developmentally continuous positive behavior support systems: Applying key features in preschool settings. *Teaching Exceptional Children, 37,* 42–48.

Taylor, R. L., Smiley, L. R., & Richards, S. B. (2009). *Exceptional students: Preparing teachers for the 21st century.* Boston: McGraw-Hill.

Thousand, L. S., & Villa, R. A. (1992). Collaborative teams: A powerful tool in school restructuring. In R. A. Villa, J. S. Thousand, W. Stainback, & S. Stainback (Eds.), *Restructuring for caring and effective education* (pp. 73–108). Baltimore: Paul H. Brookes.

Thurlow, M. L., Ysseldyke, J. E., & Silverstein, B. (1995). Testing modifications for students with disabilities. *Remedial and Special Education, 16*(5), 260–270.

Todis, B., & Singer, G. H. S. (1991). Stress and stress management in families with adopted children who have severe disabilities. *The Journal of The Association for Persons with Severe Handicaps, 16*(1), 3–13.

Tomanik, S., Harris, G. E., & Hawkins, J. (2004). The relationship between behaviors exhibited by children with autism and maternal stress. *Journal of Intellectual & Developmental Disability, 29*(1), 16–26.

Tomlinson, C. A., & Eidson, C. C., (2003). *Differentiation in practice: A resource guide for differentiating curriculum, grade K–5.* Alexandria, VA: Association for Supervision and Curriculum Development.

Troster, H. (2001). Sources of stress in mothers of young children with visual impairments. *Journal of Visual Impairment & Blindness, 95*(10), 623–637.

Turnbull, A. P., & Turnbull, III, H. R. (1990). *Families, professionals, and exceptionality: A special partnership* (2nd ed.). New York: Macmillan Publishing Company.

Turnbull, A. P., Turnbull, R., Erwin, E. J., & Soodak, L. C. (2010). *Families, Professional, and Exceptionality: Position outcomes through partnerships and trust* (6th ed.). Boston: Pearson. 이미숙, 노진아, 김연하, 김정민, 김태영, 한민경 역(2013). 장애아 가족지원: 가족, 전문가, 장애아: 협력과 신뢰를 통한 긍정적 성과. 서울: 학지사.

Turnbull, R., Turnbull, A. P., Shank, M., Smith S., & Leal, D. (2002). *Exceptional Children* (3rd ed.). Upper Saddle River: Merrill Prentice Hall.

Van Houten, R. (1993). The use of wrist weights to reduce self-injury maintained by sensory reinforcement. *Journal of Applied Behavior Analysis, 26*, 197-203.

Vaughn, S., Schumm, J. S., & Arguelles, M. E. (1997). The ABCDs of co-teaching. *Teaching Exceptional Children, 30*(2), 4-10.

Voltz, D. L., Elliot, R. N., & Cobb, H. B. (1994). Collaborative teaching roles: Special and general educators. *Journal of learning Disabilities, 27*(8), 527, 535.

Walter-Thomas, C. S. (1997). Co-teaching experiences: The beenegirsand problems that teachers and principals report overtime. *Journal of Learning Disabilities, 30*(4), 395-407.

Walter-Thomas, C. S., Korinek, L., McLaughlin, V., & William, B. (2000). *Collaboration for inclusive education: Development successful programs.* Boston: Allyn and Bacon.

Walter-Thomas, C. S., Bryant, M., & Land, S. (1996). Planning for effective co-teaching. *Remedial and Special Education, 17*(4), 255-cover3.

Wechsler, D. (1958). *The measurement and appraisal of adult intelligence* (4th ed.). Baltimore, MD: Williams & Wilkins.

Wehmeyer, M. L., Buntinx, W. H. E., Coulter, D. L., Lachapelle, Y., Luckasson, R., Verdugo, M. A., et al. (2008). The intellectual disability construct and its relation to human functioning. *Intellectual and Developmental Disabilities, 46*(4), 311-318.

West, J. F., & Idol, L. (1990). Collaborative consultation in the education of mildly handicapped and at-risk students. *Remedial and Special Education, 11*(1), 22-31.

Wolfensberger, W. (1972). *A brief introduction to social valorization: A higher-order concept for addressing the plight of societal devalued people and for structuring human services.* Syracuse, NY: Syracuse University.

Wood, J. W. (2002). *Adapting instruction to accommodate student in inclusive settings.* Upper Saddle River, NJ: Merrill/Prentice Hall.

참고 사이트

국립재활원 중앙보조기구센터 홈페이지.

    www.knat.go.kr

경기도재활공학서비스연구지원센터 홈페이지.

    www.atrac.or.kr

나의 AAC 홈페이지.

    www.myaac.co.kr/web/

보이스아이 홈페이지.

    www.voiceye.com/kor/

실로암시각장애인복지관 홈페이지.

    www.silwel.or.kr

아이담 홈페이지.

    www.idamtech.co.kr

한국정보화진흥원 홈페이지.

    www.at4u.or.kr

Center for Parent Information and Resource 홈페이지 內 Categories of Disability under IDEA.

    www.parentcenterhub.org/repository/categories

PBIS(Positive Behavioral Interventions & Supports) 홈페이지 內 Categories of RTI under SCHOOL.

    www.pbis.org/school/rti.aspx

Stephen Wiltshire 홈페이지.

    www.stephenwiltshire.co.uk

Tuvie 홈페이지.

    www.tuvie.com

● 찾아보기 ●

내 용

저자 소개

이미숙(Misuk Lee)
미국 오클라호마 대학교 특수교육학 박사(철학박사)
현 공주대학교 특수교육과 교수

구신실(Sinsil Gu)
부산대학교 특수교육학 박사(특수교육학박사)
현 동아대학교 교직부 교수

노진아(Jina Noh)
미국 오리건 대학교 유아특수교육학 박사(철학박사)
현 공주대학교 특수교육과 교수

박경옥(Kyoungock Park)
단국대학교 특수교육학 박사(교육학박사)
현 대구대학교 초등특수교육과 교수

서선진(Seonjin Seo)
미국 플로리다 대학교 특수교육학 박사(철학박사)
현 건양대학교 중등특수교육과 교수

2판

예비교사를 위한

특수교육학 개론
Introduction of Special Education(2nd ed.)

2013년 3월 30일 1판 1쇄 발행
2016년 3월 25일 1판 6쇄 발행
2016년 9월 1일 2판 1쇄 발행
2023년 10월 20일 2판 11쇄 발행

지은이 • 이미숙 · 구신실 · 노진아 · 박경옥 · 서선진
펴낸이 • 김 진 환
펴낸곳 • (주)**학지사**

　　　　04031 서울특별시 마포구 양화로 15길 20 마인드월드빌딩 5층

대표전화 • 02) 330-5114　　　팩스 • 02) 324-2345

등록번호 • 제313-2006-000265호

홈페이지 • http://www.hakjisa.co.kr
인스타그램 • https://www.instagram.com/hakjisabook

ISBN 978-89-997-1064-3 93370

정가 19,000원

출판미디어기업 **학지사**

간호보건의학출판 **학지사메디컬** www.hakjisamd.co.kr
심리검사연구소 **인싸이트** www.inpsyt.co.kr
학술논문서비스 **뉴논문** www.newnonmun.com
원격교육연수원 **카운피아** www.counpia.com